中国の公的医療保険制度の改革

馬 欣欣 著
Ma Xinxin

京都大学学術出版会

はしがき

　1978年以後，計画経済体制から市場経済体制への移行を進めてきた中国は，2009年に貿易額で世界第1位となり，2010年，GDPで日本を抜き世界第2位となった。中国経済に急成長をもたらしたのは，言うまでもなく，1990年代以後に体制移行とともに加速した市場経済化への改革である。新古典派の経済理論では，体制移行（計画経済から市場経済への転換）によって，より競争的な市場が構築され，それが社会諸資源の配分の合理化・効率化を促進し（厚生経済学の第一基本定理），経済を成長させると説明されている。仮に，効率性の向上のみを体制移行の目的とするならば，体制移行を通じて市場メカニズムを発揮させる中国の経済体制改革は成功していると言えよう。しかし，体制移行過程で，格差問題を無視（あるいは軽視）し，とくに新たな制度の実施による格差拡大の問題を重視せず，機会の不平等から結果の不平等が拡大するならば，経済厚生（economic welfare）の面では，必ずしも体制移行は成功とは言えないだろう。

　このような経済政策をめぐる効率性と公平性のジレンマを，個人の価値判断の問題に押し込めようとする立場もあるように見受けられる。しかし，公平性が損なわれることによって経済社会が不安定化し，社会全体の効用および効率性が低下する可能性は決して無視しえないものである。現在の中国経済において最も肝要な問題は，効率性と公平性の双方を重視し，両者のバランスを注意深くとりながら，体制移行を推進すべきことであろう。

　事実，体制移行期の中国においては，所得格差，政治腐敗，環境汚染など，様々な問題が噴出している。そのうち，所得格差は国民にとって身近な問題であり，とくに近年，所得格差が拡大しており，深刻な社会問題となっている（李・佐藤 2004；李・史・別雍 2008；李・佐藤・史 2013）。所得格差の対策としては，中国のみならず，欧米や日本などの先進国においても，様々な社会政策が論じられているが，所得再分配政策はその重要な対策の1つである。そして所得再分配政策において社会保障制度は最も重要な役割を果たしている（伏見・馬 2014）。

本書では，社会保障制度の中でも公的医療保険制度に着目し，制度的研究と実証的研究という2つの分析視角から研究を行う。

　体制移行論においては，制度・政策の移行は制度進化の歴史経路依存的（path-dependent）な性質を持つため，制度・政策には連続性があると考える。とくに，中国においては，改革開放後，「漸進型改革」路線が採用され，経済政策は中・東欧諸国・ロシアのように急速に廃止・改革されたのではなく，徐々に改革されていった。たとえば，本書で詳しく論じる都市従業員基本医療保険制度は計画経済期の「労働保険医療制度」から改革されたものであり，また新型農村合作医療制度は計画経済期の農村合作医療制度に基づいて制定・実施されたものとなっている。本書ではまずこうした制度移行に関し，体制移行論における制度・政策の連続性を考慮し，歴史的視点から研究を行う。具体的には，計画経済期と体制移行期の2つの時期に沿って各制度の変遷および仕組みをまとめ，また農村部と都市部に分けてそれぞれの制度の変遷およびその特徴を整理する。その上で本書では，全国規模のミクロデータを活用し，経済理論と計量経済学の方法論に基づく実証的研究を通じて，公的医療保険制度の実施効果を明らかにする。

　本書刊行の主な意義は，以下の3点にまとめられる。
　第1に，学術的な面であるが，そもそも中国の社会政策に関して，本書のように体制移行論の視座から制度の変遷をまとめたうえで，先端的な計量分析のモデルを用いた実証研究を行った研究は少ない。中国では，中央政府が公的医療保険制度を制定しても，制度の導入は地方政府によって異なり，また制度加入も任意的であるため，それは1種の社会実験（準自然実験）となっている。先端的分析モデルを含む多様な研究手法を活用し，体制移行期の中国における公的医療保険制度の改革を研究する本書は，体制移行論およびミクロ経済学の発展に貢献できると信じる。同時に，本書は中国で現行の公的医療保険制度の仕組み（財源調達方式，医療費給付など）に関する詳細な情報を提供しており，これらは中国社会政策論に関する他の研究にも有益な参考資料になるだろう。
　中国の公的医療保険制度の改革とは，約13億人という大きな人口の中にあ

る格差の是正，健康状態の増進という目的を持つ。多様な社会経済的な背景を持つ広大な地域を抱え，また市場経済化という体制移行期にある中国での公的医療保険制度の改革から得る経験は，他の発展途上国（たとえば，アフリカ）や体制移行国（ロシア・中・東欧諸国など）が公的医療保険制度を構築・改革する際に重要な示唆を与える。つまり本書の分析と提案は，中国のみならず，世界的な福祉厚生の課題に貢献出来ると考えられ，それが本書の第2の意義である。

　第3は，他ならぬ日本社会にとっての意味である。少子高齢化が進んでいる日本社会では，国民医療費が年々上昇し，政府の財政負担が重くなっているため，「国民皆保険」として成功した公的医療保険制度の改革が注目されている。「国民皆保険」の実施→制度崩壊→「国民皆保険」の回復という，中国における公的医療保険制度の変遷から得られた経験は，これからの日本を考える上で大いに参考になろう。

　続いて，本書のアプローチに関する特徴を，もう少し詳しく紹介しておこう。

　第1に，本書は中国における公的医療保険制度に関する体系的研究である。先行研究では，公的医療保険制度の変遷，およびその実施効果に関する実証研究はそれぞれ行われている。しかし，公的医療保険制度における格差問題を焦点に当てた，制度的・実証的アプローチによる体系的研究は行われていない。その空白を埋めることは，本書の目的の1つである。

　第2に，全国規模のミクロデータに基づいて実証分析を行うことは，本書のもう1つの特徴である。先進国，他の体制移行国に関する先行研究では，ミクロデータを用いた実証研究が数多くなされているのに対して，中国では現在までに，全国範囲を対象とする大規模調査に関するミクロデータの多くはまだ公表されず，研究者が使用できない状況である。本書では，中国を代表する地域を対象とした複数時点の大規模なミクロデータ（クロスセクションデータおよびパネルデータ）を用いて実証研究を行っている。本書で用いている中国家計所得調査のミクロデータ（CHIP），中国健康・栄養調査（CHNS）は，中国の代表的な地域をカバーしており，公的医療保険制度と個人・家計

に関する豊富な情報を活用できる。つまり，現時点で望みうる最良のデータと言える。本書では，このような複数時点のミクロデータに基づいて，一時点の状況に関する分析のみならず，体制移行の進展過程で各要因の変化を数量的に把握し，時間軸で因果関係の究明を行うことができた。

第3に，本書では中国特有の制度要因の影響を明示的に考慮した分析モデルを用いている。欧米や日本における先行研究の多くは，完全競争市場を前提条件とする新古典派の理論モデルに基づいており，また不完全競争市場を考慮した制度派経済学においても，アングロサクソン経済（資本主義の経済）の国を対象とする医療市場に関する研究がほとんどである。一方，社会主義の計画経済から市場経済への体制移行過程にある中国の医療市場は，典型的アングロサクソン経済とは多くの点で異なっている。たとえば国有部門と非国有部門における福祉制度の差異，財政の地方分権化による地域間格差，戸籍制度による都市部と農村部間の格差，戸籍制度の規制緩和による出稼ぎ労働者の増加などの現実は，公的医療制度加入行動のメカニズムおよび公的医療保険制度の実施効果に大きな影響を与えると考えられる。そのため，上記のような中国特有の制度を考慮した本書の分析結果は，アングロサクソン経済を基盤とした従来の医療経済学，労働経済学，および社会保障論研究の発展にも大きく資するものとなるだろう。

本書は京都大学大学院薬学研究科に着任した後，医療経済学の講義で公的医療保険制度に関する部分を担当し，公的医療保険制度を含む医薬品政策に関する日中比較研究を行った研究成果の一部である。この研究課題が進められたきっかけは，いくつかある。1つは筆者が2013年から参加している国立社会保障・人口問題研究所の厚生労働科学研究費補助金（地球規模保健課題推進研究事業）「東アジア低出生力国における人口高齢化の展望と対策に関する国際比較研究」（研究代表者：人口構造分析室鈴木透部長）である。ここでは，中国で急速に進んでいる高齢化の対策の1つとして公的医療保険制度に関する学術研究が重要な課題となっていて，筆者は研究分担者としてその制度の実施効果に関する実証研究に取り組んだ。本書第2章，第3章，第5章，第6章はこの研究成果の一部を基礎にしている。もう1つは，筆者が2013年

から，日本学術振興会科学研究助成基金助成金基盤研究C（課題番号：25380297,研究代表者：馬欣欣），基盤研究A（課題番号：25243006,研究代表者：神戸大学加藤弘之教授）の研究助成をいただいて取り組んでいる，体制移行と中国の所得格差に関する制度的・実証的研究である。本書第3章，第4章，第7章はそれらの研究成果の一部である。

京都大学大学院薬学研究科では良好な研究環境に恵まれ，本書の研究を進めてきた。研究科長高倉喜信教授をはじめ，橋田充教授，佐治英郎教授，柿原浩明教授などの多くの先生方からはご激励をいただいた。本書の校正を行うとき，筆者は一橋大学経済研究所に転職した。経済研究所で中国経済の体制移行に関する研究に専念し，本書の最後の仕上がりができた。また，北京師範大学李実教授からミクロデータを提供していただき，実証研究を進めることができた。筆者は2005年から李実教授と共同研究を行っており，体制移行期の中国における所得格差問題に関する実証研究の第一人者である李実先生からは多くの有益なご教示をいただいた。ここに上記の先生方に対して記して心より感謝の意を申し上げたい。

本書の執筆にあたり，日本国内・海外の学会，国際セミナー，京都大学中国経済研究会，京都大学アジア経済発展論研究会，神戸大学六甲研究会の報告では様々なアドバイスをいただいた。なかでも，一橋大学岩崎一郎教授，雲和広教授，東京大学名誉教授中兼和津次先生，神戸大学加藤弘之教授，梶谷懐教授，同志社大学厳善平教授，京都大学溝端佐登史教授，三重野文晴教授，劉徳強教授，矢野剛教授，後藤励准教授，学習院大学鈴木亘教授，国立社会保障・人口問題研究所人口構造分析室鈴木透部長，菅桂太室長，早稲田大学小島宏教授，横浜国立大学相馬直子准教授，韓国 Keong-Suk PARK 教授（Seoul National University），台湾 Ruoh-Rong YU 教授（Academia Sinica）などの諸先生に貴重なコメントをいただいた。

なお，本書の刊行にあたり，公益財団法人京都大学教育研究振興財団書籍出版助成金のご援助をいただいた。また京都大学学術出版会編集部に大変お世話になった。特に編集長の鈴木哲也氏，編集部員の高垣重和氏には，多く有益な助言をいただき，また励ましの言葉とともに丹念な編集作業で本書を刊行まで導いてくださった。この機会を借りて心より感謝申し上げたい。

最後に私は，中国で内科医師として勤めていた。人間の命を救う仕事は大切であるが，いつしか私は「社会の医者」になれれば，もっと大きな社会貢献ができるという信念を抱くようになり，2000年，日本に留学することを決意した。あれから15年余の歳月が経つ。本書が中国と日本の経済社会に少しでも役立つことができれば，幸いである。これまで温かく応援してくださった諸先生，同僚，そして経済学を勉強するため，故郷を離れ，親孝行ができない私を許し，常に温かく応援してくれた両親および妹の家族に本書を捧げたい。また慶應義塾大学大学院在籍中指導教官である清家篤教授は2004年に先生のゼミ生になって以来，多くのご指導およびご激励くださり，いつも私の研究生活を温かく見守ってくださった。心より深く感謝の意を申し上げたい。多くのご助言いただいた慶應義塾大学樋口美雄教授，早見均教授，名誉教授佐野陽子先生，開発経済学，中国経済論および体制移行論を教えてくださった一橋大学名誉教授南亮進先生，東京大学名誉教授中兼和津次先生にも深く感謝のを申し上げたい。

　本書の出版は上記の大変世話になった皆様への小さい恩返しとしてできたら，幸甚である。今後，皆様の温情と恩情とを糧にして，学問の途を精一杯邁進していきたい。

2015年11月
東京国立
馬　欣欣

目　　次

はしがき　*i*

序章　公的医療保険制度に歴史とデータで迫る ── 課題と方法 …………*1*

第1節　中国の公的医療保険制度を研究するグローバルな意味 …………*1*

第2節　制度史的分析と実証的アプローチ ……………………………*6*
1. 2つの分析視角　*6*
2. 対象地域と対象データ ── 研究方法の特徴　*7*

第3節　各章の概要 ………………………………………………………*10*

第Ⅰ部　制度的研究 ── 初期条件と関連する政策・制度

第1章　制度改革の初期条件および関連する政策・制度 ……………*21*

第1節　経済発展，体制移行と初期条件に関する理論モデル …………*22*
1. 体制移行と初期条件 ── 比較経済体制モデル　*22*
2. 経済発展と初期条件 ── 中兼モデル　*23*
3. 経済発展，体制移行と初期条件モデル ── 中兼モデルの拡張　*24*

第2節　公的医療保険制度改革の初期条件および関連する政策・制度 …*25*
1. 制度改革の初期条件　*25*
2. 所有制構造　*31*
3. 関連する経済政策　*33*
4. 社会保障制度の体系と公的医療保険制度の位置づけ　*41*
5. 計画経済期における公的医療保険制度　*43*

第2章　体制移行期における公的医療保険制度の改革 *61*

第1節　体制移行期における医療保険制度の体系 *61*
1. 公的医療保険制度　*62*
2. 私的医療保険　*63*
3. その他の医療保険　*64*

第2節　体制移行期の都市部における公的医療保険制度の改革 *64*
1. 1980〜90年代の改革：「両江モデル」などの試行　*64*
2. 1998年都市従業員基本医療保険制度の実施　*65*
3. 2007年都市住民基本医療保険制度の実施　*69*

第3節　体制移行期の農村部における医療制度の改革 *72*
1. 新型農村合作医療制度が設立された背景　*72*
2. 新型農村合作医療制度の実施　*76*
3. 新型農村合作医療制度と従来の農村合作医療制度の比較　*81*
4. 2003年以降の新たな規定　*83*

第4節　最近の公的医療保険制度改革の促進政策 *83*
1. 2009年の改革 ── 2009年『意見』の公表　*83*
2. 2012年の改革 ── 7つの目標　*86*
3. 2013年の改革 ── 私的医療保険発展の促進　*90*

第5節　新動向 ── 都市部と農村部の医療保険制度を統合する改革 *90*
1. 「統合改革」の提出　*91*
2. 「統合改革」のモデルケース　*91*

第3章　中国における公的医療保険制度の実施状況とその問題点 *103*

第1節　中国における医療保険制度の実施状況と加入状況 *103*
1. 中国における公的医療保険制度の実施状況　*103*
2. 中国における公的医療保険制度の加入状況　*105*

第2節　医療保険制度の問題点 —— 多様な医療保障の格差 ………………… 110
　1. 政府 —— 医療保険財源・医療費給付における地域間の格差問題　111
　2. 企業 —— 企業所有制形態による医療保険制度の加入格差　122
　3. 個人・家計 —— 医療保険加入と医療費支出の格差　123
　4. 医療サービス利用の実態と格差　127

第Ⅱ部　実証的研究 —— 多様な医療保障格差

第4章　中国都市部における医療保険制度の加入行動の要因分析 …… 145

第1節　医療保険の加入行動に関する経済学の説明と先行研究の知見 …… 146
第2節　データから観察された各要因別医療保険制度の加入状況 ………… 149
　1. 年齢階層別医療保険制度の加入状況　149
　2. 健康状態別医療保険加入の状況　149
　3. 学歴別医療保険加入の状況　150
　4. 就業者・非就業者グループ別医療保険加入の状況　151
　5. 国有部門・非国有部門グループ別医療保険加入の状況　151

第3節　計量分析の方法 …………………………………………………………… 153
　1. 推定モデル　153
　2. データ　156
　3. 変数の設定　156

第4節　計量分析の結果 …………………………………………………………… 162
　1. 逆選択仮説と流動性制約仮説に関する検証結果　162
　2. 他の要因の影響に関する分析結果　163
　3. 就業部門別都市従業員基本医療保険制度の加入要因に関する分析結果　169

第5章　中国における公的医療保険制度が家計消費に与える影響
　　　── 都市部と農村部の比較 ·· *177*

第1節　公的医療保険制度が医療消費支出に与える影響 ·················· *178*
　1．医療保険制度と医療費の自己負担に関する実証研究における本研究の位置づけ　*178*
　2．データから観察された都市部と農村部における医療保険制度の加入状況と医療費の自己負担額の密度分布　*182*
　3．計量分析の方法　*185*
　4．計量分析の結果　*192*

第2節　公的医療保険制度の加入が家計消費の平滑化に与える影響 ········ *203*
　1．消費平滑仮説 ── 公的医療保険制度と家計消費の平滑化　*204*
　2．公的医療保険制度加入と家計貯蓄・家計消費に関する実証研究　*205*
　3．計量分析の方法　*208*
　4．計量分析の結果　*213*

第6章　新型農村合作医療制度が医療サービスの利用に与える影響
　　　── 現役者世代と高齢者世代の比較 ·· *229*

第1節　新型農村合作医療制度の実施効果に関する実証研究 ·············· *230*

第2節　データから観察された農村部における医療保険制度の加入状況と医療サービスの利用 ·· *234*
　1．農村部における医療保険制度の加入状況　*234*
　2．農村部における合作医療制度加入・未加入グループ別医療機関へのアクセスの状況　*235*
　3．農村部における合作医療制度加入・未加入グループ別医療費の自己負担額のKernel密度分布　*236*
　4．農村部における合作医療制度加入・未加入グループ別家計破綻性医療費支出になる割合　*237*
　5．農村部における合作医療制度加入・未加入グループ別一般健康診断受診者の割合　*238*

第 3 節　計量分析の方法 ……………………………………………… 239
　1. 推定モデル　*239*
　2. データ　*241*

第 4 節　計量分析の結果 ……………………………………………… 244
　1. 全体 —— 医療サービスの利用確率に関する分析結果　*244*
　2. 年齢階層別医療サービスの利用確率に関する分析結果　*247*

第 7 章　中国における医療保険制度の加入と主観的幸福度
—— 男女別・就業部門別・地域別分析 ……………………… *255*

第 1 節　絶対所得仮説，相対所得仮説と主観的幸福度に関する実証研究 ‥ *256*
　1. 社会保障制度と主観的幸福度に関する経済学の説明　*256*
　2. 中国都市部における主観的幸福度に関する実証研究　*258*

第 2 節　データから観察された主観的幸福度の実態 ……………… *259*
　1. 医療保険加入類型別にみた主観的幸福度　*259*
　2. 世代類型別にみた主観的幸福度　*260*
　3. 地域別にみた主観的幸福度　*261*
　4. 就業部門別にみた主観的幸福度　*262*
　5. 所得階層別にみた主観的幸福度　*262*

第 3 節　計量分析の方法 ……………………………………………… *263*
　1. 推定モデル　*263*
　2. データ　*264*
　3. 変数の設定　*265*

第 4 節　計量分析の結果 ……………………………………………… *269*
　1. 全体の分析結果　*269*
　2. 年齢階層別分析結果　*275*
　3. 男女別・就業部門別・地域別分析結果　*280*

終章　主な結論と今後の課題 ……………………………………………… *289*
第1節　本書のまとめ ……………………………………………………… *289*
　1.　制度的研究から得られた主な結論　*289*
　2.　実証的研究から得られた主な結論　*293*
第2節　政策インプリケーション …………………………………………… *296*
第3節　今後の課題と展望 ………………………………………………… *299*

初出一覧　*307*
図表一覧　*309*
参考文献　*315*
索　　引　*331*

【コラム1】　はだしの医者　*56*
【コラム2】　中国における医療管理体制 —— 横型と縦型　*96*
【コラム3】　中国医療保障体系における最後の保障措置としての医療救助（救済）制度
　　　　　　100
【コラム4】　中国における医療サービス資源配置の格差　*132*
【コラム5】　中国における医療需要の格差　*136*
【コラム6】　公立病院の「薬漬け」と「看病難，看病貴」　*140*

序章
公的医療保険制度に歴史とデータで迫る
—— 課題と方法

第1節　中国の公的医療保険制度を研究するグローバルな意味

　冒頭でも述べたように，体制移行期の中国においては，所得格差，政治腐敗，環境汚染など，様々な問題が噴出している。そのうち，所得格差は国民にとって身近な問題であり，とくに近年，所得格差の拡大が深刻化している（李・佐藤 2004；李・史・別雍 2008；李・佐藤・史 2013）。所得格差の対策としては，中国のみならず，欧米や日本などの先進国においても，様々な社会政策が論じられているが，所得再分配政策はその重要な対策の1つである。先進国の経験にみれば，所得再分配政策において社会保障制度は最も重要な役割を果たしている（伏見・馬 2014）。

　本書では，中国社会保障制度の中でも公的医療保険制度に着目する。具体的には，この制度の改革経緯および制度の仕組みを明らかにしたうえで，実証研究を通じて，公的医療保険制度に加入するメカニズム，その制度が医療サービスの利用（医療機関へのアクセスや医療費の自己負担など）および国民の well-being に与える影響を解明する。「はしがき」でも簡単に触れたが，これらの研究課題に関する学術的・社会的意義およびその特徴を，再度整理しておこう。

1　OECD および日本のデータに基づいて，所得再分配政策（社会保障と税制）が所得格差を是正する効果を検討した伏見・馬（2014）の研究は，社会保障制度効果が税制効果より大きいことを示している。

第1に，今日の社会科学の主要な関心の1つである，体制移行論への貢献である。中国経済は体制移行（社会主義体制から資本主義体制へ）と経済発展（低レベルの経済水準から高レベルの経済水準へ）の2つの軸に沿って変化しつつある（中兼 2002, 2012；加藤 2013）。開発経済学や新古典派成長理論に基づいて，産業構造の変化や1人あたり GDP 成長率などの経済発展に注目したアプローチで，体制移行期の中国経済を研究したものは多い。一方，体制移行の状況およびその効果に関する体系的研究はまだ少ない[2]。制度・政策の移行の過程にどのような問題が生じたのか，制度・政策の移行は望ましい効果を発揮したのか，もし期待した効果が現われなかったとしたら，その要因は何か，などの問題がまだ明確となっていない。

　体制移行期の中国における公的医療保険制度の改革を焦点に当てて，その制度の移行状況，問題点およびその効果を明らかにすることは，こうした議論に豊富なエビデンスを提供することになり，体制移行論の内容を充実させることができる。

　第2に，計量的な実証分析という点である。体制移行期の中国における公的医療保険制度に関する研究においては，社会政策史の視点から，制度の変遷に着目した研究（制度的研究）が多い（張 2001；田多 2002；張 2006；徐 2008；王 2010；王 2012）。しかし，ミクロデータを用いる計量分析は少ない。計量分析の方法を用いた実証研究としては，久保（2014a，2014b）が挙げられるが，いずれも医療保険会社の効率性に関する分析およびクロス集計データに基づく分析であり，消費者主体としての個人を分析対象としていない。

　そのため，公的医療制度が移行する過程で，どのようなメカニズムが人々の公的医療保険の加入行動に影響を与えるのか，またその制度移行がどの程度人々の医療サービスの利用および主観的幸福度に影響を与えるのかが明らかになっていない。個人を対象とした大規模な個人・家計調査のミクロデータを活用して実証研究を行うことは，本書が果たすことが出来る，もう1つ

2　この課題に関する研究においては，梶谷（2011），中兼（2014）などが挙げられる。中兼（2014）は体制移行期の中国経済政策（たとえば，マクロ経済学，金融政策，物価制度，農業政策，賃金・労働雇用政策など），梶谷（2011）は体制移行期の中国財政金融システムに関する制度的・実証的研究を行っている。ただし，これらの研究では，政府の公表データや地域集計データに基づく分析がほとんどで，ミクロデータを用いる実証分析はまだ少ない。この点を含め，本章第4節では，先行研究と比較した本書の特徴をまとめている。

の学術的貢献である。

　第3は，本書が，社会実験を活用する実証研究となっていることである。公的医療保険制度の効果に関する実証研究は，主にアメリカを中心として行われている。これらの研究の大多数は，RANDデータを活用し，社会実験の分析手法を用いて制度評価に関する実証研究を行っている[3]。しかし，現実には，多くの国でRAND医療保険のような実験を行うことは難しい。日本，イギリス，フランス，北欧などの他の先進国では，法律上すべての国民が公的医療保険制度に加入することが義務づけられており，つまり，国民が強制されて公的医療保険制度に加入することによって「国民皆保険」が実現された。そのため，制度実施の地域間・個人間の差異がほとんどなく，制度の実施効果を検証することが難しい。

　一方，中国では，中央政府によって公的医療保険制度が制定・実施されたが，地域によって制度導入の時期が異なる。また都市従業員基本医療保険（Urban Employee Basic Medical Insurance Program：UEBMI）の加入は強制的であるが，新型農村合作医療制度（New Cooperative Medical Scheme：NCMS），都市住民基本医療保険制度（Urban Resident Basic Medical Insurance Program：URBMI）の加入は任意的である。そのため，体制移行期の中国で行われる公的医療保険制度の改革は，1種の社会実験（準自然実験）となっている。つまり，中国を対象とする実証研究は，社会実験分野の研究にも学術的な貢献ができるのである[4]。

---

[3] RAND実験とは，アメリカにおける医療保険を用いたランダム化比較試験（RCT；Randomized controlled trial）である。アメリカでは，医療費を抑制するため，ニクソン政権下において健康維持機構法（Health Maintenance Organization Act）が実施されていた。その政策の効果を評価するため，1971年，アメリカ保健社会福祉省（United States Department of Health and Human Services）がRAND研究所（軍事・国防研究で有名なアメリカの非営利シンクタンク）に資金提供し，RAND Health Insurance Experiment（RAND HIE）という保険会社を設立し，社会実験（RAND医療保険実験）が行われた。RAND医療保険実験では，1971年から1982年にかけて，都市部と地方のバランスが取れるように6ヵ地域が選ばれ，その中から2750世帯，7700人の被保険者が選ばれた。各家庭には，無作為に選ばれた保険が割り付けられた。そして，3～5年にわたって，それぞれの被保険者や家庭の健康状態，医療機関の受診頻度，医療費の変化が追跡された。この社会実験では，医療費の自己負担率は，（少なくとも非貧困者においては）健康に悪影響を与えずに医療費を抑制することができることが証明された。

[4] 本書で用いているデータはRAND実験のような事前にデザインして社会実験を行うことによってデータを収集するようなものではない。すなわち本書では入手したパネルデータを活用し，準自然実験のようなDID（Difference in Difference）モデルを用いて分析を行うものであることを指摘しておきたい。

第 4 は，社会的な意義である。中国では，1990 年代以降，所得格差にともなって医療格差の問題が深刻化し，医療格差が拡大することによって社会が不安定になり，また国民全体の厚生を低下させることが懸念されている。1980 年代後期以降，政府が農村で家庭請負生産制度の改革を実施した後，マクロ財政政策，物価政策を改革し，また国有企業の改革とともに，企業福祉厚生に関連する社会保障制度も改革した。そのなかで，公的医療制度の改革も行われていたが，その改革は失敗したと指摘されている（DRCSC 2005）。

　具体的な例を挙げよう。世界保健機構（WHO）が 2000 年に実施した世界 191 カ国を対象とした医療制度に関する調査によると，中国の順位は下から 4 番目とされた（WHO 2000）。また，中国国家統計局の調査によると，農村戸籍住民で医療サービスを受けたいが，経済的要因（たとえば，医療費が高いため，自己負担ができないこと）によって，外来受診の医療サービスが受けられなかったと回答した者の割合は 35～40％，入院できなかったと回答した者の割合は 60％ となっている（国家統計局農村社会経済調査部門 2004）。さらに，2005 年に中国国務院発展研究センターは，「全体的にみると，中国の医療改革は失敗した」と明言している（DRCSC 2005）。

　そうした評価・批判を受け，2006 年以降，政府は公的医療保険制度の改革を含め，医療市場の改革をさらに促進した。はたして，体制移行期に移行された制度あるいは新たに設定して実施された公的医療保険制度はどの程度医療格差の問題を解決できたのか。体制移行期に実施されている新たな公的医療保険制度実施の効果を検討する際に，これらの制度がどの程度個々の消費者主体（個人あるいは家計）の医療サービスの利用（たとえば，入院治療・受診行動，医療費の自己負担）や主観的 well-being（幸福度）に影響を与えるのか，各要因の影響においてはどのような経済学のメカニズムが働くのかを明らかにし，制度評価に関する科学的エビデンスを提供する必要があろう。本書では，大規模な調査のミクロデータを最大限に活用し，実証研究を行い，中国における公的医療保険制度の改革効果を評価することを試みる。

　第 5 に，グローバルの視点から考えると，まず，1978 年以降，中国経済が改革開放された後，海外投資の活用や輸入・輸出が急増してきた。13 億人（世界人口の約 5 分の 1）を持つ中国は巨大な市場として脚光を浴びている。

中国は「世界の工場」となっており，2010年に中国は日本を抜いてGDP世界2位となった。中国における国内の社会問題は世界経済に大きな影響を与えることは間違いない。1990年以降，中国における社会問題において，所得格差の拡大が最も重要な問題として注目されている。格差問題を解決する1つの対策として，1990年代後期から，中国政府は社会保障制度の改革を行っている。約13億人をすべてカバーしようとする公的医療保険制度の設定・実施によって格差問題を是正し，国民の厚生としての健康状態を高めることは，世界経済社会の安定や全人類のwell-beingの向上にも大きく貢献できると考えられる。

　繰り返しになるが，中国経済においては，経済発展と体制移行が同時に進行している。そのため，中国における公的医療保険制度の改革から得る経験は，他の発展途上国（たとえば，アフリカや東南アジアの発展途上国など）が公的医療保険制度を構築する際に参考になると考えられる。また，中国の経験は，ロシア，中・東欧諸国などの体制移行国が公的医療保険制度の改革を行う際にも参考にできるものであろう。その意味で，中国における公的医療保険制度の改革に関する研究は，中国の特殊性を明らかにしたうえで，その普遍性を見出すことを通じて，発展途上国および体制移行国における今後の公的医療制度の改革に対して「波及効果」があるのではないだろうか。

　また，少子高齢化が進んでいる日本社会では，国民医療費が年々上昇し，政府の財政負担が重くなっている。すなわち「国民皆保険」として成功した公的医療保険制度の改革が注目されているわけであるが，「国民皆保険」の実施→制度崩壊→「国民皆保険」の回復という，中国における公的医療保険制度の変遷から得られた経験は，これからの日本を考える上で大いに参考になる。同時に，本書は中国で現行の公的医療保険制度の仕組み（財源調達方式，医療費給付など）に関する詳細な情報を提供しており，これらは中国社会政策論に関する他の研究にも有益な参考資料になろう。

第2節　制度史的分析と実証的アプローチ

1. 2つの分析視角

　本書では，以下のような2つの分析視角から研究を行う。

　1つは制度的研究の視角からの接近であり，本書の第Ⅰ部のテーマとなる。その主な理由は，以下の2点である。

　第1に，公的医療保険制度は，社会保障制度の1種として社会・経済政策の枠組みに属する。市場メカニズムと政府介入に関しては，経済学でよく議論されているが，国によって，両者を重視する度合いがそれぞれ異なっている。また，一国においても，経済発展の時期によって両者を重視する度合いも異なる。開発経済学では，近年，国家独裁主義型の開発モデルが注目されており，発展途上国（とくに東アジア諸国）における国家の役割が強調されている（世界銀行 1994；青木・金・奥野（藤原）1997）。また，体制移行論では，国家本位システム（state intensive system：SIM）を経済システムの枠組みの中における重要な一部として議論されている（Cohen 2009）。発展途上国および体制移行国としての中国における公的医療保険制度を研究する際には，制度的研究が必要なのである。

　第2に，新古典派経済学においても，負の外部性，公共財などの視点から制度・政策の実施による政府の介入は必要であることが指摘されている。たとえば，所得格差を是正するための所得再分配政策は，先進国においても，発展途上国においても実施されている。しかし，中国は，欧米，日本など資本主義の先進国と異なり，市場化の経済改革によって経済面では資本主義体制になりつつあるが，政治体制においては社会主義（あるいは共産党独裁主義）を維持している。つまり，政治体制が大きく変化していないままで，経済は

5　Cohen (2009) は，世界諸国における経済システムは主に国家本位システム（state intensive system：SIM），企業本位システム（firm intensive system：FIM）および家計本位システム（household intensive system：HIM）の3種に分けられることを指摘している。この書籍の和訳に関して，溝端・岩崎・雲・徳永・比較経済研究会（2012）を参照されたい。

6　ここでは，経済発展の時期によって政府が市場介入の手段として実施する制度・政策が異なることを指摘しておきたい。

市場主義になりつつある。そのため，市場原理（見えざる手）の影響力が徐々に大きくなっているが，政府の介入が依然として経済活動に大きな影響を与えていると考えられる。その意味で，先進国を対象とする研究に比べ，中国を対象とする地域研究を行う際に，制度的研究はより重要な課題となるのである。

もう1つの分析視角は，実証的研究からの接近であり，これが本書の第Ⅱ部を構成する。従来，制度史的視点からなされた研究は多い。しかし，歴史的視点からの研究だけでは十分ではない。たとえば，歴史的視点から，制度・政策の変遷（改革経緯）およびその制度の仕組みを明らかにしても，その制度の実施することがどの程度経済社会に影響を与えるのか，またどのようなメカニズムを通じてその効果が現われているのかが必ずしも明らかにならない。

さらに，政府は，自分たちの市場介入の行動が正しいかどうか，既存の制度・政策は今後改善すべきであるかどうかを常に判断する必要がある。そのため，制度・政策の実施効果を正確に評価することは，政府にとって重要な課題となる。近年，経済学で，自然科学の実験方法を活用し，社会実験の手法を開発し，ミクロデータに基づいて計量分析を行い，制度・政策の効果を評価する実証研究が増えてきた。しかし，中国の公的医療保険制度に関する実証研究はまだ少ない。本書は，このような最新の政策評価の手法を用いて実証研究を行い，今後の政策立案に関する科学的エビデンスを提供したうえで，政策提言を試みる。ミクロデータを用いる実証研究を行うことも本書の1つの特徴となる。

2. 対象地域と対象データ — 研究方法の特徴

前述したように，本書では，主に制度的研究と実証的研究という2つの分析視角から研究を行うが，研究方法をより具体的に示しておこう。

体制移行論によると，一国の現行の制度・政策は初期条件（過去の政治・経済の状況）に依存すると同時に，過去の政治・政策の影響を受けている。つまり，制度・政策の移行は制度進化の歴史経路依存的（path-dependent）な性

質を持つため，制度・政策には連続性があると考えられる。とくに，中国においては，改革開放後（1978年以降），「漸進型改革」路線が採用され，経済政策は中・東欧諸国のように急速に廃止・改革されたのではなく，徐々に改革されていった。そのため，体制移行期に実施されている公的医療保険制度は，計画経済期の制度に基づいて改革されたものもあり，また新たな制度として設立・実施されたものもある。たとえば，都市従業員基本医療保険制度は計画経済期の労働医療制度および公費医療保険制度から改革されたものであり，新型農村合作医療制度は計画経済期の農村合作医療制度に基づいて改革・設定されたものとなっている。一方，都市住民基本医療保険制度は新たな医療保険制度として設定・実施された。本書では，体制移行論における制度・政策の連続性を考慮し，第Ⅰ部で歴史的視点から研究を行うが，具体的には，各時期（本書では，主に計画経済期と体制移行期の2つの時期）に沿って各制度の変遷および仕組みを説明する。また，地域間の差異（本書では，主に都市部と農村部間の差異）を考慮し，農村部と都市部に分けてそれぞれの制度の変遷およびその特徴を整理する。

第Ⅱ部における実証的研究では，個人が公的医療保険制度に加入する際の行動のメカニズムを解明し，また制度の実施が個人の医療サービスの利用に与える影響を明らかにする。具体的にいえば，まず，経済学の理論モデルに基づいて仮説を設定し，次にミクロデータを活用して計量分析を行い，仮説を検証する。最後に実証研究から得られた結論に基づいて政策提言を行う。各章で研究目的によって用いるモデルが異なるが，これらのモデルのいずれも計量経済学に基づくものである。またデータを活用し，サンプル・セレクション・バイアスの問題，内生性の問題，個人間の異質性の問題などを考慮した分析を行っている。用いるデータは，以下に挙げる主に2種類に分けられる。

(1) 中国政府が公表した集計データ

中国における公的医療保険制度に関する統計資料としてよく用いられるのは，『中国衛生年鑑』，『中国労働統計年鑑』，『中国統計年鑑』，『中国衛生サービス調査』で，いずれも公表されているデータである。これらは，政府調査

機関によって全国規模で実施された調査の集計データである。これらのデータに基づいて，全国範囲で公的医療保険制度の実施状況およびその問題の全体像を把握する。

(2) 中国・海外の研究機関が実施した調査のミクロデータ

本書の実証研究では，主に2007年の中国家計所得調査プロジェクト（China Household Income Project Survey：CHIPs）のミクロデータ（以下では，「CHIP2007」と表記），2000年，2004年，2006年中国健康・栄養調査（Chinese Health and Nutrition Survey）のミクロデータ（以下ではそれぞれCHNS2000，CHNS2004，CHNS2006と表記），および国家統計局の2004年，2005年，2006年家計所得調査のミクロデータの一部を用いている（**表序-1**）。

CHIP2007は2008年12月までに国家統計局および北京師範大学，オーストラリア国立大学，オックスフォード大学などの研究機構が実施した中国家計所得調査の個票データである。調査対象は都市戸籍住民，農村戸籍住民，都市部における出稼ぎ労働者（農村戸籍を持ちながら，都市で働いている労働者）の3つとなっているが，入手したデータの制約上，本書では都市戸籍住民を対象とした調査の個票データを用いる。その調査範囲は，代表する地域（上海市，江蘇省，浙江省，安徽省，河南省，湖北省，広東省，重慶市，四川省の9地域）をカバーしている。調査方法については，国家統計局が実施す

表序-1　各章で用いたミクロデータ

各章	用いたデータ	調査対象
第3章	CHIP2007	都市戸籍住民のみ
第4章	CHIP2007	都市戸籍住民のみ
第5章	●第2節 CHNS2000，CHNS2004，CHNS2006 ●第3節 国家統計局の2004，2005，2006中国家計所得調査	●第2節 全国：都市戸籍住民＋農村戸籍住民 ●第3節 都市戸籍住民のみ
第6章	CHNS2000，CHNS2004，CHNS2006	全国：都市戸籍住民＋農村戸籍住民
第7章	CHIP2007	都市戸籍住民のみ

出所：筆者作成。

表序-2　中国健康・栄養調査（CHNS）のミクロデータ

データ	サンプルサイズ	カバーされる地域
CHNS2000	16,150	9地域
CHNS2004	9,856	9地域
CHNS2006	9,788	9地域

出所：筆者作成。

る国勢調査で用いられる住民台帳に基づいて，多段階無作為抽出法を用いてサンプルを抽出し，調査員訪問調査および置き留め調査を実施した。有効回収票数は1万9748人となっている。

　CNHSは，アメリカのNorth Carolina大学が実施したパネル調査である。調査対象は都市戸籍住民および農村部における農村戸籍住民となっている。これらの調査の範囲は，中国を代表する地域（江蘇省，遼寧省，黒竜江省，山東省，河南省，湖北省，湖南省，広西省，貴州省の9地域）をカバーしている。調査方法については，国勢調査で用いられる住民台帳に基づいて，多段階無作為抽出法を用いてサンプルを抽出し，調査員訪問調査および置き留め調査を実施した。サンプルサイズ（個人票）は，2000年1万6150，2004年9856，2006年9788となっている（**表序-2**）。

　中国に関する実証研究では，CHIPおよびCHNSはカバーする地域が広く，信頼性が高いミクロデータの1種として評価されている。特にCHNSには，医療保険制度の加入状況，医療費の自己負担額，健康状態，医療サービスの利用，所得，個人属性，家族構成などの詳細な情報があるため，本書の公的医療保険制度の実施効果に関する実証研究にとって最も適切なデータと考えられる。

第3節　各章の概要

　ここで本書の主な内容をまとめておこう。本書は序章，Ⅱ部7章，終章により構成されている。**図序-1**は，本書の構成を示している。本章（序章）で問題意識と研究の視角を説明した後，第Ⅰ部で制度的研究を行っており，これにより，体制移行期における公的医療保険制度の改革に関連する諸要因を

明らかにしたうえで，制度改革の経緯および新たな制度の実施状況・問題点を明確にする。第Ⅱ部でミクロデータを用いて実証研究を行い，公的医療保険制度の加入行動のメカニズム，その制度改革が医療機関へのアクセス・医療費負担および主観的幸福度に与える影響を明らかにすることにより，政策効果を評価することを企図している。最後に第Ⅲ部で実証研究から得られた主な結論を取りまとめ，政策の改善点を指摘したうえで，政策提言を行っている。以下では，1章以降の概要をまとめる。

第Ⅰ部［制度的研究］は，制度改革の初期条件および関連する政策・制度（第1章），体制移行期における公的医療保険制度の改革（第2章），中国における公的医療保険制度の実施状況およびその問題点（第3章）によって構成されている。

公的医療保険制度の改革は初期条件および他の制度・政策に関連するため，第1章では，公的医療保険制度の改革に関連する5つの要因群，つまり①制度改革の初期条件，②所有制構造，③経済政策，④社会保障制度の体系と公的医療保険制度の位置づけ，⑤制度改革前の公的医療制度（労働保険医療制度・公費医療制度，農村合作医療制度）を説明し，これらの要因と公的医療保険制度の改革との関連性を明らかにし，公的医療保険制度改革の経緯，必要性および制度移行過程の問題点が生じた深層的要因を深く理解していく。

第2章は，体制移行期における公的医療保険制度の改革を詳しく述べている。都市部では，1998年12月14日に実施された都市従業員基本医療保険制度（UEBMI），2007年7月10日に実施された都市住民基本医療保険制度（URBMI）が実施され，都市戸籍を有する就業者および非就業者のすべてが公的医療保険制度によりカバーされており，「国民皆保険」といった社会保障政策が維持されているが，両制度には，保険金の財源調達，医療費の給付水準および給付内容，医療費の個人負担割合などで大きな差異があり，医療保険制度における就業者と非就業者間の格差問題が存在する可能性があることを指摘している。また農村部では，「農家生産請負制度」が実施されるとともに，人民公社が解体し，1980年代後期に農村合作医療制度が崩壊し，「看病難，看病貴」（医療サービスを受けるのは難しい，医療費が高い）と言われたように，疾病に罹る農民が貧困層に陥った者が多くなり，医療問題が深刻化

```
                  序章 問題意識と研究の視角
                              │
                              ▼

  ┌─────────────────────────────────────────────┐
  │  第Ⅰ部　制度的研究：初期条件と関連する政策・制度        │
  │                                             │
  │   第1章　制度改革の初期条件および関連する政策・        │
  │        　制度                                │
  │   第2章　体制移行と公的医療保険制度の改革            │
  │   第3章　中国における医療保険制度の実施状況および      │
  │        　その問題点                           │
  └─────────────────────────────────────────────┘

  ┌─────────────────────────────────────────────┐
  │  第Ⅱ部　実証的研究：多様な医療保障格差              │
  │                                             │
  │   第4章　中国都市戸籍住民における医療保険の加入行     │
  │        　動の要因分析―就業部門間の格差             │
  │   第5章　中国における公的医療保険制度が医療費の自     │
  │        　己負担に与える影響―都市部と農村部の比較     │
  │   第6章　中国新型農村合作医療保険制度が医療サービ     │
  │        　スの利用に与える影響―現役世代と高齢者      │
  │        　世代の比較                           │
  │   第7章　中国都市戸籍住民における医療保険の加入と     │
  │        　主観的幸福度―男女別・就業部門別・地域別     │
  │        　分析                                │
  └─────────────────────────────────────────────┘
```

                  終章　（主な結論，政策提言）

図序-1　本書の構成

出所：筆者作成。

した。農村の医療問題を解決するため，1990年以降，政府が農村医療保障制度の再構築を推進したが，その効果は大きくなかった。そして政府は2003年に新型農村合作医療制度（NCMS）の試行を行い，2007年以降，全国範囲で

その制度の実施を促進している。NCMS は農村戸籍を有する者の全体をカバーするため，制度上で農村部において「国民皆保険」を実施した。しかし，NCMS が地方政府（特に県レベルの政府）によって運営・管理されるため，地域によって制度の運営・管理の仕組み，医療費給付の基準・内容が異なっており，医療保険における地域間の格差問題が生じる可能性がある。

第 2 章の最後に指摘した問題点に関しては，第 3 章で展開して詳細な説明を行っている。第 3 章では，政府が公表した統計データおよび研究機関が実施した調査のミクロデータを活用し，公的医療保険制度の加入状況の実態を明らかにしたうえで，その制度における公平性の問題を焦点に当てて検討した。その結果，1990 年代後期以降，3 つの公的医療保険制度（1998 年 UEBMI，2007 年 URBMI，2003 年 NCMS）が実施され，経過年とともにそれらの制度の加入者数が大幅に増加している。これらの公的医療保険制度は国民全員をカバーするため，制度上は「国民皆保険」の目標を達成したといえる。しかし，前述したように，これらの制度の運営には様々な問題が存在しており，とくに公的医療保険の財源における地域間の格差，およびその制度の加入における所得階層間格差・部門間格差の問題が存在していることが明らかになった。政府公表データおよびミクロデータを用いたクロス集計の結果によると，具体的には下記のような状況がある。

（1）医療保険制度が農村と都市の戸籍によって異なっており，その制度設計・運営状況・財源調達には農村と都市間の格差問題が存在している。また都市内部，農村内部のいずれにおいても，経済発展のレベルの違いによる省別間の格差問題も存在している。

（2）所得階層によって加入した医療保険の種類が異なっており，中・高所得層グループに比べ，低所得層グループで公的医療保険制度，私的医療保険，混合型医療保険のどちらにも加入していない者の割合が多かった。

（3）公的医療保険制度の加入状況は，就業状況や勤務先の所有制形態の違いによって異なっている。医療保険に加入した者の割合は外資系企業および国有部門に勤める従業員グループが多く，自営業者・非就業者

グループが少なかった。
(4) 地域（とくに都市部と農村部），所得階層によって，医療サービスの利用状況（医療機関へのアクセス，医療費支出）が異なっている。

そして，こうした格差問題を詳しく分析するため，第Ⅱ部で実証研究を行っている。

第Ⅱ部［実証的研究］は，中国都市戸籍住民における医療保険制度の加入行動の要因分析―就業部門間の格差（第4章），中国における公的医療保険制度が医療費の自己負担に与える影響―都市部と農村部の比較（第5章），新型農村合作医療制度が医療サービスの利用に与える影響―現役者世代と高齢者世代の比較（第6章），中国都市戸籍住民における医療保険の加入と主観的幸福度―男女別・就業部門別・地域別分析（第7章）の4つの側面から行っている。

中国都市戸籍住民における医療保険の加入行動のメカニズムについては，第4章ではCHIP2007を用い，都市戸籍住民における医療保険の加入行動の決定要因について医療保険類型の多様化を考慮したうえで，逆選択仮説，流動性制約仮説を検証し，また就業部門を含む各要因の影響を考察した。実証分析から得られた結論は，下記のような点である。第1に，UEBMI加入については，自営業者，個人企業の雇用者グループで年齢の上昇とともにその加入確率が高くなり，逆選択仮説が支持された。また，低所得層グループに比べ，中・高所得層で医療保険の加入確率が高く，流動性制約仮説も支持された。第2に，低所得層グループに比べ，中・高所得層でUEBMI，商業医療保険，混合型医療保険のいずれにも加入する確率は高い。2007年時点で，低所得層グループの中には公的医療保険制度と私的医療保険のどちらにもカバーされない者が存在し，医療保険加入の格差の問題が存在していたことがわかった。第3に，他の要因については，(1) 他の条件が一定であれば，UEBMI加入確率における就業部門間の差異が存在する。たとえば，政府機関に勤める雇用者グループに比べ，その医療保険に加入する確率は，集団企業・民営企業に勤める雇用者，自営業者，非就業者の各グループのいずれも低い。一方，その医療保険の加入確率における政府機関，国有企業，事業部門（政府関連機関），

外資系企業間の差異が顕著ではない。(2) 非現地都市戸籍を持つ者に比べ，現地都市戸籍を持つ者グループで，各種類の医療保険の加入確率は高い。(3) 正規雇用者以外のグループ（非正規雇用者および自営業者）に比べ，正規雇用者グループで，各種類の医療保険の加入確率は高い。(4) 低学歴者，子どもを持つ者グループで医療保険の加入確率が低い。(5) 経済発展のレベルが高い地域に居住するグループに比べ，経済発展のレベルが相対的に低い地域に居住するグループで各種の医療保険の加入確率は低い。

また第5章では，CHNS2000～2006のパネルデータを活用し，公的医療保険制度の加入が医療費の自己負担に与える影響に関する実証研究を行っている。主な結論は以下の通りである。第1に，全体的に家計破綻性医療費支出（catastrophic health expenditure：CHE）[7]になる確率は，公的医療保険制度に加入したグループ（「制度加入グループ」と加入しなかったグループ（「制度未加入グループ」）間の差異が統計的に有意ではない。また，医療費の自己負担額で両グループ間の差異が小さい。公的医療保険制度の加入は，医療費の自己負担額の軽減および高額な医療費の支出による貧困を解消する効果を持っていないことが示された。第2に，都市部でCHEになる確率で制度加入グループと制度未加入グループ間の差異が小さく，また医療費の自己負担額における両グループ間の差異は統計的に確認されなかった。一方，農村部でセレクションバイアスをコントロールすると，医療費の自己負担額は制度加入グループのほうが高い傾向にある。第3に，他の要因が一定ならば，農村部に比べ，都市部で医療費の自己負担額が高く，またCHEになる確率が高い。農村部で予算制約によって医療サービスに対して過小需要となることがうかがえる。これらの分析結果により，高額な医療負担による貧困問題を解決するため，公的医療制度を改革しながら，他の社会保障制度を整備することが今後の重要な課題となることが示唆された。

さて，第5章では，公的医療保険制度の実施効果に関する実証研究を行っ

---

[7] 家計破綻性医療費支出（CHE）とは，医療費の支出によって生活が困難な状態になる状況を指す。先行研究では，分析によってその判断基準が異なっている。本書では，先行研究を参照にしてその基準を設定した。具体的に，医療費の自己負担額を世帯所得で割って医療費の自己負担額が世帯所得に占める割合を算出し，その割合が40％以上になると，「家計破綻性医療費支出になる」と定義している。

たが，この研究では医療保険制度加入者と非加入者がランダムのサンプルではなく，個人属性や行動特性における両グループ間の差異が存在するという問題が残されている。この問題に対処するため，第6章では，社会実験の理論モデルに基づいて，政策評価で多く用いるより厳密的な計量分析方法—DID (Difference in Differences) 法による実証分析を行っている。具体的に言えば，第5章と同じようなCHNS2000～2006のパネルデータを活用し，個体間の異質性問題を考慮したランダム効果モデル，DID法による実証分析を行い，NCMSが医療機関へのアクセスおよび医療費の自己負担に与える影響に関する実証研究を行った。主な結論は以下の通りである。第1に，現役者グループで制度未加入グループに比べ，制度加入グループで，医療機関へアクセスする確率が高い。一方，高年齢者グループでは，医療機関へのアクセスにおいて，制度加入グループと制度未加入グループ間の差異は確認されなかった。第2に，現役者グループで，制度加入グループに比べ，制度未加入グループで医療費の自己負担額が低い。一方，高年齢者グループで，その効果が確認されなかった。第3に，全体的に，他の要因が一定ならば，制度未加入グループに比べ，制度加入グループで一般健康診断を受診する確率が高い。また現役者グループで制度加入した場合，一般健康診断を受診する率が高い。一方，高年齢者グループにおいては，一般健康診断の受診で制度加入グループと制度未加入グループ間の差異が確認されなかった。第4に，現役者グループ，高年齢者グループのいずれにおいても，入院治療，総医療費，家計破綻性医療費支出になる確率で制度の実施効果が確認されなかった。これらの分析結果により，農村部で，公的医療保険制度は，医療需要が相対的に高いグループ（高年齢層グループ，重篤な疾病に罹るグループ）における医療サービスの利用を高める効果を持っていないことが示された。

　第5章，第6章では，公的医療保険制度の効果を評価する際に，客観的指標（医療サービスへのアクセス，医療費の自己負担）を用いている。それ以外，公的医療保険制度がどの程度国民の心理的満足度に影響を与えるのか。政府が社会政策を実施する目的の1つは国民の厚生（well-being）を高めることであれば，主観的指標とする国民のwell-beingに関する実証研究が必要となる。その問いにアプローチするため，第7章では，医療保険制度の加入が主

観的幸福度に与える影響に関する実証研究を行っている。男女別・就業部門別・地域別分析を行った結果，所得，個人属性などの他の要因が一定ならば，全体的に主観的幸福度に与える影響で医療保険の加入類型間の差異が顕著ではないこと，および医療保険制度に加入する際に，自己負担になるケース（商業医療保険，混合型医療保険）で主観的幸福度が低い傾向にあることがわかった。

　最後に［総括と展望］の終章では，各章の実証分析から得られた結論を取りまとめ，実証研究から示された現実の問題点を整理した後，政策的インプリケージョンを述べ，今後の研究課題を展望する。

第Ⅰ部
制度的研究
初期条件と関連する政策・制度

第1章
制度改革の初期条件および関連する政策・制度

　中華人民共和国建国後の中国の歴史は，社会環境，所有制構造，経済政策・制度の違いによって大きく計画経済期（1949〜77年），体制移行期（1978年〜現在）の2期に分けられている。一言で言えば，前者は社会主義の政治・経済のシステムが実施された時期であり，後者は政治的には社会主義の管理体制を維持しながら，経済システムに市場主義が導入・実施されている時期である。公的医療保険制度は各時期の社会環境，所有制構造および他の経済政策・制度に合わせて制定・実施されるものである。

　本書では，体制移行期の中国における公的医療保険制度の改革を焦点に当てるが，体制移行論，開発経済学の理論モデルによると，その制度改革は制度の初期条件[8]に関連し，また所有制構造，他の経済政策・制度，改革前の制度にも深く関わると考えられる。

　そのため，本章では，まず体制移行論，開発経済学の理論モデルに基づいて，本書の制度的研究のモデルを構築したうえで，(1) 経済発展と制度移行の初期条件，(2) 所有制構造，(3) 他の経済政策，(4) 社会保障制度の体系と公的医療保険制度の位置づけ，(5) 都市部と農村部の公的医療保険制度を整理し，制度改革の背景（前提条件）を明らかにする。

8　中兼（1999，2頁）によると，初期条件の狭義的概念とは出発時点における初期（発展）水準を指すことである。

第1節 経済発展,体制移行と初期条件に関する理論モデル

 中国経済は新古典派経済学だけでは説明できないところが多い。したがって,中国の公的医療保険制度改革の過程に生じた諸問題も,単なる新古典派経済学の理論モデルでは解釈できない。中国経済は経済発展と体制移行が同時進行している,というのがその主な理由である。言い換えれば,中国経済問題の本質を解明するためには,2つの視座から議論する必要がある(中兼 1999, 2002, 2010;馬 2010a)。そのため,本節では,経済発展と体制移行の2つの視座から,中国における公的医療保険制度に関する制度的研究のアプローチを提示する。

1. 体制移行と初期条件 —— 比較経済体制モデル

 体制移行と初期条件に関しては,Koopmans and Montias(1971)が1つの比較経済体制モデルを提唱している[9]。Koopmans‒Montias モデルによると,経済パフォーマンスあるいは成果(o: output)は,(1)式で示されるように,制度(s: system),政策(p: policy),環境(e: environment)の3つの要因の影響を受けている。

【Koopmans‒Montias モデル】

$$o = f(s, p, e) \tag{1}$$

 ここでいう環境要因(e)は(1)自然環境,(2)歴史・文化といった歴史的環境,(3)政治的環境,(4)初期条件(初期の経済発展水準)などの要因によって構成されている。

---

9 この部分は中兼(1999, 2頁)を参考にした。

2. 経済発展と初期条件 —— 中兼モデル

中兼（1999，2-3頁）は，経済発展と初期条件に関しては，Myint and Lal モデルによると，経済発展のパフォーマンスは初期条件[10]，制度組織，経済政策に関連すると説明している。ノース（1994）は，経済発展には「経路依存性（path dependency）」が存在することを指摘し，ノースのモデルでは，初期条件（過去の状況）は経済発展に大きな影響を与えると強調されている。そして，中兼（1999）は，Myint and Lal モデルおよびノースモデルに基づいて，（1）式で示される Koopmans-Montias モデルを修正し，以下のモデルを提唱している。

【中兼モデル】

$$o = f(s, p, d, e') \tag{2}$$

（2）式で追加した d は初期条件，e' は（1）式の e とほぼ同じであり，つまり自然的要因，文化的要因，政治的要因などを示す。また，（2）式の s は，過去の制度 s'，政策 p，初期条件 d，環境要因 e' によって決定される1つの内生変数である。こうした制度関数は，（3）式で示される。

$$s = g(s', p, d, e') \tag{3}$$

（2）式，（3）式は連立方程式であり，これらは構造型関数となっている。過去の制度 s' は操作変数として用いている。

ここに計量経済学で操作変数としての s' の妥当性を検証する必要があると考えられるが，中兼モデルの優れたところは，制度関数を用いて経済発展と初期条件との関係を明確化したことであろう。

---

[10] 中兼（1999，3頁）では，Myint and Lal モデルでの初期条件とは，「単に開発初期時点のパフォーマンスの水準といった狭い意味のそれではなく，過去から引き継いできたすべての遺産（historical legacies）を指している」と定義している。

3. 経済発展，体制移行と初期条件モデル —— 中兼モデルの拡張

さらに，中兼（1999）は，上記のモデルに基づいて経済発展と体制移行の過程モデルを提示している。本書は，中兼モデルに基づいて以下のような制度関数を設定し，公的医療保険制度に関する制度的研究を行う。

【本書モデル（中兼モデルの拡張）】

$$s = g(d, ow, p, S, s') \tag{4}$$

d：初期条件（経済発展水準，生産要素資源など）
ow：所有制構造
p：関連する経済政策（本書で扱うのは，財政政策，労働雇用・賃金政策）
S：制度体系（本書で扱うのは，社会保障制度体系）
s'：過去の制度（本書で扱うのは，計画経済期の公的医療保険制度）

(4)式で，初期条件 d（経済発展水準，生産要素資源など），関連する経済政策 p（本書で扱うのは，財政政策，労働雇用・賃金政策），過去の制度 s'（本書で扱うのは計画経済期の公的医療保険制度）は(3)式と同じである。ここに追加した新たな変数は，ow および S である。

ow は所有制構造を示す。所有制構造は政治体制に深く関連すると考えられる。体制移行は，経済体制の移行のみならず，政治体制の移行も含まれると考えられる。中・東欧諸国，ロシアのような体制移行国では，経済体制の移行は政治体制の移行によって誘発されたものとなっている。つまり，所有制構造が国家所有（公有制）から民間所有（私有制）へ移行することにつれて経済体制が大きく転換した。したがって，中国の公的医療保険制度の改革は，制度移行の1種として，所有制構造の改革（後に述べる国有企業の改革）の大きな影響を受けると考えられる。そのため本書では，所有制構造の改革を，公的医療保険制度改革の1つの要因として挙げている。

S は他の制度を示す。ある制度の存在は，性質が類似する制度グループ（制度体系）に属し，その制度グループにおける他の制度の影響を受けていると考えられる。たとえば，公的医療保険制度は社会保障制度体系の一部であり，

他の社会保障制度（公的年金制度など）の改革に関連すると考えられる。そのため，制度体系の構成を明らかにしたうえで，分析対象となる制度の位置づけを明確化できると考えられる。

第2節　公的医療保険制度改革の初期条件および関連する政策・制度

本節では，中兼モデルの拡張モデルに基づいて，公的医療保険制度改革に関連する5つの要因群，つまり（1）d：制度改革の初期条件（経済発展の水準，生産要素資源），（2）ow：所有制構造，（3）p：関連する経済政策（財政政策，労働雇用・賃金政策），（4）S：社会保障制度の体系と公的医療保険制度の位置づけ，（5）s'：歴史的遺産として改革前の公的医療保険制度（計画経済期における都市部と農村部の公的医療保険制度）を考察し，それらの要因と公的医療保険制度改革との関連性を検討する。

1. 制度改革の初期条件

(1) 経済発展水準

図1-1は，中国の経済発展水準を示している。実質 GDP 総額は 1980 年の 795.81 億元から 1997 年の 4147.75 億元，さらに 2014 年の 1 兆 9266.2 億元へと大幅上昇している。GDP 成長率は年 10％前後で推移している。体制移行期初期から公的医療保険制度改革時点までに，経済発展水準は大幅に上昇したが，制度改革の開始時点で，中国はまだ発展途上国であったことがわかる。

(2) 生産要素資源

労働，資本は経済発展の重要な生産要素である。まず，労働力の状況を検討する。人口状況は労働力資源に大きな影響を与えると考えられる。中国の人口変動については，各調査によって人口数が異なることが問題視されている（岳 2005）。図1-2に 1949 年から 2012 年までの人口総数の推移を示して

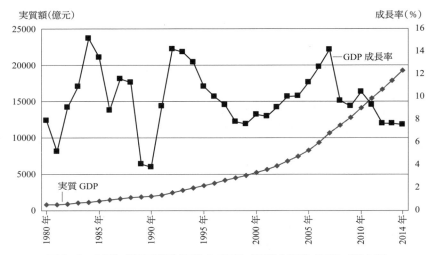

図 1-1　中国における実質 GDP と GDP 成長率の推移（1980〜2014 年）
出所：IMF - World Economic Outlook Databases に基づき作成。

いる[11]（南・薛・馬 2014）。計画経済期に，人口は 1949 年の 5 億 4167 万人から 1977 年の 9 億 4974 万人へと増えた。体制移行期に入っても人口増加が続いており，人口は 1978 年の 9 億 6259 万人から都市部における公的医療保険制度改革前年度（1997 年）の 12 億 3626 万人へ，そして 2010 年の 13 億 4091 万人へとさらに増加した。なぜ，中国で人口が増加しつづけるのか。計画経済期における人口増加促進政策以外の経済要因を考えると，人口転換理論によれば，経済発展とともに人口が変動し，一国人口の長期趨勢は高出生率・高死亡率の第Ⅰ局面から，高出生率・低死亡率の第Ⅱ局面を経て，低出生率・低死亡率の第Ⅲ局面に至る経験則が存在するため，開発途上国では多くの人口を抱える現象がよく見られると説明されている。中国の人口増加は人口転換理論に当てはまると言って良い。

図 1-3 に 1952 年から 2012 年までの就業者数をまとめている。計画経済期，就業者数は 1952 年の 2 億 729 万人（都市部 2486 万人，農村部 1 億 8243 万人）から 1977 年の 3 億 9377 万人（都市部 9127 万人，農村部 3 億 250 万人）

11　中国では調査ごとに人口統計数値が異なっている。各調査による人口推移の詳細に関しては，南・薛・馬（2014）を参照されたい。

第 1 章 制度改革の初期条件および関連する政策・制度

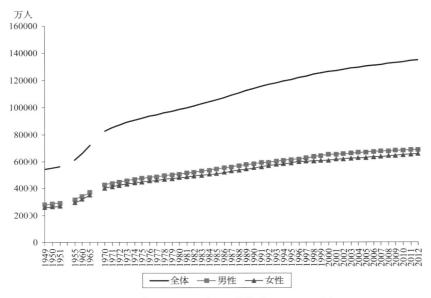

図 1−2　中国における人口の推移（1949〜2010 年）
出所：『中国統計年鑑 2013』3−1 表に基づき作成。

へと増加した。体制移行期には，就業者数は 1978 年の 4 億 152 万人から制度改革前年度（1997 年）の 6 億 9820 万人（都市部 2 億 781 万人，農村部 4 億 9039 万人）へとさらに増加した。計画経済期に比べ，体制移行期には，農村部においても都市部においても就業者数が増加しているが，就業者が増加する幅は，都市部の方が農村部より大きいことがわかる。

言うまでもなく，その主な理由は，経済発展とともに人口が増加すると同時に，工業化・都市化が進展し，農村から都市への労働移動が増加したことにある。ルイスの二重経済構造モデル（Lewis 1954）によると，一国の経済発展は，「過剰労働力（surplus labor）[12]」を抱える伝統部門（subsistence sector,

---

[12] ルイスの二重構造モデルは近代部門と非近代部門（伝統部門）の並存を仮定する。前者は利潤率極大原理が成立し，後者は労働の限界生産力が低いため，賃金はその伝統的社会を支配している「生存水準」で決まる。近代部門はその成長過程で非近代部門の労働力を雇用するが，それは一定水準で可能である（「無制限的労働供給」）。しかし非近代部門の労働力がさらに減少し，労働の限界生産力が生存水準を超えると，賃金は労働の限界生産力によって決定される。その時点が「転換点」に他ならない。転換点の労働力は「均衡労働力」と呼び，それを越える労働力をここでは「過剰労働力」と呼ぶことにする。ルイスは，労働の限界生産力をゼロとする労働力を過剰労働力と呼んだ。

27

第Ⅰ部　制度的研究

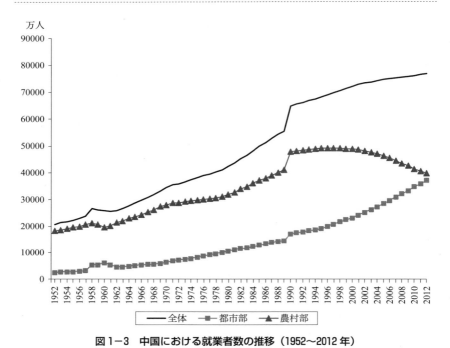

図1−3　中国における就業者数の推移（1952〜2012年）
出所：『中国統計年鑑』各年度版，中国人口センサス，All China Data Center のデータベースに基づき作成。

たとえば農村農業）が支配的な経済のなかに，生産性が相対的に高い近代部門（capitalist sector，たとえば都市工業）が出現して生産を拡大し，近代部門が伝統部門の過剰労働力を吸収しながら発展していく過程であり，過剰労働力が消失するまで労働力は伝統部門から近代部門に供給され，ある時点で過剰労働力の全部が近代部門により吸収され，転換点（turning point）を迎える」と説明されている[13]。つまりルイスのモデルでは，工業化・都市化（近代化）の進展とともに，都市部における第二次産業（たとえば都市工業）の就業者数が増加する傾向にあると考えられる[14]。図1−4によると，第一次産業

---

[13] 中国経済におけるルイスの転換点に関する実証研究については，南・馬（2009, 2010, 2014），Minami and Ma（2010, 2012, 2014）などを参照されたい。

[14] 農村から都市への労働力移動によって，経済発展に伴い，一国の産業構造の比重が第1次産業より第二次産業へ，ついで第三次産業へ移るという経験法則を「ペティ＝クラークの法則」と呼ぶ。

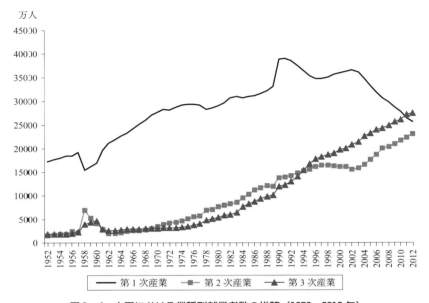

図1-4　中国における業種別就業者数の推移（1952～2012年）
出所：『中国統計年鑑』各年度版，中国人口センサス，All China Data Center データベース に基づき作成。

　就業者数は1952年の1億7317万人から1991年に3億9098万人とピークになった後，減少しつつあり，2012年に2億5773万人となった。一方，第二次産業就業者数が1952年の1531万人から2012年の2億3241万人へ，第三次産業就業者数が1952年の1881万人から2012年の2億7690万人へと大幅増加している。中国で経済発展とともに産業構造が転換し，就業者構造も変化したことが示された。

　上記の人口状態，産業別労働力の変動をみると，中国で労働力資源が豊富になることは，体制移行期における労働集約型産業が発展した重要な原因であり，また農村部における過剰労働力の労働移動によって，都市部における労働集約型産業に大量かつ安価な労働力を提供できたことは，中国の経済成長に大きく貢献したといえる。しかし，労働移動に伴い，公的医療保険制度を含む社会保障制度における都市と農村間の格差問題が顕在化した。これらの問題に関する議論は，第3章，第5章で行っている。

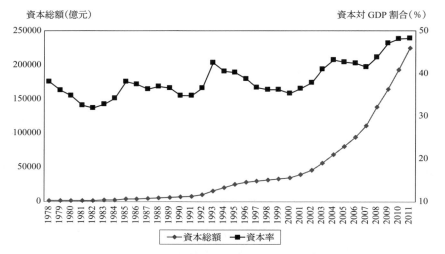

図 1-5　中国における資本総額および資本率の推移（1978～2011 年）

出所：『中国統計年鑑』2007 年，2012 年。
注：1）資本対 GDP 割合（資本率）は資本総額の当年 GDP 総額に占める割合。
　　2）GDP は支出法によって計測した GDP（名目）。
　　3）1999 年の国際収支バランスシートのデータが変化したため，それに基づいて 1998 年 GDP 総額に対する調整を行った。

　次に，資本資源の重要性であるが，開発経済学では，一国の経済発展初期においては，資本不足によって投資が不足し，経済発展レベルが低い状況から脱出できないという悪循環に陥る，「低水準の罠」問題が存在することが指摘されている。図 1-5 によると，中国における体制移行初期（1978 年）の資本総額はわずか 1377.9 億元であった。改革開放以降，政府は外資系企業誘致政策や輸出志向工業化戦略を促進した結果，1997 年に資本総額が 2 兆 9968 億元へと約 20 倍増加した。資本対 GDP 割合（資本率）は 1978 年の 38.2％から 1997 年の 36.7％へ小幅低下したが，その後 2000 年代に上昇し，2014 年の資本率は 48.3％となっている。体制移行期には，資本率が 40％前後で推移しており，経済成長は資本投資に大きく依存することが示された。[15]

15　近年，中国経済は資本投資の依存度が高く，国内消費が低く，経済成長はアンバランスであるという問題がよく指摘されている（王 2009）。

2. 所有制構造

　計画経済期には，重工業優先発展政策を実現させるため，すべての資源は政府によって配分することが必要となった。資源配分権を確保するため，政府は建国初期の1949年から1956年まで「社会主義改造」運動を行い，所有制構造の改革を実施した。以前の官僚資本をすべて没収し，外資系企業および国民党政府の官僚資本系企業，国民経済に大きな影響を与える大企業，大銀行はすべて国有化し，国民経済を左右する重要な資源はすべて国家所有（公有制）とした。こうした所有制構造の改革によって，1956年までに民営企業・外資系企業のすべてが消滅した。所有制形態は，単一な国有部門（政府機関，事業部門[16]，国有企業，集団企業）となった。

　計画経済期の工業における企業所有制形態別企業数の構成比の推移を**表1－1**にまとめている。建国初期1949年時点で，工業の所有制構造の主たるものは，民営・外資系企業（55.8％）であった。国有企業の割合は約3分の1となっていた。「社会主義改造」運動を経て，国有企業の割合は，1949年の34.7％から1956年の67.5％へと大幅に上昇した。一方，民営・外資系企業の割合は1949年の55.8％から1956年の0.0％へと大幅低下し，1956年には民営・外資系企業は全廃された状況となった。つまり1956年には政府がほとんど全ての権限を握り，土地，生産設備およびその他の資産もすべて国有化されていた。その結果，資本や労働の配分，設備投資計画等はすべて国家が決定し，国有企業は定められた計画を実行することとなった。

　その時期の国有部門は，管理機関によって3種類に分けられる。

(1) 中央政府に属する部門：中央政府は直接その部門をコントロールし，中央政府が企業の経営と管理の権限を持つ。中央政府が資金調達を行い，企業利潤はすべて中央政府に上納する。
(2) 中央政府経営・地方政府管理型：中央政府が所有権を持つが，地方政府が管理・監督権を行使し，企業利潤はすべて中央政府に上納する。

---

[16] 中国において「事業部門（中国語で「事業単位」）」とは，国が社会公益を目的とし，国の機関，またはその他の組織が国有資産を利用し，教育・科学技術・文化・衛生等の活動に従事する組織である。たとえば，学校，医療機関，研究機関がそれにあたる。

表1−1 計画経済期の工業における所有制形態別企業数の構成比の推移（1949〜1956年）

(単位：%)

年次	国有企業	合資企業等	民営・外資系企業	合計
1949	34.7	9.5	55.8	100.0
1950	45.3	17.8	36.9	100.0
1951	45.9	25.4	28.7	100.0
1952	56.0	26.9	17.1	100.0
1953	57.5	28.5	14.0	100.0
1954	62.8	31.9	5.3	100.0
1955	67.7	29.3	3.0	100.0
1956	67.5	32.5	0.0	100.0

出所：国家統計局（1959），32頁に基づき作成。

（3）地方政府に属する部門：地方政府は直接その部門をコントロールし，地方政府が経営と管理の権限を持つ，地方政府が資金調達を行い，企業利潤はすべて地方政府に上納する。

また，国有部門は，国家の計画に基づき具体的な生産活動を行い，従業員に対して賃金を支給すると同時に，生活保障・福祉の提供も従業員に対して行っていた。国有部門が政府の一部の役割を代行して，従業員に生活保障・福祉，労働保険を提供することは，計画経済期における社会保障制度の特徴である。たとえば，中国語の「麻雀雖小，五臓具全」（すずめは小さくても，臓器は全て揃っている）の諺で言われるように，国有企業がそれぞれ小さな社会のような存在であり，社内で病院，保育所・幼稚園，学校，社宅，社員食堂などのサービスを提供することを通じて，従業員に対してあらゆる生活保障を行うと同時に，公的医療保険を含む労働保険制度も実施していた。

一方，体制移行期には，国有企業の改革が促進されると同時に，非国有部門（たとえば，民営企業，外資系企業）が発展してきた。体制移行期の工業における所有制形態別企業数の構成比の推移を**表1−2**に示している。1993年，1997年の統計対象は企業全数であるが，2010年の統計対象は企業規模の経営収入が500万元以上の企業となっている。したがって厳密的には1997年前後の比較ができないが，他の代替できるデータがないため，ここに国家統計局の公表データを用いて体制移行期の工業における所有制形態別企業数の割合

表1−2 体制移行期の工業における所有制形態別企業数の構成比（1993～2010年）

(単位：％)

	1993	1997	2010
国有企業	1.1	1.2	2.0
集団企業	18.2	22.4	2.1
民営・外資系企業	80.4	75.4	77.7
その他	0.3	1.0	18.2
合計	100.0	100.0	100.0

出所：『中国統計年鑑』1998年，2011年に基づき作成。
注：1）1993年，1998年統計対象は企業全数。2010年統計対象は企業規模の経営収入が500万元以上の企業。
　　2）その他：国有企業，集団企業，民営・外資系企業以外の企業。

の変化の傾向を検討する。表1−2で示されたように，1990年代以降，工業の主な所有制構造は，民営・外資系企業（1993年80.4％，1997年75.4％，2010年77.7％）となっている。国有企業の割合はわずか1～2％（1993年1.1％，1997年1.2％，2010年2.0％）にすぎない。集団企業の割合は1993年18.2％，1997年22.4％から2010年の2.1％へと大幅低下した。

　表1−1と表1−2を比較してみると，計画経済期，体制移行期によって，所有制構造が異なり，体制移行期に民営・外資系企業数が大幅上昇することによって，国有企業の割合が激減した。体制移行期に，民営・外資系企業が新たな所有制形態として発展した（あるいは計画経済初期の多様な所有制形態の状態に戻った）が，民営・外資系企業に勤める労働者は，計画経済期に実施された公的医療保険制度の適用対象ではなく，これらの労働者の一部が無医療保険者となる問題が生じた。この問題を含めて，1998年に，都市部で公的医療保険制度の改革が行われた。

3. 関連する経済政策

　公的医療保険制度は経済政策の一部であるため，他の経済政策の影響を受けると考えられる。紙幅の制約上，以下では主に公的医療保険制度に直接関連する2つの経済政策（財政政策，労働雇用・賃金政策）およびその変化について述べる。

(1) 財政政策

　公的医療保険制度財源の一部は政府によって負担されるため，公的医療保険制度は財政政策に関連すると考えられる。

　計画経済期の財政政策の特徴に関して，賈（2009）は，(1) 中央政府集権型財政管理（「統収統支」），(2) 非税収の収入が財政の主な収入源となること，(3) 財政管理には国家管理の手段としてあらゆる領域に影響を与えることを挙げている（賈 2009，118～119 頁）。また，梶谷（2011）は，計画経済期の財政制度は，「中央・地方財政双方の支出・収入を中央政府が統一的に管理する「統収統支」方式を出発点とする。具体的に説明すると，以下のようなソ連型の高度に中央集権化された方法によって，財政資金の統一的な管理が行われた。①一切の収支項目，支出方法と支出指標をすべて中央が統一的に制定する。②一切の財政収支はすべて国家予算に組み入れて，収入は全部中央に上納され，支出は中央から支給され，年度末の剰余金も基本的にはすべて中央に上納される。③財政的権限は中央と大行政区に集中されるが，中央を主とする」と指摘している（梶谷 2011，29 頁）。その時期，国有部門にける資金調達，生産要素に対する資金配分はすべて国家財政によって管理されていた。国防，外交，行政経費などの政府消費以外，教育，医療などの社会公共サービス事業も政府財政管理の一部となっていた。銀行は貨幣調整機能を失って，ただの国家財政の窓口となっていた。ただ，中央政府集権型財政管理（「統収統支」）は，厳密にいえば，1950 年代初期の経済復興期と文化大革命の 1968 年にしか実施されなかった。その他の時期は，中央主権と地方分権の混合型の財政管理システムが実施されていた（梶谷 2011，29～31 頁）。

　計画経済期における公的医療保険制度の財源に関して述べると，計画経済期に都市部で実施された公的医療保険制度の財源は，すべて国家財政によって賄うこととなった。一方，農村部では農村合作医療制度が実施されていたが，それは共済互助型の医療制度で，財源調達は人民公社や農民自身となり，中央政府による公的投資はほとんど行われていなかった。体制移行期に公的医療保険制度が改革されるまで，この制度は既に都市部と農村部のような居住する地域（あるいは戸籍身分）によって分断されていた。

体制移行期,国有企業の改革に伴い,財政政策の改革が行われた[17]。その改革の主な流れは(1)1980〜1988年に国営企業改革に伴って行われた税制改革,(2)1988年以降の財政管理における中央政府と地方政府間の財政関係の調整(地方政府の財政請負制の導入など),(3)1994年からの分税制の3つであった。

具体的に説明すると,まず,国有企業の改革に伴って,全面的な税制改革が実施された。それまでの国有企業の利潤上納の方法を改め企業所得税とするもので,利潤の35%は比例税として上納されるが,国有企業の利益留保は可能となった。国有企業が生産経営所得およびその他の所得について納付する企業所得税として,国有企業所得税が導入された。1983年の第一次「利改税」までは,国有企業は利潤上納のみを行い企業所得税は納付していなかった。1983年6月から,中国政府は大部分の国有企業に企業所得税を納付する義務があると規定した。企業所得税を納付した後の利益に対しては,国家が利益請負,固定比率での上納,利潤調節税,定額上納などの形で利益配分を行っていた。

次に,1988年以降,多様な地方政府財政請負制度が実施されていた。たとえば,「収入増加請負制」,「総額分担請負制」,「収入増加請負制+総額分担請負制」などが導入されていた。地方政府税制請負制度の実施は,地方政府の経済活動にインセンティブを与えたが,財源における地域間の格差が広がる一因となった(王 2009,123頁)。

また1993年12月15日,国務院は「分税制財政管理体制の実施に関する決定」を公布し,1994年に「分税制」改革が行われた。「分税制」によると,中央政府と地方政府の事務権限および支出の区分は以下のように規定された。

第1に,中央財政支出には,国防費,武装警察経費,外交および対外援助支出,中央レベルの行政管理費,中央統括の基本建設投資,中央直属国有企業の技術改造・新製品試作費,地質調査費,中央の扱う農業支援支出,中央が負担する公安局・検察院・法院支出と文化,教育,衛生,科学等の各種事業支出が充てられる。

---

[17] 体制移行期の中国財政政策改革に関しては,伏見・姜・江(1999),賈(2009),梶谷(2011)などを参照されたい。

第2に，地方財政支出には，地方レベルの行政管理経費，公安局・検察院・法院支出，武装警察経費の一部，民兵事業費，地方管轄の基本建設投資，地方企業の技術改造・新製品試作経費，農業支援支出，都市維持・建設経費，地方の文化，教育，衛生，科学等の各種事業費，価格補助支出等が充てられる。
　「分税制」を通じて，中国の税制は中央税，地方税，中央地方共有税の3つに明確に分けられることとなった。中央政府と地方政府間の財政関係のあり方は，地方政府財政請負制から中央と地方の財政分権化に変化した。それに伴って，財政収入・支出における地域間の格差が大きくなり，公的医療保険を含む社会保険基金財源における地域間の格差が存在すると考えられるが，これらの問題に関しては，本書第3章で詳しく検討する。

(2) 労働雇用・賃金政策

　計画経済期，国有部門では，労働雇用は国家によって保障され，企業は解雇する権限を持たなかったため，一旦国有部門に雇用された者は完全な終身雇用者として保障されていた。また，政府は統一管理賃金政策を実施した（Bowles and White 1998；山本 2000；丸川 2002；馬 2011a, 2014a）。例としては，1951年，1956年に政府は2度にわたる賃金制度の改革を行い，国有部門で職務等級賃金制度を導入・実施した。職務等級賃金制度の実施を通じて，国有部門における賃金水準，および昇給の時期，昇給の幅，昇給者数などはすべて政府によって決定されることとなった。つまり，職務等級賃金制度は政府の統一管理賃金政策を貫徹する手段として実施された。
　終身雇用，平等主義の賃金制度などの統一管理労働雇用・賃金の実施により，建国以前に見られた都市部における高失業率，地域別・企業所有制別の混乱した賃金水準は一定程度改善されたが，統一管理労働雇用・賃金政策は企業と労働者の両者に対してインセンティブ効果をほとんど持たないため，労働者の労働意欲は低く，企業の生産性・効率性も低かった。このような問題を解決するため，体制移行期には政府が統一管理労働雇用・賃金政策に関する規制緩和を行い，それに関連して一連の新しい労働政策を制定・実施した。
　労働雇用の改革に関しては，まず，1978年国有企業で「労働契約制度」が実施された。1980年以降，国有企業が徐々に労働雇用の決定権を持つことに

第1章 制度改革の初期条件および関連する政策・制度

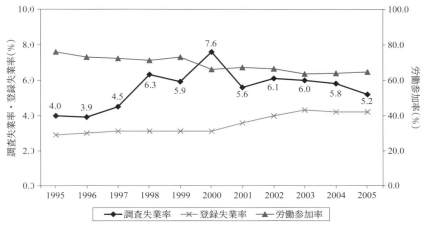

図1-6 中国における失業率の推移（1995～2005年）

出所：1）登録失業率，労働参加率：『中国人口統計年鑑』，『中国労働統計年鑑』，『中国統計年鑑』，2005年1％人口センサス調査。
　　　2）調査失業率：蔡（2009，87頁表3-2）。

なった。また1990年代後期に，所有制構造の改革が促進されると同時に，国有企業の雇用調整を行い，国有企業における一部の労働者がリストラされ，レイオフ失業者（中国語で「下崗者」と呼ぶ）となった。図1-6に1995年から2005年にかけて中国における失業率の推移を示している。国家統計局が登録失業率[18]を公表したが，この指標は中国の失業状況をよく反映していないことが指摘されているが，登録失業率が1990年代の約3％から2000年代の約

18　国家統計局の定義によると，登録失業率とは，登録失業者が都市部における就業部門に勤める就業者（出稼ぎ労働者，退職後の再就職者，外国人労働者および香港・台湾・マカオの就業者を除く），国有企業のレイオフされた者，個人企業の経営者，民営企業の経営者，個人企業と民営企業の雇用者と登録失業者の合計値に占める割合である。登録失業者とは，都市戸籍を持つ一定の年齢（16歳～定年退職年齢）の者で，仕事に従事していないが，労働能力はあり，しかも就業意欲を持っている者であり，また現地の就職センターに求職するために登録をした者（たとえば，国有企業のレイオフされた者，新規学卒の失業者，その他の失業者など）とされている。したがって，在学中の者と進学を待つ者，国が規定した定年退職の年齢に達した者（あるいは国が規定する定年退職年齢に達していない早期退職者・離職者），農村戸籍を持つ出稼ぎ労働者など，登録失業者の定義に一致していない者はこれに含まれない。また，定年退職年齢に関しては，中国労働基準法によれば，国有部門の定年退職年齢は，幹部の場合，男性が60歳，女性が55歳であり，工人の場合，男性が60歳，女性が50歳である。ただし，早期退職の年齢を45歳とする国有企業は多い。そのため，登録失業者で国有企業における45歳以下のレイオフされた者が多い。

4％へと上昇し,また国際的定義に近い調査失業率[19]は1995年の4.0％から2000年の7.6％と上昇した。国有企業の雇用調整によって,都市部で失業者が増加したことが示された。

レイオフ失業者が離職した後の最初の3年間は,企業は公的医療保険を含む社会保障制度の保険金を納付し,レイオフ失業者は就業者と同じような社会保障を受けることができるが,その後,レイオフ失業者は通常の失業者(レイオフ失業者に係る人事関係,社会保障などは元の国有企業より完全に切離される)になり,社会保険納付・支給の管理は公的再就職斡旋センター(その後失業者向けの社会保険部門に変更)に移り,社会保障制度に関連する諸保険金はすべて自己負担となる。つまり,国有企業の労働雇用政策の改革によって,無医療保険者が増加し,都市部で従来の「国民皆保険」制度が崩壊したのである。

一方,体制移行期には非国有部門が発展してきた。そのきっかけとなったのは,主に以下の3点にある。

第1に,1980年以降,政府は「輸出志向型」の開発戦略を採用し,外資誘致政策を実施したことにより,外資系企業が増加した。

第2に,1980年に農村土地請負制度が実施された後,農村部で農村個人企業や民営企業に近い郷鎮企業が発展した。

第3に,都市部においても,都市戸籍住民の失業問題[20]を解決するため,個人企業・民営企業の発展が促がされた。

その結果,都市部では,体制移行初期(1978年)から公的医療保険制度の改革開始前年度(1997年)にかけて,就業者数が4億152万人から6億9820万人へと上昇した。そのうち,雇用者数は国有部門が7451万人から1995年

---

19 調査失業率は国際的定義にしたがって,16歳以上で,労働能力があり,かつ以下の3つの条件を満たす者,つまり,第1に,調査期間の1週間前において,労働報酬あるいは経営利潤を得るための仕事に従事していない者,第2に,ある特定の期間に,何らかの方法で仕事を探している者,第3に仕事を見つければ,一定の期間内に就業できる者,あるいは自営業を起業できる者,を失業者とする。
20 都市部で,1980年代の失業者の主体は農村に派遣した中高学歴者(「知識青年」)であった。彼らの多くが農村から都市に帰ってもすぐ仕事を見つけられず,失業者となった。1990年代の失業者の主体は国有企業の改革が行われる際にリストラされた労働者である。この問題を解決するため,政府は個人企業・民営企業に対する規制緩和を行い,非国有部門の発展を促進した。

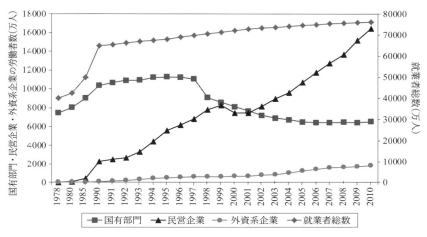

図1-7 中国における所有制形態別労働者数の推移（1978〜2010年）
出所：『中国統計年鑑2011』に基づき作成。
注：1）就業者総数は右目盛，国有部門，民営企業，外資系企業は左目盛。
　　2）就業者総数は都市部と農村部における就業者の合計値。

の1億1261万人へと上昇した後，年々低下し，1997年に1億1044万人となった。一方，非国有部門就業者は大幅に上昇した。具体的には，民営企業では1978年の15万人から1997年の6791万人，外資系企業では1978年の0人から1998年の581万人へと上昇した。1998年以降，国有部門就業者数がさらに減少し，2010年に6516万人となり，体制移行開始期（1978年）に比べて国有部門就業者は減少したことがわかった。一方，民営企業就業者は著しく上昇し，2010年に1億6425万人となっており，また外資系企業就業者数も上昇し，2010年に1823万人となっている。都市部で，公的医療保険制度改革が始まる前に就業者全体に占める割合は国有部門が最も多かったが，その後，民営企業就業者の割合が最も多くなっている（**図1-7**）。

　賃金政策の改革[21]に関しては，まず，1980年代に，国有企業の賃金制度に関する新たな規定が公布され，国有企業での基本給は政府により管理されるものの，それ以外にボーナスの支給が可能となった。
　次に，国務院が「国有企業賃金改革の問題に関する通知」（1985），「企業改

21　体制移行期における賃金政策の改革に関する詳細な記述は，馬（2013, 2014）を参照されたい。

革を促進させ，企業活力を強めることに関する若干の規定」(1986)，「企業賃金総額と経済効果をリンクさせる試み」(1987)，「賃金と経済効果とのリンクを一層進める意見に関する通知」(1989) を公布し，政府は国有企業の賃金総額が企業の経営状況に連動する賃金政策を実施した。続く 1990 年代には，市場経済化の改革において，国有企業における所有制構造の改革が最も重要な課題となった。その改革に伴って政府は国有企業の賃金総額をコントロールすると同時に，国有企業に賃金決定の自主権を与える賃金政策の実施を促進した。1992 年 6 月，国務院は「全人民所有制工業企業経営メカニズム転換条例」を公布した。従来，労働者の賃金・労働雇用については，国有企業は自主権を持たず，政府部門のコントロールを受けていた。同条例は，一定の制限はあるが，政府がはじめて，賃金・労働雇用の決定権を国有企業に与えるものであった。しかし，国有企業が賃金決定の自主権を持つことにより，政府に上納する国有企業の利潤が大幅に減少した一方，企業の経営者および労働者に支給する労働報酬は大幅に上昇した。この問題に対応するため，1993 年 7 月，労働部が「企業賃金総額のマクロコントロールを強化する意見に関する通知」を公布し，同年 10 月には「国有企業の賃金総額と経済効率をリンクさせることに関する通知」を公布，また 1995 年 11 月には国家統計局が「賃金総額の構成に関する規定」を公布した。これらの法規では，賃金総額の構成に関する具体的な内容が明確に規定され，政府が国有企業の賃金総額をコントロールし，統一管理賃金政策を再び実施強化した。

　また，2000 年代に，政府は労働政策・法律の制定・実施をさらに促進すると同時に，労働市場に関するマクロコントロールを強化している。たとえば，2004 年 1 月，労働・社会保障部が「最低賃金規定」を公布し，2007 年 6 月，労働・社会保障部が「最低賃金制度を完備させることに関する通知」を公布し，最低賃金の適用対象，最低賃金基準の設定などが明確に規定された。さらに，2007 年 6 月，労働・社会保障部が「労働契約法」を公布した。同法は 2008 年 1 月から実施された。また 2008 年 5 月，労働・社会保障部が「労使紛争調停仲裁法」を実施した。両法では雇用，賃金，労働争議などに関する具体的な事項が記され，賃金の集団協議制度の実施が促進された。

4. 社会保障制度の体系と公的医療保険制度の位置づけ

　まず，計画経済期における社会保障は，重工業優先発展政策を実現させるため，都市戸籍住民[22]を適用対象として作り上げ実施された制度であった。その時期の社会保障制度は，主に①社会扶助，②社会福祉，③軍人優遇制度，④労働保険の4種類に分けられる（**図1-8**）。

　①社会扶助制度には，自然災害等によって生活困難に陥った者や身寄りのない貧困者などの生活を保障する，最低生活保障制度（日本の生活保護制度に類似する）があった。また，家屋救済（自然災害等の理由で住居を失った者に対して，政府が住宅建設資金の一部を給付する），医療救済（貧困世帯に対し医療費を給付する。），以工代賑（被災民と生活貧困者を土木工事等に従事させ賃金を支払う形で援助する）等の社会救済制度も実施されていた。

　②社会保障制度だが，この点では女性，児童，障害者などの社会弱者を対象とする社会福祉制度があった。児童福祉，女性福祉，障害者福祉の諸制度が実施されていた。

　③革命に貢献した者や軍人に対して行われる社会優待制度（軍人優遇制度）が存在していた。軍人優遇制度によって，軍人に対する生活補助，退役の際に良い就職先を斡旋するサービス，軍人保険などが提供されていた。

　④社会保障制度における諸制度の中では，労働保険の影響が最も大きかった。公的医療保険制度は労働保険の1種であった。

　保険金の財源別に見れば，①，②および③は国家保障，④は労働保険となっていたが，労働保険は政府の身変わりとしての国有部門が提供したものであるため，労働保険も国家保障の1種であっただろう。したがって，計画経済期の社会保障制度はほとんど国家保障といえる。ただし，前述したように

22　現在までの中国では，国民は戸籍制度によって都市戸籍住民と農村戸籍住民に分けられている。戸籍制度とは，狭義には1958年の「戸籍登記条例」と1964年の「戸籍転出入規定」に基づく一連の法規であり，広義には1958年から現在までに実施された人口登録制度である。戸籍の違いによって労働雇用・社会保障・教育・医療制度が異なり，都市戸籍住民は政府政策によって優遇されている。たとえば，1960年代に戸籍制度に基づいて都市戸籍住民に対する食糧配給制度が実施された。また80年代までは原則として農村戸籍を持つ者は都市部に行くことを制限されていた。戸籍制度が改革されたのは80年代以後のことである。

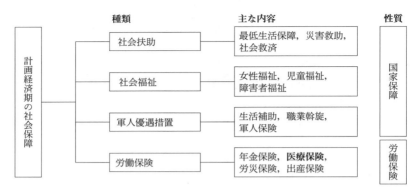

図1-8 計画経済期における社会保障制度の体系

出所：筆者作成。

　その時期に実施されていた社会保障制度の適用対象は都市戸籍を有する者であった。医療保険制度は都市部と農村部によって異なっていた。[23]

　体制移行期には，財政，労働雇用・賃金などの経済政策や所有制構造が改革されると同時に，社会保障制度が改革され，それらの制度は「政府・企業保障」（＝「国家保障」）から「社会保険」へと大きく転換した。体制移行期の中国における社会保障制度は，主に①社会扶助，②社会福祉，③軍人優遇，④社会保険，⑤その他の5種類に分けられている（図1-9）。その中に，社会扶助，社会福祉，軍人優遇は計画経済期の諸制度に類似する。

　制度上の大きな変化は以下の4点にまとめられる。

(1) 国有企業の改革の進展とともに社会保障制度が改革され，年金保険，医療保険，労災保険，出産保険は労働保険から社会保険へと変更した。
(2) 失業保険が新たな制度として実施された。
(3) 私的保険（商業保険など），企業補助保険，住宅補助制度（たとえば公

23　計画経済期に，重工業優先政策を実現することを目的として，労働力を農業に引き止めて食糧生産を確保し，物資が欠乏する都市への人口の集中を避けるため，農村部と都市部を隔離する社会制度が出来上がった。戸籍制度はその代表的制度の1つである。農村部から都市部への労働移動を防ぐため，政府は1951年に「都市戸籍管理暫定条例」，1953年に「口糧制度」，そして1958年に「戸籍管理条例」を公布し，それらの規定・法律は戸籍制度の基本になっている。中国国民は農村戸籍と都市戸籍に分けられ，農村戸籍を有する者は，都市部に移住しても都市戸籍を取得できず，都市部で実施された社会保障制度（たとえば，公的医療保険制度）は適用されないことになった。

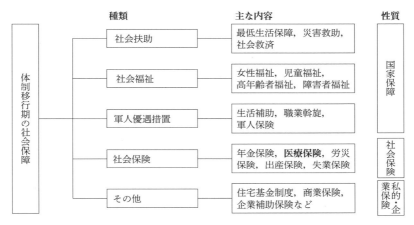

図1-9 体制移行期の都市部における社会保障制度の体系
出所:筆者作成。

立住宅積立制度,安価賃貸住宅制度)などの新しい制度は社会保障制度の一部となった。
(4) 農村部で新型合作医療制度が導入・実施された。その中に,都市部のみならず,農村部も含まれ,社会保険の一部としての公的医療保険制度の改革は注目されている。

5. 計画経済期における公的医療保険制度

(1) 計画経済期の都市部における公的医療保険制度

計画経済期の都市部では,公的医療制度は,労働保険医療制度と公費医療制度の2つから成り立っていた(**図1-10**)。

①労働保険医療制度

前述したように,計画経済期の中国は,重工業優先発展政策を実現させるため,1956年まで「社会主義改造」運動を行い,所有制構造の改革を通じ,個人企業・民営企業・外資系企業のすべてが消滅した。所有制形態は,単なる匡有部門(政府機関,事業部門,国有企業,集団企業)となった。政府が

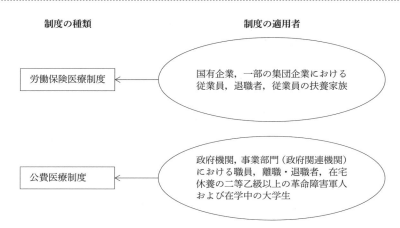

図 1−10　計画経済期の都市部における公的医療保険制度
出所：筆者作成。

ほとんど全ての権限を握り，土地その他の資産もすべて国有化されていた。資源や労働の配分，設備投融資計画等はすべて国家が決定し，国有部門は定められた計画を実行することとなった。生産額，設備投資額，労働者雇用などを企業等が自ら決定する日本と欧米の企業とは著しく異なっていた。つまり，計画経済期の中国では，政府が資本主義社会における企業の役割の大部分を担っていた。一方，国有部門は政府の代行者として従業員に生活保障・福祉，労働保険を提供していた。

労働保険医療制度の前身は，1930年に中央ソビエト管轄地域で実施された「労働暫定法」である。その法で，長期雇用者が病気に罹るとき，雇用主が医療費およびお見舞金の一部を負担すると規定された。中華人民共和国が成立した（1949年）後，政府は1951年2月に「中国労働保険条例」を公布した。1953年に制度の一部が修正され，「労働保険条例」として公布された[24]。

適用対象は主に都市部における国有企業，一部の集団企業に勤務する従業員および退職者であり，また企業は従業員の扶養家族に対しても医療費の5割を負担するようになった。その受給者数は1953年時点に1100万人であっ

---

[24] 中国国務院が公布した1951年労働保険条例と1953年労働保険条例の比較（制度修正前後の比較）に関しては，張・徐・康（1992），中華人民共和国労働部総合計画与工資司（1996）を参照されたい。

たが，1990 年代初期に 1.37 億人に増加した。

　労働保険医療制度の財源については，労働保険医療制度の保険金は，1951 年では企業における従業員の賃金総額の 3％ と設定されたが，1957 年に 4.5～5.5％ までに引き上げられた。制度が実施された当初，徴収した保険金が賃金総額に占める割合は業種によって異なっていた。たとえば，重工業，林業，鉄道，交通産業が 7％，軽工業，紡績，郵政通信，貿易等が 5％ となっていた。その後，政府財源が良くなってきたため，徴収割合は重工業，林業では賃金総額の 5.5％ に，軽工業，紡績，鉄道，郵政通信，農業，建設産業では 5％ に，貿易業では 4.5％ に引き下げられた。天引きによって企業が労働者の労働保険医療の保険金を納付する形式となった（現在の日本で企業が従業員の医療保険金を納付する形式に類似する）が，その時期に企業の生産活動・労働雇用・賃金などはすべて国家によってコントロールされるため，企業が納付する医療保険金は国家に上納する上納金の一部であった。したがって，50 年代に実施されていた労働保険医療制度は「国家保障」といえる。

　労働保険医療制度の資金管理について説明すれば，社会主義建国当初には中華全国労働総工会（労働組合連合）がその最高指導機関であり，各級地方政府の労働行政部門がその監督機関であった。しかし，「文化大革命」運動が起こった後（1967 年以降），中華全国総工会の管理機能が麻痺し，労働保険医療制度は「国家保障」から企業ごとに自己管理する「企業保険」制度に変わった。1969 年に，政府の財政部は，企業の奨励金基金と医療費の両方を統一して「企業従業員福祉基金」とした。従業員の賃金総額の 5.5％ を従業員福祉基金の資金として徴収し，医療保険の財源は企業の福祉基金および営業外支出となったが，不足部分は企業利益から繰り入れるようになった。

　労働保険医療制度による医療費給付に関しては，以下のように規定された。労働保険医療制度に加入した労働者が企業の医療機関あるいは指定医療機関で受診・入院して治療を受ける場合，医療費はほとんど企業によって負担されるが，その一部は個人で負担することとなった。具体的に説明すると，労働保険医療加入者が病気になったとき，企業が労働者の治療費，手術費，一般薬剤費，高価な薬剤費，女性労働者の妊娠検査費・分娩時の助産費を負担する。一方，労働者個人は診察料，入院食事費，入院交通費，自費薬剤費（栄

養補給剤など）を負担する。ただし，労働者およびその扶養家族（配偶者，16歳未満の未成年の子ども，仕事・勤労所得を持たない両親など）が所属する企業の医療機関で診療を行う場合，診察料は無料となる。また，企業は労働保険医療制度に加入した労働者の扶養家族に対して，5割前後の医療費を負担する。

②公費医療制度

公費医療制度は，1952年6月に政務院（国務院の前身）が「全国各級人民政府・党派・団体およびその所属事業機関の政府職員に対する公費医療予防の実施に関する指示」を公布した。これは公費医療制度に関する最初の法規である。

適用対象は各級政府部門および事業部門（文化・教育・医療・研究などの政府部門に関連する機関）の職員，離職・退職者，在宅休養の二等乙級以上の革命障害軍人および在学中の大学生である。公費医療制度の被保険者数は，1952年には400万人しかいなかったが，1957年には740万人，さらに1980年には1425万人へと増加した。

公費医療制度の財源については，公費医療制度に関連する経費はすべて国家財政予算により負担するものであり，つまり公費医療制度は「国家保障」であった。各級財政部門は政府が決めた定額基準（公費医療制度の加入者に，決められた1人あたり一定金額の医療費）にしたがって，政府部門および事業部門の定員数に応じて公費医療の経費を分配した。定額基準は，1961年まで年間18元だったが，1979年に70元となり，1993年に150元（直轄市に206元）となった。

公費医療制度の管理の仕組みについては，公費医療制度の最高管理機関は公費医療管理委員会であった。その下に公費医療事務室が設けられていた。公費医療事務室を通じて，公費医療の経費を管理し，運用することとなっていた。

公費医療制度による医療費給付については，公費医療管理委員会は受給対象機関（被保険者の勤務先）の請求に応じて医療費を給付することとなっていた。公費医療制度の被保険者は指定された医療機関で診察・治療を受ける

と，医療費の全額は病院側から受給対象機関に定期的に請求され，被保険者は医療費を支払う必要がなかった。受給対象機関に請求した医療費が定めた定額基準を超える場合は，財政から補填されるようになった。給付内容については，指定された医療機関で受診したときの治療費，ベッド料，検査料，薬剤費，手術費，公費出張中あるいは帰省休暇中に現地の医療機関で受診したときの医療費，転院必要と認めた場合，指定外の医療機関で受診したときの医療費，人工中絶手術の医療費，臓器移植が必要な場合の費用の一部，労災での負傷，障害を負った場合の医療費，重病救急また公傷治療に必要な高価な医薬品，栄養剤の費用などが給付されることになった。

公費医療保険加入者の被扶養家族の医療費給付に関しては，1955年9月に財政部，衛生部および国務院が連名で「国家機関職員の子どもの医療問題に関して」を公布し，2種類の方案を提出した。1つは医療費基金を徴収する制度であった。公費医療制度の被保険者の勤務先は，被保険者の扶養家族より掛け金を徴収し，これを医療費統一徴収基金として統一管理し，使用することとし，医療費統一徴収基金が足りない部分は被保険者の勤務先によって補充されると規定された。この制度によって，被保険者の扶養家族は公費医療の指定医療機関で治療を受けることができるようになった。もう1つの方案は，同法規で，公務員扶養家族の医療掛け金の徴収が困難である場合，被扶養家族の医療費を「国家機関福祉厚生費」として拠出すると記された。

労働保険医療制度および公費医療制度のいずれも「無料医療保険制度」に近いものである。これらの公的医療制度の実施により，都市部で「国民皆保険」はほぼ実現されていた。両制度は，建国した直後に，都市部における労働者およびその扶養家族の健康状態の改善や医療水準の向上に大きな役割を果たした。一方，無料医療制度が実施された結果，被保険者としての労働者および職員には本来果たすべき保険金の納付義務が課せられず，医療費の支払がほとんど「ゼロ」であったため，過剰受診・医薬品の過剰消費の問題が発生した。同時に，医療機関が医療費を請求すれば，被保険者の勤務先から支払ってもらえるため，医療サービスを過剰供給する問題も生じた。その結果，医療費が高騰し，政府の医療財政負担が過重となった。これらの問題を解決するため，1990年代に入り，政府が主導する医療保険制度の改革が行わ

れた。

(2) 計画経済期の農村部における農村合作医療制度

計画経済期の農村部では，都市部と異なる医療制度が実施されていた。これは農村合作医療制度である。以下では，この制度の制定経緯，仕組みおよびそれに対する評価について述べる。

①発展経緯

農村合作医療制度（Rural Cooperative Medical Scheme：RCMS）は，新中国が誕生する前の解放区における農民の互助共済制度に始まった。抗日戦争時期の1938年，医療・医薬品が不足する問題を解決するため，陝甘寧地域（陝西，甘粛，寧夏）で「保健薬社」が設立された。それに基づいて，1939年に「医薬合作社」（「衛生合作社」とも呼ばれる）が創立された。政府および農民の支持を得て，1946年には全国の農村部における合作医療機関は43カ所となっていた（国務院研究室課題組1994，34頁）。その時期の合作医療は農民主導・政府補助の形式で，戦時下の医療需要を満たすことがその主な目的であった。これは計画経済期における農村合作医療制度の原型といえる。

計画経済期におけるRCMSの設立・実施は，農村末端管理組織としての人民公社の創設・発展と深く関連するため，以下では，人民公社の誕生・発展を踏まえながら，RCMSの創立の経緯およびその変遷について述べる。

まず，建国した直後，土地制度の改革によって，地主の土地は個々の農民（家庭単位）に分配され，農村で住居する農民の大多数は土地を保有することになったが，家庭単位で農業を行う際の労働力，農業機具の不足の問題に直面した。その問題を解決するため，中央政府は農業生産を集団で行うことを推進した。その集団組織は，互助グループ（お互いに協力して農業生産を行う組織），初級農業合作社，高級農業合作社の3種類となっていた。

農業生産を集団で行うことにともなって，一部の農村では自ら医療共済組合，合作社医療保健所を設立した。最初の合作社医療保健所は1953年に山西省高平県米山郷で創設された。最初に3カ所の民営薬局および10名の民間医師が自ら連名で医療保健所を設立し，1955年5月1日に当地の政府部門の支

第 1 章　制度改革の初期条件および関連する政策・制度

持を得て正式に創設された。1955 年 6 月に，国家衛生部副部長徐運来，山西省衛生庁長高宏昌が米山郷を視察し，合作社医療保健所の創設情況を国務院（日本の内閣府に相当する国家管理機構）に報告した後，合作社医療保健所の設立を一部の地域で推進することとなった。史料によると，最初の医療共済組合は 1950 年に河南省正庄郷団結村で創設されたようだ。こうした合作社医療保健所や医療共済組合は，RCMS の前身である。また 1956 年の全国人民代表大会で，農村で農業生産合作社の設立が認められ，さらに農村合作社（人民公社の前身）が農村住民の労働災害，疾病の治療に対応することが義務づけられた。1956 年以降，全国範囲で農村合作社が医療保健所を設置することになった。その結果，農村の民営連合診療所，郷医療保健所は 1950 年の 803 カ所から 1956 年には 5 万 1000 カ所と大幅に増加し，合作社が設立した互助共済の集団医療保健所は 1 万カ所[25]となった。[26]

　1958 年に中央政府は「農村に人民公社を設立する問題に関する中共中央の決議」を公布し，全国範囲で農業生産の集団形態を大規模化し，高級農業合作社を合併することを通じて人民公社を設立することを推進した。人民公社が農村の管理組織として設立され，多くの地域で人民公社が運営・管理する共済組合制度も設立された。それに伴って，1959 年に人民公社を基盤とする「合作医療制度」という農民の互助共済の医療保健制度が設立された。1960 年の『農村衛生工作会議に関する報告』で「農村合作医療制度」（RCMS）の名称がはじめて登場し，RCMS は農村部の医療保障制度として位置づけられた。その後 1965 年，毛沢東が「医療事業の重点を農村に置く」と指示した。

　そして 1968 年に文化大革命が始まった直後，毛沢東は農村を視察した後，湖北省などが運営した RCMS を称賛し，模範例として全国に推進すると指示した。また，「三大差別」（現場生産職と農業従事者間の格差，脳力労働者と肉体労働者間の格差，都市と農村間の格差）を解消するための政治キャンペーンとして，都市の医療従事者を農村に派遣するようになった。政治主導の推進によって，1960～70 年代の文化大革命期に RCMS は全国農村に普及し，その普及率は 1958 年が 10％，1960 年に 32％，1962 年に 46％，1960 年代末に

25　『当代中国衛生事業』（上），中国社会科学出版社，1986 年版，13 頁。
26　徐（1997）を参照した。

49

なると約 80％，1970 年代には約 90％となった[27]。

②農村合作医療制度の運営の仕組み

中央政府は，重工業優先発展政策を重視するため，都市部における社会保障制度を整備して実施していたが，農村部に対しては，RCMS を含む社会保障制度に関する財源支出をほとんど行っていなかった。都市部における公費医療および労働保険医療は政府管掌の下に法律に基づき実行される国家医療制度であったが，RCMS は政府の関与が少なく，農民の自由意志による共済医療制度にすぎなかった。RCMS の財源は，農民や人民公社の両方が負担することになった。給付の仕組みとしては，人民公社の社員が年間共済金（1 人あたり 0.5～1 元程度）を拠出することにより，外来受診料，診察費，手術などの医療費の全額または一部を免除されることであった。RCMS の普及と同時に，「赤脚医生」（はだしの医者）という半農半医の保健要員が養成され，農村での軽度の疾病治療に従事した。「赤脚医生」を含む医療技術者の給与は集団所有制である人民公社から支給された。

RCMS は政府によって統一して実施されたものではなかったため，それはさまざまな形式で管理・運営されていた。その管理・運営の形式は，以下のように大きく 4 つのタイプに分けられる（図 1-11）。

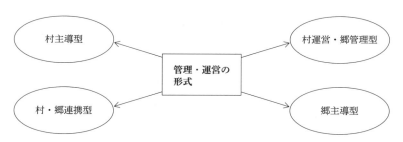

図 1-11　合作社医療保健所の管理・運営の形式

出所：筆者作成。

27　普及率のデータは，「中央関于衛生工作的指示」『建国以来毛沢東文稿』第 9 冊（80 頁），中央文献出版社 1996 年版，曹（2006），王（2012）を参照した。

ⅰ　村が自ら管理運営する「村主導型」
　村が合作医療所を作り，村の委員会が管理し，その経費は集団と村民によって共同で負担する。実施の対象は村の住民に限定し，村が合作医療の範囲と基準を定め，これは農村合作医療の主な形態である。

ⅱ　村がベースとなり，郷が管理運営する「村運営・郷管理型」
　村の委員会が合作医療保健所を作り，その経費は集団と村民によって共同で負担し，合作医療の範囲と基準は，郷と村との協議によって定め，経費は郷の衛生院あるいは郷の合作医療管理委員会によって統一的に管理し，村単位に精算し，超過した経費は村によって負担する。

ⅲ　郷・村が連携して管理運営する「村・郷連携型」
　郷と村が共同で合作医療保健所を作り，その経費は集団と村民の出資以外，郷政府もある程度の補助金を提供する。経費は郷によって統一的に管理されたが，郷と村に分けて精算し，留保と請求の割合は郷と村の協議によって定め，合作医療の範囲と基準は郷によって定める。

ⅳ　郷がベースとなり，自ら管理運営する「郷主導型」
　郷が合作医療保健所を作り，合作医療の経費は郷，村と村民の三者によって負担し，郷によって統一的に管理した経費は統一的に精算し，合作医療の範囲と基準は郷によって定める。

　図1-12には点線で囲まれる部分は，農村合作医療制度の参加部門を示している。農村合作医療制度に参加した主なグループは，農民，郷（鎮）政府，村管理委員会の三者である。中国で行政管理部門は，中央政府，省政府，県および県と同じ行政管理レベルの市（以下では「県級市」と略称），郷（鎮）政府，村（人民公社）の5つのレベルに分けられる。それに基づいて医療機関は，省，市（県），郷（鎮），村の4種類に分けられる。医療技術のレベルは省の医療機構が最も高く，村医療保健所が最も低い。農民が利用する医療機関の種類については，農民が各レベルの医療機関に行って受診することが

第Ⅰ部　制度的研究

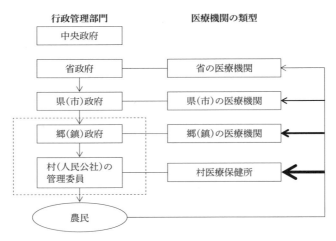

図1-12　農村合作医療制度の参加部門
出所：筆者作成。
注：矢印の太さは患者数の多さのイメージを示す。

可能であるものの，基本的に下位ランクの医療機関の推薦状を持たなかったら，上位ランクの医療機構に受診・入院するのは難しかった。そのため，中度の病気は村（人民公社）・郷（鎮）の病院で，重度の病気は，県（市）病院で診療することになっていた。

③農村合作医療制度の医療費給付

RCMSの医療費給付の方式は，主に以下のような3種類となった。

(1) 薬剤費および医療費の一部（あるいは全部）を農村合作医療制度の管理部門が負担する（「合医合薬」方式）。
(2) 診療を受けた際，注射・処置・診療費などは無料であるが，薬剤費は自己負担する（「合医不合薬」方式）。
(3) 外来診療の場合，医療費などは自己負担となるが，入院治療を受ける場合，その費用の一部（あるいは全額）を農村合作医療制度の管理部門が負担する（「入院給付」方式）。このうち，(2)「合医不合薬」が主な給付方式となっていた。

第 1 章　制度改革の初期条件および関連する政策・制度

④農村合作医療制度に対する評価

　RCMS は，農民達が自ら設立した互助共済医療保障制度であるが，ⅰ農民の多くが基本医療サービスを受けられたこと，ⅱ重篤な疾病によって貧困が生じるリスクを低減したこと，ⅲ基本予防医療を実施したことにより，伝染病や地方病の予防・治療に大きな役割を果たしたため，高く評価されていた。

　1950 年代から 1980 年代にかけて，RCMS の発展に伴って，農村部で医療施設や医療従事者数が大幅に増加した。たとえば，1978 年に，村衛生所は 9 万 4395 カ所，郷（鎮）医療機構が 5 万 5108 カ所，農村医療従事者（医師と衛生員の合計）は 477.75 万人となっていた。また 1985 年に医療所を設立した村の割合は 87.4％となった。農村部で医療施設および医療従事者の増加によって，多くの農民が基本医療サービスを受けることになった。また，中国国家統計局の統計データによると，農村部の平均余命は 1931 年の 35 歳未満（男性 34.85 歳，女性 34.63 歳）から 1990 年の 68.55 歳（男性 66.84 歳，女性 70.47 歳）へと大幅に伸びた。

　RCMS は中国国内で農民や政府によって支持されるとともに，世界中で高い評価が集まった。国連婦人児童基金会の 1980～1981 年報告書では，「中国の合作制度における「赤脚医生」は，農村でプライマリー医療を担当することは発展途上国の医療レベルを高めるという，1 つの模範例である」と述べられている。また世界銀行や WHO（世界衛生組織）も，「中国は伝染病の死亡率をコントロールすることで大きな成功を収めた。その成果は他の多くの発展途上国より遥かに大きい」，「中国農村部の合作医療制度は，発展途上国で医療費問題を解決できる唯一の模範例であり，成功した医療革命」と称賛し，国際社会から注目されるようになった（世界銀行，1994）。

＊＊＊

　本章では，中兼モデルの拡張モデルに基づいて，公的医療保険制度の改革に関連する 5 つの要因群，制度史・経済史のアプローチで，(1) 制度改革の初期条件（経済発展水準，生産要素資源），(2) 所有制構造，(3) 関連する経済政策（財政政策，労働雇用・賃金政策），(4) 他の制度（社会保障制度体系），(5) 改革前の公的医療保険制度を検討した（**表 1-3**）。主な結論は，以

下の通りである。

　まず，初期条件としての経済発展水準については，計画経済期の中国は発展途上国であったが，政府はソ連の経済発展モデルを模倣し，重工業優先発展政策を実施した。一方，体制移行期に政府は比較優位性原理にしたがって，労働集約型産業を発展させた結果，生産要素投資依存型の経済成長ができた（林・蔡・李 1996；Lin 2013）。公的医療保険制度の改革が行われる直前に，所有制構造は単一な公有制（国有部門，集団企業）から，個人企業，民営企業，外資系企業を含めて多様な所有制が並存する状況となっており，公的医療保険政策に関連する他の経済政策，とくに財政政策と労働雇用・賃金政策は国家統制から規制緩和となっている。

　次に，改革前の公的医療保険制度は社会保障制度の一部として位置づけられるが，それは「国家保障・企業保険」（都市部），およびコミュニティの「共済互助」（農村部）であり，社会保険ではなかった。

　また，計画経済期に，政策上で「国民皆保険」といった目標を達成し，WHOなどの世界機関から高い評価を受けていた。しかし，その時期に，政府は重工業優先発展の経済戦略を実施させるため，農村部と都市部には別々な制度を実施した。その結果，都市部と農村部は制度的に分断され，公的医療保険制度では都市部と農村部の二重構造が存在していた。

　このような問題は公的医療保険制度の改革によって解決できたのか。また，政府は上記のような歴史的遺産を受け継いでどのような制度改革を行ったのか。次章では体制移行期における公的医療保険制度の改革について詳しく述べる。

表1-3 公的医療保険制度改革の初期条件および関連する諸制度

	初期条件		所有制構造	関連する経済政策		社会保障制度と公的医療保険制度の位置づけ	計画経済期の公的医療保険制度	
	経済発展水準	生産要素資源		財政政策	労働雇用・賃金政策		都市部	農村部
計画経済期	発展途上国における低所得国	・労働：過剰労働力が存在 ・資本：少なかった	国部部門のみ	「統収統支」	労働雇用：「統一雇用・終身雇用」 賃金：「統一管理賃金制度」	①社会扶助、②社会福祉、③軍人優遇制度、④労働保険の4種類に分類 都市部：公的医療保険制度は④労働保険の1部 農村部：共済互助型の農村合作医療制度	労働保険医療制度 公費医療制度	農村合作医療制度
市場経済	発展途上国における中所得層の国	・労働：過剰労働力が少なくなった ・資本：多くなった	・国有部門＋非国有部門 ・1990年代後期、国有企業の雇用調整が行われた	①「利改税」 ②「地方政府財政請負制度」 ③「分税制」	雇用 国有部門：労働契約制度 非国有部門：市場原理 賃金 国有部門：総額コントロール＋企業自主 非国有部門：市場原理	①社会扶助、②社会福祉、③軍人優遇、④社会保険、⑤その他の5種類に 都市部・農村部における公的医療保険制度は④社会保険の1部である	都市従業員基本医療保険制度 都市住民基本医療保険制度	新型農村合作医療制度

出所：筆者作成。

【コラム1】──はだしの医者

　はだしの医者（中国語で「赤脚医生」チジョウイシェンと呼ぶ）とは，計画経済期の中国医療市場における特別な現象であり，農村部で国家医師制度に属していない非正規労働者としての医者である。一定程度の医療知識を持ち，一般疾病に関する医療サービスを提供し，出産・感染病予防等の業務も担当することにより，乳幼児死亡率の低下と感染病の根絶に大きく貢献したといえる。

　はだしの医者は主に3種類に分けられる。(1) 医師家庭の出身者，(2) 少し医療知識を持つ高校卒あるいは中学校卒業者，(3)「上山下郷の知識青年」（都市部から農村部に派遣された高校生）である。選抜された者は，県レベルの医療専門学校で短期的教育訓練を受けた後，はだしの医者になれる。しかし，都市部と県（区）立の医療機関における正規労働者としての医師は国家によって基本給を支給されるのに対して，はだしの医者は基本給が支給されなかった。それらの給料の一部は農村集団組織（人民公社など）によって支給されるが，主に農業生産によって賄う。そのため，はだしの医者は農業生産をしながら，医者の仕事を兼任していた。それゆえ，「はだしの医者」と呼ばれるようになったのである。

　はだしの医者は，毛沢東が医療事業と大衆運動の組み合わせを促進した産物として誕生したものである。中華人民共和国が成立した後，政府は農村部における医療問題を非常に重視していた。1956年，全国人民代表大会第一次第三回会議を経て「高級農業合作社モデルに関する規定」を公布した。農村合作社が労災あるいは病気に罹る社員の医療サービスを提供するため，はだしの医者に労働日間を換算する手当を支給し，医療事業を行うことになった。

　1965年1月，毛沢東は，衛生部が起草した「都市部から医療チー

ムを農村部に派遣することに関する報告」を承認した。その背景としては，1965年時点では，農村部の人口は都市部人口の4.6倍であるにもかかわらず，人口千人あたりの病床数および専門医療従事者数は，都市部の方がそれぞれ農村部の7.4倍と3.7倍となっていて，医療資源の配置には都市部と農村部間の格差が大きかった。同年6月26日，衛生部銭信忠部長は全国医療従事者の分布状況について毛沢東に報告した。当時，中国の医療従事者は約140万人いたが，その7割が大都市に集中し，2割が中小都市に分布し，農村部における医療従事者の割合はわずか1割であった。また政府の総医療費支出に占める割合は農村がわずか25％で，都市が75％を占めていたようだ。

これらの事情を聞いた後，毛沢東は厳しい顔をし，「衛生部は全国人口の15％に占める都市住民のために務めているようだ。しかも，この15％の都市住民には政府官僚が多く，つまり多くの農民は医療サービスを受けられず，農村部で医療従事者も医薬品も足りないのではないか。そうなると，衛生部は人民の衛生部と言えるのか。都市衛生部或は官僚衛生部，都市官僚衛生部に変名する必要があるのではないか。……今後，医療業務の重点を農村に置こう！……農村部では医療業務を担当できる医者を育てて，医者として農民に医療サービスを提供してもらう。」と指示した。

1カ月あまりを経て，毛沢東は再び銭信忠らを招集し，農村部で農業から離れない医療従事者（農業を兼業する者）を訓練するという構想を打ち出した。「既存の診断・治療方法は農村部に適応していない。医者の養成方法は都市部のみに向けている。しかし，中国農村部の人口が5億である」，「医学教育の改革が必要である。医学テキストをすべて読む必要はない。中学校を卒業した後，3年間ちゃんと医学知識を勉強すれば十分だ。実践しながら能力を高めることができるだろう。このような医者を農村部に派遣しよう。かれらの

能力はそれほど高くないが，やぶ医者や巫医よりいいだろう」と言ったらしい。

　1965年9月，中共中央政府は衛生部が起草した「医療業務の重点を農村に置くことに関する報告」を承認した。全国各県で病院が設立されたが，政府は条件が揃う人民公社が速やかに診療所を設立することを支持すると同時に，衛生部は農村部における相対的に高学歴を持つ若年者（中卒者，高卒者）に対して医学教育訓練を行った。上海市は先頭に立ち，王桂珍，黄鈺祥など誠心誠意に人民のために奉献する農村部の医者が誕生して注目されていた。彼らは「はだしの医者」と呼ばれるようになった。1968年9月，毛沢東は『人民日報』で彼らの事情を書いた記事を読んだ後，喜んで「はだしの医者がよい」とコメントした。

　毛沢東が書面で指示した直後，湖北省政府は楽園人民公社合作医療の状況に関する調査報告を中央政府に提出した。楽園人民公社診療所のはだしの医者である覃祥官が農村部で合作医療を行う組織を設立する計画を提出した。具体的にいえば，農民が毎年1元を1人あたり合作医療費として納付し，村が集団組織公益金から1人あたり0.5元を合作医療基金として調達する。持病を持つ長期的な治療を受ける必要がある患者以外の者は，人民公社の診療所で受診するとき，毎回0.05元の受診料を支払った後，治療費と医薬品代金の自己負担は「ゼロ」とする。覃祥官は率先して，楽園人民公社診療所における他の医療従事者と一緒に，薬効性がある漢方薬を集め，農民向けの医療を提供することを開始した。これらの経験は「農村における3つのスタイル」と呼ばれた。即ち「農村のはだしの医者，農村の漢方薬，農民向けの医療」である。彼らは自ら漢方薬を植えたり，採集したり，創薬したりした。また，これらのやり方は「4つの自ら」と呼ばれた。即ち「自ら植え，自ら採集，自ら創薬，自ら使用」という事である。さらに，彼らは農民の健康状態を調査し，早

期発見，早期治療のような予防医療を行うことにも努力していた。「あまり大金を使わず，便利な医療サービスを提供することにより，軽病患者は生産大隊で治療を受け，重病患者は人民公社で治療を受けて治る。」

1968年11月30日，中央政府の関連部門はこうした農村合作医療制度の実施経験について毛沢東に報告書を提出した。毛沢東はそれを読んで喜び，合作医療制度を賞賛し，即時に「この通りに実行する」と指示した。

1968年9月，当時中国で政治的影響力が最も大きかった雑誌『紅旗』に，「はだしの医者の成長から見る医学教育革命の方向」という文章が掲載された。1968年9月14日，『人民日報』はその文章を転送し，『文滙報』など各大手新聞社の新聞でも相次いでこの文章が掲載された。

それ以降，農村部で生産大隊ははだしの医者を活用し，合作医療制度を設立し，合作医療制度が全国の農村部に普及させた。これは当時の中国社会における新たな制度として注目され，数億の農民向けの医療制度として確立していった。全国の大多数の生産大隊では，農村合作医療を実行した。

はだしの医者は，中国農村における医師不足や医薬品不足の問題を一定程度解決した。そのため，1972年，スタンフォード大学の学者らは52分間のドキュメンタリー映画『中国農村部のはだしの医者』を制作して，海外に向けてはだしの医者を紹介した。はだしの医者と農村合作医療は，世界中で天使のような名称として評価されたのである。

1977年末まで，全国で85％の生産大隊が合作医療を実行し，はだしの医者は一時は150万人以上となった。しかし，体制移行期に入って人民公社の解体に伴い，農村合作医療制度も解体し，はだしの医者を支える条件が存在しなくなった。1985年1月25日の『人民

日報』には,「「はだしの医者」という名称を使用しないようにし,郷村医者チームの発展を促進する」という文章が掲載された。それ以降,はだしの医者は徐々に少なくなった。2004年1月1日に衛生部が公布した「郷村医者従業管理条例」では,「郷村医者は医師登録の手続きを行い,医学に関する全国統一試験を受けて合格することにより,正式な医師免許証のもと,医療業務に従事する」と規定されている。これによって,はだしの医者の歴史の幕は閉じたのである。

第2章
体制移行期における公的医療保険制度の改革

　第1章では，公的医療保険制度の改革に関連する諸要因（初期条件 d，所有制構造 ow，経済政策 p，関連制度 S，過去の公的医療保険制度 s'）を整理し，体制移行と制度改革の背景を明らかにした。本章では，体制移行期にこれらの要因の影響を受けた公的医療保険制度改革の具体的な内容およびその特徴をまとめる。

　前述したように，中国では公的医療保険制度は，都市部と農村部の戸籍の違いによって異なる。そのため，第1節では中国全体における医療保険制度の体系を説明した後，都市部（第2節）と農村部（第3節）に分けてそれぞれの地域で行われた公的医療保険制度の改革および制度の特徴について述べる。また，第4節，第5節で最近の公的医療保険制度改革の促進政策および新動向をまとめる。

第1節　体制移行期における医療保険制度の体系

　体制移行期に中国で実施された医療保険は主に，①公的医療保険，②私的医療保険（商業医療保険など），③その他の医療保険（企業補助医療保険，医療扶助制度など）の3種類に分けられている（**図2−1**）。そのうち，カバーする範囲は公的医療保険が最も大きい。以下では，それぞれの制度について説明する。

第Ⅰ部　制度的研究

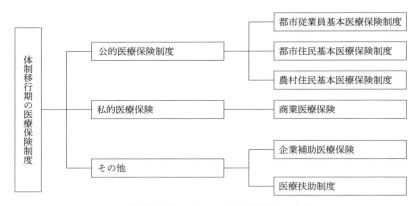

図2-1　体制移行期における医療保険制度の体系
出所：筆者作成。

1. 公的医療保険制度

　2013年時点で実施されている公的医療保険制度は，大きく都市従業員基本医療保険制度（UEBMI），都市住民基本医療保険制度（URBMI），農村住民基本医療保険制度（NCMS），の3種類に分けられている（**図2-2**）。

　それらの制度の適用対象はやや複雑になっている。都市戸籍を有する非就業者はURBMIに加入し，都市戸籍を有する就業者はUEBMIに加入している。一方，農村戸籍を有する者の中で，農村で居住する者がNCMSの適用対象者となる。ただし，農村から都市へ移動して働く労働者（出稼ぎ労働者）グループで，大多数がNCMSに加入し，一部の者がUEBMIに加入している。

　したがって，中国では，前述したように，戸籍身分の違いによって加入できる医療保険制度の種類が異なっている。出稼ぎ労働者の状況は1つの例として挙げられる。具体的に説明すると，体制移行期，戸籍制度が規制緩和されるとともに，出稼ぎ労働者が増えてきた[28]。都市部の企業で就業している出稼ぎ労働者は都市部における社会保障制度の適用対象者となっているものの，

28　中国国家統計局の調査によると，出稼ぎ労働者総数は2000年以降1億人を超え，その家族を含めると，約1億5000万人（日本の人口総数に近いもの）となっている。

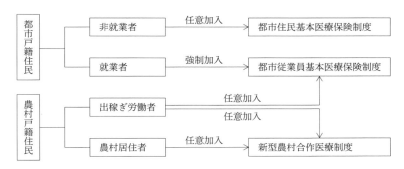

図2-2　中国における戸籍制度別公的医療保険制度

出所：筆者作成。

それらの制度に加入した者は少ない。中国社会科学院人口と労働経済研究所の2009年第2世代出稼ぎ労働者調査によると，UEBMIの加入率（出稼ぎ労働者グループで，加入者が労働総数に占める割合）はそれぞれ14.3％（東部地域），8.2％（西部地域）で低いことがわかる。つまり，都市部での公的医療保険制度は都市戸籍を有する者を優遇し，出稼ぎ労働者は差別されている。

また，都市部と農村部の医療保険制度では，財源，医療費負担の仕組み，管理システムなどが異なっている。そのため，第2節，第3節では，都市部と農村部に分けてそれぞれの制度に関して詳しく説明する。

2. 私的医療保険

体制移行期，金融・保険業の体制改革にともなって，私的医療保険（たとえば，商業医療保険）が発展してきた。中国人民保険会社上海支社が1982年に実施した「上海市合作社職員医療保険」は，体制移行期の保険業における最初の私的医療保険である。しかし，当時，公費医療保険および労働保険医療制度を中心とする医療保険制度によって，医療費はほとんど国家あるいは雇用側より負担されるため，私的医療保険に対する需要はまだ少なかった。

1990年代以降，公的医療保険制度の改革が始まり，個人負担制度が導入された。それに伴って，私的医療保険に対する需要が増えてきた。各保険会社は積極的にその需要に応じ，私的医療保険を金融・保険業の商品として開発

した。1995年には医療保険市場初の個人向け重病保険が販売された。将来の医療費負担に不確実性があるため，公的医療保険だけで満足できない場合，労働者が私的医療保険に加入すると考えられる。つまり，私的医療保険は公的医療保険制度の補充的な機能を果たしている。

　私的医療保険の主な特徴としては，保険料の支払いが応能原則に基づくものであること，およびその加入が任意的であることが挙げられる。

3. その他の医療保険

　それ以外に，医療救助制度や企業補助医療保険制度なども実施されている。

　医療救助制度は社会福祉政策の一部として，公的医療保険制度に加入できない低所得層を適用対象としたものである。各地域の民政部がその適用対象の基準を設定して審査を行うため，地域によってその加入状況が異なっている。その適用対象になると，保険料を負担せず，医療費の全額が減免される。しかし，その制度によってカバーされる者は少ない。

　福利厚生を重視する企業は企業補助医療保険も実施しているが，その制度に関する具体的な内容（たとえば，保険料負担，医療費支給）は企業によって異なっており，またその制度を実施している企業はまだ少ない。

第2節　体制移行期の都市部における公的医療保険制度の改革

1. 1980〜90年代の改革 ── 「両江モデル」などの試行

　1990年以降，政府は医療保険制度の改革を推進した。1993年に中国共産党第14回中央委員会第3次全体会議で決議された「社会主義市場経済体制の確立にかかわる諸問題についての中共中央の決定」に基づき，国家体制改革委員会，労働部，衛生部，財政部が「労働者医療制度改革に関する試案」を公布した。同規定で社会プール基金（「統括医療基金」）と個人口座の両方を設立する新たな医療保険制度の方案を提出し，都市部における雇用者労働者全

体を対象とする医療保険制度を構築することを目標とした。1994年4月から，江西省九江市，江蘇省鎮江市をはじめ，いくつかの地域でさまざまな医療保険制度の改革に関するテストが行われ，「両江モデル」（江西省九江市および江蘇省鎮江市），「北京モデル」，「海南モデル」，「深圳モデル」などが誕生した。そのうち，「両江式」は医療保険制度改革の模範となった。

2. 1998年都市従業員基本医療保険制度の実施

「両江モデル」のテストを経て，1998年12月14日に国務院が「都市従業員基本医療保険制度の構築に関する国務院決定」を公布し，それまでの公費医療制度および労働保険制度が就業部門で統一する公的医療保険制度がスタートした。

(1) 適用対象

都市従業員基本医療保険制度（UEBMI）の適用対象は都市部におけるすべての企業部門（国有企業，集団企業，外資系企業，民営企業など），および非企業部門（政府機関，事業部門，社会団体，民間非企業部門など）の従業員である。たとえば在中国日系企業は，外資系企業としてUEBMIに加入する必要がある。郷鎮企業の従業員，都市における自営業者，個人企業の従業員がUEBMIに加入するかどうかは，各省・自治区・直轄市政府が定める。

UEBMIは社会プール単位で運営する形となっている。原則として地区級（地区，市，州，盟を含む）を社会プールとし，また北京，天津，上海の3つの直轄市の全市範囲を社会プールとする。従業員を採用する部門および従業員のすべては所在社会プール地区のUEBMIに加入し，基本医療保険金を納付し，所在社会プール地域の社会保険取扱機関がその医療保険基金を使用・管理する。鉄道，電力，海洋運輸のような複数の地域で生産活動を行い，生産流動性が相対的に大きい企業およびその従業員は，複数の社会プールに加入することも可能である。

(2) 基本医療保険基金の財源

　UEBMI の基金は，社会プール基金と個人口座の2種類から構成される。従業員を採用する部門（企業部門および非企業部門）は賃金総額の6％，従業員個人が賃金総額の2％をそれぞれ納付する。従業員個人（被雇用者側）が納付する部分（2％）のすべてが個人口座に積み立てられる。企業部門および非企業部門（雇用主側）が納付した医療保険料は2つに分けられ，一部（企業納付医療保険金の70％，つまり賃金総額の4.2％（＝70％×6％））は社会プール医療保険基金に積み立てられて，もう一部（企業納付医療保険金の30％，つまり賃金総額の1.8％（＝30％×6％））は個人医療口座に繰り入れられ，個人口座の積み立金の一部となっている（図2-3）。

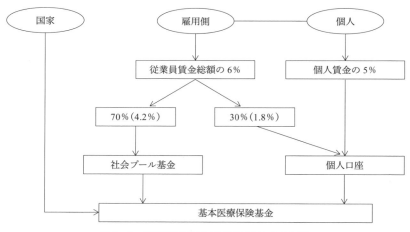

図2-3　都市従業員基本医療保険基金の財源

出所：筆者作成。

(3) 医療費給付の仕組み

　社会プール基金と個人口座は各自の給付範囲を確定し，独立決済が行われる。社会プール医療保険基金の給付スタート基準は原則として該当地域労働者の年間平均賃金の10％前後に定め，最高給付限度額は原則として該当地域労働者の年間平均賃金の4倍前後に定める。給付スタート基準以下の医療費

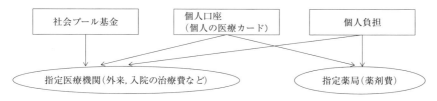

図2-4　都市従業員基本医療保険における医療費給付の仕組み
出所：筆者作成。

は個人口座から給付し，また個人が自己負担する（**図2-4**）。給付スタート基準以上，最高給付限度額以下の医療費は主に社会プール基金から給付するが，個人も一定の割合で負担する。最高給付限度額を超えた医療費は，私的医療保険（商業医療保険など），他の医療保険（企業補助医療保険，重篤な疾病に関する統括保険など）で賄う方法がある。社会プール基金の具体的な給付スタート基準，最高給付限度額，および給付スタート基準以上，最高給付限度額以下の医療費の個人負担割合は，社会プールの地域が徴収した保険金などによって定め，その際に社会保険の収支の均衡原則に基づいて定める。地域によって個人負担割合が異なるが，その割合は2～3割となっている。

(4) 医療サービスの管理

UEBMIでは，医療サービスへの管理に関しては，以下のことが規定された。まず，労働・社会保障部，衛生部，財政部といった医療保険の関係部門は共同で基本医療サービスの範囲，基準と医療費の精算方法を定め，国家基本医療保険薬品目録，診療項目，医療サービス施設の基準などを定める。各省・自治区・直轄市の労働保障行政管理部門は国家の規定に基づき，関係部門と共同で該当地域の実施基準と方法を定める。

UEBMIでは，指定医療機関と指定薬局という管理体制を実施すると規定した。つまり，指定病院以外の医療機関等で受診した場合は医療保険による給付の対象にならない。指定医療機関と指定薬局は以下のように選定される。まず，労働・社会保障部，衛生部，財政部は共同で指定医療機関と指定薬局の資格審査認定基準を設定し，審査方法を定める。次に社会保険取扱機関は，漢

方医学と西洋医学の両方を認め，各級レベルの医療機関（末端医療機関，専門医療機関，総合医療機関）の機能を考慮し，医療サービス利用の利便性を図るといった原則に基づき，指定医療機関と指定薬局を選定し，そして指定医療機関と指定薬局との契約を行い，各自の責任，権利，義務を明らかにする。指定医療機関と指定薬局を選定する際には，公正性を持つ競争管理を導入する。

また，国家薬品監督管理局は医療保険の関係部門と共同で，指定薬局の薬品購入事故の処理方法を定める。指定医療機関と指定薬局という管理体制の実施を推進するため，政府は1999年4月に「都市従業員基本医療保険の指定小売薬局管理暫定方法」，1999年5月に「都市従業員基本医療保険の指定医療機関管理暫定方法」，1999年5月に「都市従業員基本医療保険の薬品使用範囲管理暫定方法」を公布した。

これらの規定により，UEBMIの被保険者は指定医療機関のうち，3～5カ所の病院および薬局を予め選択・登録し，医療保険基金管理機関の確認をもらう必要がある。社区衛生サービスセンター，かかりつけ医，専門医療機関，総合医療機関などを指定医療機関の選択肢として選択することができる。ただし，現在の中国では医薬分業制度が進められているが，大多数の病院に薬局（院内薬局）が存在しているため，病院内の薬局はほとんど指定薬局として指定されている。UEBMIに加入した労働者は指定される医療機関から自分が最も望ましい医療機関を選択して治療を受けることができるし，また医師の処方箋を持参して指定薬局を選んで薬品を購入することもできる。前述したように，中国では大多数の医療機関は公立医療機関であるため，医療サービスの効率性が低く，医療費が高騰する問題が生じた。指定医療機関制度の実施によって，医療機関数が多い地域では患者獲得のための競争が激しくなり，その制度は一定程度に医療サービスの効率性を高める効果を持つだろう。

(5) 現役労働者以外の労働者に対する特別な規定

上記の諸規定の適用対象者の多くは現役労働者である。現役労働者以外の労働者に対しては，若干の特別な規定が定められた。

（1）離職者・休養者の医療待遇は変わらず，その医療費は元の資金源で対応する。医療費給付が困難な場合，各級政府が援助して解決する。それらの者の医療管理方法は各級政府によって定める。
（2）二等乙級以上の革命障害軍人の医療待遇は変わらず，その医療費は元の資金源で解決する。その医療費の管理に関しては，社会保険取扱機関が単独帳簿で管理する。医療費給付が足りない場合，各級政府が援助して解決する。
（3）定年退職者は UEBMI に加入するが，個人が基本的に保険料を納付しないようにする。定年退職者の個人口座の積立金額と医療費の個人負担の割合に対して適切な配慮をする。
（4）一部特定業種の労働者に対して，現在の医療給付水準が下がらないために，UEBMI に加入する上で，企業補充医療保険の設定を許可する。企業補充医療保険の保険料は，賃金総額の4％以下の部分は「従業員福祉費」から拠出する。従業員福祉費が足りない場合，同級財政部門の審査許可を得て生産コストに算入する。
（5）国有企業におけるレイオフ失業者の基本医療保険料（勤務先納付と個人納付）は，再就職サービスセンターが当該地域前年度労働者の平均賃金の60％を基数として納付する。

3. 2007年都市住民基本医療保険制度の実施

(1) 制度設定の背景

都市部での就業者は1998年に実施された UEBMI によってカバーされているが，非就業者はカバーされず，医療保険加入における就業者・非就業者間の格差が問題視された。都市戸籍を持つ者全員をカバーする医療保険制度を構築するという目標を実現するため，2007年7月10日に国務院が「都市住民基本医療保険の試行地試行の展開に関する国務院の指導意見」（以下では，「指導意見」と略称）を公布した。

試行地の範囲および最終目標については，「指導意見」によると，まず2007年には条件の整った省・自治区・直轄市から2～3カ都市を選択して試行をス

タートする。次に2008年には試行地域を拡大し，2009年には試行する都市が80％以上に達し，2010年には全国で実施し，次第に都市戸籍を有する非就業者のすべてをカバーすることを目標とする。

　試行の原則としては，試行地試行は低水準でスタートし，経済発展レベルと政府・社会・個人の負担能力に基づき，財源調達レベルと保障水準を定め，重篤な疾病の治療ニーズを重点的に満たすことを原則とした。また保険加入は任意である。中央と地方政府はそれぞれの責任を果たし，中央政府は基本原則と主要政策を定め，地方政府は具体的な方法を策定して制度を実施し，また保険加入の住民に対して所在地の政府が管理する。

(2) 適用対象

　制度の適用対象は，都市戸籍を有する，UEBMI の加入範囲に属さない小・中・高校の学生（専門学校を含む），児童とその他の非就業者である。

(3) 財源調達

　財源調達については，「指導意見」では，「各地域は該当地域の経済発展水準，未成年者および成年者の基本的な医療消費ニーズに応じ，また該当地域の住民と政府の財政の負担能力を考慮し，財源調達水準を定める」と記している。

　保険料納付と政府補助については，UEBMI の基金は個人の保険料納付金と政府の補助金によって構成されている。まず，政府補助金に関しては，保険加入の都市住民に対して，政府は毎年1人あたり40元以上を補助する。そのうち，中央財政は2007年から毎年単独財政移転支出で中部と西部地域（経済発展水準が相対的に低い地域）に対して1人あたり20元を補助する。また最低生活保障対象者や重度の障害を持つ学生と児童の保険加入に必要な世帯納付保険金については，政府がさらに毎年1人あたり10元以上を補助する。最低生活保障対象者，労働能力を喪失した重度障害者，世帯所得が低い60歳以上の高年齢者などの生活貧困者の保険加入に必要な世帯納付保険金は，政府がさらに毎年1人あたり60元以上を補助し，そのうえ，中央財政は中部と西部地域に対して毎年1人あたり30元を補助する。また，個人負担の保険料に

ついては，その保険料は，在学中の学生（小学校・中学校・高校・専門学校・短期大学・大学・大学院における学生），非就業者などの身分，および地域によって異なっている。ただし，個人負担の保険料はおおむね定額制であり，その金額はほぼ年間200元以下となっている。そのため，低所得層ほど個人負担の保険料が所得に占める割合が多くなり，保険料負担の逆進性の問題が存在していると考えられる。

(4) 医療費給付

医療費給付について，「指導意見」では，URBMIは外来者の入院と外来者の重篤な疾病の治療を重点に置くことを原則とするため，その医療保険基金の使用は「基金収入に基づき，支出を定め，収支の均衡を保ち，やや繰越あり」ということを原則とする」と明記されている。ただし，その給付スタート基準，給付割合と最高給付限度額は，地域によって異なる。また医療費の給付水準はUEBMIよりかなり低い。そのため，「指導意見」では，「都市住民基本医療保険基金によって規定範囲内の医療費は給付されるが，その他の費用は補充医療保険，商業医療保険，医療補助や民間慈善寄附などの方法で解決してもよい」と書かれている。

(5) 医療サービスの管理

管理体制，医療サービスの管理などは原則としてUEBMIを参照して行うが，具体的な方法は試行を行う都市の労働保障部門が発展改革委員会各級部門，財政部，衛生部の各級部門と共同で設定して実施する。また，「指導意見」で，「医療費用は病種類型別に給付し，総額で一括支払いといった精算方法を実行し，医療費基準を協議で定める方法を模索する」と明示されている。

組織管理を強化するため，以下のようなことが規定されている。まず，国務院都市住民基本医療保険省庁間合同会議制度（以下では，「合同会議」「合同会議制度」と略称する）を設ける。国務院の指導下で，合同会議は，試行都市の関連業務の協調やマクロ指導の責任を持ち，関連政策を設定し，政策の遂行状況を監督し，試行都市の試行活動に関する評価と統括を行い，重大な問題に関しては国務院に報告・提言する。次に，省級地方政府は該当地域

の状況を考慮したうえで2〜3カの都市を試行都市として選定し，合同会議に報告し，審査と認定を受ける必要がある。また，試行都市の試行実施案（計画）は合同会議に報告して記録した後，各省・自治区・直轄市政府が承認・実施する。また，労働保障部門は発展改革委員会各級部門，財政部，民生部，教育部，薬品監督管理局，漢方医学管理の各級部門と共同で政策と実施方案を設定して遂行する。

以上が，都市部における医療制度改革の枠組みである。以下では，農村部における医療制度の改革経緯および制度の仕組みを紹介する。

第3節　体制移行期の農村部における医療制度の改革

1. 新型農村合作医療制度が設立された背景

第1節で述べたように，1980年初期に政府は農村で農家連合生産請負制度を実施した。その制度の規定により，家庭が農業生産の基本経営単位となり，計画経済期に農村末端管理組織として確立された人民公社などの集団経済組織が弱体化し，最後には解体した。また，農家連合生産請負制度が実施された直後，農村合作医療制度に対して政府は自由放任の態度をとった。中央政府は人民公社が解体した後，農村合作医療制度を維持するかどうか，維持する場合，その資金調達や運営管理などを地方政府に任せることにした。人民公社の解体にともなって，人民公社を基盤とした農村合作医療制度は機能し難くなり，崩壊状態となった。そのため，農村合作医療制度の普及率は1980年の63.8％から急激に1985年の5.4％，1989年の4.8％まで低下した（図2－5）。

同時に，政府は都市で医療サービスの市場化改革を実施した。計画経済期に政府は，都市での医療関連組織（病院，医薬品メーカー，医薬品流通部門など）における経営経費（人件費，医薬品生産原材料費，病院の医療施設・医薬品の経費など）をすべて負担したが，経済体制改革の進展にともなって，医療関連組織の一部には，完全競争市場原理が導入された。医療機関の一部が非営利組織から営利組織へ転換し，また医薬品メーカーおよび医薬品流通

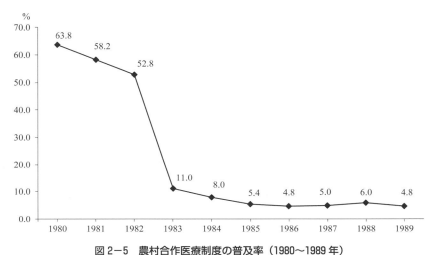

図2−5　農村合作医療制度の普及率（1980〜1989年）
出所：『国際医薬衛生導報』2002年第6期のデータに基づき作成。

企業の一部は国有企業から民営企業となった。市場原理を導入した医療関連部門が完全競争の原理にしたがって生き残るため，高利潤を追求することになった。その結果，医療費が高騰し，「薬漬け」，「医療機器漬け」の病院が多くなった。

　また1990年代には，農村部で農村合作医療制度の機能がなくなるとともに，医療費が高騰した背景下，「看病難，看病貴」（医療サービスを受けるのは難しく，医療費が高い）と言われたように，病気に罹った農民が貧困層に陥る例が多くなり，農村で医療問題が一層深刻化した。

　こうした農村医療の問題を解決するため，1990年代以降，農村で医療保障制度を再び構築することが推進された（表2−1参照）。具体的に列挙して説明すると，下記のようなものである。

　1990年3月に衛生部，国家計画委員会，中共中央愛国衛生運動委員会が連名で「わが国の農村部で「2000年にすべての人が医療保健を享有する」という計画目標」を提出した。そのなかでは，2000年までに，すべての国民が医療サービスを受けられることに関する最低目標を設定し，「経済発展レベルが高い地域と低い地域において，2000年までに合作医療制度の普及率をそれぞ

表2-1 体制移行期における農村医療制度に関連する政策（1990～2001年）

年月	発表者	政策名称	関連規定
1990年3月	衛生部，国家計画委員会，中共中央愛国衛生運動委員会	「わが国の農村部で「2000年にすべての人が医療保健を享有する」という計画目標」	経済発展レベルが高い地域と低い地域において，2000年までに合作医療制度の普及率をそれぞれ60％，50％へと引き上げる
1991年1月	国務院	「農村医療の発展と改善に関する若干の意見」	農村合作医療制度を推進し，全国民が医療サービスを受けられるような社会保障を提供する
1992年9月	衛生部，財政部	「農村衛生事業を強化することに関する若干意見の通知」	自発的に加入することを原則とし，合作医療制度を設立し，受益者，国有企業・集団企業および社会団体から医療保健資金を調達する
1992年12月	国務院	「農民費用負担と労務管理条例」	農村合作医療制度に地方財政を保証する
1993年11月	中共中央	「社会主義市場経済体制の確立における若干問題に関する決定」	農村合作医療制度を発展・整備させる
1997年1月	中共中央，国務院	「医療改革と発展に関する決定」	2000年までにできるだけ，多くの農村で合作医療制度を実施し，農村合作医療保険を整備させる
1997年5月	国務院	「農村合作医療制度の発展・整備に関る若干意見の通知」	個人納付主導，集団支援，政府補助によって資金調達を行う。農民が自発的に納付した合作医療保険料は農村個人消費とみなす
2001年5月	国務院，国家計画委員会，財政部	「農村医療改革と発展に関する指導意見」	地方政府が農村合作医療制度を管理することを強化し，自発的に加入すること，各地域の状況を考慮すること，農民主導・政府補助の3つを原則とする。条件が揃う地域で県（市）を統一地域とし，重篤な疾病に関する医療保険制度を設立する

出所：童（2008，392頁），李（2005，182頁），顧・李（2013，24頁）を参考して作成。

れ60％，50％へと引き上げる」と明言された。1991年1月，国務院は「国家第8次5カ年計画全国経済発展10カ年計画」（「国家第八个五年计划全国经济发展十年计划」），「農村医療の発展と改善に関する若干の意見」（「关于发展和完善农村合作医疗的若干意见」）で，農村合作医療制度の回復・実施を強調し，「農村合作医療制度を推進し，全国民が医療サービスを受けられるような社会保障を提供する」という目標を揚げている。1992年9月に，衛生部，財政部が連名で「農村衛生事業を強化することに関する若干の意見通知」を公布し，そこでは「自発的に加入することを原則とし，合作医療制度を設立し，受益

者，国有企業・集団企業および社会団体から医療保健資金を調達する」と明記している。さらに 1992 年 12 月には，国務院が「農民費用負担と労務管理条例」(「农民承担费用和劳务管理条例」)を公布し，農村合作医療制度に地方財政を保証すると明記した。次いで 1993 年 11 月には，中共中央が「社会主義市場経済体制の建立における若干問題に関する決定」(「关于建立社会主义市场经济若干问题的决定」)で「農村合作医療制度を発展・整備させる」と述べている。また，1997 年 1 月に，中共中央，国務院が発表した「医療改革と発展に関する決定」(「关于卫生改革和发展的决定」)では，「2000 年までにできるだけ，多くの農村で合作医療制度を実施し，農村合作医療制度を整備させる」と書かれている。1997 年 5 月に，国務院が公布した「農村合作医療制度の発展・整備に関する若干の意見」(「关于发展和完善农村合作医疗制度的若干意见」)では，「個人納付主導，集団支援，政府補助によって資金調達を行う。農民が自発的に納付した合作医療保険料は農村個人消費とみなす」と規定されている。2001 年 5 月の，国務院，国家計画委員会，財政部連名による「農村医療改革と発展に関する指導意見」(「关于农村卫生改革和发展的指导意见」)では，「地方政府が農村合作医療制度を管理することを強化し，自発的に加入すること，各地域の状況を考慮すること，農民主導・政府補助の 3 つを原則とする。条件が揃う地域で県（市）を統一地域とし，重篤な疾病に関する医療保険制度を設立する」と明示されている。

　このように，1990 年代から 2000 年初期までに，政府は農村合作医療制度の再構築を促進したが，農村での医療問題は解決されなかった。例として 1998 年に中国衛生部が公表した『第二回国家医療サービス調査報告』によると，「経済的困難」という理由で，外来受診する必要があるグループで実際に受診できなかった者の割合は 37%，また入院する必要があるグループで実際に入院できなかった者の割合は 65% となったことが明らかになった。また，2003 年に中国衛生部が公表した『第三回国家医療サービス調査報告』によれば，2003 年，中国で各種の医療保険のどちらにも加入しなかった農民は 7.2 億人（中国総人口に占める割合が 79.1%）であった。所得水準における農村と都市間の格差が拡大すると同時に，医療サービスにおける両者間の格差も大きくなった。こうした農村と都市間の格差が拡大し続けることは，社会の

不安定化につながる恐れがある。したがって、農村で医療保険制度を整備することは、政府にとって緊急な課題となった。

こうしたことを背景にして、2003年1月10日、衛生部、財政部、農業部が「新型農村合作医療制度の建立に関する意見」（「关于建立新型农村合作医疗制度的意见」）（以下では、2003年「意見」と略称する場合もある）を公布した。2003年から、各省・自治区・直轄市政府は、すくなくとも2～3カ県（市）を選択し、農村合作医療制度のモデル事業を実施し、その成功した事例を遂次に全国農村部で普及することとなった。以下では、新型農村合作医療制度の主な内容を紹介する。

2. 新型農村合作医療制度の実施

(1) 新型農村合作医療制度の三大原則

2003年「意見」では、新型農村合作医療制度（NCMS）を構築するにあたって以下の3つの原則を遵守しなければならないと規定されている。

第1に、任意加入、多ルートで資金を調達する原則である。具体的に、「農民は家庭単位で自主意思により新型農村合作医療制度に加入し、所定した期日に定められる金額を医療保険料として納める。郷・鎮・村集団は資金の補助を行う。また中央政府と地方政府は毎年一定の補助金を拠出して補助を行う」と規定されている。

第2に、収入によって支出を定め、適切に保障する原則である。同法規では、「収支の均衡」を保つ原則を堅持し、制度の持続的運営を保障すると同時に、農民が最も基本的な医療サービスを受けられるようにする」と記されている。

第3に、試行地域で試行を行い、次第に広めていく原則である。具体的にいえば、「新型農村合作医療制度を構築するにあたって、まず選択された試行地域で制度の試行を行い、その経験を総括し、成功した事例を普及し、穏便に発展させなければならない。また農村の経済発展レベルの向上および農民の所得の増加に伴い、同制度の普及水準およびリスクへの対応力を高めなければならない」と書かれている。

（2）新型農村合作医療制度の管理の仕組み

2003年「意見」によると，NCMSの管理を行う主要な部門は，県および県級市である。具体的に以下のようなことが規定された（**図2-6**）。

第1に，NCMSは，一般に県および県級市レベルで社会プールを行う。条件の整っていない地域は，最初の段階に郷および鎮レベルで社会プールを行い，次第に県および県級市レベルの社会プールに移行する。

第2に，簡易性，効率性を重視する原則で，NCMSを構築する。省レベルの地方政府は医療，財政，農業，民生，会計監査，貧困扶助といった諸部門から農村合作医療調整グループを設立する。

県および県級市レベルの地方政府は省政府の農村合作医療調整グループの指導を受け，関連部門と合作医療加入者代表からなる農村合作医療管理委員会を設けて，合作医療制度に関する運営・管理をその委員会に委託する。また，その委員会の下に取扱機関を設けて，具体的な業務処理を行う。県および県級市レベルの政府はこれらの運営・管理機関の職員を配置し，その事務経費は同行政管理レベルの財政予算によって負担し，農村合作医療基金の中から取り出してはならない。また，必要に応じて，郷・鎮では事務所を設けることも可能である。

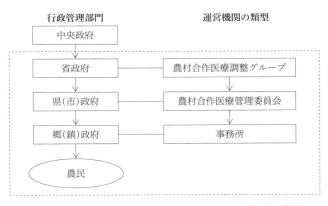

図2-6　新型農村合作医療制度の参加部門および管理の仕組み
出所：筆者作成。

(3) 新型農村合作医療制度の資金調達の仕組み

　NCMSの資金調達は，個人の医療保険納付金，集団の支援金，政府の補助金の3つとなっている。具体的な内容は，以下の通りである。

　まず，農民個人の年間保険料の納付基準は10元を下回らず，また経済発展レベルが高い地域は適切に保険料納付基準を引き上げることが可能である。郷鎮企業（農村で立地した企業，その前身は人民公社が作った企業であったが，人民公社が解体した後，民営化された）に勤める従業員（農民グループにおいて世帯単位で新型農村合作医療制度に加入した者以外の人）がNCMSに加入するかどうかは県および県級市レベルの政府が決める。

　次に条件の整った農村集団組織は当地のNCMSを支援する。その拠出基準は県および県級市レベルの政府によって定めるが，拠出した資金は農民に割り当てる。また民間団体と個人による寄付を奨励する。

　また各レベルの地方政府が毎年行うNCMS加入者に対する補助金の総額は，1人あたり10元を下回ってはならず，具体的な補助基準と各レベルの政府の財政分担の割合は省レベルの地方政府が定める。「経済発展の水準が相対的に高い地域（たとえば東部地域）では，各レベルの政府の財政補助金を増やすのが望ましい」と書かれている。また，「2003年から，中央政府の財政は毎年単独の社会移転支出として，中部，西部地域における市区以外の新型農村合作医療制度加入者に対して1人あたり10元の基準で補助金を拠出する」と明記されている。

　2003年以降，農民個人納付基準，政府補助基準（中央政府，地方政府）は徐々に高くなっている（**表2-2**参照）。中央政府と地方政府による政府補助基準（年間1人あたり）は2003年の20元から，2010年の120元，さらに2015年の380元へ引き上げられた。同時に，農民個人納付金基準は2003年の10元から2010年の30元，さらに2015年の120元へと高くなっている。その結果，政府補助金と農民個人納付金によるNCMSの資金調達（年間1人あたり）は2003年の30元から2010年の150元，さらに2015年の500元へと大幅上昇した。政府は経済発展のレベルと農民所得水準の変化にあわせて資金調達基準を摸索しており，また農村部と都市部における医療保障の格差問題を解決するため，農村部における公的医療保険制度により多くの公的資金

表2-2 新型農村合作医療制度の資金調達基準の変化

(単位:元)

年代	資金調達基準 （政府＋農民個人）	中央政府	地方政府	中央＋地方	農民個人
2003年	30	10	≧10	20	≧10
2006年	50	20	20	40	10
2008年	100	40（中部・西部）	≧40	80	≧20
2010年	150	60（中部・西部）	60	120	30
2011年	230			200	30
2012年	300			240	60
2013年	350			280	70
2014年	410			320	90
2015年	500			380	120

出所：政府資料に基づき筆者作成。

を支出していることがうかがえる。

(4) 新型農村合作医療制度の資金管理の仕組み

　2003年「意見」では，「新型農村合作医療基金は，農民個人の保険料納付金，集団の支援金，政府（中央政府，地方政府）の補助金の3つのルートによって集金した民営公助の公共資金であり，単独資金として使用し，単独の口座で預金し，流用してならない」と規定されている。

　まず，NCMSの基金は農村合作医療管理委員会およびその取扱機関が管理する。農村合作医療取扱機関は管理委員会が認めた国有商業銀行で農村合作医療基金専用口座を設け，その基金の安全を保障し，適時に審査を行う。

　次に，NCMS基金の中の加入者個人の保険納付金と農村集団組織の支援金は，年単位で農村合作医療取扱機関の郷（鎮）事務所または委託機関が徴収する。徴収された金は農村合作医療基金専用口座に預金する。また地方政府および中央政府の補助金も農村合作医療基金専用口座に振り替える。

(5) 新型農村合作医療制度による給付の仕組み

　NCMS基金の使用については，まず，その基金は主にNCMS加入者の高額な医療費や入院治療費を補助すると規定されている。また，「県および県級市レベルの政府は当該地域の農村合作医療清算基本薬品目録を作成する」，「県

および県級市レベルの政府は当該地域の財政資金の総額に応じ，当該地域の医療状況を考慮し，農村合作医療基金の給付範囲，給付基準，給付額を定める」と記されている。給付内容は，以下のように規定されている。

（1）入院するとき，発生した薬剤費，ベッド代金，手術費，検査費，診療費，介護費，輸血費，および入院出産費などの給付が認められる。

（2）重症な糖尿病や精神病などの慢性病に対して，外来受診の場合にも一部の治療費が給付される。

（3）一般外来で発生した医療費も給付される。給付は原則として外来受診より入院治療に関する医療費の給付を優先し，また地域によって給付内容が異なっている。大多数の地域で入院する際の治療費の一部のみを給付し，外来受診料はすべて個人負担となっている。また給付規定で定める疾病の種類，薬剤品目，検査の費用の一部が給付されるが，給付のスタートラインと上限が設けられていて，給付のスタートラインに達していない場合，個人負担となる。またその上限を超える部分も個人負担となる。

入院に対する給付方式は，主に免除方式と償還払い方式の2つに分けられる。免除方式の場合，加入者がNCMSで指定された病院に入院する際に，医療機関が保険給付を計算し，加入者が自費部分のみを支払うことになる。一方，償還方式の場合，加入者が指定された病院に入院する際に，「新型農村合作医療証」を持って受診し，医療費の全額を支払うと同時に，病院から「合作医療費用補助申請表」をもらい，それをNCMS管理機関に提出して医療費の給付を申請し，その後に給付を受けることになる。

外来受診に対する給付方式は，地域によって異なるが，大きく2種類に分けられる。その1つは，UEBMIに類似する個人口座方式である。具体的に説明すると，図2-7で示されるように，NCMS基金は，社会プール基金と家庭口座基金の2つを設けて，個人保険納付金の一部を家庭口座基金に振り替えて，その残った部分および中央財政，地方財政の補助金は社会プール基金に繰り入れられる。外来受診の場合，家庭口座基金から支給され，家庭口座基金を超える部分は自己負担になり，残金は繰越できる。入院する際の医療費の一部は，社会プール基金から給付される。中部地域，西部地域で，個人口座方式が多く実施されている。もう1つは減免方式である。減免方式の場合，

第2章 体制移行期における公的医療保険制度の改革

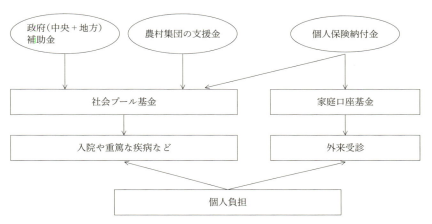

図2-7　新型農村合作医療制度基金の財源と医療費給付の仕組み
出所：筆者作成。

外来受診をする場合，一定の比率で医療費が減額されることになる。東部の一部地域で減免方式が実施されている。

3. 新型農村合作医療制度と従来の農村合作医療制度の比較

第1章で述べた計画経済期に実施されていた農村合作医療制度（RCMS）に比べ，新型農村合作医療制度（NCMS）は，以下の特徴を持っている（**表2-3**）。

第1に，プールして統一管理を行う行政地域のレベルが異なる。RCMSの統一管理レベルはは主に「村」であったが，ごく少ないケースでは「郷」となっていた。行政地域の人口は村が約2000人，郷が2～3万人で少なかった。一方，NCMSの統一管理レベルは県（市）となっている。すなわちその人口は20～30万（小さい県），100万人（大きい県）である。保険加入者母集団の人口が増加することによって，共済互助の機能が大きくなり，保険自身のリスク回避力が高くなると考えられる。

第2に，医療保険によって保障する疾病のレベルが異なる。RCMSは主に予防医療，症状が軽い日常の病気（たとえば，風邪，胃腸炎など）を保障し

表2-3　従来の農村合作医療制度と新型農村合作医療制度との比較

	従来の農村合作医療制度（RCMS）	新型農村合作医療制度（NCMS）
統一管理レベル	村・郷	県
医療保障レベル	軽病	重篤な疾病
医療救助制度	なし	あり
資金源	個人主導	政府主導

出所：筆者作成。

ていた。一方，NCMS は，「重篤な疾病に関する保障」（中国語で「大病統筹」）を主な目的としている。これは農村戸籍住民の高額な医療費（特に入院費）の一部を償還し，重篤な疾病が発生する際に高額な医療費の支給によって貧困になる問題（中国語で「因病変貧」）を解決しようとするものである。そのため，RCMS に比べ，NCMS は社会保険によるリスク回避の機能をより大きく果たしている。

　第3に，NCMS が実施されると同時に，新たな医療扶助制度も実施されている。農村部における貧困層に対して，政府の民政部および貧困扶助部門は一定の補助金を提供し，貧困層の医療保険の加入を促進している。また，貧困層が重篤な疾病にかかった時には，NCMS から一部の医療費を償還すると同時に，一部の医療費は医療扶助制度により支給される。つまり，体制移行期の農村部で，NCMS と医療扶助制度の2つの制度が同時に実施されることにより，農村部における所得格差による医療・健康格差の問題を解決しようとしている。一方，RCMS では，医療扶助制度が制定・実施されていなかった。

　第4に，保険金の財源が異なる。前述したように，NCMS の財源は「政府・集団・個人の3者型」となっており，中央政府および地方政府が毎年財政予算で専門項目としての公的医療保険補助金を支出している。一方，RCMS の財源は「集団・個人の2者型」であり，農村部における末端行政管理レベルとしての村・郷が資金の一部を補助したが，主な資金源は農民個人（あるいは農民グループ）が負担していた。RCMS に比べ，NCMS に対しては政府の公的資金補助が多く，つまり，体制移行期に農村戸籍住民に対して，政府ははじめて公的医療保険制度の役割を果たすこととなった。

4. 2003年以降の新たな規定

2003年にNCMSが実施された。その後の2006年1月10日に，衛生部，国家発展改革委員会，民生部，財政部，農業部，食品薬品監管局，中医薬局が連名で「新型農村合作医療制度の試行を速やかに推進することに関する通達」（「关于加快推进新型农村合作医疗试点工作的通知」）を公布した。そこでは以下のような内容が述べられている。

第1に，2006年で試行県数を全国の県総数の約40％に引き上げ，2007年で60％までに拡大し，2008年には全国に普及し，2010年で全国の農村住民をカバーする。

第2に，経済発展レベルが相対的に高い東部地域で管理・監督を規範化するうえで，より速く普及してもよい。また，条件が整った地域では，多種多様な農村医療保障の方法を模索してもよい。

第3に，2006年から，中央財政は，中部・西部（市区以外）のNCMS加入者に対して，1人あたりの年間補助金を10元から20元に引き上げる。それに応じて，地方財政も1人あたりの補助金を10元から20元に引き上げなければならない。財源の困難な省の場合，2006年と2007年の2年間にわたって，5元ずつ引き上げる。地方政府から増加した補助金は主に省級政府部門の財政によって負担する。個人負担の医療保険料の納付基準は1人あたり10元のままで維持する。

第4に，NCMSを推進すると同時に，農村医療扶助制度を整備する。

また，2007年3月に，衛生部および財政部が連名で「2007年の新型農村合作医療に関する通達」を公布し，NCMSは試行段階から全国範囲へ普及する段階へ転換した。

第4節　最近の公的医療保険制度改革の促進政策

1. 2009年の改革 ── 2009年「意見」の公表

2009年に国務院が「医薬衛生体制改革の促進に関する意見」（「中共中央 国

务院关于深化医药卫生体制改革的意见」（以下では，2009年「意見」と略称する場合もある）を公表した。2009年「意見」では，「2009年から2011年までに，(1) 基本医療保障制度の確立，(2) 国家基本医薬品制度の確立，(3) プライマリケアサービスの健全化，(4) 基本公共医療サービスの均等化，(5) 公的病院の改革を促進する」ことを強調している。公的医療保険制度に関しては，以下のことが指摘されている。

(1) 基本医療保障のカバー範囲を拡大する

具体的な目標として，3年以内に，UEBMI，URBMIとNCMSによって都市部と農村部の住民全体をカバーし，保険加入率を90％以上にアップさせる。2年間で，倒産企業の定年退職労働者と経営不振企業の従業員をUEBMIに加入させる。医療保険への加入が極めて困難である場合は，省レベル政府の承認を受けた上で，URBMIに加入することが可能である。中央政府は，国有企業が多い地域において経営不振・倒産に至った国有企業の定年退職労働者に対して，医療保険加入の補助金を支給する。2009年に，全国でUEBMIを普及させ，また在学の大学生全員をURBMIに加入させる。さらに，都市部における非国有部門に勤める労働者，非正規労働者，出稼ぎ労働者がUEBMIに加入することを促進する。政府は就業促進法の規定にしたがい，再就職が難しい労働者（主に国有企業の雇用調整を行う際に，レイオフ失業者になった元の国有企業の従業員）に対して医療保険加入の補助金を支給する。非正規労働者が自発的にUEBMIに加入する。出稼ぎ労働者はUEBMIに加入することが困難である場合，自発的にURBMIあるいは農村戸籍所在地のNCMSに加入することを選択することができる。

(2) 基本医療の保障レベルを向上させる

2009年「意見」では，逐次，URBMIとNCMSの資金調達の基準と医療保障のレベルをアップさせると述べられている。2010年に，各地方政府（省・市レベル）はURBMIとNCMSに対する補助金を1人あたり年間120元までに引き上げ，また保険金の納付基準を引き上げる。保険金の納付基準は省レベル政府によって制定される。またUEBMI，URBMIとNCMSの各制度にお

ける入院・外来医療費の給付率を逐次引き上げる。具体的には，① UEBMI と URBMI における最高給付限度額をそれぞれ現地労働者年間賃金と住民の税引き後所得（手取り所得）の6倍程度までに引き上げる，② NCMS の最高給付限度額を現地農民の1人あたりの純所得の6倍以上までに引き上げる，とされた。

(3) 基本医療保障基金管理を規範化する

各種の医療保障基金は収入で支出を決定し，収支のバランスを保ち，少し余るという原則を堅持する。UEBMI と URBMI の年度残高と累計残高を合理的にコントロールする。残高が多すぎる地域は医療保障レベルを高めたりして残高を逐次合理的なレベルまでに下げる。NCMS の資金調達に関しては，当期残高率は原則15％以内に控え，累計残高が当期調達資金の25％を超えてはいけない。基本医療保険基金リストの調整金制度を確立する。基金収支状況は定期的に社会に向けて公布する。基金を統一的な計画によって運営するレベルを高め，2011年に UEBMI と URBMI は市（地方）レベルで統一する計画を実現させる。

(4) 都市部と農村部における医療救助制度を整備する

有効に医療救助資金を使用して，医療救助資金の審査・承認・給付のプロセスを簡素化させ，都市部と農村部における生活保護を受給する世帯を URBMI あるいは NCMS に加入させることによって救済し，逐次，貧困世帯に対する医療費補助基準を引き上げる。

(5) 基本医療保障管理サービスのレベルを向上させる

地方政府は，積極的に医療保険の取扱い機関と医薬サービスの供給側と協議するメカニズムと医療費給付方式の改革を促進する。医薬品，医療サービスと医療機器の費用基準を合理的に設定し，医療費をコントロールする。医療サービスのレベルアップ，保険加入者がワンカードで治療を受けること，また医保取扱機関と指定医療機関との直接的な決済を行うことを促進する。NCMS に加入している農村戸籍住民が，統一計画地域内において自主的に指

定医療機関で治療を受けることを選択できるようにし，県域以外で治療を受けられるように転院の手続きを簡素化させる。現地（医療保険の加入地域）以外の地域で医療サービスを受ける際の医療費償還制度を確立し，定年退職労働者が現地以外の地域で医療サービスを受け，その地域で医療費償還払いを受けられるような方法を探索する。異なる地域で基本医療保険制度を利用できる制度（たとえば，医療費償還制度，医療費支払制度）を制定し，出稼ぎ労働者で見られる，医療制度への加入の選択問題，あるいは戸籍と異なる地域で医療サービスを受ける際に医療サービスを受けた地域政府による医療費償還払いができない問題を解決する。

　また，UEBMI，URBMI，NCMS の整合性を考慮し，都市部と農村部が一体になる基本医療保障管理制度の確立を探索し，逐次，基本医療保取扱機関の管理資源を整合していく。安全さと有効な監督管理を前提として確保し，政府が医療保障サービスを購入する方式を提唱し，資格を持つ私的医療保険（商業保険機関）に委託して各種の医療保障管理サービスの業務を行う方式を探索する。

2. 2012 年の改革 ── 7 つの目標

　2012 年は医療体制改革の最も重要な時期であり，またそれは第 12 次 5 カ年計画（中国語で「十二五計画」）で医療体制改革を促進する方案の実施が開始された時期である。2012 年の医療体制改革の重点課題に関しては，政府は国民皆保険を実現するため，以下のような目標を設定した。

(1) 基本医療保険がカバーする範囲の拡大

　UEBMI，URBMI と NCMS の 3 種類の公的医療保険制度の加入率を 95％までに高める。出稼ぎ労働者，非国有部門に勤める労働者，非正規労働者および学生，就学前児童と新生児が保険に加入することを重要な課題とする。倒産企業の定年退職労働者と経営不振企業の労働者が保険に加入することを促進する。

(2) 基本医療保障のレベルの向上

　第1に，政府の NCMS と URBMI に対する補助金基準は年間1人あたり240元までに引き上げ，個人納付保険金も引き上げ，1人あたりの資金調達金額を 300 元程度にする。

　第2に，UEBMI，URBMI と NCMS による医療費給付の最高金額は現地正規労働者（「職員」）の年間平均賃金の6倍以上，現地都市部住民の1人あたりの税引き後所得の6倍以上，全国農村戸籍住民の1人あたりの純収入の8倍以上に引き上げ，最高給付基準は6万元を下回ってはならない。URBMI と NCMS による入院医療費の給付率はそれぞれ70％以上と75％程度とする。医療費給付率における外来と入院間の差異を徐々に縮小させ，外来受診の医療費給付率をより高めていく。個人口座調整などの方式で UEBMI における外来受診の統一管理システムを確立することを探索する。

(3)　医療費給付制度の改革

　第1に，受診人数，疾病の種類，入院日数によって医療費を給付し，また総額で一括支払いするなどの医療費給付方式の改革を積極的に行い，逐次，統一計画地域内の医療保険指定医療機関に普及させる。支払総額のコントロールを強化し，医療保険の統一計画地域における医療費用の増加を抑制するメカニズムを確立し，医療保険基金支出総額を抑制する目標を制定し，各指定医療機関の目標を明確にし，それを支払基準に関連させる。医療保険取扱機関と医療機関との協議メカニズムと医療サービスを受ける費用に関する医療費給付のメカニズムの確立を積極的に促進し，協議を通してサービス範囲，支払方式，支払基準と医療サービスの品質基準を明確にする。支払方式を組み合わせる改革，個人負担を軽減する方法を摸索する。逐次，医療機関の総費用，疾病種類別医療費用の抑制，個人負担の軽減制御および医療サービス品質等の内容を医療保険評価システムに加える。

　第2に，医療機関類型によって医療費償還払いが異なる制度を実施する。末端医療衛生機関（プライマリケアを実施する医療機関）に対して医療費償還率を高く設定し，漢方薬の使用，東洋医療サービスの利用を促進し，一般患者が最初にプライマリケアを実施する機関で診療を受けることを促進する。こ

の点では，政府が設定する基準に満たす私立診療所などの私立医療機関と薬局を医療保険指定機関に加えることが可能である。

第3に，医療保険制度における指定医療サービス機関に対する監督と管理を強化し，監督・管理制度を完備させる。指定医療機関における医療サービスに対する監督・管理を行うと同時に，医療従事者の医療サービス行為に対する監督・管理も行う。保険詐欺を防止する体制を制定し，保険詐欺行為に対する処罰を強化し，即時にその関連情報を公布する。

(4) 医療救助（救済）レベルの向上

第1に，救助（救済）資金を増やし，医療保障が貧困者を保護する機能を強化する。適用者は低所得世帯，「五保戸」[29]における重篤な疾病に罹る者，重度障害者および高年齢者である。それらのグループがURBMIおよびNCMSに加入するのを支援する。救済レベルを高め，医療救助の支払下限基準を無くし，その上限基準を引き上げ，救済対象者の入院医療費給付率を引き上げる。

第2に，「救命救助基金」を設置する。政府補助，社会寄付など多種多様なルートを通じて資金を調達し，基金を設置する。自ら医療費を負担することが困難である者，自主意識を失った者に対する救命医療を施す際に発生した医療費不足・不払いの問題を解決する。

(5) 重篤な疾病に対する医療保障体制の確立を探索する

第1に，重篤な疾病に対する医療保障法を制定し，基本医療保険に加入すると同時に，重篤な疾病に関する私的医療保険を購入したり，補充医療保険を購入したりする方案を模索し，重篤な疾病に対する医療保障のレベルを向上させ，重篤な疾病の発生による貧困問題を解決する。

第2に，尿毒症，児童白血病，児童先天性心臓病，乳癌，子宮頚部，重篤な精神病，耐菌性肺結核，エイズ，重篤な感染等8種類の疾病に対する医療保障，肺癌，食道癌，胃癌，結腸癌，直腸癌，慢性骨髄性白血病，急性心筋

---

29 1956年に，中国農村部における子供・親戚がいない者や高年齢者・障害者に対して，基本的な生活保障として食事の保障（「保食」），衣服の保障（「保衣」），燃料の保障（「保燃」），教育の保障（「保教」），葬儀の保障（「保葬」）の5つ（「五保」と略称）が実施された。この「五保」を受給する世帯は，「五保戸」と呼ばれる。

梗塞，脳梗塞，血友病，Ⅰ型糖尿病，甲状腺機能亢進，口唇口蓋裂等12種類の疾病に対する医療保障と救済（救助）を，モデルケースとして重篤な疾病に対する医療保障の適用範囲に入れる。

(6) 基本医療保険取扱の管理機能の向上

第1に，「ワンカード」で診療を受けることを促進し，医療保険加入者の診療需要を満たすよう努力する。即ち医療保険加入者が統一計画地域以外の地域で受診する際の医療費に関しては，「異地即時決済」（医療保険に加入する地域以外で受診する際の医療費を受診した地域で償還できるような新たな医療費支払い制度）を実現し，医療保険加入地域以外の地域で移居した定年退職労働者の医療費支払い問題を解決することを促進する。また，UEBMIに加入した労働者が地域間を移動した際，医療保険制度が各地域で通用できることを促進する。

第2に，医療保険基金の収支管理を強化し，URBMIとNCMSの基金は，当期の収支バランスをとるという原則を堅持する。残高が余り過ぎる場合，実際の状況に応じて，基金が余り過ぎたり赤字になったりしないように高額医療費の支払限度を引き上げる可能性がある。また，UEBMIが余り過ぎる場合，有効な方法によって残高を合理的なレベルまでに下げる。

第3に，UEBMI，URBMIとNCMS諸制度の管理職能と取扱資源の整合性を模索し，基本医療保険管理と取扱の運営体制を整備する。条件が揃う地域には都市部と農村部が統一する基本医療保険制度の実施を模索する。

第4に，医療保険基金の安全性と有効な監督・管理を重視しながら，政府が資格を持つ私的保険機関（たとえば商業保険機関）に各種の医療保障管理サービスを取り扱うことを委託することが可能である。

(7) 商業医療保険（私的医療保険）の発展

商業医療保険産業政策を整備し，商業保険機関が基本医療保険以外の医療保険製品を開発することを促進し，多種多様な医療需要を満たす医療保険の実施を進める。企業，個人が商業医療保険および多種多様な補充医療保険に加入することを勧め，税収などに関連する税制優遇政策を制定・実施する。

3. 2013年の改革 —— 私的医療保険発展の促進

　2009年から2012年にかけて政府が医療体制の改革を促進した。その結果，プライマリケアが建立し，法律上で国民皆保険の目標は達成した。2009年から始まった医療制度の改革をさらに促進し，国民の多様な医療需要に応じて医療サービスのレベルをさらに向上させるため，政府（国務院）が2013年9月28に「医療サービスの発展を促進することに関する意見」を公布した。医療保険制度，とくに私的医療保険に関しては，以下のようなことが述べられている。

　第1に，豊富な私的医療保険商品の提供を促進する。基本医療保険制度を完備させると同時に，商業保険会社が多様な医療保険商品およびサービスを提供することを促進し，基本医療保険（公的医療保険）との整合性を持つ商業医療保険（私的医療保険）を発展させ，商業保険会社が都市部と農村部住民に対して重篤な疾病に関する医療保険を提供することを進め，医療保険がカバーする範囲を拡大させる。長期介護保険，健康管理，高齢者医療などの医療サービスに関連する医療保険商品の開発を促進する。また，医療責任保険，医療事故保険などの多種多様な医療事業保険の開発・実施を促進する。

　第2に，多種多様な医療保険サービスを発展させる。商業保険会社と医療・健診機関・介護機関との連携体制を建立する。医療サービスの提供に関する監督・医療費の抑制を強化し，医療サービスの行為を規範化し，医療保険加入者に健康リスク評価や健康リスク予防などのサービスを提供する。また，健康管理組織など新たな医療組織の形式を探索し，医療サービスを購入することを通じて，政府が資格を持つ商業保険機関に多様多様な医療保険サービスの提供を委託することも勧める。

第5節　新動向 —— 都市部と農村部の医療保険制度を統合する改革

　2003年以降，政府がNCMSとURBMIをそれぞれ実施すると同時に，医療需要と供給における都市部と農村部間の格差問題を解消するため，都市部と

農村部の基本医療保険を統合する改革(以下では,「統合改革」と略称)を促進している。「統合改革」の提出およびそのモデルケースを整理して説明する[30]。

1. 「統合改革」の提出

2013年10月14日,共産党第16回三中全会で合意した「中共中央の社会主義市場体制の若干問題に関する決定」で,国家主席胡錦濤がはじめて「5つの統合」(即ち「都市部と農村部の発展の統合,地域発展の統合,経済社会発展の統合,人間と自然の統合,国内発展とグローバル化の統合」を強調した。「都市部と農村部の発展の統合」(「統籌城郷発展」)は「5つの統合」の一番目として位置づけられている。その背景下で,「統合改革」が促進されている。

具体的に説明すると,「統合改革」とは,現在,実施されているUEBMI,URBMI,NCMSに関する管理を統合することを指す。これは,カバーする範囲,管理機関,医療保険サービスに関連する部門,制度内容の4つの統合も含まれている。

2. 「統合改革」のモデルケース

政府は「統合改革」の方針を制定したが,統合に関する具体的な方法に関しては,各地方政府が該当地域の経済状況,財政状況,人口年齢構成,医療資源などの諸因に基づいて,具体的な実施方案を制定し,実行することとなっている。したがって,地域によって,「統合改革」の内容が若干異なる。現在,「統合改革」のモデルケースは,主に以下の3種類に分けられている(表2-4)。

第1に,「全部統合」モデルにおいて,(1) UEBMI, URBMIとNCMSの3つをすべて統合する。(2) 同一保険率を実施して医療保険基金を設立する。

---

30 「統合改革」に関するより詳細な説明および調査研究に関しては,顧・李(2013),李(2012)などを参照されたい。

第Ⅰ部　制度的研究

表2-4　「統合改革」の3つのモデル

モデル	制度性質	財源	医療費給付	保険基金の数	代表な地域
全部統合	基本医療保険	同一保険率	保険内容と医療費給付がすべて同じ	1つ	広東省東莞市
二元統合・基金分別	従業員基本医療保険＋住民基本医療保険 ・住民基本医療保険内部で同一基準を設ける	・従業員基本医療保険：就業部門＋個人 ・住民基本医療保険：個人＋政府補助 ・従業員基本医療保険と住民基本医療保険の納付基準が異なる	保険内容が異なり、従業員基本医療保険と住民基本医療保険によって医療費給付基準が異なる	2つ	江蘇省武進市，金坛市，無錫市，天津市，四川省成都市，安徽省馬鞍山市
二元統合・基金分立	・従業員基本医療保険＋住民基本医療保険 ・住民基本医療保険内部で異なる基準を設ける	・従業員基本医療保険：就業部門＋個人 ・住民基本医療保険：個人＋政府補助 ・従業員基本医療保険と住民基本医療保険の基準が異なる ・住民基本医療保険内部で異なる納付基準を設ける	・保険内容が異なり、従業員基本医療保険と住民基本保険によって医療費給付基準が異なる ・住民基本医療保険内部で医療費給付基準が異なる	2つ以上	江蘇省太倉市，興化市

出所：顧・李（2013，164頁）表3-2-1に基づき作成。

（3）保険内容と医療費給付はすべて同じである。（4）医療保険基金は1つだけである。当モデルを全国に普及すれば，中国ではすべての国民に対して同じ基本医療保険制度が実施され，本当の意味では国民皆保険の目標を達成したといえるだろう。現在，広東省東莞市は「全部統合」モデルを実施してい

る。このモデルは地域政府の財源収入が多く，都市部で非就業者が少なく，農村部で農業従事者が少ない地域で実施できるかもしれないが，現在，全国で普及するのは難しい。

　第2に,「二元統合・基金区分」モデルでは，(1) URBMI と NCMS を統合して1つの「住民基本医療保険制度」となっており，つまり医療保険制度は，① UEBMI と，②住民医療保険制度の2つに分けられる。また，住民基本医療保険内部で同一基準を設けている。(2) 資金調達については，UEBMI が雇用部門と労働者個人の納付によって資金調達を行い，住民基本医療保険基金は主に個人納付と政府補助によって賄う。また従業員保険と住民保険の納付基準は異なる。ただし，住民基本医療保険内部においては納付基準が同じである。(3) 医療費給付に関しては，保険内容が異なり，従業員医療保険制度と住民医療保険制度によって医療費給付基準が異なる。(4) 医療保険基金は2つとなる。現在，江蘇省武進市，金坛市，無錫市，天津市，四川省成都市，安徽省馬鞍山市では「二元統合・基金区分」モデルが実施されている。

　第3は,「二元統合・基金分立」モデルで，これは(1)「二元統合・基金区分」モデルに類似し，URBMI と NCMS を統合した1つの「住民基本医療保険制度」となっており，医療保険制度は，① UEBMI と，②住民医療保険制度の2つに分けられる。ただし,「二元統合・基金分立」モデルでは住民基本医療保険内部において「二元統合・基金区分」モデルとは異なる基準を設けていることである。(2) 資金調達の方法は，ほぼ「二元統合・基金区分」モデルに類似するが，上記と同様，住民基本医療保険内部において「二元統合・基金区分」モデルとは異なる納付基準を設けている。(3) 医療費償還も，ほぼ「二元統合・基金区分」モデルに類似するが，住民基本医療保険内部において医療費給付基準が異なることはこのモデルの特徴である。(4) 当モデルでは住民基本医療保険内部において異なる保険料納付基準が設けられ，医療費給付基準も異なるため，医療保険基金は2つ以上となる。江蘇省太倉市，興化市で，この「二元統合・基金分立」モデルが実施されている。

　「二元統合・基金区分」モデルと「二元統合・基金分立」モデルのいずれも3つの基本医療保険制度をすべて統合する過程で実施されるものであり,「二元統合・基金分立」モデル→「二元統合・基金区分」モデル→「全部統合」

モデルという進化によって，最終ドイツや日本などの先進国のように，全国的に統一された基本医療保険制度が実施され，医療保険制度上での都市部と農村部間の格差を解消することができるだろう。

＊＊＊

　本章では，主に体制移行期における公的医療保険制度の改革経緯および制度の特徴をまとめた（**表2-5**）。都市部で1998年12月14日に都市従業員基本医療保険制度（UEBMI）がスタートし，また2007年7月10日に都市住民基本医療保険制度（URBMI）の試行を行った。また，農村部で2003年に新型農村合作医療制度（NCMS）の試行を行い，2007年以降，全国範囲でその制度の実施を促進している。現在，都市部と農村部の住民のすべてが公的医療保険制度によりカバーされており，法律上は「国民皆保険」といった公的医療保険制度が実施されている。

　しかし，UEBMI，URBMIとNCMSには，保険金の財源調達，医療費の給付水準および給付内容，医療費の個人負担割合などで大きな差異がある。そのため，就業者と非就業者間の格差問題が存在する可能性がある。また，NCMSが地域政府（特に県レベルの政府）によって運営・管理されるため，地域によって制度の運営・管理の仕組み，医療費給付の基準・内容が異なっており，公的医療保険制度における地域間の格差問題が生じる可能性があろう。さらに，NCMS基金の金額が少ないため，医療費給付金額が少ない。その結果，NCMSに加入しても，医療費の大部分は農民の自己負担となっており，病気になることによって貧困に陥るような所得格差と健康格差の連鎖問題は依然として存在するだろう。上記の疑問を解明するため，次章では，公表データを活用し，中国における医療保険制度の実施状況およびその問題点について詳しく検討する。

表2-5 都市従業員基本医療保険制度，都市住民基本医療保険制度および新型農村合作医療制度の比較

		都市部医療保険制度		新型農村合作医療制度
		都市従業員基本医療保険	都市住民基本医療保険	
適用者		都市部における就業者（主に都市戸籍の正規雇用者），国有部門の定年退職者，非正規雇用者	都市戸籍住民における学生，児童，非就業者	農村戸籍住民
加入者		個人＋就業部門	世帯	世帯
保険金財源	個人	個人賃金2％（保険金）	地方政府によって決定する。地域によって異なり，また同一地域において，対象者（学生，児童，高年齢者，障害者，貧困層など）によって異なる	毎年1人あたり30元
	企業	賃金総額6％（保険金）	なし	なし
	政府	なし	補助金：毎年1人あたり120元（2010年）	補助金：毎年1人あたり120元（2010年）
医療費給付	スタート基準	該当地域正規雇用者年平均賃金の10％	統一管理行政地域の政府によって決定	統一管理行政地域の政府によって決定
	償還率（2010年）	70％	60％	60％
	支給上限（2010年）	該当地域正規雇用者年平均賃金の6倍	該当地域の都市部における税引き後世帯1人あたり所得の6倍	該当地域の都市部における世帯1人あたり純収入の6倍
	適用疾病	現在，重篤な疾病の外来医療費および入院医療費を支給，今後すべての外来医療費を支給する方向	現在，重篤な疾病の外来医療費および入院医療費を支給，今後すべての外来医療費を支給する方向	①重篤な疾病の入院医療費を支給 ②重篤な疾病の入院医療費の支給＋外来医療費一部の支給（医療保険金通帳制度） ③入院医療費および外来医療費を支給
管理部門	管理者	各地方レベルの労働保障行政部門およびその運営機構	各地方レベルの労働保障行政部門およびその運営機構	各レベルの衛生行政部門およびその行政機関
	統一管理の地域レベル	市・県レベル	市・県レベル	地域格差が大きい。原則として，県（市）レベルで統一管理するが，できない場合，郷（鎮）レベルでスタートした後，徐々に県（市）レベルに統一する
医療サービス管理		「三定」：指定医薬品リスト，指定診療項目，指定医療機関 ・衛生部2009年8月の「国家基本医薬品目録（基本レベル医療衛生機構配備使用部分）」 ・人力資源与社会保障部2009年11月の「国家基本医療保険，労災保険与出産保険医薬費目録」	「三定」：指定医薬品リスト，指定診療項目，指定医療機関 ・衛生部2009年8月の「国家基本医薬品目録（基本レベル医療衛生機構配備使用部分）」 ・人力資源与社会保障部2009年11月の「国家基本医療保険，労災保険与出産保険医薬費目録」	指定内容が少ない ・衛生部2009年8月の「国家基本医薬品目録（基本レベル医療衛生機構配備使用部分）」

出所：顧・李（2013，32頁表1-2-3），李（2012，77頁表4-1）を参照にして作成。

【コラム2】──中国における医療管理体制 ── 横型と縦型

　中国における医療管理体制に関しては，行政管理は，横型と縦型の両方（中国語で「条条」,「塊塊」と呼ばれる）に分けられる。そのため，医療管理体制も横型と縦型の2種類に分類されている。

　まず，横型行政管理の体制に関しては，医療管理を担当する主な行政部門は，衛生部（日本の厚生労働省に相当）であり，人力資源と社会保障部，国家発展改革委員会，財政部，民生部などの関連部門は，医療保険の資金調達，医療・医薬品価格の設定や医療救助などの業務を提携する。それ以外，農業部，商務部，工業と情報化部，国家計画生育委員会，品質監督局，環境保護局，体育総局などの部門も関連する業務に協力する（付図2−1）。

　一方，縦型行政管理体制は，行政管理レベルによって主に中央，省，市，県（区）の4つのレベルに分けられる。中央政府は最高レベルの行政管理部門であり，県（区）政府が最も低いレベルの行政管理

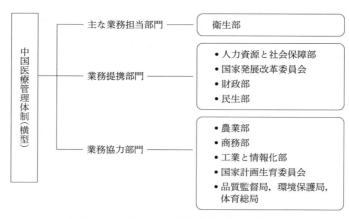

付図2−1　中国における医療管理体制（横型）

出所：筆者作成。

部門となっている。各レベルの行政管理部門のそれぞれの職能は，**付表2-1**にまとめている。

縦型の各医療行政管理部門が果たす役割に関して具体的に説明すると，まず，中央政府は，以下のような役割を果たす。

付表2-1　中国における医療管理体制（縦型）

役割	中央	省	市	県
資金調達	全国レベルの大型建設プロジェクト，新型農村合作医療制度，基本的公共医療，基本医薬品制度に関する資金調達	省レベルの大型建設プロジェクト，新型農村合作医療制度，公共医療資金調達，省レベル医療供給の財政保障	市レベルの医療機関の運営費，大型建設プロジェクト費用の一部を負担	県レベルの医療機関の運営費，大型建設プロジェクト費用の一部を負担
医療計画	原則，方法を決定，大型医療機器・設備投資基準を制定・審査	省レベルの計画，目標を決定，省内の医療資源配分の基準を制定	省が決めた計画にしたがって，市レベルの具体的な計画を制定	―
医療サービス	全国レベルの医療機関（高度医療・難病治療病院）	省レベルの高度医療・難病治療病院	二級，三級病院，該当地域向けの医療サービス機関	県（区）立病院，地域医療向けの医療サービス機関，農村医療サービスを提供
公共医療	全国の基本的医療サービス項目を制定	省レベルの公共医療サービス項目を制定	中央・省の計画にしたがって，公共サービスを提供	中央・省・市の計画にしたがって，公共サービスを提供
医療監督	全国の法律・規定を制定し，全国の重大な医療活動を監督	省レベルの法律・規定を制定し，省レベルの重大な医療活動を監督	市レベルの医療活動を監督	県（区）レベルの医療活動を監督
医療保険	全国の医療保険に関する法律・規定を制定し，その原則・方向を決定	省レベルで都市住民基本医療保険，都市従業員基本医療保険を管理・運営	市レベルで都市住民基本医療保険，都市従業員基本医療保険を管理・運営	新型農村合作医療制度を運営
医療価格	全国における医療サービスの価格，医薬品最高価格を制定	省レベルの非営利医療機関における医療サービスの価格を制定	市レベルの非営利医療機関における医療サービスの価格を制定	―

出所：筆者作成。

(1) 大型建設プロジェクト，新型農村合作医療制度，基本的公共医療，基本医薬品制度に関する資金調達を行う。
(2) 医療計画の原則，方法を決定し，大型医療機器・設備投資基準を制定し，それらに関する審査を行う。
(3) 全国最高レベルの高度医療・難病治療病院を設立する。
(4) 全国の公共医療における基本的医療サービス項目を制定する。
(5) 全国の医療監督に関する法律・規定を制定し，全国の重大な医療活動を監督する。
(6) 医療保険に関する法律を制定し，その原則，方向を決定する。
(7) 全国における医療サービスの価格，医薬品最高価格を制定する。役割を果たす。

また省政府は，以下のようなことを担当する。

(1) 省内の大型建設プロジェクト，新型農村合作医療制度，公共医療費資金調達，基層レベル医療の財政保障を行う。
(2) 省内の医療計画，目標を決定し，所内に資源配置基準を制定する。
(3) 省レベルの高度医療・難病治療病院を設立する。
(4) 省内の公共医療サービスを計画し，
(5) 省内の法律・規定を制定し，省内の重大な医療活動を監督する。
(6) 省レベルで都市部住民基本医療保険，都市部従業員基本医療保険を管理・運営する。
(7) 省内の非営利医療機関における医療サービスの価格を制定することを担当する。

そして市政府は，以下のような役割を果たす。

(1) 市レベルの医療機関の運営費，大型建設プロジェクト費用の

一部を負担する。
(2) 省が決めた計画にしたがって，市レベルの具体的な計画を制定する。
(3) 二級，三級病院，該当地域医療向けの医療サービス機関を設立する。
(4) 中央・省の要求にしたがって公共医療サービスを提供する。
(5) 該当地域（市レベル）で医療監督を行う。
(6) 市レベルで都市部住民基本医療保険，都市部従業員基本医療保険を運営する。
(7) 市内の非営利医療機関における医療サービスの価格を制定する業務を担当する。

また県（区）政府の役割は以下の通りである。

(1) 県（区）レベルの医療機関の運営費，大型建設プロジェクト費用の一部を負担する。
(2) 県（区）立病院，地域医療向けの医療サービス機関，農村医療サービスを提供する。
(3) 中央・省・市の要求にしたがって公共医療サービスを提供する。
(4) 該当区域（県・区）で医療監督を行う。
(5) 新型農村合作医療を運営する業務を担当する。

【コラム 3】── 中国医療保障体系における最後の保障措置としての医療救助(救済)制度

　本文で触れたように，中国社会保障制度では，公的医療保険制度以外に医療救助制度も実施されている。計画経済期，医療救助制度が独立する社会保障制度として実施されていなかったが，生活保護制度には医療救助が含まれるため，計画経済期に，医療救助が実施されていたといえる。

　体制移行期は医療救助制度が生活保護制度から独立し，医療保障体系における最後の保障措置として実施されている。2003年11月には民政部，衛生部，財政部が連名で「農村医療救助の実施に関する意見」を，2005年3月には，民生部，衛生部，労働保障部，財政部が連名で「都市部における医療救助制度の建立のためのテスト事業に関する意見」を，また2009年6月には民生部，衛生部，労働保障部，財政部が連名で「城郷医療救助制度を完備させることに関する意見」を公布することで，都市部と農村部いずれにおいても，医療救助制度の実施が促進された。

　現在，中国では，「中央政府がリーダーとし，民生部が主導し，他の部門が協力し，社会が参加する」ような管理体制および医療救助制度の資金管理制度が設けられている。同制度は国家基本医療保険体系の一部として実施されている。これは，(1)医療公平性を保つ，(2)貧困者と低所得者の医療需要に満たす，(3)社会安定を維持することに大きく貢献すると考えられる。

　医療救助制度がカバーする範囲は徐々に拡大した。適用者が「五保戸」，生活保護者からその他の貧困者グループにも拡大し，入院治療以外の外来受診は，医療救助内容に加えられる。

　また，**付表2-2**によると，医療救助費支出は，全国的には 2004

年の 4.4 億元から 2010 年の 131.5 億元へと大幅に上昇し，都市部では 2005 年の 3.2 億元から 2010 年の 45.1 億元へ，農村部の場合，2004 年の 4.4 億元から 2010 年の 86.4 億元へとそれぞれ上昇した。また医療救助を受けた人は，全国では 2004 年の 641 万人から 2010 年の 6649 万人へ約 10 倍増加し，都市部で 2005 年の 115 万人から 2010 年の 1611 万人，農村部で 2004 年の 641 万人から 2010 年の 5038 万人へ増加した。都市部に比べ，農村部で医療救助費支出が多く，また医療救助を受けた人口が多いことがわかる。

医療救助制度は一定程度に医療サービスの利用における都市部と農村部間の格差を是正する機能を持つことをうかがえる。

付表 2-2 医療救助制度の実施状況（2004～2010 年）

	2004年	2005年	2006年	2007年	2008年	2009年	2010年
医療救助費支出(億元)	4.4	11.0	21.2	42.5	59.3	92.7	13.5
都市部	-	3.2	8.1	14.4	23.5	37.3	45.1
農村部	4.4	7.8	13.1	28.1	35.8	59.9	86.4
医療救助人数(万人)	641	970	1746	3338	4247	6295	6649
都市部	-	115	187	442	513	1506	1611
農村部	641	855	1559	2896	3734	4789	5038

出所：『2011 年中国衛生提要』，中華人民共和国衛生部ホームページ http://www.moh.gov.cn/ のデータに基づき作成。
注：表の数値は政府が実施した医療救助に関する統計結果，それらには社会による医療救助は含まれていない。

第3章
中国における公的医療保険制度の実施状況とその問題点

　前章までで見たように，1990年以降，中国では政府が公的医療保険制度の改革を行い，UEBMI，URBMI，NCMSが国民全体をカバーしている。したがって，現在，中国で実施されている公的医療保険制度は，「国民皆保険」を目指す社会保障といえる。

　しかし，体制移行期の現行の公的医療保険制度が従来の計画経済期における労働保険医療制度，公費医療制度，農村合作医療制度から脱皮したものであるため，これらの制度の運営が地域（都市部と農村部，豊かな地域と貧しい地域など），就業部門の所有制構造（国有企業，外資系企業，民営企業など）によって異なり，またその加入状況は所得水準の影響を受けている。現行の医療保険制度には様々な問題が存在しているが，本章では中国政府が公表した統計データおよび中国国内・海外の研究機関が実施した調査のミクロデータを活用し，公的医療保険制度の実施状況の実態を明らかにしたうえで，その制度における多様な格差問題を焦点に当てて検討したい。

第1節　中国における医療保険制度の実施状況と加入状況

1. 中国における公的医療保険制度の実施状況

　都市部における公的医療保険制度の実施状況は**表3−1**で示している。UEBMI加入者数は2005年の1.38億人から2012年の2.65億人へと倍増している。そ

表 3−1 都市部における公的医療保険制度の実施状況（2005〜2012 年）

	2005	2008	2009	2010	2011	2012
都市従業員基本医療保険加入者（億人）	1.38	2.00	2.19	2.37	2.52	2.65
現役就業者	1.00	1.50	1.64	1.78	1.89	
退職者	0.38	0.50	0.55	0.59	0.63	
保険基金収入（億元）	1405.3	3040.0	3672.0	3955.4	4945.0	
保険基金支出（億元）	1078.7	2084.0	2797.0	3271.6	4018.3	
累積基金（億元）	1278.1	3432.0	4276.0	4741.2	5683.2	
都市住民基本医療保険加入者（億人）		1.18	1.82	1.95	2.21	

出所：『中国統計年鑑』各年度版に基づき作成。
注：空欄はデータが欠如している。

表 3−2 農村部における公的医療保険制度の実施状況（2005〜2012 年）

	2005	2008	2009	2010	2011	2012
新型農村合作医療を実施した地域（県・区市）の数	678	2729	2716	2678	2637	2566
新型農村合作医療加入者（億人）	1.79	8.15	8.33	8.36	8.32	8.05
加入率（％）	75.7	91.5	94.0	96.0	97.5	98.3
年度財源総額（億元）	75.4	785.0	944.4	1308.3	2047.6	2484.7
1 人あたり財源（元）	42.1	96.3	113.4	156.6	246.2	308.5
保険基金支出（億元）	61.8	662.0	922.9	1187.8	1710.2	2408.0
医療費給付件数（億件）	1.22	5.85	7.59	10.87	13.15	17.45

出所：『中国統計年鑑』各年度版，『中国衛生統計』各年度版に基づき作成。

のうち，現役就業者で加入者数が 2005 年の 1 億人から 2011 年の 1.89 億人へと増加し，退職者で加入者数が 2005 年の 0.38 億人から 2011 年の 0.63 億人へと増加した。経過年とともに，退職者数が増加することにつれて退職者グループで UEBMI 加入者が増加していると考えられる。また URBMI 加入者数は 2008 年の 1.18 億人から 2011 年の 2.21 億人へと増加した。保険基金収入が 2005 年の 1405.3 億元から 2011 年の 4945.0 億元へと上昇し，保険基金支出が 2005 年の 1078.8 億元から 2011 年の 4018.3 億元へと上昇している。保険基金の収入と支出はバランスが取れており，支出が収入よりやや低く，保険基金累積金額は 2005 年の 1278.1 億元から 2011 年の 5683.2 億元と約 4.5 倍増加した。UEBMI 基金財源は健全であることが見て取れる。

農村部における公的医療保険制度の実施状況は**表 3−2** で示している。NCMS が実施された地域（県あるいは区市）は，2005 年の 678 カ地域から 2012 年

の2566カ地域へと大幅に増加した。制度加入者数は2005年の1.79億人から2012年の8.05億人へと大幅に増加している。また，1人あたり保険基金財源は2005年の42.1元から2011年の308.5元へと上昇し，保険基金支出は2005年の61.8億元から2011年の2408.0億元へと上昇しており，医療費給付件数は2005年の1.22億件から2012年の17.45億件へと増加している。

農村部でNCMSの実施によって，経過年とともに1人あたり保険基金財源，保険基金金額および保険基金支出が大幅に増加する傾向にあるが，都市部に比べ，農村部で保険基金支出金額（2005年に都市部1078.7億元，農村部61.8億元，2011年に都市部4018.3億元，農村部1710.2億元）が少なく，保険基金支出（公的医療費の負担額）における都市部と農村部間の格差が存在することが分かる。

2. 中国における公的医療保険制度の加入状況

(1) 都市従業員基本医療保険制度の加入状況

図3－1によると，UEBMIは1998年に実施された後，その加入者数は2005年の1億3783万人から2012年の2億6485万人へと増加した。そのうち，現役就業者数は2005年の1億22万人から2012年の1億9861万人，退職者数は2005年の3761万人から2012年の6624万人へと増加した。現役就業者グループと退職者グループのいずれにおいても，経過年とともに加入者数が増加しているが，今後，高齢化の進展とともに現役就業者数が減少する一方，退職者が増加するにつれて，医療保険金の納付者が減少すると同時に，給付者が増加すると考えられる。将来，中国政府は，日本やイギリスなどの先進国が現在悩んでいる医療保険の財源不足の問題に直面することになると予測される。

(2) 都市住民基本医療保険制度の加入状況

URBMI加入状況を図3－2にまとめている。この医療保険制度は任意加入であるが，加入者数は制度がスタートした初年度（2007年）の4291万人から年々に上昇し，2012年には2億7156万人となっている。

第Ⅰ部　制度的研究

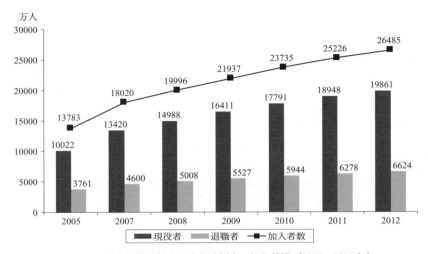

図3-1　都市従業員基本医療保険制度の加入状況（2005～2012年）

出所：『2012年中国衛生統計年鑑』,『中国統計年鑑2012』および「2012年労働和社会保障事業発展統計公報」に基づき作成。

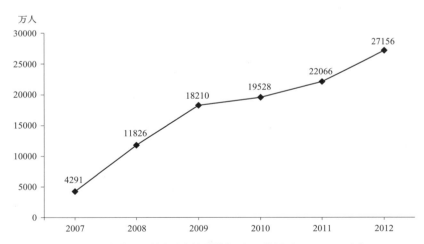

図3-2　都市住民基本医療保険制度の加入状況（2007～2012年）

出所：図3-1と同じ。

(3) 新型農村合作医療制度の加入状況

図3-3で2003年にスタートしたNCMS加入者数と加入率の変遷を示した。加入者数は2003年の0.43億人から2011年の8.32億人へと大幅に増加し、またその加入率（NCMSを試行した地域における加入者数が該当地域の農村人口総数に占める割合）が2005年の75.7％から2011年の97.5％へと大幅に上昇したことが見て取れる。現在，NCMSはほぼ農村戸籍を有する者の全体をカバーしており，その加入率は100％に近い高い値となっている。

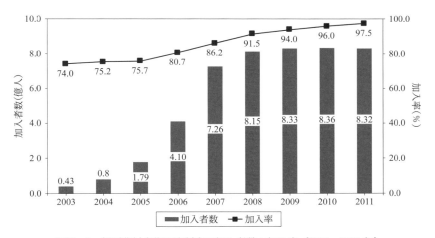

図3-3 新型農村合作医療制度の加入者数と加入率（2003～2011年）
出所：『中国衛生統計年鑑』2008年，2011年度版に基づき作成。
注：加入率＝加入者数/農村人口総数

(4) 出稼ぎ労働者の都市部における公的医療保険制度の加入状況

まず，国家衛生計画生育委員会が実施した「流動人口動態監測調査」の統計データに基づいて出稼ぎ労働者が都市部における公的医療保険制度に加入する状況を把握する。図3-4で流動人口が居住地域で都市部における社会保障制度に加入する者の割合を示している。就業する流動人口で都市部における公的医療保険制度の加入率は2011年の18.7％から2013年の23.6％へ上昇した。流動人口は農村戸籍を有する者と都市戸籍を有する者の2つのグループに分けられる。前者が後者より多い。国家衛生計画生育委員会（2013）の

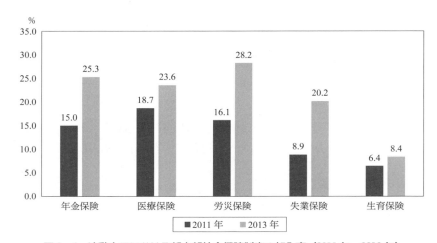

図3-4 流動人口における都市部社会保障制度の加入率（2011年，2013年）
出所：国家衛生計画生育委員会『流動人口動態監測調査』（2011年，2013年）に基づき作成。

表3-3 出稼ぎ労働者における都市部の公的医療保険制度の加入率（2008～2012年）
(単位：％)

	2008	2009	2010	2011	2012
年金保険	9.8	7.6	9.5	13.9	14.3
医療保険	13.1	12.2	14.3	16.7	16.9
労災保険	24.1	21.8	24.1	23.6	24.0
失業保険	3.7	3.9	4.9	8.0	8.4
生育保険	2.0	2.4	2.9	5.6	6.1

出所：蔡・王（2013，13頁表1-11）に基づき作成。
　　　元のデータ：国家統計局「全国農民工監測調査」。

調査によると，流動人口種類別加入率をみると，2013年の場合，農村戸籍を有する流動人口（出稼ぎ労働者）の加入率が20.1％，都市戸籍を有する流動人口の加入率が45.6％である。そのうち，URBMI加入率がわずか4.5％，商業医療保険の加入率が5.4％となっている。

次に，国家統計局が実施した「全国出稼ぎ労働者監測調査」の統計データを用いて出稼ぎ労働者の都市部における公的医療保険制度の加入状況を検討する（**表3-3**）。出稼ぎ労働者が居住する地域で公的医療保険制度の加入率は2008年の13.1％から2010年の14.3％，2012年の16.9％へと徐々に上昇し

たが，2012年までに出稼ぎ労働者において，約6人に1人しか都市部における公的医療保険制度に加入していないことがわかった。

以上の国家統計データによると，出稼ぎ労働者が都市部で居住しても，都市部における公的医療保険に加入する者はまだ少ないことが示された。多くの出稼ぎ労働者が戸籍所在地でNCMSに加入しているが，都市部の病院で受診する際に，都市部の病院，診療所がNCMSによる医療費給付を認めないため，医療費の全額はまず自己負担となる。診療を受けた後，出稼ぎ労働者が戸籍所在地に戻り，NCMSによって一部の医療費は給付されるケースが多い。一方，戸籍所在地でNCMSに加入する場合，戸籍所在地以外の地域における病院・診療所で診療を受ける際の医療費は，NCMSによって給付されないケースもある。現在，都市部と農村部のいずれにおいても，法律上，国民皆保険の目標は達成したが，都市部の貧困層に近い出稼ぎ労働者は都市部で働くとき，病気になると，公的医療保険制度による医療保障を受けられないという問題が存在すると推察できる。

図3-1，図3-2，図3-3，図3-4，表3-3では，都市部における公的医療保険制度，農村部における新型農村合作医療制度，そして出稼ぎ労働者の公的医療保険の加入状況をそれぞれ考察したが，農村部でURBMI，UEBMIに加入する者（都市戸籍を有し，農村部で非農業に従事する労働者など）が存在する可能性がある。また，都市部と農村部のいずれにおいても，私的医療保険に加入する者が存在すると考えられる。私的医療保険などを含む全国における医療保険制度の加入状況は，どうなっているのか。中国における各種の医療保険制度の加入状況を**表3-4**にまとめており，以下のことが示された。

まず，全国の状況をみると，2011年における医療保険加入者の割合は，NCMS加入者が69.5％で最も多い。次いでUEBMI加入者が14.8％，URBMI加入者が9.5％となっている。公的医療保険以外の医療保険加入者の割合はわずか0.3％となっている。

都市部について見ると，UEBMI加入者とURBMI加入者の割合はそれぞれ47.4％，25.1％で高い。一方，農村ではNCMS加入者の割合が89.9％で最も高い。制度上の特性を反映し，戸籍の違いによって加入した医療保険の種類

表3-4 中国における医療保険制度の加入状況（2008年，2011年）

（単位：％）

	全国		都市部		農村部	
	2008年	2011年	2008年	2011年	2008年	2011年
都市従業員基本医療保険	12.7	14.8	44.2	47.4	1.5	2.9
公費医療制度	1.0	0.7	3	2.2	0.3	0.2
都市住民基本医療保険	3.8	9.5	12.5	25.1	0.7	3.8
新型農村合作医療制度	68.7	69.5	9.5	13.4	89.7	89.9
その他の医療保険	1.0	0.3	2.8	0.9	0.4	0.1
医療保険未加入	12.9	5.2	28.1	10.9	7.5	3.1

出所：衛生部『2008年中国医療サービス調査研究—第四回家庭健康諮問調査分析報告』および『2011年医改段階性評価調査』に基づき作成。
注：その他の医療保険：商業医療保険，企業補助保険など。

が異なることがよくわかる。

　医療保険未加入の状況に関して見ると，全国的な医療保険未加入者の割合は2008年の12.9％から2011年の5.2％へと減少した。都市部ではその割合が2008年の28.1％から2011年の10.9％，農村部ではそれぞれ7.5％から3.1％へと減少した。近年になるほど医療保険未加入率が低下したが，未加入率は都市部が農村部よりやや高いことが見て取れる。

　以上により，UEBMI，URBMI，NCMSが実施された後，経過年とともに制度の加入者数が大幅に増加し，加入率も上昇したことが示された。中国で実施されている公的医療保険制度は国民全体をカバーするため，制度上で「国民皆保険」の目標を達成したといえる。しかし，制度の運営には様々な問題が存在している。以下では，諸々の問題点について検討したい。

第2節　医療保険制度の問題点
—— 多様な医療保障の格差

　現行の中国医療保険制度に関しては，個人口座制度の不備，保険基金の財源不足，保険基金の運営などの様々な問題点が指摘されているが[31]，本節では，①政府—医療保険財源・医療費給付における地域間格差，②企業—公的医

31　何（2005），張（2009），李（2010），陸（2013）は，医療保険制度には個人口座の制度設計に問題があること，医療保険基金のリスクが高いこと，加入率がまだ低いことなどを指摘している。

保険制度加入における就業部門間の格差，③個人・家計―所得格差による医療保障格差，④医療サービス利用の格差，の4つの問題を取り上げ，公的医療保険制度における公平性の問題を検討する。

1. 政府 —— 医療保険財源・医療費給付における地域間の格差問題

(1) 都市部と農村部間の格差

前述したように，中国で計画経済期に戸籍制度によって，原則として農村戸籍を持つ者は就業する目的で都市に移動することが制限されていた。1980年代以降，戸籍制度の規制緩和が行われ，出稼ぎ労働者が徐々に増えてきたが，所得・消費水準，社会保障の面で農村部と都市部間の格差は依然として大きい。これらの状況に関しては，以下では政府が公表した統計データに基づいて確認する。

図3-5に都市部と農村部における世帯1人あたりの年間所得の推移を示す。経過年とともに，農村と都市のいずれにおいても，1人あたり所得が上昇しているが，その上昇率は都市部が農村部より大きいため，都市部と農村部間の所得格差が拡大している。たとえば，1人あたりの所得における都市対農

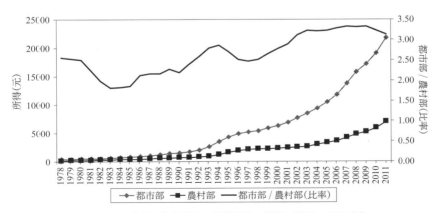

図3-5 都市部と農村部間の所得格差の推移（1978～2011年）

出所：『中国統計年鑑2012』に基づき作成。
注：都市部：世帯1人あたりの可処分所得。
　　農村部：世帯1人あたりの純収入。

第Ⅰ部　制度的研究

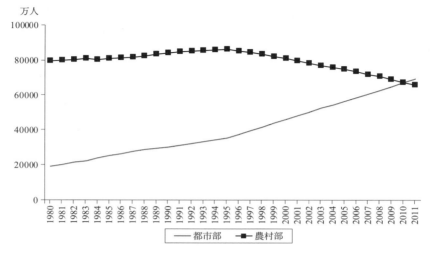

図3-6　都市部と農村部における人口数の推移（1980〜2011年）
出所：『中国統計年鑑2012』に基づき作成。
注：1）1981年以前：戸籍統計データ。
　　　1982，1990，2000，2010年：人口センサス調査。
　　　その他：人口抽出調査。
　　2）現役軍人を含む（都市人口として計上）。

村の比率を都市部と農村部間の所得格差の代理指標とすると，所得格差は1978年の2.56倍から1983年の1.82倍まで縮小したが，その後に拡大しており，2011年に3.13倍となっている。

体制移行期には，都市部と農村部における所得格差が拡大すると同時に，医療保障における両者間の格差も拡大している。以下では，政府公表データに基づいて，公的医療費支出，医療保険基金財源，医療費給付および医療費の自己負担における両者間の格差の状況を確認する。

まず，農村部人口数が都市部人口数より多い（**図3-6**）にもかかわらず，公的医療費支出総額は都市部が農村部より多い。**図3-7**によると，公的医療費支出総額は都市部が1990年の747.4億元から2009年の1兆7542億元へ上昇し，農村部が351.4億元から2009年の1兆1783億元へ上昇したが，公的医療費支出総額は依然として都市部が農村部より多いことがわかる。ただし，上昇幅は農村部が都市部より高いため，都市部と農村部間の格差（都市部と

第 3 章　中国における公的医療保険制度の実施状況とその問題点

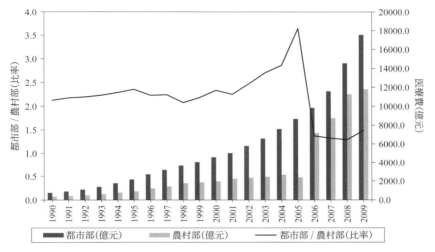

図 3-7　公的医療費支出総額における都市部と農村部間の格差（1990～2011 年）
出所：『中国衛生統計年鑑』各年度版に基づき作成。

農村部の比率）は 1990 年の 2.13 倍から 2009 年の 1.49 倍へと縮小した。また，1 人あたり公的医療費支出（図 3-8）は都市部が 1990 年の 158.8 元から 2012 年の 2969.0 元へ上昇し，農村部が 38.8 元から 2012 年の 1055.9 元へ上昇したが，1990 年から 2012 年までに 1 人あたり公的医療費支出における都市部と農村部間の格差は 3.0～4.0 の水準で推移し，両者間の格差がいまだ高い。

次に，医療保険基金（徴収した保険金と政府補助金の合計，以下では「医療保険基金」と略称）においても，都市部と農村部間の格差が存在している。図 3-9 によると，2010 年に，医療保険基金は都市部が 3955.4 億元であり，農村部（1308.3 億元）の約 3 倍である。また医療保険支出は都市部が 3271.6 億元である一方で，農村部が 1187.8 億元で都市部の 36.6％ となっている。医療保険基金の財源には都市部と農村部間の格差が大きいことがわかる。

また，都市部と農村部で実施されている公的医療保険制度の仕組みが異なるため，医療費給付および医療費の自己負担においても，都市部と農村部間の格差は大きい。図 3-10 によると，(1) 平均医療費給付額は UEBMI 加入者が 6988 元で最も多く，URBMI 加入者が 3425 元であり，また NCMS 加入者が 909 元で最も少ない。(2) 給付率は UEBMI 加入者 (63.2%)，URBMI 加

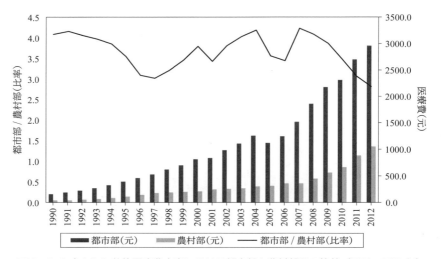

図3−8 1人あたり公的医療費支出における都市部と農村部間の格差（1990〜2011年）
出所：『中国衛生統計年鑑』各年度版，『中国統計年鑑』各年度版に基づき作成。

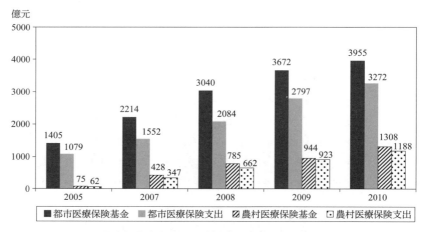

図3−9 医療保険財源における都市部と農村部間の格差（2011年）
出所：『2012年中国衛生統計年鑑』，『中国統計年鑑2012』に基づき作成。

入者（49.3％），NCMS加入者（26.6％）の順に少なくなる。（3）医療費の個人負担率（医療費の自己負担金額が1人あたり平均年収に占める割合）は都市部が約3〜4割（UEBMI加入者31.8％，URBMI加入者32.8％）であるが，

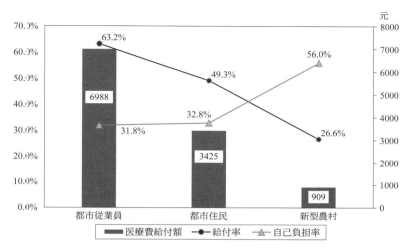

図3−10　医療費給付と医療費負担における都市部と農村部間の格差（2008年）
出所：衛生部（2009）『2008年中国医療サービス調査研究―第四回家庭健康諮問調査分析報告』54−65頁に基づき作成。
注：都市従業員：都市従業員基本医療保険制度（UEBMI）加入者。
　　都市住民：都市住民基本医療保険制度（URBMI）加入者。
　　新型農村：新型農村合作医療制度（NCMS）加入者。

農村部が約6割で高い。1990年代以降，流行語となっている「看病貴」（「医療費は高い」）の問題は，農村部が都市部に比べてより深刻化していることがうかがえる。その結果，公的医療保険制度に加入しても，重篤な疾病になると，すぐ貧困に陥るリスクは農村戸籍住民が都市戸籍住民より高いと推測できる。はたして，公的医療保険制度の実施によって農村部と都市部間の格差は解消できたのか，またNCMS加入はどの程度医療費の個人負担に影響を与えるのか。これらの問題を数量的に解明するため，本書第5章，第6章で実証研究を行っている。

(2) 省別間の格差

都市部と農村部間の格差以外，省別間格差も存在している。以下では，政府が公表した省別（31カ地域）の集計データを用いて省別間の格差の実態を考察する。

まず，公的医療費支出に関しては，1人あたり公的医療費支出（**図3−11**）

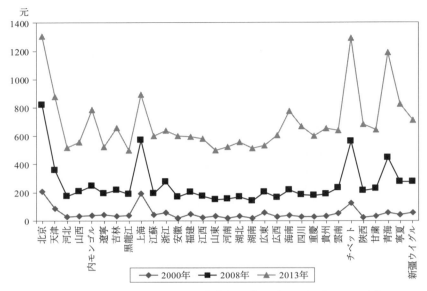

図3-11　省別1人あたり公的医療費支出（2000年，2008年，2013年）
出所：『中国統計年鑑』各年度版に基づき作成。

では，2000年，2008年，2013年の3時点のいずれにおいても，地域間格差が存在しており，他の地域に比べ，北京，上海，チベット，青海で1人あたり公的医療費支出が多いことが見て取れる。また最高地域と最低地域の比率は2000年が11.44（北京／湖南），2008年が5.98（北京／湖南），2013年が2.63（北京／黒龍江）となっており，近年になるほど地域間格差が小さくなることをうかがえる。タイル尺度を用いて公的医療費支出における省別地域間格差を計算した結果（**表3-5**）によると，全体的に地域間格差が2001年の0.171から2011年の0.026までに低下しており，とくに2007年以降，格差が大幅に縮小し，また地域間格差より，地域内格差がより大きいことが示された。ただし，地域間格差は東部地域が中部，西部地域に比べて大きい。

次に，公的医療保険基金に関しては，農村部と都市部に分けて集計した結果より，以下のことが示された。

第1に，農村内部の格差状況については，**図3-12**に2011年NCMS基金における省別間格差を示す。1人あたりの医療保険基金の金額は，経済発展

第3章　中国における公的医療保険制度の実施状況とその問題点

表3-5　省別1人あたり公的医療費支出における地域間格差に関するタイル分解

	2001	2002	2003	2004	2005	2006	2007	2008	2009	2010	2011
全国	0.171	0.160	0.161	0.162	0.145	0.132	0.104	0.076	0.049	0.039	0.026
地域間	0.023	0.023	0.026	0.024	0.021	0.017	0.006	0.004	0.001	0.003	0.003
寄与度(%)	13.2	14.5	16.1	14.9	14.2	12.6	6.1	5.8	1.4	7.0	10.0
地域内	0.149	0.137	0.135	0.138	0.124	0.116	0.097	0.072	0.048	0.036	0.024
寄与度(%)	86.8	85.5	83.9	85.1	85.8	87.4	93.9	94.2	98.6	93.0	90.0
東部	0.223	0.199	0.191	0.201	0.184	0.174	0.154	0.123	0.082	0.060	0.041
寄与度(%)	58.1	54.3	50.6	55	56	58.9	64.9	71.9	67.9	63.7	64.5
中部	0.045	0.044	0.060	0.043	0.041	0.030	0.017	0.010	0.013	0.006	0.004
寄与度(%)	11.7	12.1	15.9	11.8	12.4	10.2	7.1	6.0	10.7	6.6	6.5
西部	0.065	0.070	0.066	0.067	0.057	0.054	0.052	0.028	0.024	0.021	0.012
寄与度(%)	17.0	19.1	17.4	18.3	17.3	18.3	21.9	16.4	20.0	22.9	19.1

出所：李等（2014）『地域経済研究』96頁表2を引用。

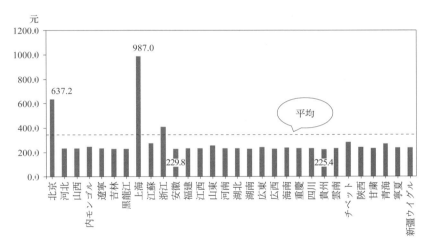

図3-12　新型農村合作医療制度の財源における省別間格差（2011年）

出所：『2012年中国衛生統計年鑑』，『中国統計年鑑2012』に基づき作成。

レベルが高い上海（987.0元），北京（637.2元）が相対的に高い一方で，経済発展レベルが低い貴州（225.4元），安徽（229.8元）が低い。

　第2に，都市内部の格差状況については，(1) 図3-13に2010年UEBMI財源における省別間格差を示す。1人あたり医療保険基金は，チベット（3750.0元），青海（3038.0元），北京（2791.4元），上海（2254.6元）が高く，吉林

第 I 部 制度的研究

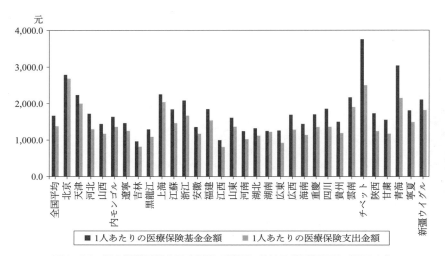

図 3-13 都市従業員基本医療保険の財源における省別間格差（2010 年）
出所：『2011 年中国労働統計年鑑』に基づき作成。

(963.6 元)，江西（996.2 元）が低い。また，1 人あたり医療保険支出は北京（2688.0 元），チベット（2500.0 元），青海（2151.9 元）が高く，吉林（818.2 元），江西（802.3 元）が低い。(2) 2010 年 URBMI 財源における省別間格差を図 3-14 に示す。1 人あたり医療保険基金は，チベット（596.0 元），上海（501.5 元），浙江（339.0 元）が高く，福建（114.7 元），貴州（116.5 元）が低い。また，1 人あたり医療保険支出は上海（509.3 元），北京（327.1 元），チベット（331.1 元）が高く，広西（69.0 元），江西（88.1 元）が低い。経済発展レベルが高い地域（たとえば，上海，北京，浙江），および少数民族が居住する特別地域（たとえば，チベット）で調達した医療保険基金と医療保険支出の金額が多いが，経済発展レベルが低い地域で医療保険の財源が相対的に少ないことが示された。

なぜ医療保険制度の財源には地域間の格差が存在しているのか。その要因は，大きくわけて①経済発展要因と②制度要因（つまり財政の地方分権要因）の 2 つに分けられる（図 3-15）。以下では，2 つの要因に関しては，詳しく説明する。

まず，経済発展レベルが医療保険制度に影響を与える経路に関しては，以

第3章　中国における公的医療保険制度の実施状況とその問題点

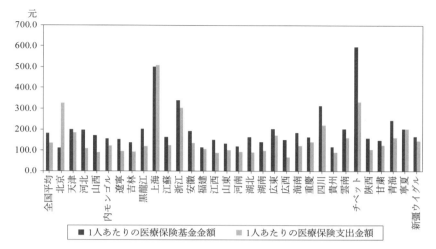

図3-14　都市住民基本医療保険の財源における省別間格差（2010年）
出所：『2011年中国労働統計年鑑』に基づき作成。

図3-15　公的医療保険制度における地域間格差が生じた主な要因
出所：筆者作成。

下のことが考えられる。

　第1に，先進国の経験をみると，経済発展レベルが高くなると，社会保障制度が整備されるケースが多い。経済発展初期に，公平性より市場の効率性がより重視される一方で，経済発展レベルが高くなると，効率性を維持すると同時に，社会の公平性（あるいは格差問題）が重視され，政府は公的医療保険を含め，社会保障制度による所得再分配政策を積極的に実施する可能性が高いと考えられる。

119

第 2 に，ミクロ経済学の理論によると，医療保険加入行動には流動性制約の問題が存在することが説明されている[32]。流動性制約の仮説によると，医療保険が任意加入である場合，保険金を納付する必要がある。所得が低いグループに比べ，所得が高いグループで保険金を納付する可能性は高いだろう。

経済発展がどの程度医療保険の財源に影響を与えるのだろうか。**図 3-16** に 2011 年の農村部における 1 人あたり医療保険基金の金額と 1 人あたり GDP の相関関係を表している。両者に関する回帰分析の結果によると，1 人あたり GDP の推定値は正の値でその有意水準は 1% となっている。農村部で 1 人あたり GDP が高くなるほど，1 人あたり医療保険基金の金額が多くなることが示された。経済発展レベルが医療保険財源に影響を与えることがうかがえる。またその影響の大きさに関しては，全体に 1 人あたり GDP が 1000 元上昇すると，1 人あたり医療保険基金の金額が 6.6 元上昇することが示された。ただし，1 人あたり GDP が 6 万元までその変化が小さい一方で，6 万元を超えると，1 人あたり GDP が 1 人あたり医療保険基金の金額に与える影響は急

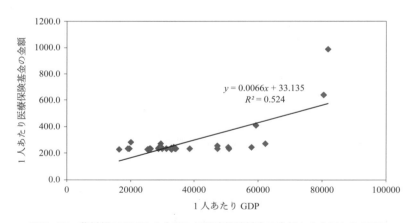

図 3-16　農村部における 1 人あたり医療保険基金の金額と 1 人あたり GDP

出所：『2012 年中国衛生統計年鑑』，『中国統計年鑑 2012』に基づき計算。
注：1）天津市に関する 1 人あたりの医療保険基金の金額のデータが欠如しているため，天津市を除外した 30 省のデータを用いて分析を行った。
　　2）回帰分析では，x（1 人あたり GDP）の推定値の統計的有意水準は 1% となっている。

32　医療保険の加入における流動性制約の問題に関しては，アメリカを対象とした Wolfe and Goddeeris (1991)，Shaefer *et al.* (2011)，および中国を対象とした周 (2003)，Lin *et al.* (2009)，馬 (2014) があり，それぞれ実証研究を行って流動性制約仮説が支持されたことを明示している。

上昇することが見て取れる。豊かな地域で医療保険基金がより多くなり，経済発展における地域間の格差の拡大に伴って医療保険における地域間の格差が大きくなる傾向にあることが示された。

次に，地方分権要因に関しては，以下のことが考えられる。都市住民基本医療保険制度および新型農村合作医療制度の方針は中央政府によって決められたが，その運営は主に地方政府が担当している。そのため，各地域の医療保険制度の仕組み・運営状況（たとえば，保険納付金，地方政府補助金，医療費給付など）は地方政府の財源に大きく依存している。1993 年に本格的に行われた中央政府と地域政府の財政分権改革によって，地域ごとに徴収した税金が異なっている。経済発展レベルが相対的に低い地域に比べ，経済発展レベルが高い地域では，地方政府が徴収した税金が相対的に多いため，医療保険に対する補助金も多くなる可能性があろう。

図 3-17 に 2011 年の農村部における 1 人あたりの医療保険基金の金額と税金収入・一般財政収入の相関関係を表している。税金収入・一般財政収入（x）の推定係数はすべて正の値でそれらの有意水準がそれぞれ 1 ％（税金収入），10 ％（一般財政収入）となっている。税金収入あるいは一般財政収入が多い

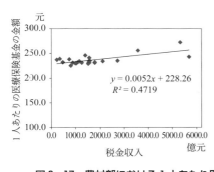
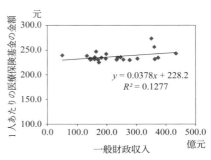

図 3-17 農村部における 1 人あたり医療保険基金と税金収入・一般財政収入

出所：『2012 年中国衛生統計年鑑』と『中国統計年鑑 2012』省別データに基づき計算。
注：1) 1 人あたりの医療保険金額が最も高い 3 省（上海 987 元，北京 637.2 元，浙江 408.2 元）を異常値として除外した。
　　2) 分析 1 で税収が最も低い 2 省（チベット 54.8 億元，青海 151.9 億元），分析 2 で一般財政収入が最も低い 3 省（チベット 282.8 億元，青海 269.1 億元，寧夏 237.0 億元）を異常値として除外した。
　　3) 2 つの回帰分析では，x（税金収入，一般財政収入）の推定係数の有意水準はそれぞれ 1 ％（税金収入），10 ％（一般財政収入）となっている。

ほど1人あたりの医療保険基金の金額が高くなることが示された。また，回帰分析の結果によると，税金収入が1000億元増加すると1人あたりの医療保険基金の金額が5.2元増加し，また一般財政収入が100億元増加すると1人あたりの医療保険基金の金額が3.78元増加する傾向にある。財政収入における地域間の格差が医療保険基金の格差をもたらし，財政の地方分権は，医療保険財源における地域間の格差問題が生じた要因の1つであることが示された。

2. 企業 ── 企業所有制形態による医療保険制度の加入格差

表3-6で就業状況・勤務先別医療保険類型の分布の割合を示している。表では，就業部門のタイプを，政府機関，事業部門，国有企業[33]，集団企業，外資系企業（日系企業，欧米系企業など），民営企業，自営業，非就業の8つに分けている。政府機関，事業部門，国有企業を国有部門とし，集団企業，外資系企業，民営企業を非国有部門としている。これらの集計結果によると，以下のことが示された。

第1に，公的医療保険のみに加入した者の割合は国有部門（政府機関63.95％，事業部門61.68％，国有企業64.11％）が非国有部門（集団企業56.32％，民営企業54.50％，自営業者40.34％）より多いが，非国有部門の1つである

表3-6 都市部における就業部門別医療保険の加入状況（2007年）

（単位：％）

	政府機関	事業部門	国有企業	集団企業	民営企業	外資系企業	自営業	非就業者
都市従業員基本医療保険のみ	63.95	61.68	64.11	56.32	54.50	65.05	40.34	46.61
商業医療保険のみ	5.65	7.13	5.45	6.91	7.44	6.15	8.90	5.11
その他の医療保険	2.82	3.38	3.33	5.59	3.97	2.43	5.52	3.77
混合型医療保険	3.15	3.60	3.71	2.65	1.61	10.55	2.99	0.83
医療保険未加入	24.43	24.21	23.40	28.53	32.48	15.82	42.25	43.68
合計	100.00	100.00	100.00	100.00	100.00	100.00	100.00	100.00

出所：CHIP2007より計算。

---

[33] 調査項目に基づいて，国有企業（中央政府・省政所属），国有企業（地方政府所属），株式化の改革を経て政府が大株主（持ち株が株全体に占める割合が5割以上）となった企業を「国有企業」とした。

外資系企業でその割合は65.05％で最も多い。非国有部門グループにおいて都市従業員基本医療保険制度のみに加入した者の割合では，外資系企業と非外資系企業（集団企業・民営企業）間の差異が存在することがうかがえる。また自営業・非就業者におけるその割合（自営業40.34％，非就業者46.61％）は少ない。

第2に，商業保険のみに加入した者の割合は，自営業者が8.90％で最も多く，次いで民営企業が7.44％，事業部門が7.13％となっている。一方，非就業者におけるその割合は5.11％で最も少ない。

第3に，混合型医療保険に加入した者の割合は，外資系企業が10.55％で最も多く，次いで国有部門は政府機関3.15％，事業部門3.60％，国有企業3.71％となっている。一方，民営企業が1.61％で最も少ない。

第4に，医療保険に加入しなかった者の割合は，外資系企業が15.82％で最も少なく，次いで国有部門（政府機関24.43％，事業部門24.21％，国有企業23.40％）が約2割，非国有部門（集団企業28.53％，民営企業32.48％）が約3割となっている。一方，自営業者・非就業者グループ（自営業者42.25％，非就業者43.68％）においてその割合が4割超で多い。2007年時点に医療保険に加入しなかった者の割合は15.82〜43.68％となっており，国民皆保険という政府の目標を達成するのにはまだ遠かったことがうかがえる。

上記より，公的医療保険および私的医療保険に加入していた者の割合は，外資系企業および国有部門に勤める従業員グループが相対的に多く，自営業者・非就業者グループが最も少ないことがわかった。就業状況（有業か，無業か）および勤務先の違いによって医療保険制度の加入状況が異なることが明らかになった。

3. 個人・家計 —— 医療保険加入と医療費支出の格差

(1) 都市部と農村部における所得階層別医療保険制度の加入状況

欧米および日本の経験からみると，政府が公的医療保険制度を実施する主な目的の1つとしては，所得格差に起因する健康格差（たとえば，医療サービスへのアクセスの格差）を是正することがあげられる。つまり，アメリカ

や日本では，所得格差による健康格差を是正するため，低所得層をターゲットとした公的医療保険が実施されており，つまり公的医療保険制度は所得再分配の１つの手段として実施されている。

たとえば，アメリカでは，1965年から低所得層向けの医療保険制度(Medicaid，メディケイド)，65歳以上の高年齢者および障害者を対象とする医療保険制度（Medicare，メディケア）が実施されている。2つの制度はアメリカの連邦政府が実施する公的医療保険制度である。制度としては強制加入部分（A）と任意加入部分（B）の２つのパートで構成されている。また，日本においては1955年当時，農業や自営業者，零細企業従業員を中心に国民の約３分の１に当たる約3000万人が無医療保険者であることが社会問題となっていた。国民全員が平等に医療へのアクセスができる目標を達成するため，政府は1958年に国民健康保険法を制定した。1961年に全国の市町村で国民健康保険事業が始まり，国民皆保険体制が確立した。また保険料金が世帯所得によって決められ，低所得層に対する減免措置が実施されており，低所得層グループでは，高所得層グループに比べ，納付する保険料が相対的に低くなっている。

一方，前述したように，中国都市部では，無料医療制度から医療保険費および医療費の自己負担を上昇させる公的医療保険制度への改革が実施され，同時に高所得層を保険対象とする商業医療保険が発展してきた。低所得層を対象とする医療扶助制度が実施されているものの，そのカバーする範囲は少ない。その結果，高所得層に比べ，低所得層では各種類の医療保険制度のどちらにも加入していない者が多く，所得格差の拡大に伴って医療保障格差の問題が存在していると考えられる。以下では，都市部と農村部に分けて所得階層別医療保険制度の加入状況を検討する。

まず，都市部の状況については，**表３−７**では都市部における所得階層別医療保険加入の状況を示している。2007年中国家計所得調査（CHIP2007）で，都市戸籍を持つ者を対象とし，医療保険制度の加入状況に関しては,「あなたは以下の医療保険に加入したか」（複数回答可）」と尋ねた。①公的医療保険（主に都市従業員基本医療保険）[34]，②商業医療保険，③その他の医療保険（①

34　この調査は2007年の都市部に関する調査である。2007年にURBMIがスタートしたが，同制度

表3-7 都市部における所得階層別医療保険の加入状況（2007年）

(単位：％)

	第1五分位	第2五分位	第3五分位	第4五分位	第5五分位
都市従業員基本医療保険のみ	50.18	58.77	60.06	63.36	60.05
商業医療保険のみ	6.86	6.52	6.88	6.96	6.74
その他の医療保険	4.42	3.21	2.63	4.45	3.99
混合型医療保険	1.67	1.74	2.93	3.82	8.03
医療保険未加入	36.87	29.76	27.50	21.41	21.19
合計	100.00	100.00	100.00	100.00	100.00

出所：CHIP2007より計算。

と②以外の医療保険），④医療保険未加入の4つの選択肢が設けられている。この質問項目を活用し，医療保険加入の類型を，①公的医療保険のみ加入，②商業保険のみ加入，③その他の医療保険のみ加入，④混合型医療保険加入，⑤医療保険未加入の5つのグループに分けている。「混合型医療保険加入」グループの設定はやや複雑になっている。分析では，①公的医療保険制度および商業医療保険の2種類に同時に加入するグループ，②公的医療保険制度およびその他の医療保険の2種類に同時に加入するグループ，③商業医療保険およびその他の医療保険の2種類に同時に加入するグループ，④公的医療保険制度，商業医療保険およびその他の医療保険）の3種類に同時に加入するグループのような組み合わせを，「混合型医療保険加入」グループとした。また，所得階層を[35]，高所得層（第5五分位），中の上所得層（第4五分位），中の中所得層（第3五分位），中の下所得層（第2五分位），低所得層（第1五分位）の5つに分けている。これらの集計結果より，以下のことが示された。

第1に，公的医療保険制度のみに加入した者の割合は，中の上所得層が63.36％で最も多く，次いでは高所得層が60.05％，中の中所得層が60.6％となっている。一方，低所得層が50.18％で最も少ない。低所得層グループで公的医療保険に加入していなかった者が最も多いことがわかる。先進国とは異なり，中国都市部で公的医療保険制度は所得再分配の機能を発揮していない

に加入した者がまだ少ないだろう。そのため，ここに公的医療保険は主に1997年に実施されているUEBMIであると考えられる。

35 所得階層を1人あたり世帯等価所得に基づいて分類した。1人あたり世帯等価所得は，世帯所得を家族人数で除したものである。

ことをうかがわせる。

　第2に，商業医療保険のみに加入した者の割合は，高所得層（6.74％），中所得層（中の上6.96％，中の中6.88％，中の下6.52％），低所得層（6.86％）間の差異が小さい。

　第3に，混合型医療保険に加入した者の割合は，高所得層（8.03％）で最も多く，低所得層（1.67％）で最も少ない。

　第4に，医療保険に加入しなかった者の割合は，低所得層が36.87％で最も多く，高所得層が21.19％で最も少ない。医療保険に加入しない場合，医療サービスを受けるとき，医療費の全額は自己負担となる。医療費の自己負担能力は低所得層が高所得層より低いため，所得階層ごとの医療保険の加入状況の違いを通じて，健康格差がさらに深刻な問題となっていると推測できる。

　上記より，2007年時点に，都市部で中・高所得層グループに比べ，低所得層グループで公的医療保険制度，私的医療保険，混合型医療保険のどちらにも加入していなかった者の割合が多く，所得格差の拡大に伴って医療保険加入の格差問題が存在していたことが示された。

　次に，農村部について，**表3-8**には2005年に新型農村合作医療制度（NCMS）の試行に関する調査評価グループが，257ヵモデル地域を対象として実施した調査の結果をまとめている。全体にNCMS加入率は貧困層グループが69.0％，極端貧困層グループが74.2％となっており，両グループの加入率のいずれも全体の加入率（76.6％）に比べて低い。経済発展レベルが異なる3つの地域（東部，中部，西部）のいずれにおいても，同じ傾向が見られた。農村部で，世帯所得が低いグループでNCMSに加入する可能性が低いことが示された。

表3-8　農村部における貧困状態別新型合作医療制度の加入率（2005年）

（単位：％）

	全体の加入率	生活保護受給者（五保戸）	貧困層	極端貧困層
全国	76.6	89.7	69.0	74.2
東部	81.8	88.9	69.4	72.5
中部	73.0	86.2	63.6	67.9
西部	73.2	99.0	71.7	77.8

出所：新型農村合作医療試行工作調査評価グループ（2006）のデータに基づき作成。

(2) 医療消費支出における都市部と農村部間の格差

医療消費支出で都市部と農村部間の格差が存在している。図3-18によると，1990年から2012年までに，1人あたり医療費支出は都市部が農村部より低いことがわかる。また，1990年から2000年までに両者間の格差は1.35倍（1990年）から3.63（2000年）倍へと拡大し，その後格差が小幅縮小したが，2012年の場合，1人あたり医療費支出は都市部が農村部の約2倍であり，両者間の格差が依然として大きい。

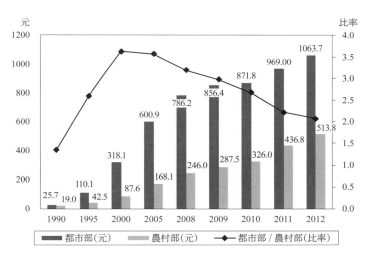

図3-18　1人あたり年間医療費支出における都市部と農村部間の格差（1990～2012年）
出所：『2013年中国衛生統計年鑑』表4-1-5に基づき作成。
注：1）1人あた年間医療費支出は各年度の名目値である。
　　2）都市部/農村部（比率）は都市部年間医療費支出を農村部医療費支出で除して算出。

4. 医療サービス利用の実態と格差

医療サービスの利用量は医療供給，医療需要および医療市場の規制などの影響を受けている。中国では，医療サービスの供給体制および公的医療保険制度において，農村部と都市部間の格差が存在するため，医療サービスの利用状況には格差が大きい。以下では，政府の公表データに基づいて医療サービス利用の実態および格差を明らかにする。

表3-9 医療サービス利用者の初回受診医療機関の分布割合 (2008年)

(単位：%)

	都市従業員	都市住民	新型農村
省レベル	12.9	9.6	0.6
市レベル病院	16.3	10.5	1.2
区／県レベル病院	27.0	27.0	14.8
社区衛生サービスセンター・郷鎮衛生院	27.4	18.3	25.6
社区衛生所／村衛生所	15.6	32.6	57.0
その他	0.8	2.0	0.8
合計	100.0	100.0	100.0

出所：衛生部『2008年中国医療サービス調査研究―第四回家庭健康諮問調査分析報告』に基づき作成。
注：都市従業員：都市従業員基本医療保険制度加入者。
　　都市住民：都市住民基本医療保険制度加入者。
　　新型農村：新型農村合作医療制度加入者。

　第1に，医療サービス供給体制における都市部と農村部間の格差の影響については，現在の中国では医療サービスの供給は都市部に集中し，医療サービスの質が高い医療機関（市レベル病院，省レベル病院）はほとんど都市部で設立されている。[36] 都市戸籍住民の大多数は県レベル病院，市レベル病院，省レベル病院からの医療サービスを受けている。一方，農村戸籍住民の大多数は，医療サービスの質が相対的に低い村診療所，郷鎮衛生院から医療サービスを受けている。そのため，2008年に初回受診医療機関の分布割合（**表3-9**）は，新型農村合作医療制度加入者グループで社区衛生所・村衛生所が57.0％で最も多い（UEBMI加入者15.6％，URBMI加入者32.6％）。一方，県レベル病院，市レベル病院，省レベル病院に受診した者の割合は都市従業員基本医療保険制度加入者が最も多い（それぞれ27.0％，16.3％，12.9％）。また，**表3-10**で医療サービス利用者の入院医療機関の分布割合を示している。2008年にその割合は，NCMS加入者グループで社区衛生所・村衛生所が41.0％で最も多い（UEBMI加入者5.4％，URBMI加入者5.6％）。一方，県レベル病院，市レベル病院，省レベル病院に受診した者の割合の合計値はUEBMI加入者およびURBMIが約9割となっている。医療供給体制の格差によって医療サービスの利用格差が生じたことが示された。

36　医療資源供給における都市部と農村部間の格差に関する詳細な記述は，本章後ろの【コラム4】を参照されたい。

表3-10 医療サービス利用者における入院医療機関の分布割合（2008年）

(単位：％)

	都市従業員	都市住民	新型農村
省レベル	22.2	23.7	4.3
市レベル病院	29.6	20.3	7.1
区／県レベル病院	40.8	48.3	44.8
社区衛生サービスセンター・郷鎮衛生院	5.4	5.6	41.0
その他	2.0	2.1	2.8
合計	100.0	100.0	100.0

出所および注：表3-9と同じ。

表3-11 新型農村合作医療制度加入者の医療サービスの利用状況（2008年）

	発病後2週間未満は未受診（％）	2週間目での未受診率（％）	入院が必要であったが，未入院の比率（％）	入院率（％）	毎回の平均入院医療費用（元）	毎回の平均入院医療費償還額（元）
農村合計	30.5	15.3	25.1	6.9	3623	1067
東部	23.9	11.1	21.8	5.5	5473	1441
中部	46.4	16.0	24.9	7.6	2998	1065
西部	30.5	14.1	26.8	7.4	3022	799

出所：久保（2014，12頁表6）に基づき作成。
元データ：衛生部（2009）『2008年中国医療サービス調査研究―第四回家庭健康諮問調査分析報告』および『2008年新型農村合作医療情報統計手引き』。
注：1）2週間未満の受診率：発病後2週間以内の受診者が受診者と未受診者の合計に占める割合。
　　2）2週間目での受診率：発病後2週間時点に受診者が受診者と未受診者の合計に占める割合。
　　3）入院率：年間入院者が入院者と未入院患者（患者総数）の合計に占める割合。

　第2に，医療サービスの利用状況に東部，中部，西部地域間の格差が存在している。新型農村合作医療制度加入者の医療サービスの利用状況を**表3-11**にまとめている。2週間未満の受診率（発病後2週間以内の受診者が受診者と未受診者の合計に占める割合）および2週間目での受診率（発病後2週間時点に受診者が受診者と未受診者の合計に占める割合）は，中部（46.4％，16.0％）が最も多く，東部（23.9％，11.1％）が最も少ない。入院が必要であったが未入院，の比率は東部（21.8％）が西部（26.8％）および中部（24.9％）より少なく，毎回の平均入院医療費用および毎回の平均入院医療費償還額は東部が西部および中部に比べて多い。経済発展レベルが低い中部および西部地域に比べ，経済発展レベルが高い東部で医療サービスの利用が相対的に

表3-12 医療サービスの利用に関する満足度の格差（2008年）

| | | 不満足者の割合（％） | 原因（比率：％） | | | | | | | |
			設備環境	サービスレベル	態度	医薬品種類選択	必要でないサービスの提供	高額な医療費	手続の複雑性	待ち時間
外来	都市従業者	35.8	6.8	4.4	−	5.4	−	14.6	5.8	8.8
	新型農村	37.8	33.0	9.3	−	14.5	−	17.8	6.4	3.5
入院	都市従業者	33.2	5.7	−	4.5	−	7.0	23.2	7.3	4.9
	新型農村	49.7	19.7	−	6.7	−	3.9	29.7	11.6	3.8

出所：衛生部（2009）『2008年中国医療サービス調査研究―第四回家庭健康諮問調査分析報告』に基づき作成。
注：都市従業員：都市従業員基本医療保険制度加入者。
　　新型農村：新型農村合作医療制度加入者。

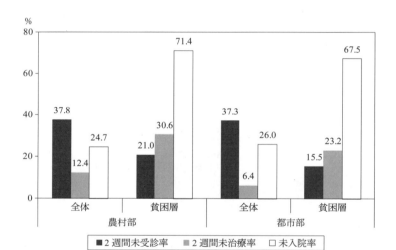

図3-19　医療サービス利用における貧困層と非貧困層間の格差（2008年）

出所：衛生部（2009）『2008年中国医療サービス調査研究―第四回家庭健康諮問調査分析報告』に基づき作成。
注：1）2週間未受診率：発病しても2週間以内に医療機関へアクセスしなかった患者が2週間以内の総患者数に占める割合。
　　2）2週間未治療率：発病しても2週間以内に治療を受けなかった患者が2週間以内の総患者数に占める割合。
　　3）未入院率：入院が必要だと思うが，入院しなかった患者数が総患者数に占める割合。

良い状況にあることがうかがえる。

　第3に，医療サービスの利用に関する満足度において，都市戸籍住民と農村戸籍住民間の格差が存在している。**表3－12**によると，外来受診と入院治療のいずれにおいても，「不満足」と回答した者の割合は，農村戸籍住民（外来37.8％，入院49.7％）が都市戸籍住民（外来35.8％，入院33.2％）に比べて多い。とくに設備環境に関する満足度で両者間の格差が大きい。

　第4に，医療サービス利用状況における貧困層と非貧困層間の格差（**図3－19**）に関しては，調査で「経済面で困難である」と回答したグループを貧困層とみなすと，都市部，農村部のいずれにおいても，2週間未受診率（発病しても2週間以内に医療機関へアクセスしなかった患者が2週間以内の総患者数に占める割合）は貧困層のほうがやや低いが，2週間未治療率（発病しても2週間以内に治療を受けなかった患者が2週間以内の総患者数に占める割合）は貧困層（農村部30.6％，都市部23.2％）が全体（農村部12.4％，都市部6.4％）に比べて高く，また未入院率（入院が必要だと思うが，入院しなかった患者数が総患者数に占める割合）は，貧困層（農村部71.4％，都市部67.5％）が全体（農村部24.7％，都市部26.0％）より大幅に高くなっている。中国で所得格差によって医療サービスの利用格差が生じたことが示された。

＊＊＊

　本章の分析により，中国で体制移行期に実施された公的医療保険制度には地域間の格差，就業部門間格差，所得階層間格差，医療サービスの利用格差（総して「多様な医療保障格差」）の問題が存在することがうかがえる。ただし，本章の分析はクロス集計の結果に基づいたものであるため，他の要因の影響が考慮されていない問題点が残されている。公的医療保険制度における公平性の問題を含め，制度改革の効果に関するより厳密的分析が必要である。したがって，第Ⅱ部「実証研究：多様な医療保障格差」では，ミクロデータを用いる計量分析を行い，中国における公的医療保険の制度効果を考察する。

【コラム 4】──中国における医療サービス資源配置の格差

　中国では，計画経済期，重工業発展促進政策が実施されていた。そのため，国家財政の多くは主に重工業が密集する都市部に投資し，公的医療制度を含む都市部における社会保障制度を整備させた。農村部で，毛沢東の「医療業務の重点は農村部に置くべき」という方針にしたがって，政府ははだしの医者，共助共済の農村合作医療制度を促進し，医療従事者を都市部から農村部へ派遣したが，都市部に比べ，農村部では，医療従事者および医療機関が少なく，医療サービス利用の利便性も低かった。

　体制移行期に政府主導で公的医療保険制度が改革され，新型農村合作医療制度の実施が促進されたが，歴史的遺産がいまだ残っており，医療サービス資源配置において都市部と農村部間の格差が依然大きい。以下では，政府の公表データを用いて両者間の格差の状況を把握する。

　まず，**付表3-1**によると，千人あたり医師数は1980年に都市部が3.22，農村部が0.76，両者間の格差（都市部/農村部の比率）が4.44倍，2012年に都市部が3.19，農村部が1.40，両者間の格差が2.28倍となっている。千人あたり看護師数は1980年に都市部が1.83，農村部が0.2，両者間の格差が9.15倍，2012年に都市部が3.65，農村部が1.09，両者間の格差が23.35倍となっている。体制移行期には，医療従事者における都市部と農村部間の格差が徐々に縮小しているが，両者間の格差は依然として大きいことがわかる。

　次に，医療機関の病床数（**付表3-2**）に関しては，千人あたり病床数は1990年に都市部4.18，農村部1.55，郷鎮診療所0.81，それぞれの格差（都市部/農村部の比率，都市部/郷鎮診療所の比率）は2.70，5.16となっており，2012年に都市部6.88，農村部3.11，郷鎮

診療所 1.24，それぞれの格差（都市部/農村部の比率，都市部/郷鎮診療所の比率）は 2.21, 5.55 となっている。1990 年から 2012 年にかけて，医療機関の千人あたり病床数における都市部と農村部間の格差が大きく縮小せず，むしろ都市部と郷鎮診療所間の格差は拡大していることがうかがえる。

また，医療サービス利用の利便性に関しては，**付表 3－3** で最も近い医療機関への距離および最も近い医療機関に行くときかかる時間の分布をまとめている。2003 年，2008 年のいずれにおいても，最も

付表 3－1　医療従事者における都市部と農村部間の格差（1980～2012 年）

（単位：人／千人あたり）

	医療技術者			医師			看護師		
	合計	都市部	農村部	合計	都市部	農村部	合計	都市部	農村部
1980	2.85	8.03	1.81	1.17	3.22	0.76	0.47	1.83	0.20
1985	3.28	7.92	2.09	1.36	3.35	0.85	0.61	1.85	0.30
1990	3.45	6.59	2.15	1.56	2.95	0.98	0.86	1.91	0.43
1995	3.59	5.36	2.32	1.62	2.39	1.07	0.95	1.59	0.49
1998	3.64	5.30	2.35	1.65	2.34	1.11	1.00	1.64	0.51
1999	3.64	5.24	2.38	1.67	2.33	1.14	1.02	1.64	0.52
2000	3.63	5.17	2.41	1.68	2.31	1.17	1.02	1.64	0.54
2001	3.62	5.15	2.38	1.69	2.32	1.17	1.03	1.65	0.54
2002	3.41	－	－	1.47	－	－	1.00	－	－
2003	3.48	4.88	2.26	1.54	2.13	1.04	1.00	1.59	0.50
2004	3.53	4.99	2.24	1.57	2.18	1.04	1.03	1.63	0.50
2005	3.50	5.82	2.69	1.56	2.46	1.26	1.03	2.10	0.65
2006	3.60	6.09	2.70	1.60	2.56	1.26	1.09	2.22	0.66
2007	3.72	6.44	2.69	1.61	2.61	1.23	1.18	2.42	0.70
2008	3.90	6.68	2.80	1.66	2.68	1.26	1.27	2.54	0.76
2009	4.15	7.15	2.94	1.75	2.83	1.31	1.39	2.82	0.81
2010	4.39	7.62	3.04	1.80	2.97	1.32	1.53	3.09	0.89
2011	4.61	6.68	2.66	1.83	2.62	1.10	1.67	2.62	0.79
2012	4.94	8.55	3.41	1.94	3.19	1.40	1.85	3.65	1.09

出所：『中国統計年鑑 2012』第 21－3 表に基づき作成。
注：合計を計算するとき，分母は以下の通りである。
　2005 年以前：戸籍人口（都市戸籍人口＋農村戸籍人口）
　2005 年およびその以降：居住地に 6 カ月以上に居住する人口

近い医療機関への距離が 1km 以内に居住する者の割合は都市部（2003年 81.8％，2008 年 83.5％）が農村部（2003 年 61.1％，2008 年 58.0％）より高い。また，最も近い医療機関に行くときかかる時間が 10分間以内と回答した者の割合は，都市部（2003 年 81.6％，2008 年80.2％）が農村部（2003 年 66.9％，2008 年 65.6％）より高い。農村部住民に比べ，都市部住民が医療機関により近く居住し，自宅から医療機関へアクセスする時間がより短いことを見て取れる。

付表 3-2　医療機関の病床数における都市部と農村部間の格差（1990～2012 年）
（単位：床/千人あたり）

	都市部	農村部	郷鎮診療所	都市/農村	都市/郷鎮診療所
1990	4.18	1.55	0.81	2.70	5.16
1995	3.50	1.59	0.81	2.20	4.32
2000	3.49	1.50	0.80	2.33	4.36
2001	3.51	1.48	0.81	2.37	4.33
2002	3.40	1.41	0.74	2.41	4.59
2003	3.42	1.41	0.76	2.43	4.50
2004	1.64	0.75	0.76	2.19	2.16
2005	3.59	1.43	0.78	2.51	4.60
2006	3.69	1.49	0.80	2.48	4.61
2007	4.90	2.00	0.85	2.45	5.76
2008	5.17	2.20	0.96	2.35	5.39
2009	5.54	2.41	1.05	2.30	5.28
2010	5.94	2.60	1.12	2.28	5.30
2011	6.24	2.80	1.16	2.23	5.38
2012	6.88	3.11	1.24	2.21	5.55

出所：『中国統計年鑑 2012』第 21-7 表に基づき作成。
注：人口：居住地に 6 カ月以上に居住する人口

付表3-3 医療機関利用の利便性における都市部と農村部間の格差（2003年，2008年）

（単位：％）

	2003年		2008年	
	都市部	農村部	都市部	農村部
最も近い医療機関への距離				
1km以内	81.8	61.1	83.5	58.0
1～2km未満	10.4	18.2	10.0	17.9
2～3km未満	4.2	9.2	4.3	10.1
3～4km未満	2.4	4.2	1.3	5.0
4～5km未満	0.7	2.5	0.5	2.6
5km以上	0.4	4.8	0.5	6.3
最も近い医療機関に行くときかかる時間				
10分間以内	81.6	66.9	80.2	65.6
10～20分間未満	14.8	18.5	16.9	19.8
20～30分間未満	2.6	7.8	2.3	8.8
30分間以上	1.0	6.8	0.7	5.7

出所：衛生部『第三回医療サービス調査』，『2008年中国医療サービス調査報告―第四回家庭健康諮問調査分析報告』表2-3-1に基づき作成。

【コラム 5】──中国における医療需要の格差

　中国では，医療資源配置（公的財政支出，医療機関および医療従事者の分布）で都市部と農村部間の格差が大きいと同時に，医療需要における両者間の格差も存在している。以下では，死亡率，主観的健康状態，重症患者率・重症患者入院日数において都市部と農村部間の格差がどの程度になっているかを数量的に把握する。

　まず，妊産母・乳幼児死亡率（**付表 3-4**）に関しては，1991 年から 2012 年にかけて新生児死亡率，乳幼児死亡率，5 歳以下児童死亡率，妊産母死亡率のいずれも農村部が都市部より高い。たとえば，2012 年に，新生児死亡率（1 千人出産あたりの死亡者数）は農村部（8.1 人）が都市部（3.9 人）の 2.1 倍，乳幼児死亡率は農村部（12.4 人）が都市部（5.2 人）の 2.4 倍，5 歳以下児童死亡率（1 千人出産あたりの死亡者数）は農村部（16.2 人）が都市部（5.9 人）の 2.7 倍，妊産母死亡率（10 万人あたりの死亡者数）は農村部（25.6 人）が都市部（22.2 人）の 1.2 倍となっている。

　次に健康状態における都市部と農村部間の格差に関しては，主観的健康状態（**付図 3-1**）からみると，「行動」，「独立生活」，「日常生活」，「病痛」，「うつう」には問題があると回答した者の割合のいずれも農村部が都市部より高い。たとえば，「病痛」と回答した者の割合は農村部（9.8％）が都市部（7.8％）より 2.0％高く，日常生活に問題があると回答した者の割合は農村部（5.2％）が都市部（3.9％）より 1.3％高いことがわかる。

　また，1993 年から 2008 年までに，重症患者率（**付図 3-2**）のいずれも農村部が都市部より高く，重症患者入院日数のいずれも農村部が都市部より長い。たとえば，2008 年に重症患者率は農村部（3.7％）が都市部（2.8％）より 0.9％高く，重症患者入院日数は農村部

第３章　中国における公的医療保険制度の実施状況とその問題点

付表３－４　都市部と農村部における妊産母・乳幼児死亡率（1991～2012年）

年代	新生児死亡率（1千人あたり）			乳幼児死亡率（1千人あたり）			5歳以下児童死亡率（1千人あたり）			妊産母死亡率（10万人あたり）		
	合計	都市部	農村部	合計	都市部	農村部	合計	都市部	農村部	合計	都市部	農村部
1991	33.1	12.5	37.9	50.2	17.3	58.0	61.0	20.9	71.1	80.0	46.3	100.0
1992	32.5	13.9	36.8	46.7	18.4	53.2	57.4	20.7	65.6	76.5	42.7	97.9
1993	31.2	12.9	35.4	43.6	15.9	50.0	53.1	18.3	61.6	67.3	38.5	85.1
1994	28.5	12.2	32.3	39.9	15.5	45.6	49.6	18.0	56.9	64.8	44.1	77.5
1995	27.3	10.6	31.1	36.4	14.2	41.6	44.5	16.4	51.1	61.9	39.2	76.0
1996	24.0	12.2	26.7	36.0	14.8	40.9	45.0	16.9	51.4	63.9	29.2	86.4
1997	24.2	10.3	27.5	33.1	13.1	37.7	42.3	15.5	48.5	63.6	38.3	80.4
1998	22.3	10.0	25.1	33.2	13.5	37.7	42.0	16.2	47.9	56.2	28.6	74.1
1999	22.2	9.5	25.1	33.3	11.9	38.2	41.4	14.3	47.7	58.7	26.2	79.7
2000	22.8	9.5	25.8	32.2	11.8	37.0	39.7	13.8	45.7	53.0	29.3	69.6
2001	21.4	10.6	23.9	30.0	13.6	33.8	35.9	16.3	40.4	50.2	33.1	61.9
2002	20.7	9.7	23.2	29.2	12.2	33.1	34.9	14.6	39.6	43.2	22.3	58.2
2003	18.0	8.9	20.1	25.5	11.3	28.7	29.9	14.8	33.4	51.3	27.6	65.4
2004	15.4	8.4	17.3	21.5	10.1	24.5	25.0	12.0	28.5	48.3	26.1	63.0
2005	13.2	7.5	14.7	19.0	9.1	21.6	22.5	10.7	25.7	47.7	25.0	53.8
2006	12.0	6.8	13.4	17.2	8.0	19.7	20.6	9.6	23.6	41.1	24.8	45.5
2007	10.7	5.5	12.8	15.3	7.7	18.6	18.1	9.0	21.8	36.6	25.2	41.3
2008	10.2	5.0	12.3	14.9	6.5	18.4	18.5	7.9	22.7	34.2	29.2	36.1
2009	9.0	4.5	10.8	13.8	6.2	17.0	17.2	7.6	21.1	31.9	26.6	34.0
2010	8.3	4.1	10.0	13.1	5.8	16.1	16.4	7.3	20.1	30.0	29.7	30.1
2011	7.8	4.0	9.4	12.1	5.8	14.7	15.6	7.1	19.1	26.1	25.2	26.5
2012	6.9	3.9	8.1	10.3	5.2	12.4	13.2	5.9	16.2	24.5	22.2	25.6

出所：『中国統計年鑑2013』第21－18表に基づき作成。

（193日）が都市部（164日）より約１カ月（29日）長いことがわかる。

　上記より、医療需要は農村部が都市部より多いにもかかわらず、１人あたり医療費支出（本文図３－17）は農村部が都市部の約２分の１（2008年）となっている。なぜ、その現象が存在しているのか。以下の２つの理由があげられる。まず、医療供給側の視点から考えると、【コラム４】で書いているように、医療資源配置には都市部と農村部間の格差が存在することが１つの理由となる。農村部で医師・

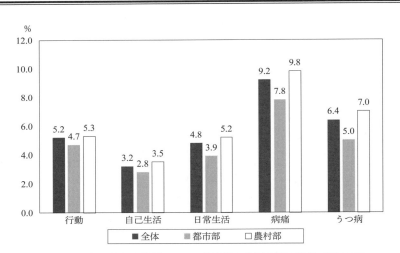

付図 3−1　主観的健康状態における都市部と農村部間の格差（2008 年）

出所：衛生部（2009）『2008 年医療サービス調査研究—第四回家庭健康諮問調査分析報告』表 3−1−1 に基づき作成。

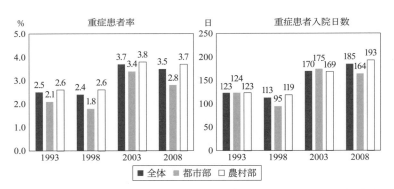

付図 3−2　重症患者率・重症患者の入院日数における都市部と農村部間の格差（1993〜2008 年）

出所：衛生部（2009）『2008 年医療サービス調査研究—第四回家庭健康諮問調査分析報告』表 3−2−11，表 3−2−12 に基づき作成。

医療機関が相対的に少なく，また自宅が医療機関との距離が相対的に遠いため，農村部住民が受ける医療サービスの量が少なく，その質も低い。また，医療需要側の理由の１つとして，流動性制約問題が存在すると考えられる。具体的に説明すると，１人あたり年間所得は農村部が都市部の約3分の１（本文図 **3-5**）となっている。一方，医療技術，医薬品の価格が政府によって決めるため，医療・医薬品の価格には都市部と農村部間における大きな格差がないと考えられる。さらに，医療費給付は都市従業員基本医療保険制度が新型農村合作医療制度よりかなり多い。したがって，医療需要があるものの，医療サービスを受けられない者は農村部が都市部より多いと考えられる。その結果，統計上で１人あたり年間医療費支出は農村部が都市部より低い結果になっている。現行の医療制度および医療保険制度には公平性の問題が存在することがうかがえる。

【コラム 6】——公立病院の「薬漬け」と「看病難，看病貴」

　体制移行期，市場化の経済改革の進展にともない，医療費が高騰し，「看病難，看病貴」（医療機関へのアクセスが難しい，医療費が高い）と言われる問題が深刻化している。

　付表3−5によると，2009年に比べ，2010年の場合，外来受診の医療費上昇率は，全体9.7％，公立病院9.7％，三級病院8.1％，二級病院8.8％であり，また入院治療の医療上昇率は，全体9.0％，公立病院9.6％，三級病院7.1％，二級病院9.2％となっている。入院1日あたり平均医療費の上昇率は全体9.3％，公立病院9.5％，三級院8.5％，二級病院9.1％である。また，2009年，2010年の2時点の

付表3−5　外来受診と入院治療における1人あたり医療費（2009年，2010年）

	病院全体		公立病院		三級病院		二級病院	
	2010年	2009年	2010年	2009年	2010年	2009年	2010年	2009年
外来受診1人あたり医療費(元)	166.8	152.0	167.3	152.5	220.2	203.7	139.3	128.0
外来受診医療費上昇率(％)	9.7	9.9	9.7	9.9	8.1	8.4	8.8	9.7
入院治療1人あたり医療費(元)	6193.9	5684.1	6415.9	5856.2	10442.4	9753.0	4338.6	3973.8
入院治療医療費上昇率(％)	9.0	8.6	9.6	9.2	7.1	8.7	9.2	9.00
入院治療1日あたり医療費(元)	590.6	540.3	600.6	548.3	833.3	767.9	460.4	421.9
入院治療1日あたり医療費上昇率(％)	9.3	10.7	9.5	11.1	8.5	12.9	9.1	9.8

出所：『2010年わが国衛生事業発展統計公報』，中華人民共和国衛生部
　　　ホームページ　http://www.moh.gov.cn.
注：中国で医療レベルによって，病院は一級，二級，三級の3種類に分けられている。三級医院は医療レベルが最も高い医院，一級医院は医療レベルが最も低い医院となっている。二級医院は中レベル医院である。

集計結果によると，毎年，入院医療費と外来医療費の上昇率は8〜9％前後で推移しており，医療費が高騰する問題はまだ解消されていない。

　なぜ，医療費高騰を解決できていないのか。様々な理由が挙げられるが，そのなかでも，公立病院の「薬漬け」問題が注目されている。その理由は公立病院の所有制と市場化の改革にある。計画経済期，すべての病院は公立病院（国営病院）であり，病院における人件費，医療機器投資などはすべて政府補助金によって負担されていた。また，診療費，手術費，検査費などの医療サービス価格はすべて政府によって決められていた。政府財政負担を減らすため，政府は医療サービス価格および薬価を低く設定した。そのため，国民は低価格で治療を受けることができ，しかも医療費が低かった。病院は純粋な非営利組織として医療業務を行っていたといえる。一方，体制移行期に入り，政府補助金が大幅に減少し，医療従事者の基本給しか政府が負担しないようになった。一方，診療費，手術費，検査費などの医療サービス価格は依然として政府によって決定されており，計画経済期に比べ，医療サービス価格は大きく変化していない。ただし，医薬品・医療機器の生産・流通・販売には市場原理が導入された。病院の経営を維持するため，病院は利潤が高い医薬品・医療機器を多く使用する戦略を選択した結果，医療費が高騰している。したがって，この問題を解決するためには，薬価や大型医療機器投資に対して政府がコントロールすると同時に，医療サービス価格を引き上げる必要があろう。さらに，公立病院の所有制構造の改革を推進し，病院が人事決定権（医療従事者の雇用・賃金決定の自主権）を持つことを促進すべきであろう。現在，公立病院は人事決定・意思決定が計画経済期のやり方に類似している一方で，政府補助金が大幅に減少し，また市場原理にしたがって病院を経営することが要求されている。このような矛盾した医療改革によって，90年代以降，

公立病院の「薬漬け」問題が生じ，医療費が高騰しているといえる。

　付表3-6で2000～2010年の公立病院薬剤費の年間平均上昇率をまとめたが，以下のことが見て取れる。まず，2000～2005年の状況に比べ，2006～2010年に薬剤費の年間上昇率が大きい。近年になるほど，薬剤費が高騰する問題はより深刻化していることがうかがえる。次に，2006～2010年に，入院治療および外来受診の薬剤費上昇率のいずれも県立病院が最も高い（それぞれ9.01％，10.97％）。中央病院，省病院などの大型病院に比べ，県立病院は規模が小さく，医療サービスのレベルが相対的に低いため，病院経営がより困難であると推察できる。病院の機能分化と中小病院の経営維持は政府の今後の課題になっている。

付表3-6　2000～2010年の公立病院薬剤費の年間平均上昇率

（単位：％）

	類別	2000～2005年	2006～2010年	2000～2010年
全体	外来	4.37	7.9	5.76
	入院	5.78	9.22	7.14
中央病院	外来	8.27	6.96	7.74
	入院	4.77	7.76	5.96
省病院	外来	2.87	7.96	4.88
	入院	4.92	8.13	6.19
市病院	外来	3.48	6.67	5.42
	入院	4.84	8.78	7.30
市病院（県に相当）	外来	5.22	6.65	5.79
	入院	6.18	9.51	7.50
県病院	外来	4.7	9.01	6.40
	入院	4.77	10.97	7.20

出所：申・韓（2014）『中国医療衛生発展報告　No.6』，77頁に基づき作成。

第II部
実証的研究
多様な医療保障格差

第4章
中国都市部における医療保険制度の加入行動の要因分析
── 就業部門間の格差

　多種な医療保険制度が実施されることで，労働者の多様な需要に応じるようになったものの，現行の医療保険制度には，すでに述べたように，主に2つの問題がある。

　第1に，就業部門によって医療保険制度の加入状況が異なっている。たとえば，都市従業員基本医療保険制度（UEBMI）では，企業が保険料の一部を納付することが義務付けられているが，国有部門は計画経済期の公的医療制度の影響を受けており，保険料を納付する企業が多い。一方で，非国有部門（中小民営企業など）は厳しい競争市場に直面しており，人件費を削減するため，保険料の負担を忌避する可能性が高いと考えられる（中兼 2000）。

　第2に，所得格差による医療保険加入の格差の問題が存在している。アメリカや日本などの先進国では，所得格差による健康格差を是正するため，低所得層をターゲットとした公的医療保険が実施されている。つまり公的医療保険制度は所得再分配の1つの手段として実施されている。一方，中国では，2007年までの都市部では，貧困層のごく一部が医療救助制度によってカバーされたが，公的医療保険と私的医療保険のいずれも，低所得層をターゲットとしていなかった。したがって，2007年までは公的医療保険制度の改革に伴って，低所得層は従来の「無料医療」から「無医療」（医療費が高いため，医療サービスへのアクセスができない）状況に置かれていた可能性がある。

　就業格差，所得格差による医療格差の問題が深刻化すれば，社会公平性の問題が問われ，社会の不安定化は避けられない。2007年，政府がUEBMIに

加入できない者を適用対象とした都市住民基本医療保険制度（URBMI）を実施した主な目的は，その格差を是正することにあったと言って良い。こうした問題点を明らかにし，今後の医療保険制度の改革を考える上では，就業部門や所得などの要因がどの程度医療保険の加入行動に影響を与えるのか，に関する実証的な研究が重要な課題となる。

そこで，本章ではCHIP2007を用い，医療保険の加入を類型化したうえで，計量分析を通じて，中国都市戸籍住民における医療保険の加入行動のメカニズムを解明したうえで，就業部門の影響を数量的に計測する。

以下第1節で先行研究をサーベイしたうえで，本章の研究の特徴を述べる。第2節で，データから観察された都市部における医療保険制度の加入状況を考察し，第3節で計量分析の枠組を説明し，そして第4節で計量分析の結果を説明し，最後に本章から得られた結論および政策示唆をまとめる。

第1節　医療保険の加入行動に関する経済学の説明と先行研究の知見

医療保険の加入行動については，供給側（政府・医療機関・保険会社）と需要側（個人）の両方の要因を考慮する必要があるが，データの制約上[37]，本章は需要側の要因を分析の焦点に当てる。

個人が医療保険に加入する行動のメカニズムに関する経済学上の説明には，逆選択仮説と流動性制約仮説がある。逆選択仮説によると，保険市場では情報の非対称性の問題が存在し，健康状態に関する情報は被保険者が保険者より相対的に多いため，健康状態が良い者に比べ，健康状態が悪い者は，支払う医療費が相対的に高いことを予測して医療保険に加入する可能性が高いと説明されている。また流動性制約仮説によれば，医療保険に加入する際に保険料を支払う必要があるため，医療保険に加入する可能性は高所得層が低所得層より高いと述べられる。しかし，この2つの仮説が成立するかどうかに

---

[37] 医療供給側を対象とする実証研究を行う際に，医療機関，保険会社などのデータを用いる分析が必要である。これらのデータを入手できていないため，本章では労働者個人を対象とする調査のデータを活用して，医療需要側の視点から分析を行っている。この課題に関して，医療供給側のデータを用いる実証分析は今後の課題としたい。

ついて，実証研究の結果は一致していない（Wolfe and Goddeeris 1991 ; Shaefer *et al.* 2011 ; Madden *et al.* 1995 ; Drehr *et al.* 1996 ; Bograd *et al.* 1997 ; Swartz and Garnick 2000 ; Cardon 2001 ; Long and Marquis 2002 ; Hofter 2006 ; Shaefer *et al.* 2011 ; Kimani *et al.* 2012 ; Pardo and Schott 2012）。[38]

　この課題に関する中国都市住民を対象とした実証分析はまだ少ないが，2つの研究が挙げられる。周（2003）は中山大学発展研究センターが 2000 年に実施した「広東省社会変遷基本調査」の個票データを活用し，1998 年都市従業員基本医療保険に任意に加入する者（民営企業・個人企業の事業主とその従業員，自由職業者）を分析対象とし，健康状態が良い者，若年層，失業者の各グループのいずれにおいても，その医療保険に加入する確率は低く，逆選択仮説および流動性制約仮説のいずれも支持されたと述べている。Lin *et al.*（2009）は，2007 年都市住民基本医療保険の加入行動について，北京大学が 2008 年に実施した調査の個票データを活用し，中所得層に比べ，低所得層および高所得層で加入確率が高く，つまり所得と加入確率はU字型の関係にあること，および過去1年間に慢性病を持つ者がその医療保険に加入する確率が高く，逆選択仮説が支持されたことを明示している。

　このように，中国都市部における医療保険の加入行動に関する実証研究は進んでいるが，先行研究にはいくつかの課題が残されている。

　すでに何度か述べたことであるが，ここで繰り返すと，第 1 に，欧米の先進国と異なり，体制移行期における中国都市部の労働市場は就業部門（たとえば，国有部門と非国有部門）よって分断されている。[39] しかし，先行研究で

---

[38] たとえば，アメリカを対象とした先行研究では，Wolfe and Goddeeris (1991), Shaefer *et al.* (2011) は，健康状態が悪いグループおよび低所得層で，私的医療保険から公的医療保険に変更する確率が高い傾向にあり，公的医療保険の加入行動において逆選択仮説および流動性制約仮説のいずれも支持されたと明示している。しかし，Madden *et al.* (1995), Drehr *et al.* (1996), Bograd *et al.* (1997), Swartz and Garnick (2000), Cardon (2001), Long and Marquis (2002) は，健康状態が公的医療保険の加入行動に与える影響は統計的に有意ではなく，つまり逆選択仮説が支持されなかったと述べている。また，発展途上国を対象とした実証研究では，Kimani *et al.* (2012) にケニアの都市住民を分析対象とし，高所得層である正規雇用者グループで公的医療保険制度に加入する確率が高く，流動性制約仮説が支持され，公的医療保険制度は格差を是正する効果を持っていないと述べている。しかし一方で，Hofter (2006), Pardo and Schott (2012) は，チリで健康状態が悪い者，低所得層，低学歴者，自営業者の各グループのいずれも公的医療保険制度に加入する確率が高く，逆選択仮説および流動性制約仮説の両方が支持されたことを示している。

[39] 都市労働市場は就業部門によって分断されることに関する実証研究については，馬（2011a，2014a）を参照されたい。

は就業部門間の差異に着目しておらず，就業部門がどの程度医療保険の加入確率に影響を与えているのか，また各要因の影響が就業部門によって異なるのかが明らかになっていない。

第2に，医療保険制度の種類が増えるとともに，医療保険加入の類型は多様化している[40]。また，体制移行期，私的医療保険は発展してきたが，これまでの先行研究のいずれも，公的医療保険制度の加入行動のみに着目しており，どの要因が私的医療保険の加入に影響を与えるのかが明確ではない。

そこで本章では，医療保険の加入を類型化したうえで，計量分析を通じて，(1) 中国都市戸籍住民における医療保険の加入行動で逆選択仮説，流動性制約仮説は成立するのか（課題1），(2) どの要因が公的医療保険（本章では，都市従業員基本医療保険[41]），私的医療保険および混合型医療保険の加入行動に影響を与えるのか（課題2），(3) 就業部門によって各要因の影響が異なるのか，つまり就業部門ごとに医療保険の加入行動のメカニズムが異なるのか（課題3），について問題を明らかにする。医療保険加入の類型に分けてそれぞれの分析を行うことが本章の課題であるが，とくに私的医療保険の加入行動に関する本章の分析は中国を対象とするはじめての実証研究になると思う。また課題1，課題2の分析結果の一部を用いた先行研究との比較でもあるが，課題2における就業部門，戸籍制度などの中国特有の制度的要因の影響に関する分析結果，および課題3に関する就業部門別分析結果は新たな知見として位置づけられる。

40　本章と先行研究における分析対象の比較に関しては，本章付表1を参照されたい。
41　都市戸籍住民を対象とした公的医療保険制度は，1998年に実施された都市従業員基本医療保険（UEBMI）と2007年に実施された都市住民基本医療保険制度（URBMI）の2種類があるものの，本章で用いた個票データ（CHIP2007）は2007年時点の情報に関する調査データであるため，調査時点にURBMIに加入した者がまだ少ないと考えられる。またCHIP2007でURBMIに関する調査項目が設けられていない。そのため，本章ではUEBMIのみを公的医療保険制度として分析している。

第2節 データから観察された各要因別医療保険制度の加入状況

1. 年齢階層別医療保険制度の加入状況

　年齢階層別医療保険制度の加入状況を**表4-1**に示している。16～29歳グループに比べ、30歳以上グループで都市従業員基本医療保険制度（UEBMI）に加入した者の割合が相対的に多い（30～39歳65.08％、40～49歳70.73％、50～59歳67.84％）。一方、30歳以上グループに比べ、16～29歳グループで医療保険制度に加入しなかった者の割合が相対的に多い（16～19歳59.84％、20～29歳37.04％）。若年層に比べ、中高年層で公的医療保険制度に加入した者の割合が多く、医療保険制度に加入しなかった者の割合が少ないことが見て取れる。年齢階層ごとに公的医療保険制度の加入状況および医療保険制度の未加入の状況が異なることが示された。

表4-1　年齢階層別医療保険制度の加入状況

(単位：％)

	UEBMIのみ	商業保険のみ	その他の保険	混合保険	保険未加入
16～19歳	16.22	15.56	6.92	1.46	59.84
20～29歳	49.36	7.13	2.84	3.63	37.04
30～39歳	65.08	6.81	3.67	3.81	20.63
40～49歳	70.73	3.82	3.76	3.85	17.84
50～59歳	67.84	3.01	2.16	2.85	24.14

出所：CHIP2007より計算。

2. 健康状態別医療保険加入の状況

　健康状態別医療保険制度の加入状況を**表4-2**に示している。UEBMIに加入した者の割合は、「普通」と回答したグループが60.43％で最も多く、「非常に良い」と回答したグループの割合が51.74％で最も少ない。また、医療保険制度に加入しなかった者グループの割合は、「普通」と回答したグループが

表4-2 健康状態別医療保険制度の加入状況

(単位:%)

	UEBMIのみ	商業保険のみ	その他の保険	混合保険	保険未加入
非常に良い	51.74	8.17	4.49	2.07	33.52
やや良い	55.24	6.67	3.77	2.53	31.79
普通	60.43	4.34	3.14	3.14	28.96
やや良くない	57.34	2.34	3.08	1.60	35.64
非常に良くない	53.70	5.56	5.56	1.85	33.33

出所:表4-1と同じ。

28.96%で最も少なく,「やや良くない」と回答したグループが35.64%で最も多い。健康状態と医療保険制度の加入状況との明確な関係が見て取れなかった。

3. 学歴別医療保険加入の状況

学歴別医療保険制度の加入状況を**表4-3**に示している。UEBMIに加入した者の割合は,高校(56.38%),短大(60.05%),大学(61.41%)が小学校(48.71%),中学校(52.55%)に比べて多い。一方,医療保険制度に加入しなかった者グループの割合は,高校(31.22%),短大(26.90%),大学(23.39%)が小学校(42.41%),中学校(36.05%)に比べて少ない。学歴が高いほどUEBMIに加入した者グループの割合が多く,医療保険に加入しなかった者グループの割合が少ないことが示された。

表4-3 学歴別医療保険制度の加入状況

(単位:%)

	UEBMIのみ	商業保険のみ	その他の保険	混合保険	保険未加入
小学校	48.71	4.1	4.04	0.73	42.41
中学校	52.55	5.88	3.59	1.92	36.05
高校	56.38	5.76	3.99	2.65	31.22
短大	60.05	6.55	3.44	3.05	26.90
大学	61.41	7.89	3.25	4.06	23.39

出所:表4-1と同じ。

4. 就業者・非就業者グループ別医療保険加入の状況

就業者・非就業者グループ別医療保険制度の加入状況を図4−1に表している。UEBMIに加入した者グループの割合は，就業者グループ（58.18％）が非就業者グループ（53.45％）より多い。一方，医療保険制度に加入しなかった者グループの割合は，非就業者グループ（35.92％）が就業者（28.20％）に比べて多い。就業・非就業によって，医療保険制度の加入状況が異なることが見て取れる。

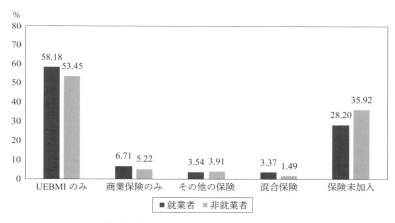

図4−1　就業者・非就業者グループ別医療保険制度の加入状況

出所：表4−1と同じ。

5. 国有部門・非国有部門グループ別医療保険加入の状況

ここに計量分析の対象に合わせて，就業者グループにおいて，国有独資企業（政府が100％出資する企業），国有合資企業（政府が出資する金額は出資金総額の50％以上である企業），国有株式会社（上場企業であるが，政府が主な株主である企業）を国有部門とし，外資系企業，民営企業，自営業を非国有部門とした。都市部における公的医療保険制度の改革の目的の1つは，公務員を対象とした公務員医療制度と企業労働者を対象とした労働保険医療制

第Ⅱ部　実証的研究

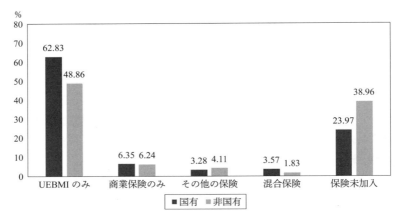

図4-2　国有部門・非国有部門グループ別医療保険制度の加入状況
出所：表4-1と同じ。
注：国有部門：国有企業（国有独資企業，国有合資企業，国有株式会社）
　　非国有部門：外資系企業，民営企業，自営業

度を統一する社会保険を構築することであるが，現在までに政府機関に勤める公務員はまだ公務員医療制度に適用されるのが多い。こうしたサンプル・セレクション・バイアスの問題を回避するため，本章では政府機関に勤める公務員をサンプルから除外した。集計した国有部門・非国有部門グループ別医療保険制度の加入状況を**図4-2**に表している。

　UEBMIに加入した者の割合は，国有部門に勤める者グループ（62.83％）が非国有部門に勤める者グループ（48.86％）より多い。一方，医療保険制度に加入しなかった者グループの割合は，非国有部門に勤める者グループ（38.96％）が国有部門に勤める者グループ（23.97％）に比べて多い。勤務先類型（国有部門，非国有部門）によって，医療保険制度の加入状況が異なることが示された。

　上記より，以下のことが示された。（1）若年層に比べ，中高年層で公的医療保険制度に加入した者の割合が多く，医療保険制度に加入しなかった者の割合が少ない。（2）健康状態と医療保険制度の加入状況との明確な関係が見れらなかった。（3）学歴が高いほどUEBMIに加入した者の割合が多く，医療保険制度の未加入の割合が少ない。（4）非就業者グループに比べ，就業者

グループで UEBMI に加入した者の割合が多く,医療保険制度の未加入の割合が少ない。(5) 就業者グループにおいて,非国有部門に勤める者グループに比べ,国有部門に勤めるグループで UEBMI に加入した者の割合が多く,医療保険制度の未加入の割合が少ない。

しかし,これらのクロス集計の結果は,他の要因をコントロールしていない分析結果である。以下では,推定モデルを用いた計量分析の結果に基づいて,流動性制約仮説,逆選択仮説に関する検証を行い,医療保険制度の加入行動のメカニズムを解明する。

第3節　計量分析の方法

1. 推定モデル

本章では,プロビットモデルを用いて医療保険加入の類型に分けてそれぞれの分析を行う[42]。推定式は,(1) 式で示す。

$$y_i^* = a + \beta X_i + u_i$$
$$P_{ij} = \Pr(y_i = 1) = \Pr(y_i^* > 0) = \Pr(u_i > -a - \beta X_i) \tag{1}$$

(1) 式で,添字 i は観察された個体,X は各種類の医療保険の加入に影響を与える各要因(たとえば健康状態,年齢,所得など),β は各要因の推定係数をそれぞれ示す。また,y_i^* は連続的であるが観測不可能な潜在変数(latent variable)で,実際に観測できるのは,

$$y_i = \begin{cases} 1 & \text{if } y_i^* > 0 \\ 0 & \text{if } y_i^* \leq 0 \end{cases}$$

---

[42] 医療保険類型の選択に関する分析では,多項ロジットモデル(multinomial logit model)を用いる可能性もあるが,このモデルは選択肢の選択比率が他の選択肢の有無に影響されないこと(Independence of Irrelevant Alternatives : IIA)の仮定が必要である。①UEBMI のみ,②商業医療保険のみ,③その他の医療保険のみ,④混合型医療保険,⑤医療保険未加入の5つの選択肢に関する IIA 検定を行った結果,選択肢間の独立性が確認されなかった。そのため,本章では,各種類の医療保険類型の加入確率に関しては,二値確率関数であるプロビット分析モデルを用いている。二値確率関数におけるロジットモデルを用いた分析を行ったが,その分析結果の傾向はプロビットモデルによる分析結果とほぼ同じであるため,紙幅の制約上でプロビット分析の結果のみを掲載している。

である。y_i は 0 あるいは 1 を取る二値確率変数である。本章では，確率分布は正規分布であることを仮定するプロビットモデルを用いている。

次に3つの課題を検討する方法について説明する。まず，課題1については，仮説の検証を行うため，適切なサンプルを選定することが必要である。その際に，2つの前提条件を考慮する必要がある。すなわち，(1) 医療保険制度に任意的に加入するかどうか，(2) 保険会社が事前拒否行動（リスク回避行動）を行うかどうかである。表4-4で示されたように，厳密にいえば，UEBMIのみに加入するかどうかに関する意思決定を行う自営業者および個人企業に勤める雇用者グループ（グループ1）は，2つの基準の全部を満たすのである。一方，他のグループについては，(1) 自営業者あるいは個人企業以外の部門（政府機関，事業部門，民営企業，外資系企業など）に勤める雇用者（グループ2）がUEBMIに加入することは法律によって規定されるため，その医療保険の加入は強制的である。(2) 商業医療保険のみに加入するかどうかの意思決定を行ったグループ（グループ3）については，商業医療保険の加入は任意的であるものの，その加入行動は商業保険会社側（供給側）の事前拒否行動の影響を受ける可能性が存在する。例えば，私的医療保険としての商業保険が，市場原理にしたがって企業の利潤最大化（効率性を重視すること）を目的とし，将来，高額の医療費を支給する可能性が高いグループ（健康状態が悪い者および高年齢層グループなど）を保険の適用外対象にする

表4-4 仮説検証のサンプルの選定に関する比較

	需要側：任意性	供給側：事前回避行動の有無	分析グループ	仮説検証との関連
UEBMIのみ				
(1)個人企業における経営者・雇用者	任意	事前回避行動なし	グループ1	仮説検証グループ
(2)大・中規模企業における雇用者	強制	事前回避行動なし	グループ2	比較グループ
商業保険のみ	任意	事前回避行動あり	グループ3	比較グループ
混合型医療保険	強制・任意の両方	事前回避行動あり・なしの両方	グループ4	比較グループ

出所：筆者作成。

可能性がある。[43] (3) 混合型医療保険に加入するかどうかの意思決定を行ったグループ（グループ4）については，公的医療保険の加入は強制的で，また商業保険会社の事前拒否行動の影響を受ける可能性がある。要するに，グループ2，グループ3，グループ4のいずれも2つの前提条件を満たされないため，これらのグループのいずれも仮説検証の適切なサンプルでないと考えられる。

したがって，課題1を検討する際に，グループ1を対象とした分析結果（後出，【推定1】）のみを用いる。分析結果における，健康形態ダミー，年齢階層ダミーおよび所得階層ダミーの分析結果に注目する。不健康者ダミー，高年齢層ダミーをレファレンス・グループとする場合，非常に良いダミー，良いダミー，普通ダミーおよび中・低年齢層ダミーが統計的に有意な負の値となれば，不健康者グループ，高年齢層グループでは，医療保険に加入する確率が相対的に高いことが示され，逆選択仮説が支持される。また所得第1五分位をレファレンス・グループとする場合，所得第2～5五分位ダミーの推定係数が正の値となれば，中・高所得層に比べ，低所得層でその医療保険の未加入の確率が高いことが示され，流動性制約仮説は支持される。

次に課題2については，所有制形態ダミー（後出，表4-7【推定2】，【推定3】，【推定4】）の分析結果を用いて就業部門の影響を考察できる。就業部門を示す各ダミー変数は統計的に有意であれば，他の条件が一定であれば，就業部門によって各種の医療保険の加入確率が異なることが示される。また就業部門ダミー以外の変数に関する分析結果を用いてそれらの要因の影響も検討する（後出，表4-7）。最後に就業部門別医療保険加入確率に関する分析結果（後出，表4-8）を用いて，健康状態，年齢，世帯所得がその医療保険

43　事前に逆選択の問題を回避することについては，商業保険会社が消費者からの保険購入申し込みを拒否できないものの，納付金の設定や契約条件の限定などによってその事前回避の行動を行っていると考えられる。例としては，付表4-2では大型商業保険会社である中国人寿保険会社が販売している国寿康寧終身重大疾病保険の保険料をまとめている。北京に居住する男女別・年齢階層別保険料をみると，男女とも年齢の上昇とともに納付金総額が高くなる。とくに，60歳代男性グループで，納付金総額が支給最高額と同じとなっている。このような保険料金を設定することによって，中高年齢層（50歳代，60歳代）のグループが排除されると考えられる。また，筆者の現地調査によると，商業保険を契約する際に，支給する疾患種類が限定され，また契約する前に健康診断が必要となり，罹った疾病種類によって契約内容が異なることがわかった。

の加入行動に与える影響における就業部門間の差異を考察する。

2. データ

　本章の分析では，CHIP2007 を用いている。序章で説明したように，この調査は国家統計局によって実施された。調査対象は都市戸籍住民，農村部における農村戸籍住民，都市部における出稼ぎ労働者（農村戸籍を持ちながら，都市で働いている労働者）の 3 グループとなっているが，入手したデータの制約上で，本章では都市戸籍住民を調査対象とした個票データのみを用いている。そのサンプルサイズは 1 万 9748 となっている。

3. 変数の設定

　まず，被説明変数の設定について説明する。CHIP2007 における設問項目「2007 年，あなたは以下のような医療保険に加入しましたか」で，複数回答の選択肢として，①都市従業員基本医療保険（UEBMI），②商業医療保険，③農村合作医療保険（RCMS），④その他の医療保険，⑤医療保険未加入の 5 つが設けられている。本章では都市戸籍住民における医療保険の加入行動に着目するため，③を選択したサンプルを削除した。また「その他の医療保険」には前述した医療救助制度，都市住民医療保険制度（URBMI），企業補助医療保険などが含まれると推測しているが，これらの医療保険制度に関して識別できない。

　これらの選択肢を活用し，以下のような二値変数，①商業医療保険のみ加入（商業医療保険のみに加入した場合 = 1，どの医療保険にも加入しなかった場合 = 0），② UEBMI のみ加入（UEBMI のみに加入した場合 = 1，どの医療保険にも加入しなかった場合 = 0），③混合型保険加入（UEBMI と商業医療保険の 2 種類を同時に加入した場合，UEBMI とその他の医療保険の 2 種類を同時に加入した場合，商業医療保険とその他の医療保険の 2 種類を同時に加入した場合，UEBMI，商業医療保険とその他の医療保険の 3 種類を同時に加入した場合 = 1，どの医療保険にも加入しなかった場合 = 0），をそれぞれ設定し

た。

次に，以下のような説明変数を設定した（**表4-5**参照）。

第1に，逆選択仮説を検証するため，健康状態ダミー，年齢階層ダミーを代理指標として設定した。(1) 主観的健康状態に関する質問項目に関する回答に基づいて，「非常に良い」，「良い」，「普通」，「不健康」の4つのダミー変数を設定した[44]。(2) 年齢を16～19歳，20～29歳，30～39歳，40～49歳，50～59歳の5つに分けてそれぞれのダミー変数を設定した[45]。

不健康者グループ，50～59歳のグループをレファレンス・グループとする場合，他のダミー変数が負の値となると，健康状態が悪く，年齢が高いグループで医療保険に加入する確率は高いことが示され，逆選択仮説が支持される。ここに不健康者ダミー，50～59歳ダミー以外の他の変数の推定値は負の値となると推測している。

第2に，流動性制約仮説を検証するため，本人の勤労所得を除いた世帯所得階層のダミー変数[46]（所得五分位のダミー変数）[47]をその代理指標として設定した[48]。流動性制約の問題が存在すれば，所得が低いほど医療保険の加入確率が低い傾向にあるはずである。ここに所得第1五分位をレファレンス・グループとする場合，所得第2～5分位の各ダミー変数の推定値は正の値となると推測している。

44　健康状態の質問項目に関する回答で，選択肢は「非常に良い」，「良い」，「普通」，「やや良くない」，「非常に良くない」の5つに分けて設けられているが，「やや良くない」および「非常に良くない」と回答した者数のいずれも少ないため，分析で2つのグループを1つの不健康者グループにした。

45　年齢階層別分析で，50～59歳グループをレファレンス・グループとした主な理由は，以下の2点である。第1に，年齢階層別サンプル数において，50～59歳グループのサンプルが最も多い。サンプル数が多いグループをレファレンス・グループとする場合，より頑健性がある推定結果が得られると考えられる。第2に，最低年齢と最高年齢層を比較する目盛とすると，分析結果がより分かりやすいと考えられる。本章では，最低年齢層と最高年齢層をそれぞれレファレンス・グループとした分析を行ったが，これらの分析結果の傾向が類似している。紙幅の制約上で本章では最高年齢層（50～59歳）をレファレンス・グループとした分析結果のみを掲載している。

46　賃金関数の推定結果によると，他の説明変数（たとえば，雇用形態，所有制部門など）が個人の勤労所得に影響を与えることが示されている。変数間の多重共線性の問題を回避するため，ここに個人の勤労所得を除いた世帯所得を，流動性制約の代理変数として用いている。

47　所得階層を1人あたり世帯等価所得に基づいて分類した。1人あたり世帯等価所得は個人の勤労所得を除いた世帯所得を家族人数で除したものである。

48　貯蓄，借金や両親の遺産贈与などの要因も流動性制約の代理指標になると考えられるものの，CHIP2007からこれらのデータを取得できないため，本章の分析では世帯所得のみを代理指標として用いている。これらの要因を含むさらなる実証分析を今後の課題としたい。

第3に，医療保険加入における就業部門間の差異を検討するため，就業部門を，①政府機関，②事業部門，③国有企業[49]，④集団企業，⑤民営企業，⑥外資系企業，⑦自営業，⑧その他（非就業を含む）の8つに分けてそれぞれのダミー変数を設定した。就業部門によって医療保険の加入状況が異なると考えられる。本章では，非国有部門に比べ，国有部門で公的医療保険の加入確率が高いと推測している。

　第4に，雇用形態については，現在までに中国で正規雇用と非正規雇用に関する定義が統一されていないが，質問項目に基づいて「1. 終身雇用，2. 長期的な労働契約をした者（雇用期間は1年以上）」を回答した場合＝1,「3. 短期的な労働契約をした者（雇用期間は1年未満），4. 労働契約をしていない短期労働者，5. 家族従事者，6. 自営業者，7. その他の短期雇用者，8. その他および非就業者の場合＝0」のように正規雇用者ダミーを設定した。正規雇用者の大多数は国有部門に勤務し，仕事と生活が相対的に安定するため，公的医療保険および私的医療保険のいずれにも加入する可能性は高いと推測している。

　第5に，戸籍制度の影響をコントロールするため，「現地の都市戸籍」を回答した場合＝「外地の都市戸籍」と回答した場合＝0のように現地都市戸籍ダミーを設定した。現地都市戸籍ダミーは正の値となることを期待している。

　第6に，地域によって公的医療保険制度の仕組み及びその実施状況が異なり，また経済水準，健康水準，生活習慣にも地域間の差異があると考えられる。地域間の差異を考察するため，調査項目に基づいて上海市，江蘇省，浙江省，安徽省，河南省，湖北省，広東省，重慶市，四川省の9地域ダミー変数を設定した[50]。

49　本章ではCHIP2007の設問項目に基づいて，中央国有企業（中央政府・省政府が管理する企業），地方国有企業（地方政府が管理する企業），株式化の改革を経て政府が主な株主となった企業，国有合資企業（政府が出資する金額が50％以上である企業）を「国有企業」とした。

50　分析で，上海市ダミーをレファレンス・グループとした。その主な理由は，以下の通りである。第1に，経済発展のレベルによって，労働者個人の保険加入意識が異なると考えられる。代表する9地域では，経済水準は上海市が最も高い。たとえば，2007年の1人あたりGDPは上海市が7万3124元で最も多い。経済水準を反映する地域ダミーを計測する際に，その水準が最も高い上海市をレファレンス・グループとすると，比較しやすいと考えられる。第2に，『2008年中国衛生統計年鑑』および『中国統計年鑑2008年』の公表データによると，2007年，公的医療保険制度（都市従業員基本医療保険および都市住民基本医療保険）に加入した者が都市人口に占める割合は上海市が66.56％で最も多い（その他の8地域24.10～52.67％）。

表4-5 説明変数の設定

	変数名	設定方法
逆選択仮説要因	健康ダミー	非常に良い(非常に良い=1,それ以外=0) やや良い(良い=1,それ以外=0) 普通(普通=1,それ以外=0) 不健康(良くない,非常に良くない=1,それ以外=0)
	年齢階層ダミー	16〜19歳(16〜19歳=1,それ以外=0) 20〜29歳(20〜29歳=1,それ以外=0) 30〜39歳(30〜39歳=1,それ以外=0) 40〜49歳(40〜49歳=1,それ以外=0) 50〜59歳(50〜59歳=1,それ以外=0)
流動性制約仮説要因	世帯所得階層(本人所得を除く)	世帯所得から本人所得を除いた世帯所得の基づく所得第1〜5五分位
勤務先要因	所有制	政府機関,事業部門,国有企業,集団企業,民営企業,外資系企業,自営業,その他の8つ
	雇用形態	正規雇用(「終身雇用,雇用期間が1年以上」と回答した者=1,それ以外=0)
個人属性要因	男性	男性=1,女性=0
	有配偶者	有配偶者=1,それ以外=0
	子どもあり	子どもを持つ場合=1,それ以外=0
	学歴	小学校,中学校,高校・高専,短大,大学・大学院の5つ
その他の要因	戸籍制度	現地の都市戸籍(現地の都市戸籍を持つ場合=1,外地の都市戸籍,現地の農村戸籍,外地の農村戸籍を持つ場合=0)
	地域	上海市,江蘇省,浙江省,安徽省,河南省,湖北省,広東省,重慶市,四川省の9地域

出所:筆者作成。

第7に,Madden *et al.*(1995),Drehr *et al.*(1996),Bograd *et al.*(1997),Swartz and Garnick(2000),Cardon(2001),Long and Marquis(2002),Swartz and Garnick(2000)は,年齢,学歴,健康状態以外の個人属性も医療保険の加入行動に影響を与えることを示している。個人属性の影響をコントロールするため,男性ダミー,有配偶者ダミー,子供ありダミー,学歴ダミーの各変数を設定した。

最後に,サンプルの選定について説明する。まず都市戸籍を持つ者のサンプルを抽出した。ここに都市部における出稼ぎ労働者本人およびその扶養家族(子どもなど)は,本章の分析対象となっていないことを留意しておく。次

表4-6 記述統計量

	全体		UEBMIのみ		混合型医療保険		商業医療保険のみ		保険未加入	
	平均値	標準偏差	平均値	標準偏差	平均値	標準偏差	平均値	標準偏差	平均値	標準偏差
健康状態										
非常に良い	0.1945	0.3958	0.1903	0.3926	0.1536	0.3611	0.2335	0.4234	0.2013	0.4011
やや良い	0.5434	0.4981	0.5392	0.4985	0.4899	0.5006	0.5623	0.4966	0.5570	0.4969
普通	0.2387	0.4263	0.2470	0.4313	0.3188	0.4667	0.1887	0.3917	0.2190	0.4137
不健康	0.0234	0.1513	0.0235	0.1515	0.0377	0.1907	0.0155	0.1239	0.0227	0.1490
年齢階層										
16〜19歳	0.0602	0.2378	0.0157	0.1244	0.0265	0.1608	0.1932	0.3952	0.1556	0.3625
20〜29歳	0.1754	0.3803	0.1423	0.3494	0.1882	0.3915	0.2293	0.4208	0.2615	0.4396
30〜39歳	0.2540	0.4353	0.2692	0.4436	0.2765	0.4479	0.3036	0.4603	0.1916	0.3937
40〜49歳	0.2841	0.4510	0.3209	0.4669	0.3088	0.4627	0.1656	0.3721	0.1965	0.3975
50〜59歳	0.2263	0.4185	0.2519	0.4341	0.2000	0.4006	0.1083	0.3111	0.1948	0.3962
世帯所得階層										
第1五分位	0.2150	0.4109	0.1833	0.3869	0.1088	0.3119	0.2081	0.4064	0.3253	0.4686
第2五分位	0.2232	0.4164	0.2204	0.4145	0.1118	0.3155	0.2251	0.4181	0.2566	0.4368
第3五分位	0.1889	0.3915	0.1970	0.3977	0.1647	0.3715	0.1911	0.3936	0.1736	0.3789
第4五分位	0.1975	0.3981	0.2149	0.4108	0.2294	0.4211	0.2059	0.4048	0.1376	0.3445
第5五分位	0.1754	0.3803	0.1844	0.3879	0.3853	0.4874	0.1698	0.3759	0.1069	0.3092
就業部門										
政府機関	0.0839	0.2773	0.0914	0.2882	0.0824	0.2753	0.0701	0.2555	0.0671	0.2503
事業部門	0.2941	0.4557	0.3160	0.4650	0.3000	0.4589	0.2887	0.4537	0.2309	0.4215
国有企業	0.1920	0.3939	0.2112	0.4082	0.2176	0.4133	0.1253	0.3314	0.1550	0.3620
集団企業	0.0632	0.2434	0.0616	0.2404	0.0529	0.2242	0.0701	0.2555	0.0650	0.2465
民営企業	0.1814	0.3854	0.1708	0.3763	0.0853	0.2797	0.2038	0.4033	0.2249	0.4176
外資系企業	0.0404	0.1970	0.0434	0.2039	0.1265	0.3329	0.0318	0.1758	0.0207	0.1426
自営業	0.1145	0.3184	0.0784	0.2689	0.1059	0.3081	0.1762	0.3814	0.1971	0.3979
その他・非就業者	0.0305	0.1718	0.0272	0.1625	0.0294	0.1692	0.0340	0.1813	0.0393	0.1944

(つづく)

第4章　中国都市部における医療保険制度の加入行動の要因分析

就業形態										
正規雇用者	0.7646	0.4242	0.8201	0.3842	0.8676	0.3394	0.6921	0.4621	0.6234	0.4847
非正規雇用者	0.1620	0.3685	0.1311	0.3375	0.0971	0.2965	0.1699	0.3759	0.2489	0.4325
その他	0.0734	0.2607	0.0488	0.2156	0.0353	0.1848	0.1380	0.3453	0.1277	0.3339
現地都市戸籍	0.9708	0.1685	0.9817	0.1342	0.9912	0.0937	0.9597	0.1970	0.9361	0.2446
地域構成										
上海	0.1243	0.3299	0.1417	0.3488	0.4412	0.4973	0.0913	0.2883	0.0382	0.1918
江蘇	0.1151	0.3192	0.1391	0.3461	0.0765	0.2661	0.0467	0.2112	0.0808	0.2726
浙江	0.1190	0.3238	0.1457	0.3528	0.0529	0.2242	0.0743	0.2626	0.0699	0.2550
安徽	0.1266	0.3325	0.1232	0.3287	0.0176	0.1319	0.1295	0.3361	0.1468	0.3540
河南	0.1100	0.3129	0.0893	0.2852	0.0941	0.2924	0.1210	0.3265	0.1517	
湖北	0.0742	0.2621	0.0683	0.2524	0.0206	0.1422	0.0934	0.2913	0.0955	0.3589
広東	0.1273	0.3333	0.1093	0.3121	0.1853	0.3891	0.1826	0.3867	0.1348	0.2940
重慶	0.0735	0.2611	0.0562	0.2303	0.0235	0.1518	0.0934	0.2913	0.1327	0.3416
四川	0.1300	0.3363	0.1272	0.3331	0.0883	0.2841	0.1678	0.3740	0.1496	0.3393
男性	0.4965	0.5000	0.5160	0.4998	0.5029	0.5007	0.5011	0.5005	0.4427	0.4968
既婚	0.7883	0.4086	0.8661	0.3405	0.8265	0.3793	0.6136	0.4874	0.6081	0.4883
子供あり	0.9399	0.2376	0.9311	0.2533	0.9324	0.2515	0.9257	0.2626	0.9662	0.1809
漢民族	0.9894	0.1024	0.9934	0.0807	0.9663	0.0969	0.9894	0.1026	0.9793	0.1426
学歴構成										
小学校	0.0463	0.2101	0.0361	0.1866	0.0147	0.1206	0.0382	0.1919	0.0808	0.2726
中学校	0.2201	0.4144	0.2001	0.4001	0.1353	0.3425	0.2569	0.4374	0.2833	0.4507
高校・高専	0.3589	0.4797	0.3503	0.4771	0.3324	0.4718	0.3503	0.4776	0.3843	0.4866
短大	0.2094	0.4069	0.2305	0.4212	0.2529	0.4353	0.1953	0.3969	0.1457	0.3529
大学・大学院	0.1653	0.3715	0.1830	0.3866	0.2647	0.4418	0.1593	0.3663	0.1059	0.3078
サンプルサイズ	8209		5341		340		471		1832	

出所：CHIP2007より計算。
注：紙幅の制約上で「その他の医療保険」グループに関する記述統計量を掲載していない。

161

に定年退職の影響を考慮して分析対象の年齢は16～59歳に限定した。また上記の各変数に関する無回答となっているサンプルを除外し，各説明変数の欠損値を除外した。各変数の記述統計量を**表4-6**でまとめている。

第4節　計量分析の結果

1．逆選択仮説と流動性制約仮説に関する検証結果

課題1に関しては，各種の医療保険制度の加入確率に関するプロビット分析の結果を**表4-7**にまとめている。以下では，【推定1】の分析結果に基づいて仮説検証の結果について説明する。

第1に，逆選択仮説の検証結果を検討する。まず不健康者グループに比べ，「非常に良い」と回答した者のグループでUEBMIのみに加入する確率が29.84％ポイント高い。また，統計的な有意水準が10％であるが，「やや良い」と回答した者のグループでその加入確率が21.14％ポイント高い。これらの分析結果は逆選択仮説を支持しなかった。

次に年齢階層ダミーの推定値によると，50～59歳グループに比べ，医療保険の加入確率は16～19歳が54.58％ポイント，20～29歳が48.63％ポイント，30～39歳が19.56％ポイント，40～49歳が13.70％ポイントとそれぞれ低く，またこれらの推定値の有意水準はすべて1％となっている。50歳以下の年齢層グループに比べ，50～59歳グループでUEBMIのみに加入する確率が高いことが示された。年齢階層に関する分析で，レファレンス・グループの選択によって分析結果が異なる可能性があると考えられる。その問題を考慮して仕事および生活が相対的に安定する30～39歳グループをレファレンス・グループとした分析も行った。その結果，30～39歳グループに比べ，医療保険の加入確率は，16～19歳が45.36％ポイント，20～29歳が33.18％ポイントとそれぞれ低い一方で，40～49歳が5.83％ポイント，50～59歳が18.68％ポイントとそれぞれ高い。またこれらの推定値の有意水準のいずれも1％となっている。これらの推定結果により，他の要因が一定であれば，年齢の上昇とともにUEBMIに加入する確率が高くなることが再確認された。年齢に関する

分析結果によって逆選択仮説が支持された。

第2に，流動性制約仮説については，所得第1五分位グループに比べ，医療保険の加入確率は，第2五分位が10.07％ポイント，第3五分位が15.21％ポイント，第4五分位が16.75％ポイントとそれぞれ高く，またこれらの推定値の統計的有意水準のいずれも1％となっている。低所得層（所得第1五分位）グループに比べ，中・高所得層（所得第2～5分位）グループでUEBMIに加入する確率が高いことが示され，流動性仮説が支持された。

また，【推定3】，【推定4】の分析結果のいずれにおいても，低所得層に比べ，中・高所得層グループで商業医療保険のみおよび混合型医療保険に加入する確率が高いことが示された。

これらの分析結果により，2007年時点に低所得層グループで公的医療保険と私的医療保険の両方によってカバーされない者が存在していることがうかがえる。

2. 他の要因の影響に関する分析結果

課題2については，以下の諸要因の影響が確認された。

第1に，就業部門の影響（表4-7【推定2】）について，UEBMIに加入する確率は，政府機関に勤める雇用者グループに比べ，集団企業に勤める雇用者グループが9.61％ポイント，民営企業に勤める雇用者グループが7.22％ポイント，自営業者グループが9.77％ポイント，非就業者グループが8.71％ポイントとそれぞれ低い。また，UEBMIの加入確率における政府機関，国有企業，事業部門，外資系企業間の差異が顕著ではない。

これらの分析結果の理由については，以下のことが考えられる。2007年に実施されたUEBMIは計画経済期の国有部門で実施された公的医療保険制度に基づいて改革されたものであり，既に労働保険医療制度（主な適用対象者：国有企業の雇用者）と公費医療制度（主な適用対象者：政府機関および事業部門の雇用者）に加入していた者はそのままUEBMIに移行したため，その制度の加入における政府機関，事業部門，国有企業間の差異が小さいと考えられる。一方，非国有部門において公的医療保険制度の加入確率で，外資系

表4-7 医療保険制度の加入確率に関する分析結果

	[推定1] UEBMIのみ vs. 医療保険未加入 (グループ1)		[推定2] UEBMIのみ vs. 医療保険未加入 (グループ2)		[推定3] 商業医療保険のみ vs. 医療保険未加入 (グループ3)		[推定4] 混合型医療保険のみ vs. 医療保険未加入 (グループ4)	
	限界効果	標準誤差	限界効果	標準誤差	限界効果	標準誤差	限界効果	標準誤差
健康状態(不健康)								
非常に良い	0.2984 ***	0.3026	0.0445	0.1249	0.0667	0.2422	-0.0157	0.2885
やや良い	0.2114 *	0.2931	0.0061	0.1199	0.0194	0.2361	-0.0354	0.2739
普通	0.1814	0.2992	0.0081	0.1225	0.0304	0.2405	-0.0135	0.2798
年齢(50〜59歳)								
16〜19歳	-0.5458 ***	0.2921	-0.5071 ***	0.1089	0.1657 ***	0.1642	-0.0432 ***	0.2894
20〜29歳	-0.4863 ***	0.2088	-0.1304 ***	0.0742	0.0697 *	0.1435	0.0085	0.1995
30〜39歳	-0.1956 ***	0.1524	0.0163	0.0552	0.1732 ***	0.1082	0.0192	0.1469
40〜49歳	-0.1370 **	0.1417	0.0637 ***	0.0524	0.0668 **	0.1124	0.0367 **	0.1391
世帯所得(第1五分位)								
第2五分位	0.1007 **	0.1228	0.0488 ***	0.0513	0.0609 **	0.0881	-0.0026	0.1536
第3五分位	0.1521 ***	0.1466	0.0734 ***	0.0557	0.1025 ***	0.0953	0.0445 ***	0.1510
第4五分位	0.1312 **	0.1617	0.0974 ***	0.0583	0.1270 ***	0.1006	0.0836 ***	0.1492
第5五分位	0.1675 **	0.1786	0.0968 ***	0.0661	0.1385 ***	0.1117	0.2024 ***	0.1541
就業部門(政府機関)								
事業部門			-0.0031	0.0743	0.0320	0.1329	-0.0197	0.1767
国有企業			0.0142	0.0793	-0.0318	0.1464	-0.0060	0.1871
集団企業			-0.0961 ***	0.0969	0.0103	0.1681	-0.0362 ***	0.2373
民営企業			-0.0722 ***	0.0789	0.0000	0.1410	-0.0484 ***	0.2069
外資系企業			0.0002	0.1257	0.0390	0.2308	0.0521 *	0.2476
自営業			-0.0977 ***	0.0901	0.0438	0.1542	0.0173	0.2203
その他+非就業者			-0.0871 **	0.1192	0.0047	0.2035	0.0171	0.2703

(つづく)

第４章　中国都市部における医療保険制度の加入行動の要因分析

	係数	標準誤差	係数	標準誤差	係数	標準誤差	係数	標準誤差
就業形態（正規雇用者以外）								
正規雇用者	0.1779 ***	0.1203	0.1328 ***	0.0481	0.0416 **	0.0796	0.0641 ***	0.1385
戸籍（非現地都市戸籍）								
現地都市戸籍	0.4847 ***	0.2743	0.3387 ***	0.0980	0.1144 ***	0.1503	0.0557 ***	0.4099
地域（上海）								
江蘇	-0.3408 ***	0.3059	-0.1824 ***	0.0913	-0.1548 ***	0.1843	-0.0528 ***	0.1873
浙江	-0.2993 ***	0.2898	-0.1388 ***	0.0931	-0.1073 ***	0.1733	-0.0528 ***	0.2109
安徽	-0.5064 ***	0.2893	-0.3619 ***	0.0887	-0.1269 ***	0.1569	-0.0803 ***	0.2246
河南	-0.5813 ***	0.2938	-0.4396 ***	0.0907	-0.1321 ***	0.1585	-0.0650 ***	0.1684
湖北	-0.4215 ***	0.2954	-0.3589 ***	0.0958	-0.1005 ***	0.1666	-0.0634 ***	0.2637
広東	-0.3831 ***	0.2917	-0.3540 ***	0.0899	-0.0970 ***	0.1512	-0.0663 ***	0.1626
重慶	-0.5703 ***	0.3073	-0.5430 ***	0.0938	-0.1367 ***	0.1636	-0.0778 ***	0.2457
四川	-0.4729 ***	0.2873	-0.3540 ***	0.0882	-0.1075 ***	0.1540	-0.0694 ***	0.1699
男性	0.0608 *	0.0950	0.0625 ***	0.0366	0.0341 **	0.0627	0.0228 ***	0.0929
既婚	-0.0132	0.1751	0.1136 ***	0.0663	0.0431	0.1194	0.0545 ***	0.1873
子供あり	-0.2767 ***	0.2840	-0.1038 ***	0.0935	-0.0931 **	0.1569	-0.0355	0.2274
学歴（小学校および以下）								
中学校	0.0310	0.1606	0.0448 **	0.0822	0.0803 *	0.1486	0.0394	0.2775
高校・高専	0.1594 ***	0.1589	0.0820 ***	0.0802	0.0697 *	0.1462	0.0607 **	0.2699
短大	0.2668 ***	0.2207	0.1337 ***	0.0869	0.1203 **	0.1576	0.1636 ***	0.2768
大学・大学院	0.1136	0.2401	0.1305 ***	0.0911	0.1117 **	0.1647	0.1854 ***	0.2797
サンプルサイズ	930		7175		2303		2172	
対数尤度	-484.890		-3110.639		-1084.246		-498.305	
決定係数	Pseudo R2=0.2424		Pseudo R2=0.2369		Pseudo R2=0.0707		Pseudo R2=0.4712	

出所：CHIP2007 より計算。
注：*，**，*** はそれぞれ有意水準 10％，5％，1％ を示す。

企業と集団企業・民営企業間の差異が存在することが明らかになった。UEBMIがスタートした1998年時点から，外資系企業，民営企業に勤務する雇用者のいずれもUEBMIの適用対象となっている。また国有部門に比べ，非国有部門としての外資系企業および民営企業のいずれも激しい市場競争に臨んで，企業は利潤最大化を目的とするため，外資系企業，民営企業のいずれも保険料の納付負担を回避する可能性があると考えられる。それにもかかわらず，なぜ医療保険の加入確率に外資系企業と民営企業間の差異があるのか。1つの理由は，1990年代後期以降，公的医療保険を含む社会保障制度の加入について，政府は国有部門と外資系企業に対する行政圧力が高まっていることにあろう（政府強制要因）。また法律を遵守する理念や企業の経営状況などの要因も企業の加入行動に影響を与えるだろう。これらの要因の影響を解明するため，今後，企業属性（たとえば，操業年数，企業規模，従業員年齢構成など）およびその経営状況を考慮するさらなる分析は必要であろう。

　第2に，戸籍制度の影響については，非現地都市戸籍を持つ者に比べ，現地都市戸籍を持つ者グループで，UEBMIのみ，商業医療保険のみ，混合型医療保険に加入する確率はそれぞれ33.87〜48.87％ポイント，11.44％ポイント，5.57％ポイント高いことが確認された。その主な理由は，財源の地方分権化にあると考えられる。現在，医療保険制度を含め，社会保障制度の運営の主な仕組みは中央政府がその方針を決め，地方政府が具体的に実施することとなっている。したがって，医療保険制度の実施状況が地方政府の財源状況に依存している。地方政府が現地戸籍を有する労働者を優先する政策を実施すると，現地戸籍を持つ者グループで医療保険の加入確率が相対的に高いと考えられる。また，ここに農村戸籍を持つ出稼ぎ労働者を分析対象としていないことを留意しておく。出稼ぎ労働者がUEBMIに加入する者が少ないため，出稼ぎ労働者を含むサンプルを用いると，現地戸籍を有する者の公的医療保険の加入確率はさらに高くなると推測できる。

　第3に，雇用形態の影響に関しては，正規雇用者以外のグループ（非正規雇用者および自営業者）に比べ，正規雇用者グループで，UEBMIのみ，商業医療保険のみ，混合型医療保険に加入する確率はそれぞれ13.28〜17.79％ポイント，4.16％ポイント，6.41％ポイント高い。その主な理由は都市労働市場

が就業形態によって分断されることにあると考えられる。具体的にいえば，労働市場の分断化理論（labor market segmentation：LMS）によると，都市労働市場には高賃金・高福利厚生である第一次市場（primary market）と低賃金・低福利厚生である第二次労働市場（second market）の2種類が存在している[51]。正規雇用者の大多数が第一次労働市場で就業している一方で，非正規雇用者および自営業者が第二次労働市場で働いている。そのため，分析結果で医療保険制度の加入における就業形態間の差異が現われていると考えられる。

第4に，女性グループに比べ，男性グループで，UEBMIのみ，商業医療保険のみ，混合型医療保険に加入する確率はそれぞれ6.08～6.25％ポイント，3.41％ポイント，2.28％ポイント高い。他の条件が一定であれば，各種の医療保険の未加入の確率は女性が男性より高いことが示された。

これらの分析結果の理由については，以下のことが考えられる。まず，UEBMIのみの加入確率における男女間の格差については，企業タイプ（経営状況が良い企業と良くない企業）ごとに性別の分布状況が異なることがその一因として挙げられる。たとえば，経営状況が悪い企業に勤める割合は女性が男性より多ければ，UEBMIの加入確率は女性が男性より低い可能性がある。本章では，調査データから企業経営状況に関する情報を取得できないため，この要因の影響が存在するかどうかを確認できなかった。次に，混合型医療保険，商業医療保険の加入確率における性別の差異については，これは供給側の要因（商業保険会社による男女の差別的取扱いなど），および需要側の要因（リスク回避度における性別の差異など）の両方に関連するだろう。これらの要因に関するさらなる分析は，今後の課題としたい。

第5に，小学校卒のグループに比べ，高校・高専，短大，大学・大学院卒の各グループにおいて，UEBMIのみ，商業医療保険のみ，混合型医療保険の加入確率のいずれも高い。学歴に関する分析結果は，欧米の先行研究に一致している。その理由については，Grossmanモデル（1972，2000）によると，健康資本のストックは健康投資に依存し，健康によい行動を行う可能性およびその行動の効率性（たとえば，医療保険加入，健康活動）は高学歴者のほう

51　就業形態による都市労働市場の分断化に関する実証分析については，馬（2009，2011b）を参照されたい。

が低学歴者に比べて高い傾向にあることが説明されている。学歴に関する本章の分析結果は Grossman モデルに当てはまる。

第6に，配偶者を持っていないグループに比べ，配偶者を持つグループで UEBMI のみおよび混合型医療保険に加入する確率はそれぞれ 11.36％ポイント，5.45％ポイント高い。また子どもを持っていないグループに比べ，子どもを持っているグループで，UEBMI，商業医療保険に加入する確率はそれぞれ 10.38～27.67％ポイント，9.31％ポイント低い。家族構成が医療保険の加入にも影響を与えることが示された。

その理由については，配偶者を持つ者のグループで家庭責任が大きくなるため，高額な医療費などの家計リスクを回避するため，医療保険の加入確率が相対的に高くなると考えられる。また，家計の予算制約が一定である場合，子どもを持つグループで，自分より子どものことを優先した結果，子どものための投資が多くなり（あるいは医療保険料金を節約することになり），医療保険に加入する確率は相対的に低いと考えられる。

第7に，上海市に居住する者に比べ，他の地域（江蘇省，浙江省，安徽省，河南省，湖北省，広東省，重慶市，四川省）に居住する者は，UEBMI のみ，商業医療保険のみ，混合型医療保険のいずれにも加入する確率は低いことが確認された。この理由については，以下のことが考えられる。先進国の経験からみると，経済発展のレベルが高くなると，医療保険制度を含む社会保障制度が重視される傾向にある。体制移行期の中国で，「先富論」[52]といったような地域別経済政策が促進された結果，東部地域は発展してきたが，西部・中部地域の経済発展が遅れている。上海市は中国で経済発展のレベルが最も高い地域であるため，他の地域に比べ，上海市で医療保険の加入確率が最も高い結果が得られたと考えられる。

---

52 「先富論」とは，1985年頃から鄧小平が唱えた改革開放政策の基本的理念の1つである。これは先に豊かになれる条件を整えた地域（東部），および可能な者から豊かになり，その影響で他の地域（中部，西部）および他の者が豊かになればよいということを意味する。その結果，1990年代以降，地域間の格差は深刻な問題となっている。

3. 就業部門別都市従業員基本医療保険制度の加入要因に関する分析結果

就業部門別都市従業員基本医療保険の加入行動のメカニズムの差異（課題3）を検討するため，就業部門を政府機関・事業部門，国有企業，集団・民営企業，外資系企業の4つに分けてそれぞれの分析を行った。**表4-8**の分析結果により，以下のことが確認された。

第1に，各グループのいずれにおいても，健康状態ダミーの推定値は統計的に有意ではない。その理由については，UEBMIの加入は強制的であり，逆選択のメカニズムが働かないため，健康状態がその加入確率に与える影響は小さいと考えられる。

第2に，年齢の影響については，国有部門（政府機関・事業部門，国有企業）において，50〜59歳グループ（定年退職直前後世代）に比べ，30〜39歳グループおよび40〜49歳グループ（働き盛り世代）でUEBMIの加入確率が高い一方で，16〜19歳グループ，20〜29歳グループ（若年層世代）でその加入確率が低い。つまり，国有部門で，他の条件が一定であれば，UEBMIの加入確率は若年層世代，定年退職直前後世代，働き盛り世代の順に高くなっている。2007年時点に国有部門で公的医療保険制度の加入率における世代間の格差が存在していたことが示された。50〜59歳グループで公的医療保険制度の未加入者がそのまま高齢期に迎えると，医療費がさらに高くなるため，そのグループが年齢の上昇とともに貧困者になるリスクが高くなると考えられる。集団・民営企業で，50〜59歳グループに比べ，16〜19歳，20〜29歳グループでUEBMIの加入確率がそれぞれ47.77％ポイント，10.41％ポイント低いが，その医療保険制度の加入確率における50〜59歳グループと30〜49歳グループ間の差異は顕著ではない。また外資系企業で，その加入確率における各年齢階層間の差異のいずれもが統計的に有意ではない。公的医療保険制度への加入は法律によって規定されているものの，なぜ国有部門でその加入確率における世代間の差異が存在するのか。国有部門の制度移行に問題があるのではないか。この疑問を解明するため，企業調査に基づく分析が必要であろう。

表4-8 就業部門別都市従業員基本医療保険制度の加入確率に関する分析結果

	[推定 5] 国有部門雇用者 (政府機関・事業部門)		[推定 6] 国有部門雇用者 (国有企業)		[推定 7] 非国有部門雇用者 (集団企業・民営企業)		[推定 8] 非国有部門雇用者 (外資系企業)	
	限界効果	標準誤差	限界効果	標準誤差	限界効果	標準誤差	限界効果	標準誤差
健康状態 (不健康)								
非常に良い	-0.0505	0.2446	0.0112	0.3226	0.0824	0.2431	-0.9916	0.5480
やや良い	-0.0829	0.2362	0.0085	0.3118	0.0781	0.2346	-0.8977	0.5478
普通	-0.0410	0.2409	-0.0044	0.3144	0.0316	0.2397	-0.9900	0.5479
年齢 (50～59歳)								
16～19歳	-0.4228 ***	0.1856	-0.5167 ***	0.2598	-0.4777 ***	0.2263	-0.2390	0.9096
20～29歳	-0.1060 ***	0.1315	-0.0497	0.1964	-0.1041 **	0.1387	0.0088	0.4614
30～39歳	0.0319	0.0927	0.1004 ***	0.1452	-0.0303	0.1056	0.0163	0.3975
40～49歳	0.0742 ***	0.0900	0.1114 ***	0.1308	0.0525	0.1026	-0.0922	0.4054
世帯所得 (第1五分位)								
第2五分位	0.0349 *	0.0942	0.0431 *	0.1268	0.0527 *	0.0972	-0.0938	0.4125
第3五分位	0.0587 ***	0.0989	0.0579 **	0.1370	0.0533	0.1083	-0.0450	0.4763
第4五分位	0.0510 **	0.0986	0.1030 ***	0.1500	0.1085 ***	0.1129	0.0333	0.4845
第5五分位	0.0793 ***	0.1118	0.0752 **	0.1690	0.0420	0.1264	0.0067	0.4410
就業形態 (非正規雇用者)								
正規雇用者	0.1313 ***	0.0976	0.0405	0.1520	0.1505 ***	0.0749	0.1179 **	0.3539
戸籍 (非現地都市戸籍)								
現地都市戸籍	0.3595 ***	0.1888	0.2795 **	0.3608	0.2869 ***	0.1535	0.4642 ***	0.4788
地域 (上海)								
江蘇	-0.1119 **	0.1875	-0.3157 ***	0.2149	-0.1031 **	0.1500	-0.0950	0.4404
浙江	-0.1571 ***	0.1869	-0.2293 ***	0.2277	-0.0503	0.1553	0.0031	0.5034
安徽	-0.3755 ***	0.1663	-0.3190 ***	0.2006	-0.2333 ***	0.1631	(omitted)	
河南	-0.4057 ***	0.1697	-0.4052 ***	0.2017	-0.4146 ***	0.1708	-0.7734 ***	0.8985

(つづく)

第4章 中国都市部における医療保険制度の加入行動の要因分析

	係数	標準誤差	係数	標準誤差	係数	標準誤差	係数	標準誤差
湖北	-0.4146 ***	0.1743	-0.4792 ***	0.2291	-0.2152 ***	0.1994	-0.1151	0.5282
広東	-0.4080 ***	0.1663	-0.4216 ***	0.2538	-0.2428 ***	0.1571	-0.1587 **	0.4301
重慶	-0.5607 ***	0.1818	-0.5367 ***	0.2112	-0.5213 ***	0.1621	-0.6349 ***	0.5692
四川	-0.3441 ***	0.1663	-0.4158 ***	0.2113	-0.2808 ***	0.1557	-0.2703 **	0.4988
男性	0.0591 ***	0.0642	0.0811 ***	0.0923	0.0200	0.0700	0.0772 ***	0.2817
既婚	0.1397 ***	0.1200	0.0908 **	0.1757	0.1542 ***	0.1238	0.0070	0.4455
子供あり	-0.1228 ***	0.1978	-0.1411 ***	0.4774	-0.0602	0.1479	0.2374 **	0.4695
学歴（小学校および以下）								
中学校	0.0731 **	0.1654	-0.0433	0.2127	0.0908 *	0.1654	-0.0025	0.6249
高校・高専	0.0565 *	0.1568	0.0396	0.2101	0.1260 **	0.1624	0.0273	0.5823
短大	0.1140 ***	0.1619	0.0555	0.2244	0.1950 ***	0.1760	0.0186	0.5980
大学・大学院	0.1060 ***	0.1642	0.0761 *	0.2444	0.1889 ***	0.1897	0.0276	0.5989
サンプルサイズ	2724		1412		1772		266	
対数尤度	-1021.858		-496.156		-879.728		-68.872	
決定係数	Pseudo R2=0.2513		Pseudo R2=0.3000		Pseudo R2=0.1869		Pseudo R2=0.3687	

出所：CHIP2007 より計算。
注：*，**，*** はそれぞれ有意水準10％，5％，1％を示す。

第 3 に，政府機関・事業部門，国有企業のいずれにおいても，低所得層（所得第 1 五分位）グループに比べ，中・高所得層（所得第 3〜5 五分位）グループで UEBMI の加入確率が高い。また，集団企業・民営企業において，所得第 1 五分位グループに比べ，所得第 4 五分位グループでその加入確率が 10.85％ポイント高い。一方，外資系企業では，加入確率における所得階層間の差異が確認されなかった。

　所得に関する分析結果により，2007 年に都市労働市場で高所得・高福祉厚生と低所得・低福祉厚生のような二極化の問題が存在していたことが示された。つまり，2007 年に実施された UEBMI は所得再分配の機能を発揮せず，むしろその医療保険制度の実施にともなって，格差が拡大していたことがうかがえる。その主な理由は，1998 年に実施された UEBMI の目的は格差是正ではないことにあると考えられる。具体的にいえば，2007 年までに公的医療制度の改革を行う主な目的は，国有部門に勤める雇用者を優遇した労働保険医療制度と公費医療制度の 2 つを統一したうえで，雇用者個人負担を増加させることによって，国家・企業の医療費負担を軽減することである。したがって，公平性を重視した国有部門においても，低所得・低福祉厚生のような弱者グループが現われていると考えられる。

＊＊＊

　本章では，医療需要側の視点から，CHIP2007 のミクロデータを活用し，都市戸籍住民における医療保険の加入行動の決定要因について，医療保険類型の多様化を考慮したうえで，逆選択仮説，流動性制約仮説を検証し，また就業部門を含む各要因の影響を考察した。

　分析結果より，2007 年時点の中国都市部で，所得階層，就業部門によって医療保険の加入状況が異なり，とくに低所得層グループで，公的医療保険制度と私的医療保険の両方によってカバーされない者が存在していたことが示された。格差を是正するため，医療保険の未加入の確率が相対的に高いグループ（たとえば，低所得層，低学歴者，非正規雇用者，自営業者・非就業者）をターゲットとする，公的医療保険制度の実施は必要であると考えられる。したがって，本章の分析結果によると，政府は 2007 年に UEBMI に加入できな

い者（たとえば，18歳未満者，非就業者）を適用対象とした都市住民基本医療保険（URBMI）を実施したことは，重要な社会的意義を持つことを証明した。ただ，ここに2つの医療保険制度において，保険料や保険金の財源などが異なるため，受けられる医療サービスの内容や医療費の個人負担率などが異なっており，医療サービスにおける就業者と非就業者間の格差問題が完全に解消できていないことを指摘しておきたい。また UEBMI の加入における正規雇用者と非正規雇用者間の格差が依然として存在している。高齢化が進んでいる中国都市部で，医療格差の問題を解決するため，2種類の公的医療保険制度のいずれに加入しても，受けられる医療サービスおよび医療費の個人負担率が同じである政策は望ましいだろう。こうした本当な意味の「国民皆保険」の実現は，今後の課題となっている。

　最後に，今後の課題を指摘しておきたい。まず URBMI は 2007 年からスタートしたため，CHIP2007 でその制度に加入した者はまだ少ない。この制度の加入行動については，新たな調査に基づく実証分析を行う必要がある。次に医療保険制度は戸籍制度の影響を受けているため，その制度の適用対象および制度の仕組みは，労働者が持つ戸籍によって異なっている。本章では入手した個票データの制約上で，都市戸籍住民のみを対象とした実証分析を行ったが，都市部における出稼ぎ労働者，および農村部における農村戸籍住民を対象とする実証研究は今後の課題としたい。また分析結果により，医療保険の加入状況における地域間の格差が存在することがわかった。[53] 医療保険制度の加入における地域間の格差が生じた要因に関するさらなる分析も必要であろう。さらに，非国有部門において，なぜ UEBMI は外資系企業で効果的であった一方で，集団企業，民営企業，自営業部門に浸透しづらいのかについては，その主な理由は後者グループが公的医療保険の加入を回避する行動を行ったことにあろう。この疑問を解明するため，所有制構造別企業を分析対象とする社会保険制度の加入要因に関する実証分析も必要であろう。

53　地域間の格差のついては，本章で明示した省・直轄市別間の格差以外，同一省内で都市規模によって医療保険の加入率が異なっている。たとえば，2008 年の公的医療保険制度の加入率は大都市が 72.5％，中都市が 72.4％，小都市が 34.5％ となっている（『2010 中国衛生統計年鑑』表5-8 に基づき計算）。本章では，データの制約上で省別のデータしか入手できないため，同一省内の市レベルの差異を考察できなかった。市レベルのデータを用いたさらなる分析は今後の課題としたい。

本章の分析より，医療保険制度の加入行動のメカニズムを解明したが，公的医療保険制度の実施効果に関しては，たとえば，制度加入が家計医療消費支出や医療サービスの利用にどの程度影響を与えるのかに関する実証研究も重要な課題であろう。以下の第5章，第6章では，実証研究を通じてこれらの問題を明らかにする。

付表4-1　中国都市部における医療保険制度の種類と本章の分析対象

性質	種類		制度の適用対象	保険料支払い	実施時期	本章の分析対象	先行研究の分析対象
公的医療保険	都市従業員基本医療保険		都市部におけるすべての企業（国有企業，集団企業，外資系企業，民営企業などを含む），各級政府機関，事業部門，社会団体，民営の非営利部門における従業員，離職者・退職者	定率制 社会統一徴収医療保険基金 と個人医療保険口座を結びつけ 企業：賃金総額の6% 個人：賃金総額の2% 政府：基金の運営費，管理費などを負担	1998年	分析対象	分析対象（周2003）
	都市住民基本医療保険		都市部従業員基本医療保険に含まれていない都市戸籍を有する都市住民（18歳未満および非就業者を含む）	政府：1人あたり年間120元 個人：地域によって異なる	2007年	分析対象外	分析対象（Lin et al. 2009）
私的医療保険	商業医療保険		都市部従業員，都市戸籍を有する都市住民	定額制	1980年代以降	分析対象	分析対象外
その他	その他の医療保険	医療救助制度	都市戸籍を有する貧困層	減免制	1950年代以降	分析対象	分析対象外
		企業補助医療保険	企業従業員の一部	企業によって異なる	1980年代以降	分析対象	分析対象外

出所：筆者作成。

付表 4－2　中国人寿保険会社における国寿康寧終身重大疾病保険の保険料（北京市）

(単位：元)

	30歳代	40歳代	50歳代	60歳代
女性				
年間保険料	7800	9900	12900	27500
納付年数	20	20	20	10
総額	156000	198000	258000	275000
支給最高額	300000	300000	300000	300000
男性				
年間保険料	8700	11200	14600	30000
納付年数	20	20	20	10
総額	174000	224000	292000	300000
支給最高額	300000	300000	300000	300000

出所：中国人寿保険会社のホームページで公開された資料に基づき作成。
　　　http://www.e-chinalife.com/product/benefitshow/indexlis.jsp?RiskCode=432 の資料を参考にした。

第5章
中国における公的医療保険制度が家計消費に与える影響
―― 都市部と農村部の比較

　欧米や日本などの先進国で実施されている公的医療保険制度のように，公的医療保険制度は所得再分配政策の一部として機能すると，それらの制度の実施が所得格差による医療格差の問題を一定程度是正することができると考えられる。はたして，中国では公的医療保険制度の改革によって「看病難，看病貴」（医療サービスを受けるのは難しい，医療費が高い）の問題を解決できたのか。公的医療保険制度の実施効果を評価し，また今後の政策立案を提言するため，新たな公的医療保険制度が医療費の自己負担にどの程度影響を与えるのかに関する実証研究は，重要な課題となる。また，公的医療保険制度が社会保険によるリスク回避の機能を果たすと，公的医療保険制度の加入によって，所得低下などの家計リスクを回避でき，家計消費を安定させる効果が存在する可能性があろう。

　本章では，実証研究を通じ，第1節で公的医療保険制度が医療費の自己負担，あるいは家計破綻性医療費支出（catastrophic health expenditure：CHE）[54]に陥る確率に与える影響を解明し，その効果における都市部と農村部間の格差も考察する。第2節では，公的医療保険制度が家計消費の平滑化に与える影響を明らかにしたうえで，公的医療保険制度加入の効果に関する評価を行う。最後に，第1節，第2節の実証研究から得られた結論および政策示唆をまとめる。

54　家計破綻性医療費支出の定義に関して，本書序章脚注7を参考されたい。

第1節　公的医療保険制度が医療消費支出に与える影響

本節では，CHNS2000～2006のパネルデータを活用し，(1) 公的医療保険制度がどの程度個人の医療消費支出を抑え，また家計破綻性医療費支出（CHE）になることを避ける上で影響を与えるのか，(2) 都市部，農村部によって公的医療保険制度の影響が異なるのか，を明らかにする。医療消費支出総額は医療保険による医療費給付と医療費の自己負担額（out of pocket: OOP）の合計値であるが，医療費の自己負担額は家計消費行動に影響を与えると考えられるため，分析で医療費の自己負担額を個人の医療消費支出の代理指標として用いている。

本節の構成は以下の通りである。「2.」では先行研究をサーベイしたうえで，研究の特徴について述べる。その上で「3.」で，データから観察された公的医療保険制度と医療費の自己負担の状況を考察し，「4.」で計量分析の枠組を説明し，「5.」で計量分析の結果をまとめる。

1. 医療保険制度と医療費の自己負担に関する本研究の位置づけ

海外では，医療保険制度が医療費の自己負担額に与える影響に関する実証研究が行われているが，紙幅の制約上で，ここに本節の分析に関連する中国の実証研究をまとめている（**表5−2−1**）。

本章の研究に類似した都市部および農村部を対象とした実証研究については，Wagstaff et al.（2008）は，CHNS 1991, 1993, 1997, 2000, ② Gansu Survey of Children and Families（GSCF）2000, 2003, ③世界銀行の China Health Ⅷ Project Baseline Survey の3つのデータセットを活用し，ロジット，IV

55　たとえば，Currie and Gruber（1996a, 1996b, 1997），Decker and Rember（2004），Currie et al.（2008），Card et al.（2008），Finkelstein and McKnight（2008）は DID 法に基づいてアメリカで実施されている公的医療保険制度（Medicare, Medicaid）が医療費の自己負担額に与える影響に関する実証研究を行っている。また，発展途上国に関しては，Jowett et al.（2004），Sepehri et al.（2006）はベトナム，Panopoulu and Velez（2001），Trujilo et al.（2005）はコロンビア，Gakidou et al.（2006）はメキシコで実施された公的医療保険制度の効果に関する実証研究を行っている。大多数の実証研究では公的医療保険制度の加入は医療費の自己負担額を軽減する効果を持つことが示されている。

（Instrument Variable），FE（Fixed-Effect）モデルを用いた分析結果，医療保険制度が加入したグループで総医療費が高い傾向にあるが，CHEになる確率が低いことを明示している。You and Kobayashi（2011）は，CHNS2004を活用し，セレクションバイアスの問題を考慮し，ヘックマン二段階（Heckman two stage）推定法による推定結果，新型農村合作医療制度（NCMS）が医療費の自己負担額に有意な影響を与えていないと指摘している。劉・蔡・李（2011）は，2005CLHLS（Chinese Logitudinal Healthy Longevity Survey）を活用し，セレクションバイアスの問題を考慮したヘックマン二段階推定法およびTwo-partモデルを用いた分析結果，医療保険制度加入グループで医療費の自己負担額が低いと指摘している。Li and Zhang（2013）は，2008CHARLS（Chinese Health and Retirement Longitudinal Study）を活用し，セレクションバイアスの問題を考慮したTwo-partモデルを用いて分析した結果，公的医療保険制度が医療費の自己負担額に有意な影響を与えていないことを示している。[56]

上記より，クロスセクションデータおよびパネルデータを活用して，市場経済期の公的医療保険制度が医療費の自己負担額およびCHEになる確率に与える影響に関する実証研究が行われたが，いくつかの課題がまだ残っている。

---

[56] 他には，農村部のみを対象とした実証研究については，Wagstaff et al.（2009）が，2003NHSS（National Health Service Survey）に基づいて，プロビットモデル＋IV法，GLM＋IV，ロジットモデルの固定効果を用いた分析結果により，NCMSが医療費の自己負担額に有意な影響を与えていないことを示している。Shi et al.（2010）は，2008年農村部3省（河北省，陝西省，内モンゴル）の居住者を対象とした調査データを用い，ロジット分析を行い，NCMSダミーが入院日数に有意な影響を与えておらず，またNCMSが疾病に罹ることによる貧困を軽減する効果を持っていないことを指摘している。Xiao et al.（2010）は，2008年12月－2009年3月に山東省農村部の女性を対象とした調査を行い，ロジットモデルを用いた分析結果よりNCMSに加入したグループで医療費の自己負担額が低い傾向にあることを明示している。Lu et al.（2012）は，2001CHSS（China Health Surveillance Baseline）のデータに基づいて，内生性の問題を考慮したマッチングモデル（Propensity Score matching：PSM）およびIV法を用いた分析結果より，NCMSが医療費の自己負担額およびCHEになる確率に与える影響は統計的に有意ではないことを示している。Jing et al.（2013）は，2006年，2008年に山東省，寧夏省で実施したパネル調査のデータを活用し，DID法による分析結果，NCMSがCHEになる確率を低める効果を持っていないと指摘している。Li et al.（2014）は，2008NHSS（National Health Service Survey）を活用し，ロジットモデルを用いて実証分析を行い，NCMSがCHEになる確率を低める効果を持っていないと述べている。Cheng et al.（2014）は，2005，2008CLHLS（Chinese Logitudinal Healthy Longevity Survey）のパネルデータを活用し，PSMによる分析結果を用いて，NCMSが医療費の自己負担額を軽減する効果を持っていないことを明示している。また，都市部のみを対象とした実証研究に関しては，黄・甘（2010）は2002，2005CLHLS（Chinese Logitudinal Healthy Longevity Survey）の22省を対象としたパネル調査の個票データを活用し，セレクションバイアスを対処したヘックマン二段階推定モデル，およびTwo-partモデルを用いた分析の結果，UEBMIに加入したグループで医療費の自己負担額が低い傾向にあることを示している。

表5−2−1　先行研究のまとめと本章の位置づけ

著者	発表年代	データ	分析地域	分析対象	モデル	制度以外の説明変数	主な結果
Wagstaff et al.	2009	クロスセクションデータ, 2003CHSS (National Health Service Survey)	農村部	31省の居住者	プロビット(IV), GLM(IV), ロジット(FE)	年齢, 学歴, 主観的健康状態, 都市ダミー, 調査年, IV (公務員, 世帯主, 世帯就業者数)	OOP(X)
Xiao et al.	2010	クロスセクションデータ, 2008.12-2009.3年調査データ	農村部	山東省の女性居住者	ロジット	年齢, 性別, 家族人数, 学歴, 病院への距離, 持病, 主観的健康状態, 病気の重篤さ, 地域	OOP(−)
Shi et al.	2010	クロスセクションデータ, 2008年調査データ	農村部	河北省, 陝西省, 内モンゴル省の居住者	ロジット	年齢, 性別, 民族, 学歴, 職種, 既婚, 宗教, 持病	CHE(X)
Lu et al.	2012	クロスセクションデータ, 2001CHSS (China Health Surveillance Baseline)	農村部	9省の居住者	PSM, IV	年齢, 性別, 家族人数, 学歴, 病院への距離, 持病, 主観的健康状態, 病気の重篤さ, 地域	OOP(X)
Jing et al.	2013	2006年, 2008年の調査データ	農村部	山東, 寧夏の居住者	DID	世帯主性別, 学歴, 職種, 年齢, 未人学子供あり, 1人あたり世帯所得	CHE(X)
Cheng et al.	2014	パネルデータ, 2005, 2008CLHLS (Chinese Logitudinal Healthy Longevity Survey)	農村部	22省の60歳以上高年齢者	PSM	性別, 有配偶者, ホワイトカラーあり, 学歴, 60歳以下の世帯所得, 健康運動あり, 1人あたり, 成人子供の数, 成人子どもとの同居	OOP(X)
Li et al.	2014	クロスセクションデータ, 2008NHSS (National Health Service Survey)	農村部	東部, 中部, 西部地域	ロジット分析	世帯主の性別, 学歴, 就業形態, 世帯所得, 世帯が加入した医療保険種類型, 世帯の年齢構成, 世帯の健康状態	OOP(X)
黄・甘	2010	パネルデータ, 2002, 2005CLHLS (Chinese Logitudinal Healthy Longevity Survey)	都市部	都市部22省の60歳以上高齢者	ヘックマン二段階推定法, Two-partモデル	年齢, 性別, 教育水準, 既婚, 地域, 子供の数, 1人あたり年間所得, 健康状態, 家族との同居	OOP(−)

第5章　中国における公的医療保険制度が家計消費に与える影響

(つづく)

		データ	地域	対象	手法	コントロール変数	結果
Wagstaff and Lindelow	2008	パネルデータ、①1991, 1993, 1997, 2000 CHNS (China Health and Nutrition Survey)、②2000, 2003Gansu Survey of Children and Families、③World Bank China Health VIII Project Baseline Survey	都市部および農村部	①都市部および9省の居住者、②甘粛省農村の居住者、③農村部7省の居住者	ロジット、IV、FE	年齢、家族人数、有配偶者、性別、雇用者、土地請負、4週間以内の健康状態、喫煙、世帯所得	OOP(+), CHE(−)
You and Kobayashi	2011	クロスセクションデータ、2004CHNS (China Health and Nutrition Survey)	都市部および農村部	全国9省の住居者 (18歳以上)	ヘックマン二段階推定法	①個人要因 (年齢、性別、民族、学歴、病気の重篤さ、持病、主観的健康状態、BMI、病気の重篤要因 (年齢、性別、所得)、②世帯主要因 (年齢、性別、所得)、③生活環境要因 (飲用水、トイレ、居住周りの衛生状況)、④地域要因 (都市ダミー、地域ダミー)	OOP(X)
劉・蔡・李	2011	クロスセクションデータ、2005CLHLS (Chinese Logitudinal Healthy Longevity Survey)	都市部および農村部	全国22省の60歳以上高年齢者	ヘックマン二段階推定法、Two-part モデル	年齢、性別、教育水準、都市部、既婚、地域、子供の数、1人あたり年間所得、健康状態、同居	OOP(−), OOP 割合(−)
Li and Zhang	2013	クロスセクションデータ、2008CHARLS (Chinese Health and Retirement Longitudinal Study)	都市部および農村部	甘粛省、浙江省の45歳以上の中高年齢者	Two-part モデル	年齢、性別、学歴、主観的健康状態、持病、喫煙、家族人数、1人あたり世帯所得	OOP(X)
本研究	2014	パネルデータ、2000, 2004, 2006CHNS (China Health and Nutrition Survey)	都市部および農村部	9省の16歳以上の居住者	ヘックマン二段階推定法、Two-part モデル、ロジット、FE	年齢、学歴、性別、健康状態、持病・高血圧、持病・糖尿病、1人あたり世帯所得、地域、喫煙行動、飲酒行動、生活環境 (室内飲用水、室内トイレ、住宅周辺に排泄物なし)、家族との同居、年代	OOP(?), CHE(?)

出所：筆者作成。
注：(X) は統計的に有意な影響を与えないことを示す。
　　(+) は統計的にプラスの影響を与えることを示す。
　　(−) は統計的にマイナスの影響を与えることを示す。

それに対して，本研究の特徴は以下の通りである。

第1に，You and Kobayashi（2011），劉・蔡・李（2011），Li and Zhang（2013）のいずれも，一時点の調査データを用いた実証分析であるため，経過年とともに医療費の自己負担額およびCHEになる確率の変化が明確となっていない。それに対して，本研究では，CHNS2000，2004，2006のパネルデータを用い，時間とともに制度の実施効果の変化を考察することができる。

第2に，医療サービスの利用および医療費を負担する行動で，個人間の異質性の問題が存在すると考えられる。たとえば，リスク回避度が高い者ほど，医療サービスを利用する確率が高く，また自分で負担する医療費が高くなる可能性があると考えられる。しかし，先行研究では，このような個体間の異質性の問題が考慮されていない。本研究では，パネルデータを活用し，ランダム効果モデルを用いてより厳密な分析を行う。

第3に，Wagstaff et al.（2008）は個体間の異質性の問題に対処したが，用いたCHNSパネルデータが1991〜2000年であるため，2003年以降，実施された新型農村合作医療制度の効果に関する分析が行われていない。それに対して，本研究では，CHNS2000，2004，2006のパネルデータを用いて新型農村合作医療制度を含めて2000年代における公的医療保険制度の効果に関する実証分析を行う。これらの分析結果によって公的医療保険制度の加入およびその医療費の自己負担額に与える影響に関する最新情報を得ることができる。

2. データから観察された都市部と農村部における医療保険制度の加入状況と医療費の自己負担額の密度分布

(1) 都市部，農村部における医療保険制度の加入状況

まず，公的医療保険制度の加入状況を**表5−2−2**にまとめている。全体（都市部＋農村部），都市部，農村部の3つのグループに分けて集計した。医療保険制度の類型は，①公務員医療制度，②都市従業員基本医療保険制度（UEBMI），③農村合作医療制度，④商業保険，⑤家族保険，⑥統括保険，⑦その他の保険の7つに分けられている。以下のことが示された。

第1に，全体的にみると，(1) 医療保険未加入者の割合は2000年の80.4％

から，2004年の72.6％，2006年の51.9％へと低下した。経過年とともに医療保険制度に加入した者の割合が高くなっているが，2006年まで医療保険制度がまだ整備されていなかったことがうかがえる。

（2）公務員医療制度加入者の割合は2000年の6.9％，2004年の7.5％から2006年の2.8％へと低下した。一方，UEBMI加入者の割合は2000年の3.6％，2004年の4.1％から2006年の16.2％へと上昇した。1998年に公費医療と労働保険医療制度を統合する目的としたUEBMIが実施された後，公務員を対象とした公費医療制度の改革が遅れていたが，近年になるほど両制度の統合が進展していることがうかがえる。

（3）農村合作医療制度に加入した者の割合は2000年4.8％，2004年7.5％から2006年27.7％へと大幅に上昇した。2003年にNCMSが実施されたことによって，農村合作医療保険制度の加入率が高くなっていることが見て取れた。

（4）商業保険（私的医療保険）に加入した者の割合は2000年1.6％，2004年2.5％，2006年0.7％で少ない。体制移行期に，私的医療保険が発展し，それが公的医療保険制度の補完となっているが，その加入者はごく一部の中・高所得層であるため，私的医療保険によってカバーされる対象者がいまだ少ない。

第2に，都市部，農村部によって加入した各類型の医療保険制度に加入した者の割合が異なっている。たとえば，（1）2006年の場合，UEBMIに加入した者の割合は都市部が35.6％で農村部（2.3％）に比べて高い。一方，NCMSに加入した者の割合は農村部が41.1％で都市部（9.0％）に比べて高い。その主な理由は，前述したように，医療保険制度の適用対象は農村戸籍と都市戸籍によって異なり，つまり全国で統一する公的医療保険制度が実施されていないことにある。

（2）都市部で，UEBMI加入者の割合は2000年の5.5％，2004年の8.8％から2006年の35.6％へと上昇した。農村部で，合作医療制度に加入した者の割合は2000年4.5％，2004年10.7％から2006年41.1％へと大幅に上昇した。都市部，農村部のいずれにおいても，近年になるほど，公的医療保険制度に加入した者の割合が多くなっている。

（3）医療保険未加入者の割合は，都市部（2000年75.0％，2004年56.2％，

表 5-2-2 都市部と農村部における医療保険制度の加入状況

(単位:%)

	2000年			2004年			2006年		
	全体	都市部	農村部	全体	都市部	農村部	全体	都市部	農村部
公務員医療制度	6.9	9.7	4.6	7.5	15.8	1.4	2.8	5.3	1.0
従業員基本医療保険	3.6	5.5	2.3	4.1	8.8	0.6	16.2	35.6	2.3
農村合作医療制度	4.8	5.4	4.5	7.5	3.1	10.7	27.7	9.0	41.1
商業保険	1.6	1.1	1.5	2.5	3.5	1.7	0.7	0.9	0.5
家族保険	0.2	0.6	0.1	0.5	0.9	0.1			
統括保険	0.4	0.2	0.2	4.8	10.4	0.6			
その他の医療保険	2.1	2.4	1.9	0.5	1.2	0.1	0.8	1.7	0.1
医療保険未加入	80.4	75.0	84.8	72.6	56.2	84.8	51.9	47.5	55.0

出所:CHNS2000, 2004, 2006より計算。

2006年47.5%)が農村部(2000年84.8%,2004年84.8%,2006年55.0%)に比べて低い。ただし,2006年までに都市部,農村部のいずれにおいても,医療保険制度未加入者の割合が約5割で多かった。2007年以降,都市部でURBMIが実施され,また農村部でNCMSの実施が促進されている。公的医療保険制度の加入者が増加することにつれて,医療保険制度の未加入者が減少しているのだろう。公的医療保険制度の実施状況を把握するため,今後,2007年以降のデータを用いて考察する必要があろう。

(2) 都市部と農村部における医療保険制度の加入状況別医療費の自己負担額のKernel密度分布

図5-2-1で医療保険制度加入・未加入グループ別医療費の自己負担額の対数値のKernel密度分布を表している。都市部で医療制度未加入グループに比べ,加入グループ医療費の自己負担額が低い域にある割合の分布がやや多くなっているが,医療費の自己負担額の分散には両グループの差異が小さい。一方,農村部で,医療制度未加入グループに比べ,加入グループで医療費の自己負担額の分散がやや小さく,またその平均値がやや高いことが観察された。

以上より,医療保険制度の加入状況は経過年とともに変化し,都市部と農村部によって各医療保険制度に加入した者の割合がそれぞれ異なることが示された。また,医療保険制度に加入したグループ,加入しなかったグループ

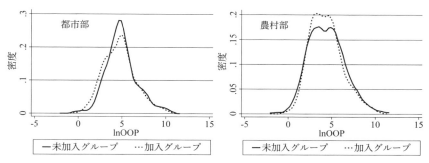

図5-2-1 都市部と農村部における医療保険制度加入・未加入グループ別医療費の自己負担額（対数値）のKernel分布

出所：CHNS2000，2004，2006より計算。

によって医療費の自己負担額の密度分布が異なることがわかった。ただ，これらは他の要因をコントロールしていない場合の集計結果である。以下では，推定モデルを用いた多変量分析の結果を用いて公的医療保険制度の加入が医療費の自己負担額に与える影響を検討したい。

3. 計量分析の方法

(1) 推定モデル

まず，サンプル・セレクション・バイアスの問題を対処するため，ヘックマン二段階推定法（Heckman 1979）およびTwo-partモデル（Duan et al. 1984）による分析を行う。それぞれの推定式は，以下の通りである。

【ヘックマン二段階推定法】

選択関数：

$$y_{1i}^* = a_1 + \beta_1 X_i + \varepsilon_{1i} \tag{1.1}$$

$$y_{1i}^* = \begin{cases} 1 & if \ y_{1i}^* > 0 \\ 0 & if \ y_{1i}^* \leq 0 \end{cases} \tag{1.2}$$

医療費の自己負担額関数

$$Z_{1j} = b_1 + \gamma_1 H_{1j} + u_{1j} \tag{1.3}$$
$$\varepsilon_1 \sim N(0, 1), \quad u_1 \sim N(0, \sigma_1^2), \quad \text{cov}(\varepsilon_1, u_1) \neq 0 \tag{1.4}$$
$$Z_{1i} = b_1 + \gamma_1 H_{1i} + \rho\sigma_1 \phi(\beta_1 X_i)/\Phi(\beta_1 X_i) + u_{1i} \tag{1.5}$$

【Two-part モデル】
選択関数：

$$y_{2i}^* = a_2 + \beta_2 X_{2i} + \varepsilon_{2i} \tag{2.1}$$

$$y_{2i}^* = \begin{cases} 1 & \text{if } y_{2i}^* > 0 \\ 0 & \text{if } y_{2i}^* \leq 0 \end{cases} \tag{2.2}$$

医療費の自己負担額関数

$$Z_{2j} = b_2 + \gamma_2 H_{2j} + u_{2j} \tag{2.3}$$
$$\varepsilon_2 \sim N(0, 1), \quad u_2 \sim N(0, \sigma_2^2), \quad \text{cov}(\varepsilon_2, u_2) = 0 \tag{2.4}$$
$$E(Z_{2i}^* | y_2 = 1, X_2) = \Phi(\beta_2 X_{2i}) \exp((\gamma_2 H_{2i}) + \sigma_2^2/2) \tag{2.5}$$

　添字 i, j は個人，また Z は医療費の自己負担額の対数値，y_i^* は医療サービスを利用する確率，X, H は医療サービスの利用，医療費の自己負担に影響を与える各要因（公的医療保険制度の加入，健康状態など），a, b は定数項，ε と u は誤差項をそれぞれ示す。

　ヘックマン二段階推定法によると，(1.1) 式の y_i^* は連続的であるが観測不可能な潜在変数（latent variable）で，実際に観測できるのは，(1.2) で示すものである。しかも，$y_{1i}^* > 0$ になる場合しか観測できない。つまり，$y_i^* \leq 0$ になる場合，y_i^* が観察不可能である。そうなると，医療費の自己負担額を計測する際に，医療サービスの利用・不利用の選択によってサンプル・セレクション・バイアスの問題が生じ，(1.1) 式によって不偏一致量を推定できない。こうしたサンプル・セレクション・バイアスの問題を修正するため，まず (1.1) 式に基づいて修正項（$\lambda = \phi(\beta_1 X_i)/\Phi(\beta_1 X_i)$）を求め，次に修正項を (1.2) 式に代入して，(1.5) 式に基づいて医療費の自己負担額を計測する。

　Two-part モデルは，(2.1) 式〜 (2.5) 式で示されている。Two-part モデル

によると，(2.3) 式の医療費の自己負担額がゼロになると，誤差項が正規分布にならない。そうなると，(2.2) 式による医療費の自己負担額関数によって一致不偏量を求められる。$y_{2i}^* > 0$ と $y_{2i}^* \leq 0$ のようなサンプル・セレクション・バイアスを修正するとき，Duan et al.（1983）は，Two-part モデルを提唱した。Two-part モデルによると，第1部分で (1.1) 式によってプロビットモデルを用いて。$y_{2i}^* > 0$ と $y_{2i}^* \leq 0$ になる確率を計測し，その確率の密度分布は正規分布に従うものである。第2部分で (2.5) 式によって $y_{2i}^* > 0$ の条件で医療費の自己負担額を計測する。Two-part モデルによって，(2.1) 式，(2.3) 式を分離し，ε と u は独立することを仮定して計測を行う。本研究では，(2.5) 式で示すような最大似然尤度法モデルを用いて推定を行う。

次に，個体間の異質性の問題に対処するため，ランダム効果モデルを用いて分析を行う。ランダムモデルを用いる主な理由は以下の通りである。まず，固定効果モデルによる分析は可能であるが，固定効果モデルによると，学歴，年齢，生活環境，地域などの時間とともに変化しない変数が計測できない。これらの変数の影響を検討するため，ランダム効果モデルを用いている。次にパネルの調査回数が少なく，サンプルが多い場合，ランダム効果モデルと固定効果モデルによる計測結果には大きいな差がないと考えられる。本研究では，2つのモデルを用いてそれぞれの分析を行ったが，時間とともに変化する変数に関しては，2つのモデルによる計測結果の方向性がほぼ同じである。ランダムモデルの推定式は，(3) 式で示されている。

$$Z_{jt} = b_t + \gamma H_{jt} + v_j + \varsigma_{jt} \tag{3}$$

(3) 式で，v_j は時間とともに変化しない個人の異質性（たとえば，リスク回避度などの観察できない要因），ς_{jt} は通常の誤差項である。クロスセクションデータを用いる分析では，個人の異質性 v_j をコントロールできないため，推定結果にバイアスが残される。ランダム効果モデルを用いると，時間とともにランダムに発生した v_j の効果を除外することができるため，より厳密な分析が可能である。また，CHE になる確率変数に関する分析では，(3) 式で示されるようなロジットランダム効果モデルを用いて分析を行う。

(1.5) 式，(2.5) 式，(3) 式による分析結果で，X における公的医療保険

制度のダミー変数の推定係数が負の値となると,公的医療保険制度に加入しなかったグループに比べ,公的医療保険制度に加入したグループで医療費支出が少なく,CHEになる確率が低いことを意味する。これらの推定結果を用いて公的医療保険制度の実施効果を評価する。また,Xにおける公的医療保険制度以外の変数に関する計測結果を用いて,医療費の自己負担額およびCHEになることに影響を与える他の要因を検討することができる。

(2) データ

分析では,CHNS2000,2004,2006の3時点パネルデータを用いている。序章で説明したように,CHNSには,医療保険制度の加入状況,医療費の自己負担額,健康状態,医療サービスの利用,家計所得,個人属性,家族構成などの情報があるため,本研究にとって最も適切なデータと考えられる。

分析では,まず,以下のような被説明変数を設定した(**表5−2−3**)。

第1に,「病気のため,どのぐらいの医療費を払いましたか」,および「支払った医療費で自己負担の割合が何%ですか」の質問項目に基づいて,「総医療費×自己負担の割合」のように医療費の自己負担額を算出した。その対数値を医療費の自己負担額関数の被説明変数として用いる。

第2に,医療費の自己負担額を世帯所得で除して医療費の自己負担額が世帯所得に占める割合を算出し,その割合が40%以上になる場合=1,40%以下になる場合=0のように家計破綻性医療費支出(CHE)になることに関する二値変数を設定した。

第3に,4週間以内に医療サービス(外来・入院)を利用した場合=1,それ以外=0のような二値変数を,医療サービス利用の確率関数(二段階推定のセレクション関数)の被説明変数として設定した。

次に,Anderson(Anderson and Newman 1973, Anderson et al. 1983)の医療サービス利用に関するモデルに基づいて,4つの要因群に分けてそれぞれの変数を設定した。

第1に，個人属性要因については，年齢[57]，学歴[58]，性別の変数を設定した。年齢が高いグループおよび教育水準が高いグループで，医療サービスを利用する確率が高いと推測している。また，男女間の差異をコントロールするため，男性ダミーを設定した。

　第2に，医療サービスを利用する可能性に関する諸要因（enabling variables）については，①医療保険制度，②医療需要側の要因としての所得，③供給側の要因としての地域別医療供給[59]がよく用いられる。公的医療保険制度加入ダミー，世帯1人あたり所得，地域ダミー（江蘇省，遼寧省，黒竜江省，山東省，河南省，湖北省，湖南省，広西省，貴州省の9地域）を被説明変数として設定した。世帯所得は家計の農業収入，養殖収入，果物収入，農業以外の勤労収入，移転所得などを含める。世帯所得を世帯人数で割って世帯1人あたり所得を算出した。最も重要な説明変数は公的医療保険制度加入ダミーである。調査年によって医療保険に関する質問項目が若干変更したが，各調査年の質問項目に基づいて，都市部で「従業員医療保険制度」，「公務員医療制度」，「都市従業員基本医療保険制度」のいずれかを選択した場合，農村部で「農村合作医療制度」，「新型農村合作医療制度」のいずれかを選択した場合＝1，それ以外＝0のように公的医療保険制度加入ダミーを設定した。このダミーの推定結果に注目したい。たとえば，医療費の自己負担額に関する分析結果で，このダミーが統計的に負の値になれば，公的医療保険制度に加入しなかったグループに比べ，加入したグループで医療費の自己負担額が少ないことを意味する。つまり公的医療保険制度が医療費の自己負担額を軽減することが示される。

　第3に，医療需要要因（need variables）に関しては，CHNSの質問項目を活用し，健康状態ダミー（非常によい，よい，ふつう，よくない），持病・高血圧ありダミー，持病・糖尿病ありダミーの変数を設定した。健康状態が悪いグループ，高血圧および糖尿病の持病を持つグループで，医療サービスの

---

[57] 年齢層の違いによって医療サービスの利用が異なることをコントロールするため，10年刻みの年齢ダミー変数を設定した。
[58] 学歴を未入学，小学校卒，中学校卒，高校卒，専門学校卒，大学以上卒の5グループに分けてそれぞれのダミー変数を設定した。
[59] 地域によって医療供給が異なると考えられるため，地域ダミー変数がよく用いられている。

表 5-2-3　記述統計量

	全体		公的医療保険加入		公的医療保険未加入	
	平均値	標準偏差	平均値	標準偏差	平均値	標準偏差
医療費の自己負担額(元)	724	3145	862	4283	667	2583
家計破綻性医療費支出あり(%)	0.2559	0.4365	0.2391	0.4270	0.2640	0.4410
公的医療保険加入(%)	0.2835	0.4507				
都市部	0.4131	0.4924	0.5351	0.4988	0.3630	0.4809
年齢						
20歳代	0.0475	0.2128	0.0270	0.1621	0.0551	0.2282
30歳代	0.1472	0.3543	0.0966	0.2954	0.1441	0.3512
40歳代	0.1989	0.3992	0.1813	0.3853	0.2089	0.4065
50歳代	0.2159	0.4114	0.2401	0.4271	0.2165	0.4118
60歳代	0.1838	0.3874	0.2209	0.4149	0.1790	0.3834
70歳代	0.1160	0.3203	0.1416	0.3487	0.1097	0.3126
80歳代以上	0.0825	0.2752	0.0896	0.2856	0.0766	0.2659
学歴						
就学しなかった	0.1461	0.3532	0.1225	0.3279	0.1548	0.3618
小学校	0.2739	0.4460	0.2445	0.4298	0.2871	0.4524
中学校	0.3395	0.4735	0.3019	0.4591	0.3537	0.4781
高校	0.1287	0.3349	0.1364	0.3432	0.1255	0.3313
専門学校	0.0582	0.2340	0.0932	0.2907	0.0443	0.2058
大学以上	0.0536	0.2251	0.1016	0.3021	0.0346	0.1827
男性	0.4315	0.4953	0.4769	0.4995	0.4144	0.4926
健康状態						
非常によい	0.1412	0.3483	0.1392	0.3462	0.1422	0.3493
よい	0.4735	0.4993	0.4591	0.4984	0.4791	0.4996
ふつう	0.3173	0.4654	0.3299	0.4702	0.3123	0.4634
よくない	0.0679	0.2516	0.0718	0.2582	0.0664	0.2491
持病・高血圧病	0.0733	0.2606	0.1126	0.3161	0.0584	0.2344
持病・糖尿病	0.0116	0.1069	0.0217	0.1457	0.0076	0.0868
世帯1人あたり所得(元)	1239	2632	1704	3418	1041	2177
地域						
江蘇省	0.1089	0.3115	0.1295	0.3358	0.1033	0.3044
遼寧	0.0997	0.2996	0.0997	0.2996	0.1036	0.3047
黒竜江	0.1101	0.3130	0.2463	0.4309	0.0571	0.2320
山東	0.1066	0.3086	0.1345	0.3413	0.0944	0.2923
河南	0.1152	0.3192	0.0607	0.2388	0.1398	0.3468
湖北	0.1057	0.3074	0.1016	0.3022	0.1098	0.3126
湖南	0.1095	0.3122	0.0878	0.2830	0.1207	0.3258
広西	0.1268	0.3327	0.0704	0.2559	0.1479	0.3550
貴州	0.1175	0.3221	0.0695	0.2542	0.1234	0.3289
喫煙	0.2604	0.4389	0.2662	0.4420	0.2587	0.4379

(つづく)

	全体		公的医療保険加入		公的医療保険未加入	
	平均値	標準偏差	平均値	標準偏差	平均値	標準偏差
飲酒状態						
飲酒なし	0.6762	0.4679	0.6390	0.4803	0.6927	0.4614
飲酒・月1回以下	0.0266	0.1611	0.0335	0.1798	0.0235	0.1515
飲酒・月1〜2回	0.0574	0.2326	0.0644	0.2454	0.0543	0.2265
飲酒・週1〜2回	0.0846	0.2783	0.0952	0.2934	0.0801	0.2715
飲酒・週3〜4回	0.0443	0.2057	0.0465	0.2105	0.0433	0.2035
飲酒・毎日	0.1026	0.3034	0.1137	0.3175	0.0975	0.2966
知らない	0.0083	0.0909	0.0078	0.0879	0.0086	0.0924
健康運動あり	0.0900	0.2862	0.1272	0.3332	0.0732	0.2605
室内飲用水	0.5751	0.4943	0.6940	0.4609	0.5248	0.4994
室内トイレ	0.3959	0.4891	0.5180	0.4997	0.3484	0.4765
住宅周辺に排泄物なし	0.7185	0.4497	0.8157	0.3877	0.6795	0.4667
調査年						
2000年	0.4114	0.4921	0.2437	0.4293	0.4684	0.4990
2004年	0.2952	0.4561	0.2547	0.4357	0.3179	0.4657
2006年	0.2934	0.4553	0.5016	0.5000	0.2137	0.4099
サンプルサイズ	24784		7026		17758	

出所：CHNS2000，2004，2006より計算。

利用が多く，医療費の自己負担額が高いと考えられる。

　第4に，ライフスタイル要因（life-style variables）に関しては，健康行動要因としての喫煙行動[60]，飲酒行動[61]，健康運動ありダミー[62]，および生活環境[63]を示す諸要因を被説明変数として設定した。

　第5に，経過年とともに，医療費の自己負担額およびCHEになる確率が変化する可能性がある。こうした年代の影響を考察するため，年代ダミーを設定した。また，年代ダミーの使用によって景気変動や経済・社会政策の変化

60　喫煙した経験がある場合および現在喫煙をしている場合＝1，それ以外＝0のように喫煙ダミーを設定した。
61　飲酒行動に関しては，質問項目における飲酒状態（飲酒の頻度）に基づいて，飲酒なし，飲酒・月1回以下，飲酒・月1〜2回，飲酒・週1〜2回，飲酒・週3〜4回，飲酒・毎日，知らない7つのダミー変数を設定した。
62　武術，体操，陸上，テニス，その他のスポーツ（太極拳など）に参加している場合＝1，それ以外＝0のように健康運動ダミーを設定した。
63　生活環境については，CHNSにおける飲用水，トイレ，居住部屋の周辺の衛生状況に関する質問項目を活用し，室内飲用水ダミー（室内飲用水施設あり＝1，それ以外＝0），室内トイレダミー（トイレが室内にある場合＝1，それ以外＝0），住宅周辺に排泄物なし（居住部屋の周辺に排泄物がない場合＝1，それ以外＝0）の3つのダミー変数を設定した。

をコントロールすることが可能である。

　サンプルの選定に関しては，18歳以上の都市部および農村部に居住する者を分析対象とした。また，公的医療保険制度の加入状況，健康状態などの各変数における欠損値を除外した。分析で，用いるサンプル数は24784（公的医療保険加入グループ7026，未加入グループ17758）となっている。また医療費の自己負担額の設問に対して回答したサンプルが少ないため，アンバランスパネルデータ（unbalance panel data）を用いて分析を行う。記述統計量を**表5－2－3**にまとめている。

4. 計量分析の結果

(1) 都市部と農村部における医療費の自己負担額に関する分析結果

　医療消費支出（医療費の自己負担額）に関する分析結果を**表5－2－4**（全体：都市部と農村部の合計），**表5－2－5**（都市部），**表5－2－6**（農村部）にまとめている。表4推定1の逆ミルズ比の推定係数が3.6317でその有意水準が1％となっている。また表5推定1の逆ミルズ比の推定係数が統計的に有意ではないが，表6推定1で逆ミルズ比の推定係数が5.8692でその有意水準が1％となっている。全体サンプルおよび農村部でサンプル・セレクション・バイアスの問題を考慮しないと，医療費の自己負担額関数の推定結果が過小評価になる可能性があることが示された。これらの分析結果によって以下のことが確認された。

　第1に，公的医療保険制度の影響については，(1) 全体的にサンプル・セレクション・バイアスを考慮した分析結果（推定1，推定2），および個体間の異質性の問題を対処した分析結果（推定3）によると，公的医療保険制度の加入が医療費の自己負担額に与える影響は統計的に有意ではない。公的医療保険制度は，医療費の自己負担額を軽減する効果を持っていないことが示された。(2) また，都市部と農村部のいずれにおいても，公的医療保険制度の加入が医療費の自己負担額に与える影響は統計的に有意ではない。都市部においても，農村部においても，公的医療保険制度は，医療費の自己負担額を軽減する効果を持っていない。

第 2 に，その他の要因に関しては，(1) 他の要因が一定ならば，農村部に比べて，都市部で医療費の自己負担額が 6.96〜32.03％ポイント高い。

　(2) 年齢の影響については，全体的に推定 1 によると，30 歳代に比べ，60 歳代，70 歳代で医療費の自己負担額がそれぞれ 43.04％，89.49％ポイント高い。高年齢者グループで，重篤な疾病になる確率が相対的に高いため，医療費の自己負担額は高年齢者グループが高いと考えられる。ただし，推定 2，推定 3 で医療費の自己負担額における年齢階層間の差異が顕著ではない。また，都市部で，30 歳代に比べ，高年齢者グループで医療費の自己負担額が 60.35〜83.57％ポイント（70 歳代），56.01〜86.93％ポイント（80 歳以上）高い。農村部で，30 歳代に比べ，高年齢者グループで医療費の自己負担額が 1.13 倍（70 歳代），1.51 倍（80 歳以上）高い。医療費の自己負担額における若年層と高年齢層間の差異は，農村部が都市部より大きい。

　(3) 学歴の影響については，全体的に推定 1 によると，就学しなかったグループに比べ，中学校卒グループで医療費の自己負担額が 28.74％ポイント高いが，専門学校卒グループで医療費の自己負担額が 62.25％ポイント低い。ただし，推定 2，推定 3 で学歴が医療費の自己負担額に有意な影響を与えていない。また，都市部で，就学しなかったグループに比べ，高校卒グループで医療費の自己負担額が 54.96〜57.49％ポイント高い。農村部で，就学しなかったグループに比べ，中学卒グループで医療費の自己負担額が 46.79％ポイント高い。都市部，農村部のいずれにおいても，低レベル学歴者に比べ，中レベル学歴者グループで医療費の自己負担額が相対的に高い。

　(4) 健康状態の影響については，全体的に「健康状態が非常に良い」と回答したグループに比べ，「ふつう」，「よくない」と回答したグループで医療費の自己負担額が高い。主観的健康状態が悪いグループで医療費の自己負担額が高い傾向にある。また，持病・高血圧，持病・糖尿病の両グループで医療費の自己負担額が高い。生活習慣病を持っていないグループで，生活習慣病を罹患したグループで医療費の自己負担額が高い。また，都市部と農村部を比較すると，「健康状態が非常に良い」と回答したグループに比べ，「よくない」と回答したグループにおいて，都市部で医療費の自己負担額が 27.79〜256.14％ポイント高く，農村部で医療費の自己負担額が 36.54〜749.16％ポイ

第Ⅱ部 実証的研究

表5-2-4 全体：公的医療保険の加入と医療費の自己負担額

	推定1：ヘックマン二段階推定法						推定2：Two-partモデル				推定3：ランダム効果モデル	
	第二段階推定		第一段階推定		第二段階推定 (Possion)		第一段階推定		第二段階推定 (logit)			
	推定係数	z値	推定係数	z値	推定係数	z値	推定係数	z値	推定係数	z値	推定係数	z値
公的医療保険制度加入	0.3590	1.27	0.1136 ***	4.06	0.0101	0.33	0.2187 ***	4.13			0.0617	0.55
都市部	0.3149 ***	3.23	0.0749 **	2.35	0.0696 ***	2.68	0.1376 **	2.26			0.3203 ***	3.27
年齢（30歳代）												
20歳代	0.2143	0.70	0.1537 **	2.05	-0.0538	-0.67	0.3093 **	2.00			-0.2015	-0.69
40歳代	0.1401	0.72	0.0006	0.01	0.0381	0.72	0.0081	0.08			0.1753	0.89
50歳代	-0.0221	-0.12	0.0218	0.46	-0.0112	-0.22	0.0518	0.54			-0.0383	-0.20
60歳代	0.4304 **	2.06	0.1374 ***	2.82	0.0105	0.20	0.2793 ***	2.87			0.0599	0.31
70歳代	0.8949 ***	3.41	0.2772 ***	5.12	0.0306	0.55	0.5184 ***	4.91			0.1571	0.76
80歳以上	1.0782 ***	3.52	0.3673 ***	6.11	0.0253	0.42	0.6807 ***	5.91			0.1267	0.56
学歴（就学しなかった）												
小学校	0.0626	0.47	0.0860 **	2.31	-0.0327	-0.97	0.1709 **	2.49			-0.1546	-1.22
中学校	0.2874 *	1.89	0.0532	1.27	0.0421	1.04	0.1069	1.36			0.2008	1.33
高校	0.1376	0.66	0.0478	0.91	0.0235	0.42	0.0961	0.95			0.0960	0.46
専門学校	-0.6225 **	-1.97	-0.1515 **	-2.21	-0.0290	-0.37	-0.2960 **	-2.20			-0.1335	-0.45
大学以上	0.2097	0.74	0.1206 *	1.77	0.0038	0.05	0.2256 *	1.72			0.0130	0.05
男性	-0.1273	-1.00	-0.1149 ***	-4.05	0.0347	1.21	-0.2092 ***	-3.81			0.1769	1.63
健康状態（非常によい）												
よい	0.7045 ***	2.94	0.1408 ***	3.05	0.0536	0.87	0.3301 ***	3.23			0.2304	1.06
ふつう	2.3685 ***	5.16	0.6047 ***	13.05	0.1194 **	1.97	1.2440 ***	12.36			0.5125 *	2.38
よくない	5.2002 ***	6.18	1.3003 ***	24.01	0.3199 ***	5.07	2.4357 ***	22.11			1.5019 ***	6.62
持病・高血圧病	1.0416 ***	4.77	0.3268 ***	9.19	0.0398	1.31	0.5828 ***	9.31			0.1957 *	1.68
持病・糖尿病	1.0982 ***	3.73	0.3623 ***	4.78	0.0419	0.74	0.6186 ***	4.82			0.2326	1.03
世帯1人あたり所得	2.99E-05 ***	1.81	8.89E-06 ***	2.24	2.37E-06	0.56	1.65E-05 **	2.28			1.27E-05	0.78
地域（江蘇省）												
遼寧	-0.3708	-1.48	-0.2747 ***	-5.39	0.0699	1.40	-0.5274 ***	-5.37			0.3753 *	1.95
黒竜江	-0.1989	-0.70	-0.3275 ***	-5.93	0.1319 **	2.39	-0.6090 ***	-5.62			0.6703 ***	3.14
山東	-0.4331 *	-1.93	-0.1853 ***	-3.64	0.0053	0.10	-0.3163 ***	-3.25			0.0442	0.22
河南	0.1958	1.05	0.1015 **	2.11	-0.0387	-0.84	0.1910 **	2.11			-0.1471	-0.86

（つづく）

第5章　中国における公的医療保険制度が家計消費に与える影響

	(1) coef	t	(2) coef	t	(3) coef	t	(4) coef	t	(5) coef	t
湖北	0.2020	1.15	0.0576	1.21	0.0034	0.07	0.0095	1.11	0.0378	0.22
湖南	0.0843	0.44	-0.0543	-1.10	0.0627	1.29	-0.1090	-1.16	0.3172 *	1.72
広西	-0.3365 *	-1.93	0.0372	0.75	-0.0944 **	-1.99	0.0703	0.76	0.4029 **	-2.30
貴州	-1.3092 ***	-5.83	-0.2084 ***	-3.92	-0.1762 ***	-3.33	-0.3669 ***	-3.66	-0.7537 ***	-3.97
喫煙	-0.2536 **	-2.13	-0.0064	-0.20	-0.0557 *	-1.72	-0.0179	-0.29	-0.2420 **	-2.02
飲酒状態（飲酒なし）										
飲酒・月1回以下	0.2277	0.81	0.0953	1.32	-0.0117	-0.16	0.1567	1.12	-0.0569	-0.21
飲酒・月1〜2回	-0.3216	-1.54	0.0708	1.35	-0.1229 **	-2.08	0.1279	1.26	-0.5196 **	-2.53
飲酒・週1〜2回	-0.2169	-1.19	0.0261	0.56	-0.0569	-1.13	0.0451	0.49	-0.2895	-1.59
飲酒・週3〜4回	0.3275	1.33	0.1699 ***	2.87	-0.0334	-0.55	0.3131 ***	2.73	-0.1651	-0.74
飲酒・毎日	-0.2632	-1.55	-0.0649	-1.45	-0.0148	-0.33	-0.1383	-1.58	-0.0844	-0.51
知らない	-0.0739	-0.14	0.0872	0.66	-0.0894	-0.61	0.1642	0.64	-0.4227	-0.79
健康運動あり			0.0400	0.96			0.0812	1.01		
室内飲用水			-0.0060	-0.20			-0.0116	-0.20		
室内トイレ			-0.1449 ***	-4.43			-0.2550 ***	-4.10		
住宅周辺に排泄物なし			-0.0446	-1.51			-0.1006 *	-1.79		
家族と同居			0.0052	0.17			0.0059	0.11		
調査年（2000年）										
2004年	-0.8944 ***	-2.85	0.4198 ***	11.73	-0.0788 *	-1.90	0.9144 ***	12.38	-0.3565 **	-2.30
2006年	-0.5996 **	-2.10	0.3635 ***	10.02	-0.1082 ***	-2.59	0.8004 ***	10.69	-0.4931 ***	-3.16
定数項	-4.7994 **	-2.43	-2.0961 ***	-25.31	1.4198 ***	17.09	-3.9620 ***	-23.48	4.1059 ***	13.49
逆ミルズ比	3.6317 ***	4.57								
サンプルサイズ	24784				24784		1675		1675	
グループ数	23109								449	
センサリングサイズ	1675									
非センサリングサイズ										
R-sq：within									0.1012	
between									0.2151	
overall									0.1473	
Breusch-Pagan 検定									chi2(1)=26.42	
									Prob > chi2=0.0000	

出所：CHNS2000、2004、2006 より計算。
注：*、**、*** はそれぞれ有意水準10％、5％、1％を示す。

表 5−2−5　都市部における公的医療保険制度と医療費の自己負担額

	推定1：ヘックマン二段階推定法				推定2：Two-part モデル				推定3：ランダム効果モデル	
	第二段階推定		第一段階推定		第二段階推定 (Possion)		第一段階推定 (logit)			
	推定係数	z値	推定係数	z値	推定係数	z値	推定係数	z値	推定係数	z値
公的医療保険制度加入	0.2019	1.16	0.1221 ***	2.93	0.0251	0.57	0.2280 ***	2.90	0.0741	0.46
年齢 (30 歳代)										
20 歳代	-0.1677	-0.38	0.2350 *	1.90	-0.0729	-0.59	0.4647 *	1.88	-0.3551	-0.83
40 歳代	0.5926 *	1.83	-0.0213	-0.27	0.1429	1.56	-0.0566	-0.35	0.6149 *	1.93
50 歳代	0.3004	0.94	-0.0365	-0.47	0.0823	0.92	-0.1049	-0.67	0.3450	1.11
60 歳代	0.2810	0.89	0.1283 *	1.61	0.0454	0.51	0.2255	1.42	0.1579	0.51
70 歳代	0.8357 **	2.34	0.2987 ***	3.53	0.1320	1.47	0.5463 ***	3.32	0.6035 *	1.92
80 歳以上	0.8693 **	2.16	0.3855 ***	4.19	0.1288	1.36	0.6849 ***	3.88	0.5601 *	1.67
学歴 (就学しなかった)										
小学校	0.0362	0.17	0.0945	1.42	-0.0116	-0.21	0.1831	1.53	-0.0467	-0.23
中学校	0.2138	0.90	-0.0097	-0.14	0.0498	0.77	-0.0154	-0.12	0.2219	0.94
高校	0.5496 *	1.90	0.0307	0.39	0.1112	1.39	0.0606	0.41	0.5749 **	1.99
専門学校	-0.2550	-0.66	-0.2012 **	-2.27	-0.0138	-0.14	-0.4054 **	-2.40	-0.0478	-0.14
大学以上	0.2203	0.67	0.1107	1.27	0.0372	0.41	0.1958	1.19	0.1569	0.48
男性			-0.0993 **	-2.30	0.0010	0.02	-0.1861 **	-2.26		
健康状態 (非常によい)										
よい	-0.0703	-0.41							0.0263	0.17
ふつう	0.3212	0.84	0.2076 ***	2.80	0.0274	0.27	0.4565 ***	2.80	0.1436	0.42
よくない	1.0439 *	1.71	0.6720 ***	9.01	0.0967	0.96	1.3536 ***	8.39	0.4641	1.37
持病・高血圧病	2.5614 **	2.48	1.3814 ***	15.79	0.2779 ***	2.63	2.5592 ***	14.43	1.3980 ***	3.88
持病・糖尿病	0.3623	1.48	0.2882 ***	5.78	0.0265	0.60	0.5093 ***	5.79	0.0966	0.60
世帯1人あたり所得	0.3842	1.07	0.3912 ***	4.33	0.0175	0.25	0.6754 ***	4.39	0.0765	0.29
	0.0000	-0.20	9.64E-06 *	1.83	-2.22E-06	-0.41	1.79E-05 *	1.85	-1.17E-05	-0.60
地域 (江蘇省)										
遼寧	0.0740	0.21	-0.3295 ***	-4.65	0.0727	0.98	-0.6232 ***	-4.63	0.3273	1.14
黒竜江	0.2228	0.45	-0.4724 ***	-5.07	0.1176	1.16	-0.8947 ***	-4.84	0.5935	1.48
山東	-0.0661	-0.23	-0.1890 ***	-2.56	0.0187	0.26	-0.3303 **	-2.38	0.0593	0.21
河南	-0.2364	-0.84	0.0200	0.26	-0.0601	-0.76	0.0466	0.33	-0.2379	-0.79

（つづく）

変数								
湖北	0.1394		0.56	0.0383		0.54	0.0254	0.37	0.0464		0.35	0.0433		0.16
湖南	0.1607		0.59	-0.1110	*	-1.60	0.0600	0.86	-0.1984		-1.51	0.2210		0.81
広西	-0.2810		-1.08	0.0241		0.33	-0.0517	-0.71	0.0414		0.30	-0.2349		-0.87
貴州	-0.9849	**	-2.33	-0.3507	***	-3.86	-0.1335	-1.42	-0.6333	***	-3.67	-0.7216	**	-2.08
喫煙	-0.2058		-1.07	0.0056		0.11	-0.0492	-0.90	0.0072		0.08	-0.2496		-1.31
飲酒状態（飲酒なし）														
飲酒・月1回以下	-0.0602		-0.16	0.0367		0.35	-0.0181	-0.17	0.0519		0.26	-0.0792		-0.21
飲酒・月1～2回	-0.3954		-1.21	0.0574		0.69	-0.0984	-1.02	0.1236		0.77	-0.3994		-1.24
飲酒・週1～2回	-0.6623	**	-2.13	-0.0534		-0.70	-0.1328	-1.47	-0.1111		-0.73	-0.6111	**	-2.00
飲酒・週3～4回	-0.0403		-0.10	0.1619	*	1.70	-0.0406	-0.36	0.3241	**	1.76	-0.1985		-0.51
飲酒・毎日	-0.3167		-1.31	0.0089		0.13	-0.0656	-0.95	0.0150		0.11	-0.3078		-1.27
知らない	-0.0156		-0.02	0.2729		1.43	-0.0575	-0.25	0.4807		1.30	-0.4178		-0.55
健康運動あり				0.0289		0.57			0.0580		0.60			
室内飲用水				-0.0497		-0.86			-0.0585		-0.54			
室内トイレ				-0.1195	**	-2.46			-0.2229	**	-2.45			
住宅周辺に排泄物なし				-0.1647	**	-2.34			-0.3305	**	-2.55			
家族と同居				0.0142		0.32			0.0253		0.31			
調査年（2000年）														
2004年	0.3258	***	5.62	0.3258	***	5.62	-0.0071	-0.10	0.7198	***	6.10	0.0091		0.04
2006年	0.3030	***	5.30	0.3030	***	5.30	-0.0504	-0.72	0.6722	***	5.75	-0.1968		-0.80
定数項	1.3002		0.59	-1.8285	***	-12.72	1.3794	***	10.17	-3.4202	***	-11.92	3.9832	***	8.35
逆ミルズ比	1.1161		1.22											
サンプルサイズ	10041			10041			10041		641			641		
グループ数												236		
センサリングサイズ	9400													
非センサリングサイズ	641													
R-sq：within												0.1216		
between												0.2253		
overall												0.1622		
Breusch-Pagan 検定												chi2(1)=10.12		
												Prob＞chi2=0.0015		

出所：CHNS2000，2004，2006より計算。

注：*，**，***はそれぞれ有意水準10％，5％，1％を示す。

第Ⅱ部 実証的研究

表5-2-6 農村部における公的医療保険制度と医療費の自己負担額

	推定1：ヘックマン二段階推定法						推定2：Two-part モデル						推定3：ランダム効果モデル	
	第二段階推定		第一段階推定				第二段階推定 (Possion)		第一段階推定 (logit)					
	推定係数	z値	推定係数		z値		推定係数	z値	推定係数		z値		推定係数	z値
公的医療保険制度加入	0.6105	1.22	0.1323	***	3.37		-0.0023	-0.05	0.2602	***	3.47		0.0066	0.04
年齢（30歳代）														
20歳代	0.4178	0.97	0.1049		1.10		-0.0227	-0.21	0.2164		1.09		-0.1398	-0.34
40歳代	0.1103	0.43	0.0381		0.63		-0.0166	-0.25	0.0923		0.74		-0.0752	-0.30
50歳代	0.1932	0.73	0.0915		1.52		-0.0530	-0.80	0.2118	*	1.73		-0.2409	-0.97
60歳代	0.8267	*** 2.60	0.1783	***	2.83		-0.0064	-0.10	0.3789	***	3.01		-0.0394	-0.15
70歳代	1.1381	*** 2.81	0.2824	***	3.89		-0.0384	-0.51	0.5394	***	3.81		-0.1765	-0.62
80歳以上	1.5055	*** 3.09	0.3709	***	4.51		-0.0375	-0.45	0.7176	***	4.58		-0.1759	-0.55
学歴（就学しなかった）														
小学校	0.0537	0.30	0.0729		1.58		-0.0553	-1.25	0.1522	*	1.77		-0.2419	-1.45
中学校	0.4679	** 2.17	0.0905	*	1.71		0.0250	0.47	0.1924	*	1.91		0.1127	0.56
高校	-0.2020	-0.66	0.0554		0.74		-0.0791	-0.95	0.1253		0.86		-0.3406	-1.11
専門学校	0.6447	1.05	0.0907		0.63		0.0300	0.19	0.2415		0.86		0.1611	0.26
大学以上	1.6638	** 2.18	0.2434		1.23		0.1371	0.73	0.5023		1.30		0.5802	0.79
男性	-0.3035	-1.51	-0.1338	***	-3.52		0.0667	* 1.71	-0.2387	***	-3.21		0.3075	** 2.06
健康状態（非常によい）														
よい	0.8946	*** 2.91	0.1008	*	1.69		0.0799	1.00	0.2469	**	1.88		0.3400	1.20
ふつう	3.4848	*** 5.04	0.5739	***	9.61		0.1483	* 1.89	1.1913	***	9.21		0.6292	** 2.23
よくない	7.4916	*** 5.64	1.2651	***	18.18		0.3654	*** 4.46	2.3850	***	16.88		1.6478	*** 5.51
持病・高血圧病	1.7185	*** 4.69	0.3536	***	6.84		0.0528	1.24	0.6400	***	7.06		0.2411	1.45
持病・糖尿病	1.6781	*** 3.39	0.3325	***	2.33		0.0840	0.84	0.5812	**	2.40		0.4581	1.10
世帯1人あたり所得	0.0001	*** 2.80	7.48E-06		1.16		1.30E-05	* 1.69	1.43E-05		1.20		0.0001	** 1.98
地域（江蘇省）														
遼寧	-0.4687	-1.40	-0.2151	***	-2.88		0.0874	1.25	-0.4229	***	-2.90		0.4218	1.55
黒龍江	-0.3019	-0.88	-0.2313	***	-3.19		0.1346	* 1.93	-0.4208	***	-2.96		0.6496	** 2.37
山東	-0.8614	** -2.37	-0.1897	***	-2.62		-0.0013	-0.02	-0.3241	**	-2.30		0.0191	0.06
河南	0.7675	*** 2.61	0.1683	***	2.60		-0.0203	-0.33	0.3153	**	2.54		-0.0774	-0.34

（つづく）

198

第5章　中国における公的医療保険制度が家計消費に与える影響

	係数	t値	係数	t値	係数	t値	係数	t値	係数	t値
湖北	0.4535 *	1.75	0.0890	1.36	-0.0007	-0.01	0.1713	1.37	0.0073	0.03
湖南	0.1625	0.60	-0.0100	-0.14	0.0644	0.92	-0.0391	-0.28	0.2939	1.09
広西	-0.1676	-0.67	0.0702	1.01	-0.1173 *	-1.82	0.1327	1.01	-0.4877 **	-2.03
貴州	-1.1646 ***	-4.47	-0.1117 *	-1.61	-0.1887 ***	-2.78	-0.1837	-1.40	-0.7710 ***	-3.11
喫煙	-0.2990 *	-1.92	-0.0098	-0.24	-0.0607	-1.46	-0.0288	-0.36	-0.2694 *	-1.71
飲酒状態（飲酒なし）	0.8086 *	1.84								
飲酒・月1回以下	-0.1723	-0.61	0.1554	1.54	0.0036	0.03	0.2697	1.37	0.0095	0.02
飲酒・月1〜2回	0.2251	0.94	0.0862	1.27	-0.1422 *	-1.87	0.1423	1.08	-0.5827 **	-2.17
飲酒・週1〜2回	-0.6675 **	-2.04	0.0801	1.34	-0.0304	-0.49	0.1520	1.30	-0.1394	-0.61
飲酒・週3〜4回	-0.4274 *	-1.64	0.1764 **	2.32	-0.0323	-0.44	0.3128 **	2.12	-0.1518	-0.55
飲酒・毎日	-0.6501	-0.87	-0.1174 **	-1.98	0.0324	0.54	-0.2549 **	-2.15	0.1335	0.58
知らない			-0.0678	-0.36	-0.1070	-0.54	-0.0776	-0.22	-0.4920	-0.65
健康運動あり			0.0674	0.89			0.1421	0.94		
室内飲用水			0.0092	0.26			0.0083	0.12		
室内トイレ			-0.1333 ***	-2.86			-0.2276 **	-2.55		
住宅周辺に排泄物なし			-0.0297	-0.90			-0.0727	-1.15		
家族と同居			-0.0061	-0.15			-0.0194	-0.25		
調査年（2000年）										
2004年	-1.6174 ***	-3.02	0.4722 ***	10.19	-0.1380 ***	-2.60	1.0319 ***	10.72	-0.6166 ***	-3.03
2006年	-1.1273 **	-2.47	0.3860 ***	7.95	-0.1568 ***	-2.85	0.8579 ***	8.56	-0.7016 ***	-3.33
定数項	-10.5459 ***	-3.17	-2.1911 ***	-20.17	1.4584 ***	13.28	-4.1834 ***	-18.85	4.3343 ***	10.61
逆ミルズ比	5.8692 ***	4.51								
サンプルサイズ	14743				14743				1034	
グループ数	13709								285	
センサリングサイズ										
非センサリングサイズ	1034									
R-sq：within							0.1162			
between							0.1951			
overall							0.1471			
Breusch-Pagan検定							chi2(1)=24.18			
							Prob > chi2=0.0002			

出所：CHNS2000, 2004, 2006より計算。
注：*, **, *** はそれぞれ有意水準10%、5%、1%を示す。

ント高い。また，都市部で持病・高血圧，持病・糖尿病が医療費の自己負担額に有意な影響を与えていない。一方，農村部で持病・高血圧，持病・糖尿病の両グループで医療費の自己負担額が高い。都市部に比べ，農村部で医療費の自己負担額における健康状態別グループ間の差がより大きい。

（5）所得の影響については，全体的に世帯所得が高いほど医療費の自己負担額が高い。また，都市部で世帯所得が医療費の自己負担額に与える影響は統計的に有意ではない。一方，農村部で，世帯所得が高いほど医療費の自己負担額が高いことが示された。農村部で流動性制約が医療費支出に与える影響は農村部が都市部に比べて大きいことがうかがえる。

（6）地域間の差異については，全体的に江蘇省に比べて，黒竜江が13.19～67.03％ポイント高いが，貴州省が36.69～130.92％ポイント低い。また，都市部で江蘇省に比べて貴州省が72.16～98.49％ポイント低い。農村部で，江蘇省に比べて，黒竜江（13.46～64.96％），河南（76.75％），湖北（45.35％）が高いが，山東が86.14％ポイント低い。医療費の自己負担額における地域間の格差は農村部が都市部より顕著であることがうかがえる。

（7）生活習慣の影響については，全体的に喫煙していないグループに比べ，喫煙したグループで医療費の自己負担額が5.57～25.36％ポイント高い。その主な理由は，喫煙していないグループに比べ，喫煙しているグループは健康に対するリスク回避度が相対的に低いため，同じ病気になる場合，医療サービスの利用が相対的に少なく，また医療費支出が相対的に低いことにあろう。飲酒なしグループに比べ，月1～2回飲酒グループで医療費の自己負担額が12.19～51.96％ポイント高い。また都市部と農村部を比較すると，都市部で喫煙ダミーの影響が確認されなかったが，農村部で喫煙していないグループに比べ，喫煙しているグループで医療費の自己負担額が26.94～29.90％ポイント高い。また，飲酒なしグループに比べ，都市部において週1～2回飲酒グループで医療費の自己負担額が61.11～66.23％ポイント低く，農村部において週1～2回飲酒グループで医療費の自己負担額が66.75％ポイント低く，月1～2回飲酒グループで，医療費の自己負担額が14.22～58.27％ポイント低い。都市部，農村部のいずれにおいても，生活習慣が医療費の自己負担額に影響を与えることがわかった。

(8) 全体的に 2000 年に比べ，2004 年の場合，医療費の自己負担額が 7.88〜89.44％ポイント低く，2006 年の場合，医療費の自己負担額が 10.82〜59.96％ポイント低い。また都市部で医療費の自己負担額における年代別間の差異が小さいが，農村部で経過年とともに医療費の自己負担額が低下する傾向にある。

(2) 都市部と農村部における家計破綻性医療費支出になる確率に関する分析結果

表5－2－7に家計破綻性医療費支出（CHE）になる確率に関する分析結果をまとめており，推定1，推定2，推定3は全体サンプル，都市部，農村部をそれぞれ対象とした分析である。ランダム効果モデルによって個体間の異質性の問題を対処した分析結果より，以下のことが確認された。

第1に，推定1（全体），推定2（都市部），推定3（農村部）の分析結果のいずれにおいても，公的医療保険制度の加入がCHEになる確率に与える影響は統計的に有意ではない。公的医療保険制度は，高額な医療費の自己負担によって貧困に陥る問題を解消する効果を持っていないことが示された。

第2に，その他の要因に関しては，(1) 他の要因が一定ならば，農村部に比べて，都市部でCHEになる確率が高い。(2) 都市部で，CHEになる確率における学歴間の差異が顕著ではないが，農村部では低レベルの学歴者グループ（就学しなかったグループ）に比べ，中レベルの学歴者グループ（高校卒業者，専門学校卒業者）では，CHEになる確率が低い。(3) 都市部で主観的健康状態によってCHEになる確率には大きな差が見られないが，農村部で「健康状態が非常に良い」と回答したグループに比べ，「ふつう」，「よくない」と回答したグループでその確率が高い。都市部に比べ，農村部でCHEになる確率における健康状態別グループ間の差がより大きい。(4) 全体サンプル，都市部，農村部のいずれにおいても，世帯所得が高いほど，CHEになる確率が低い。家計所得が医療サービスの利用による貧困問題に大きな影響を与えることが明らかである。(5) 都市部でCHEになる確率には地域間の格差が小さいが，農村部では江蘇省に比べ，遼寧省でその確率が高い。一方，貴州省ではその確率が低い。(6) 生活習慣の影響については，都市部で喫煙，飲酒状

表5-2-7 都市部と農村部における公的医療保険制度の加入と家計破綻性医療費支出になる確率関数

	推定1：全体		推定2：都市部		推定3：農村部	
	推定係数	z値	推定係数	z値	推定係数	z値
公的医療保険制度加入	-0.0248	-0.14	-0.0764	-0.26	-0.0017	-0.01
都市部	0.5069 ***	3.22				
年齢（30歳代）						
20歳代	-0.2202	-0.46	-0.6392	-0.76	-0.1214	-0.17
40歳代	0.2939	0.98	0.8274	1.51	0.0109	0.02
50歳代	-0.0431	-0.14	0.7742	1.45	-0.4013	-0.89
60歳代	-0.3179	-1.04	-0.2614	-0.49	-0.4887	-1.08
70歳代	-0.3841	-1.19	0.0564	0.10	-0.6948	-1.40
70歳以上	-0.3950	-1.11	-0.0205	-0.03	-0.6866	-1.24
学歴（未入学）						
小学校	-0.2480	-1.21	-0.2649	-0.67	-0.2601	-0.93
中学校	-0.1196	-0.48	-0.3742	-0.79	-0.1694	-0.49
高校	-0.0875	-0.26	0.4438	0.81	-1.0896 *	-1.81
専門学校	-0.7268	-1.60	-0.7256	-1.09	-1.5859 *	-1.62
大学以上	-0.4998	-1.20	-0.6340	-1.04	0.8330	0.79
男性	0.3661 **	2.13	-0.0520	-0.17	0.8231 ***	3.28
健康状態（非常によい）						
よい	-0.0737	-0.21	-1.1178 *	-1.77	0.7831	1.48
ふつう	0.4189	1.25	-0.7404	-1.19	1.4503 ***	2.74
よくない	1.5479 ***	4.39	0.5528	0.83	2.6060 ***	4.69
持病・高血圧病	0.2602	1.40	0.1159	0.36	0.3373	1.27
持病・糖尿病	-0.1174	-0.32	-0.5069	-0.95	0.3168	0.53
世帯1人あたり所得	-0.0005 ***	-8.01	-0.0005 ***	-5.48	-0.0004 ***	-4.66
地域（江蘇省）						
遼寧	0.6654 **	2.29	0.7189	1.32	0.9129 **	2.06
黒竜江	0.1074	0.31	0.2899	0.39	0.0917	0.19
山東	0.4375	1.39	0.2923	0.46	0.5042	1.08
河南	-0.0270	-0.10	0.3092	0.52	-0.0779	-0.20
湖北	0.0953	0.35	0.6368	1.19	-0.2123	-0.51
湖南	0.3509	1.15	0.2896	0.51	0.6464	1.32
広西	-0.4750	-1.55	-0.1462	-0.24	-0.6193	-1.33
貴州	-0.7312 **	-2.22	-0.3344	-0.49	-0.9120 **	-1.98
喫煙	-0.4522 **	-2.32	-0.2424	-0.66	-0.6356 **	-2.41
飲酒状態（飲酒なし）						
飲酒・月1回以下	0.1398	0.32	-0.0702	-0.10	0.4423	0.69
飲酒・月1〜2回	-0.8721 **	-2.06	-0.7986	-1.16	-1.3644 **	-2.13
飲酒・週1〜2回	-0.2408	-0.81	-0.4594	-0.74	-0.2754	-0.72
飲酒・週3〜4回	0.0234	0.07	-0.5163	-0.71	0.0140	0.03
飲酒・毎日	-0.0651	-0.24	-0.2354	-0.51	-0.1281	-0.32
知らない	-0.1181	-0.13	0.2828	0.17	-0.4426	-0.35

（つづく）

	推定1：全体		推定2：都市部		推定3：農村部	
	推定係数	z値	推定係数	z値	推定係数	z値
調査年（2000年）						
2004年	−1.1633 ***	−4.66	−0.6024	−1.22	−1.9398 ***	−5.18
2006年	−1.1549 ***	−4.63	−0.4307	−0.91	−2.0720 ***	−5.37
定数項	0.0333	0.07	0.7087	0.83	−0.0811	−0.12
サンプルサイズ	1478		578		900	
グループ数	428		225		266	
対数尤度	−657.94982		−259.9648		−373.3128	
Pseudo R2	0.1896		0.1742		0.1533	
尤度比検定	chibar2(01)=1.05		chibar2(01)=5.05		chibar2(01)=0.53	
	Prob>=chibar2=0.153		Prob>=chibar2=0.012		Prob>=chibar2=0.232	

出所：CHNS2000, 2004, 2006に基づき計算。
注：1) *, **, *** はそれぞれ有意水準10%, 5%, 1%を示す。
　　2) ロジットランダム効果モデルを用いた分析。

態がCHEになる確率に有意な影響を与えていない。一方，農村部で喫煙していないグループに比べ，喫煙しているグループでCHEになる確率が低い。また，飲酒なしグループに比べ，月1〜2回飲酒グループではその確率が低い。
（7）都市部で，CHEになる確率には年代別間の差異が小さいが，農村部で経過年とともその確率が低下する傾向にある。

　以上は公的医療保険の加入が個人の医療費支出（医療費の自己負担額），および家計破綻性医療費支出になる確率に関する分析である。次節では，別の角度から公的医療保険制度が家計消費に与える影響を検討する。

第2節　公的医療保険制度の加入が家計消費の平滑化に与える影響

　経済理論によると，保険や金融市場の質が高い経済社会では，資本市場へのアクセスが容易である場合，家計は経済的一時ショック（idiosyncratic risk）に対応し，その消費行動が安定するはずである。そうなれば，個々の家計の消費変動はグループ全体の家計消費の平均値のみに連動し，一時的ショックの影響を緩和できると考えられる。このような社会経済の現象を説明するの

が,「消費保険仮説」(full consumption of insurance hypothesis) である[64]。

本節の目的は,中国家計所得調査のミクロデータを活用し,中国都市部で消費保険仮説が成立しているかどうかを検証したうえで,公的医療保険制度の機能を検討することである。

本節の構成は以下の通りである。「1.」で,公的医療保険制度と家計消費との関わりを検討したうえで,消費平滑仮説を解説する。「2.」で先行研究をサーベイしたうえで,本研究の特徴について述べる。「3.」で計量分析の枠組について述べ,そして「4.」で計量分析の結果を説明する。

1. 消費平滑仮説 ── 公的医療保険制度と家計消費の平滑化

疾病に罹ること(不健康になること)が外来ショックの1種として家計所得を変化させ,それに対応して家計消費行動も変化すると考えられる。図5-3-1によると,中国都市部で1990年から2012年までに1人あたり年間所得の上昇とともに1人あたり年間消費総額,1人あたり年間医療消費も上昇し,また1人あたり年間所得上昇率の低下とともに,1人あたり年間消費総額,1人あたり年間医療消費も低下する傾向にあることが示された。

消費保険仮説によると,公的医療保険制度がうまく機能すれば,個々家計・個人が疾病にかかるような不確実性が高いリスクに対応する能力が高くなり,家計消費が平滑化できると考えられる。したがって,公的医療保険制度の効果を評価する際に,疾病に罹ることにより家計所得が低下するとき家計消費が平滑化できるのかのか,つまり消費保険仮説が成立するかどうかに関する検証が重要な課題となる。本研究では,2000年代の中国では,公的医療保険制度を含む社会保障制度の実施が家計消費を平滑化する機能を持つかどうかを間接的に検証する。

---

[64] Cochrane (1991), Deaton (1992), Townsend (1994) が指摘しているように,消費保険仮説のベンチマークは,プリングのリスク分担のメカニズムにある。つまり,「相互保険」により成立するものである。現実に消費保険仮説が成立すれば,消費変化は集団リスク (aggregate risk) の変化および家計の消費嗜好(例えば,世帯主年齢の変化,家族人数の変化など)のみに依存し,家計の一時的ショックに依存しない。

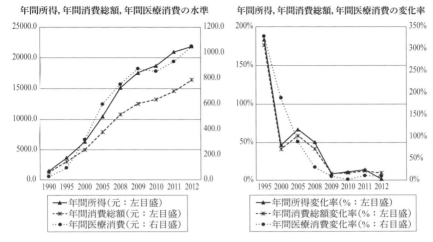

図 5-3-1　中国都市部における年間所得，年間消費総額と年間医療消費（1995～2012 年）
出所：『中国統計年鑑』，『中国衛生統計年鑑』各年度版に基づく作成。
注：1）変化率＝（調査年度値－前年度値）／調査年度値
　　2）図の数値は 1 人あたり数値である。
　　3）図の数値は 1995 年都市消費者物価指数によって調整した実質値である。

2. 公的医療保険制度加入と家計貯蓄・家計消費に関する実証研究

　前述したように，消費保険仮説によると，個々の家計あるいは個人が社会保険料を納付し，公的医療保険制度などの社会保障制度に加入すると，社会保険によるリスク・シェアリング機能（社会的助け合いメカニズム）が機能すれば，一時的ショックが起きても，家計消費が平滑化できると考えられる。つまり，社会保険料金を納付することが家計の長期的貯蓄の行動をみなすと，両者には代替関係があると推測できる。

　ここに医療保険加入が家計消費および家計貯蓄に与える影響については，[65]

---

[65] この課題に関する欧米諸国を対象とした実証研究については，医療保険制度の加入が家計消費の増加および家計貯蓄の減少をもたらすことが指摘されている。例としては，Feldstein and Liebman (2002) は社会保険金納付が家計貯蓄との間には代替関係があり，社会保障制度から貰える便益がコストより高ければ，消費が増加すると述べている。Gruber (1999) は，アメリカで公的医療保険に加入したグループで家計消費が増加したことを示している。Wagstaff and Pradhan (2005) はベトナムを対象とした実証研究を行い，医療保険制度の実施が医療消費以外の家計消費を増やす効果を持つことを明示している。一方，上記と逆の結論あるいは不明確な結果が存在することも指摘されている。たとえば，Hubbard and Judd (1987) は，流動性制約が存在する場合

中国に関する実証研究の結果をまとめる。黄（2006），高（2010），Bai and Wu（2012），Bai and Wu（2012），蔵・劉・徐・熊（2012），白・李・呉（2012）は医療保険に加入しなかったグループに比べ，加入したグループで家計消費（非医療消費）が多いことを示している。それに対して，解（2009）はミクロデータ（CHNS 1997, 2006）を用いて実証研究を行った結果，UEBMI が家計貯蓄に与える影響は統計的に確認されず，また低所得層で逆に UEBMI に加入しなかったグループに比べ，加入したグループで貯蓄が多いことを示している。

本節は，上記のように公的医療保険の加入が医療消費を含む家計消費行動に与える影響を直接に計測するのではなく，UEBMI が実施した後，都市部で家計消費，医療消費，食品消費を平滑できたかどうか（消費保険仮説）を検証することを通じて，公的医療保険制度によるリスク・シェアリング機能が

（金融市場が完全競争市場ではない場合），社会保険料納付（社会保障制度の加入）が家計貯蓄を減らす効果（家計消費を増やす効果）が小さくなると指摘している。Samwick（1998）は，貯蓄目標（target saving）を持つと，社会保障制度の加入が家計貯蓄を減らす効果を持たない可能性があると述べている。また，Kong（2007）は 1993 年～1998 年に（この期間に公的医療保険制度の加入率が 96～98％）高齢者世帯は，家計消費を減少し，予防的貯蓄を増加することによって医療費支出の不確実性を回避しようとすると指摘している。また Kotlikoff（1979）および Star-McCluer（1996）は，ミクロデータを用いた実証分析の結果，アメリカで医療保険制度の加入が家計貯蓄を減少する効果を持つことが確認されなかったことを明示している。

66 この課題に関連する中国における年金制度の加入が家計消費に与える影響に関する実証研究に関しては，白・呉・金（2010），陳（2015）を参照ください。白・呉・金（2010）は中国国家統計局の 2002-2009 年都市部住民調査の個票データを用いた分析結果，2006 年以前，年金保険の普及率の上昇とともに家計消費が増加する傾向にあるものの，2006 年以降，年金保険料金の引き上げが家計消費を低める効果を持つことを示している。陳（2015）は 2011 年中国家計金融調査（CHFS）のデータを用いて実証研究を行い，基本年金保険制度に加入しなかったグループに比べ，制度加入グループで衣類消費と耐久財消費が増加する傾向になるが，観光消費および教育消費で両グループ間の差異が小さいことを指摘している。

67 具体的に言えば，マクロデータを用いた実証研究では，黄（2006）公的医療保険制度の実施が中国の高貯蓄率を低め，すなわち家計消費を促進する効果を持つと指摘している。甘・劉・馬（2010）は，UEBMI，URBMI，NCMS の実施によって全国家計消費が約 7％増加したことを示している。ミクロデータを用いた実証研究に関しては，高（2010）は中国農業部の農村固定点調査（RCRE）のパネルデータを用い，NCMS に加入しなかったグループに比べ，加入したグループで家計貯蓄が 12～15％減少することを示している。Bai and Wu（2012）は農業部が実施した農村固定点調査 2003-2006 のパネルデータおよび清華大学が 2007 年 5 月に実施した調査のミクロデータを用い，DID 法による実証研究を行った結果，NCMS が家計消費を増やす効果を持つことを示している。蔵・劉・徐・熊（2012）は，2007 年と 2008 年中国都市住民基本医療保険加入調査のデータを用いて分析した結果，URBMI に加入しなかったグループに比べ，制度加入グループで家計非医療消費が 13.0％高く，またその効果は低所得層が最も大きいと述べている。白・李・呉（2012）は実証分析の結果を用い，NCMS の実施が家計消費を増やす効果を持ち，こうした効果は低所得層および不健康者グループがより大きいことを証明している。

68 先進国および発展途上国を対象とした実証研究のいずれにおいても，消費保険仮説が支持された結果と支持されなかった結果の両方が得られた。アメリカや日本などの先進国に関する実証

働いているかどうかを評価するものである。

　中国を対象とした消費保険仮説の検証に関する実証研究については，陳・行（2006）は，広東省都市部2002年の1年間（12ヵ月）の月別生活調査のデータ[69]を用いた大部分の実証分析の結果により，消費保険仮説が棄却された。ただし，高所得層世帯に比べ，低所得層世帯で消費の相互保険のレベルが相対的に高く，また医薬品消費では消費保険仮説が成立することがうかがえることを示している。孟（2001）は，中国社会科学院経済研究所の1995年，1999年中国都市家計所得調査（CHIP1995，CHIP1999）を用い，恒常所得仮説，予備性貯蓄仮説に関する実証分析を行い，恒常所得仮説，予備性貯蓄仮説が検証され，所得の不確実性が高いほど，貯蓄が多くなり，家計消費の変化に与える影響は，恒常所得が一時所得より大きいことを示している。また，教育消費の場合，恒常所得仮説，予備性貯蓄仮説が検証されておらず，教育消費が平滑化していないことを指摘している。また，龍・周（2000）は，中国政府の公表データに基づいて，1991〜1998年の地域別パネルデータを構築した上で実証分析を行い，予備性貯蓄仮説が検証されたことを明示している。

　ところが，中国を対象とした先行研究には，以下のような限界があると考えられる。

　第1に，消費保険仮説に関する直接的な実証分析が陳・行（2006）しか行われていない。しかしながら，陳・行（2006）は広東省のデータを用いた実証分析であるため，全国範囲で消費保険仮説が検証されているかどうかが明

分析については，Mace（1991），Cochrane（1991）はPSID，Hayashi, Altonji and Kotlikoff（1996），Dynarski, *et al.*（1997），Kohara（2001），清水谷（2003），馬（2010）を参照されたい。発展途上国に関する実証研究に関しては，Townsend（1994）は，インド南部の3村落を対象としたパネルデータを用いた分析結果により，家計消費の多くの部分が村の平均消費に依存している一方，家計消費が家計の一時所得変化，病気状況，失業状況および他のショックに依存しておらず，つまり消費保険仮説が検証されたことを指摘している。黒崎・澤田（1999）は，パンシャーブ経済研究所のパキスタン・パンジャーブ州ジェイプーラ県ファレーカバード地域の農家経営・家計調査データを用いて実証分析を行い，村落内部で生じるイディオシンクラティックなショックが相互保険に保険されていることと，パキンスタン農村におけるルスクシェアリングが広域になればなるほど成立しにくいことを示している。本台・新谷（2008）は，インドネシアジャワ島の1999年と2002年のSusenas kor調査の家計サンプルおよびSusenas modul調査のクロス・セクションのデータを用い，擬似パネルデータを構築した上で実証分析を行った結果，貧困家計とした場合，消費保険仮説は，都市部で検証されたが，農村部で否定された一方，全家計とした場合，消費保険仮説は，都市部で否定されたが，農村部で検証されたことを指摘している。

69　この調査は，広東省11区の1250世帯を対象としたものである。

確ではない。

第2に，陳・行（2006）では，Mace（1991）の方法を用いているが，標準敵なMace法では平均消費をそのまま用いており，その平均値に回帰すると係数が漸近的には必ず1になるような問題が生じる可能性が存在する（Deaton 1990）。

先行研究に比べ，本研究の主な特徴は以下の2点である。第1に，国家統計局の家計所得調査の個票データを用い，中国の代表的な地域で消費保険仮説が成立しているかどうかを明らかにする。

第2に，平均消費の問題点を考慮したDeaton（1990）の方法を用いて分析を行う。

3. 計量分析の方法

(1) 推定モデル

消費保険仮説に関する実証分析の標準的な方法はMace（1991）の方法（すなわちMaceモデル）である。以下では，Mace（1991）に従って推定モデルを定式化する。

仮定にそれぞれの個人あるいは世帯（以下では，記述の利便上ですべて「世帯」と呼ぶ）がt時点に直面する共通な事象を「$S_{\tau t}, \tau=1,2,\ldots,s$」で示す。$\pi(s_{\tau t}) \in (0,1)$は，$t$時点に事象$\tau$が生じる確率である。全時点$t$になれば，$\sum_{\tau=1}^{s}\pi(s_{\tau t})=1$になる。無限に生きる世帯（消費者）$J$が存在すれば，消費者$j$は消費嗜好を持つ，その期待生涯効用を（1）で示す。

$$\sum_{t=0}^{\infty}\beta^{t}\sum_{\pi=1}^{s}\pi(s_{\tau t})U\left[C_{t}^{j}(s_{\tau t}), b_{t}^{j}(s_{\pi t})\right] \qquad (1)$$

（1）式で，$C_{t}^{j}(s_{\pi t})$は世帯jのτ時点の消費，$b_{t}^{j}(s_{\pi t})$を消費嗜好のショック，βを割引因子（$0<\beta<1$）を示す。世帯jが受け取る外生的財の賦存量は，（2）式で示す。

$$y_{t}^{j}(s_{\pi t}) = \bar{y}_{t}^{j} + \eta_{t}^{j}(s_{\pi t}) + \varepsilon_{t}^{j}(s_{\pi t}) \qquad (2)$$

ここで $\bar{y}_t^j$ は消費支出の決定的な要素，$\eta_t^j(s_{\pi t})$ は全体のジョック，$\varepsilon_t^j(s_{\pi t})$ は各世帯の一時ショックを示す。(2) 式に基づいて全体の賦存量は，(3) 式の通りである。

$$y_t^a(s_{\pi t}) = \bar{y}_t^a + \eta_t^a(s_{\pi t}) \tag{3}$$

全体に関する変数は，単なる世帯の平均値であり，世帯 J の数が無限になれば，これが経済学の意味での平均値になる。すべての時点 t に各事象で全体の不確実性を「$\eta_t^a(s_{\pi t}) \neq 0$」で示す。それに対して，一時的ショック（突然に疾病に罹ることなど）がすべての時点 t に全部の事象で「$\varepsilon_t^a(s_{\pi t}) = 0$」になると定義されている。$\varepsilon_t^a(s_{\pi t}) = 0$ は，世帯 J の数が無限になれば，$\varepsilon_t^a(s_{\pi t})$ がゼロに接近すると意味する。

世帯 J の期待効用の加重平均を最大化させることを (4) 式で示す。また，社会消費資源に基づく世帯間の資源配分を (5) で示す。

$$\sum_{j=1}^{J} w^j \sum_{t=0}^{\infty} \beta^t \sum_{\pi=1}^{s} \pi(s_{\pi t}) U\left[C_t^j(s_{\pi t}), b_t^j(s_{\pi t})\right] \tag{4}$$

$$\sum_{j=1}^{J} C_t^j(s_{\pi t}) = \sum_{j=1}^{J} y_t^j(s_{\pi t}) \tag{5}$$

消費嗜好を (6) 式で示す。その一段階条件式は (7) の通りである。ここで σ を危険回避度，w を加重平均の数値を示す。

$$U\left[C_t^j, b_t^j\right] = -\frac{1}{\sigma} \exp\left[-\sigma(C_t^j - b_t^j)\right], \sigma > 0 \tag{6}$$

$$\hat{\mu}_t = w^j \exp\left[-\sigma(C_t^j - b_t^j)\right] \tag{7}$$

(7) 式を対数に変換し，世帯 J を集計すると，世帯 j の消費が (8) で示される。

$$C_t^i = C_t^a + \frac{1}{\sigma}(\log w^j - w^a) + (b_t^j - b_t^a) \tag{8}$$

$$w^a = \frac{1}{J} \sum_{j=1}^{J} \log w^j, \quad C_t^a = \frac{1}{J} \sum_{j=1}^{J} C_t^j, \quad b_t^a = \frac{1}{J} \sum_{j=1}^{J} b_t^j$$

(8) 式に基づいて 2 時点に関する 1 段階の差分 (FD, First Difference) を取る推定式は (9) の通りである。(9) 式から (10) 式が導出できる。具体的に実証分析で用いた標準的な Mace 法の推定式は (11-1) 式，(11-2) 式で示す。

$$C_{t+1}^j - C_t^j = C_{t+1}^a - C_t^a + \left[(b_{t+1}^j - b_t^j) - (b_{t+1}^a - b_t^a)\right] \tag{9}$$

$$\Delta C_t^j = \Delta C_t^a + (\Delta b_t^j - \Delta b_t^a) \tag{10}$$

$$\Delta C_t^j = C_{t+1}^j - C_t^j, \quad \Delta C_t^a = \frac{1}{J}\sum_{j=1}^J \Delta C_t^j, \quad \Delta b_t^a = \frac{1}{J}\sum_{j=1}^J \Delta b_t^j$$

[標準的な Mace 法]

$$\Delta C_{it} = a_0 + \kappa \Delta C_t^a + \beta\ \Delta Shock_{it} + \gamma X_{it} + u_{it} \tag{11-1}$$

$$\Delta \log C_{it} = a_0^{'} + \kappa^{'} \Delta \log C_t^a + \beta^{'} \Delta \log Shock_{it} + \gamma^{'} X_{it} + u_{it}^{'} \tag{11-2}$$

(11-1)，(11-2) 式で，添字 t は時点（年代），i は個々の家計をそれぞれ示す。Δ は 2 時点の変化を示す。C_{it} は個々の家計消費，C_t^a はグループの平均消費，$Shock$ は一時的ショック，X は家計消費嗜好に影響を与える各要因（たとえば，世帯主年齢，世帯主教育年数，家族人数，子供有無など），u は平均 0，分散 σ となる誤差項をそれぞれ示す。また，a_0，$a_0^{'}$ は定数項，k，β，γ あるいは k'，β'，γ' はグループの平均消費の変化，一時的ショック，他の要因に関するそれぞれの推定係数，log は対数を示す。

標準的な Mace 法ではグループの平均消費をそのまま用いると，その平均値に回帰すると係数が漸近的には必ず 1 になる問題が生じるため，Deaton (1990) はグループの平均消費 C_t^a を用いるよりも時間ダミーを用いたほうが適切であることを指摘している。本研究では Deaton (1990) を参考にし，年次ダミーをグループの平均消費の代理指標とした方法を用いている（以下では，「Mace 法」と呼ぶ）。これらの推定式を (12-1) 式，(12-2) 式で示す。

[**Mace 法**]：

$$\Delta C_{it} = a_0 + \sum_{t=2004}^{2006} k_t Year_t + \beta\ \Delta Shock_{it} + \gamma X_{it} + u_{it} \tag{12-1}$$

$$\Delta \log C_{it} = a_0^{'} + \sum_{t=2004}^{2006} k_t^{'} Year_t + \beta^{'} \Delta \log Shock_{it} + \gamma^{'} X_{it} + u_{it}^{'} \tag{12-2}$$

次に，Dynarski/Gruber法について説明する。本研究では，Dynarski/Gruber法を用いた分析も行う。Dynarski/Gruber法では家計平均消費を考慮せず，家計消費変動と一時的ショックのみに着目する。Dynarski/Gruber法の推定式は（13 − 1）式，（13 − 2）式の通りである。

[Dynarski/Gruber法]：

$$\Delta C_{it} = a_0 + \beta \Delta Shock_{it} + \gamma Z_{it} + u_{it} \qquad (13-1)$$
$$\Delta \log C_{it} = a_0' + \beta' \Delta \log Shock_{it} + \gamma' Z_{it} + u_{it}' \qquad (13-2)$$

消費保険仮説を検証する方法については，β，β'は家計所得変動に伴う家計消費変動に関する推定係数である。「$\beta = 0$」，あるいは「$\beta' = 0$」になれば，消費保険仮説が検証される。

(2) データ

消費保険仮説を検証するため，中国国家統計局が実施した全国家計所得調査の2004年，2005年，2006年の個票データの一部を活用する。国家統計局が毎年全国の世帯（都市部と農村部）に対して家計消費と家計所得に関する調査を行う。本研究では，都市部調査の個票データの一部を用い，世帯番号，個人番号を活用し，パネルデータを構築したうえで，実証分析を行う。各年度調査の個票データから4000世帯を抽出してデータセットを作成した[70]。サンプルの選定について，2004年調査で世帯主の年齢が21歳以上の世帯に限定し，また家計消費，家計所得，世帯主の個人属性および家族構成員の情報に関する欠損値があるサンプルを除外した。

以下では，変数設定について説明する。被説明変数は，2時点（t期，$t+1$期）の家計消費の変化である。調査票の質問項目に基づいて，家計消費を家計総消費，医療消費，教育消費，食品消費に分けてそれぞれの変数を設定している。家計消費はすべて年間消費の数値である。中国都市部消費者物価指数により各年代の数値を調整した。2時点間の家計消費の差を家計消費の変

---

70 データの使用には制約があるものの，中国を代表する地域（6地域）のデータを抽出した。そのため，本研究は中国全体の状況を一定程度に反映できると考えられる。ただし，地域情報が匿名となっているため，地域の特定ができないことを留意しておく。

化値とする。

　説明変数の設定については，(1) Mace 法ではグループの平均消費を用いている。ここに世帯主の学歴・年齢別によってサンプルをグループ化して平均値を算出した。しかしながら，その平均値に回帰すると係数が漸近的には必ず 1 になる問題が生じることが指摘されるため，本研究では Deaton（1990）

表 5-3-1　記述統計量

変数	平均値	標準偏差	最小値	最大値
家計総所得の変化（元 / 年）	4317	8566	-2864	45845
家計総消費の変化（元 / 年）	4526	10446	942	70163
家計食品消費の変化（元 / 年）	683	5718	-3340	9383
家計医療消費の変化（元 / 年）	60	2611	-74975	65026
世帯主の個人属性				
漢民族	0.942	0.942	0	1
男性	0.708	0.708	0	1
教育年数 (年間)	12	3	0	19
年齢（歳）	49	12	21	93
就業状況の構成比（％）				
国有企業	0.451	0.445	0	1
集団企業	0.035	0.035	0	1
民営・外資系企業	0.093	0.093	0	1
自営業主	0.065	0.069	0	1
自営業従業員	0.044	0.045	0	1
その他の就業	0.048	0.049	0	1
非就業	0.264	0.264	0	1
家族人数の変化	1	2	-2	4
婚姻状況の変化	-0.001	0.306	-1	1
無業状況の変化	0.008	0.560	-1	1
地域ブロックの構成比（％）				
地域 1	0.278	0.447	0	1
地域 2	0.083	0.274	0	1
地域 3	0.438	0.496	0	1
地域 4	0.066	0.246	0	1
地域 5	0.074	0.263	0	1
地域 6	0.062	0.243	0	1
調査年				
2005 年	0.498	0.500	0	1
2006 年	0.501	0.500	0	1
サンプルサイズ	9190			

出所：中国家計調査 2004～2006 により計算。

を参考にし，年次ダミーをグループの平均消費の代理指標とする分析も行う。(2) 家計年間所得の変化を一時的ショックの代理指標として用いる。(3) 他の要因，例えば，世帯主の年齢，教育年数，性別，民族，婚姻状況の変化，就業状況の変化，勤務先，地域が家計消費嗜好に関連し，これらの要因が家計消費に影響を与えると考えられるため，各要因の説明変数を設定している。記述統計量は**表5-3-1**で示している。

4. 計量分析の結果

(1) 消費総額に関する分析結果

表5-3-2では Mace 法および Dynarski/Gruber 法を用いた家計消費総額に関する分析結果をまとめており，分析の結果は次のとおりである。

第1に，家計所得変化に関する分析結果を用いて消費保険仮説の検証を試みる。家計所得の変化の推定値の有意水準はすべて1%となっており，家計所得の変動が家計消費変動に有意な影響を与えることは明確である。また，「$\beta=0$」の帰無仮説が強く棄却された。これらの分析結果により，消費保険仮説は棄却された。

第2に，消費の所得感応度の推定値の大きさを検討する。(1) 消費の所得感応度は，Mace 法，Dynarski/Gruber 法でのいずれも 51.8% (CARA)，76.0% (CRRA) となっている。

第3に，他の要因については，Dynarski/Gruber 法による分析結果では，家族人数が増加すると，家計消費の変動が大きい傾向にある。

(2) 消費品目別分析結果：医療消費と食品消費

消費品目を医療消費と非医療消費（食品消費）の2つに分けて分析を行った。

医療消費（**表5-3-3**）については，(1) 家計所得の変化の推定値の有意水準はすべて1%となっており，家計所得の変動が家計消費変動に有意な影響を与えることは明確である。また，「$\beta=0$」の帰無仮説が強く棄却された。医療消費では消費保険仮説は支持されなかった。(2) 消費の所得感応度は，

Mace法，Dynarski/Gruber法（CRRA）では，いずれも 3.7〜3.8％となっている。公的医療保険制度の実施が家計消費を平滑化する効果を持っていないことがうかがえる。[71]

食品消費（**表5−3−4**）については，(1) 家計所得の変化の推定値の有意水準はすべて1％となっており，家計所得の変動が家計消費変動に有意な影響を与えることは明確である。また，「$\beta = 0$」の帰無仮説が強く棄却された。これらの分析結果により，食品消費では消費保険仮説は棄却される結果が得られた。(2) 消費の所得感応度はCRRAの分析結果で，53.0％（Mace法），53.1％（Dynarski/Gruber法）となっている。

(3) 所得階層別分析結果

表5−3−5でMace法およびDynarski/Gruber法を用いた所得階層別分析の結果を示しており，所得第1分位，第3分位，第5分位の各グループはそれぞれ低所得層，中所得層，高所得層とすると，以下のことが示されている。

第1に，低所得層（第1五分位），中所得層（第3五分位），高所得層（第5五分位）において，いずれも家計所得が家計消費に有意な影響を与えており，「$\beta = 0$」の帰無仮説が強く棄却された。よって，いずれの家計所得層においても消費保険仮説が成立していないことが示された。

第2に，各年齢層間の分析結果を比較すると，消費の所得感応度は，低所得層が 56.1％（CARA）と 76.3％（CRRA），中年層が 46.6％（CARA）と 72.0％（CRRA），高年層が 52.3％（CARA）と 78.2％（CRRA）となっている。消費の所得感応度において，所得階層間の大きな差異がみられていない。

第3に，他の要因を検討する。低所得層では，他の条件が一定であれば，教育水準が高くなるほど家計消費の変動が小さく，また家族人数が増加すると家計消費の変動が大きくなる傾向にある。中所得層において，世帯主が無業のグループに比べ，世帯主が集団企業で就業する場合，家計消費の変動が小

---

71 第2章で述べたように，都市部で1998年からUEBMIが実施され，2007年にURBMIが実施された。本研究の分析期間が 2000〜06年であるため，ここに主にURBMIの影響しか考察できないことを留意しておく。また原則として公務員医療制度はURBMIに移行していくと規定されているものの，分析時点には制度移行は遅れているため，分析結果には公務員医療制度の効果が含まれる可能性があろう。

さい。高所得層では，世帯主が就業状況から無業状況になれば，家計消費の変動が大きくなる傾向にある。

(4) 所得階層別・消費品目別分析結果

表5−3−6で所得階層別・消費品目別分析結果をまとめている。所得第1分位，第3分位，第5分位の各グループはそれぞれ低所得層，中所得層，高所得層とすると，以下のことが示されている。

第1に，全体に，低所得層（第1五分位），中所得層（第3五分位），高所得層（第5五分位）において，いずれも家計所得が家計消費に有意な影響を与えており，「$\beta = 0$」の帰無仮説が強く棄却された。よって，いずれの家計所得層においても消費保険仮説が成立していないことが示された。

第2に，医療消費については，(1) 低所得層，高所得層に関する分析結果によれば，家計所得の変化の推定値の有意水準はすべて1％となっており，家計所得変動が家計消費変動に有意な影響を与えることが示された。また，「$\beta = 0$」の帰無仮説が強く棄却され，医療消費では消費保険仮説は支持されなかった。(2) 消費の所得感応度は，低所得層が0.8％（CARA）と51.0％（CRRA），中所得層が1.1％（CARA）と19.2％（CRRA），高所得層が0.9％（CARA）と52.6％（CRRA）なっている。

ただし，中所得層では，CRRAの分析結果で所得変動が医療消費の変動に有意な影響を与えていない。低，高所得層に比べ，中所得層の場合，家計所得の変動が医療費消費に与える影響が小さく，消費保険仮説が成立することが示された。公的医療保険制度の実施が中所得層の家計消費を平滑化する効果を持つことがうかがえる。

これらの分析結果の理由に関しては，以下のことが考えられる。まず，中所得層に関しては，都市部で働くすべての労働者がUEBMIに加入することが法律によって強制されているが，第4章の分析によると，就業部門によって医療保険制度の加入状況が異なることがわかる。UEBMIの加入者の大多数が国有企業に勤める正規雇用者であり，これらの労働者が中所得層となっているため，上記の結果が得られたと考えられる。次に，低所得層に関しては，非正規部門に勤める労働者（自営業者，国有部門における非正規雇用者など）

グループは賃金所得が低い。つまり，彼らの大多数が低所得層となっている。このグループで公的医療保険制度に加入していない者が相対的に多い（第4章の分析結果を参照）。そのため，低所得層は医療費支出が発生する（疾病に罹る）とき，公的医療保険制度によってカバーできず，家計消費が平滑化できない（消費保険仮説が成立しない）結果が得られたと考えられる。また，高所得層に関しては，医療消費が家計所得と連動する主な原因は，公的医療保険制度が機能していないわけではなく，公的医療保険による最高給付限度額は原則として該当地域労働者の年間平均賃金の4倍前後に定められている。最高給付限度額を超えると，医療費はすべて個人負担となる。また，中国で混合医療が実施されている。公的医療保険制度では決められる医薬品（『国家基本医薬品リスト』），治療方法（入院，医療機器検査など）を受けると同時に，自己負担により高額な医薬品（海外輸入医薬品，新薬）や高額な医療機器検査などを受けることが可能である。そのため，所得が高いほど医療費支出が高くなることになり，医療費支出が家計所得の影響を受ける分析結果が得られたと考えられる。これらの分析結果により，所得格差による医療格差の問題が存在することがうかがえる。

　第3に，食品消費については，(1) 各所得階層において，いずれも家計所得の変化の推定値の有意水準はすべて1％となっており，家計所得変動が家計消費変動に有意な影響を与えることは明確である。また，「$\beta = 0$」の帰無仮説が強く棄却された。これらの分析結果により，低，中，高所得層の食品消費において，いずれも消費保険仮説は棄却される結果が得られた。(2) 消費の所得感応度は，低所得層が13.0％（CARA）と55.4％（CRRA），中所得層が10.3％（CARA）と49.9％（CRRA），高所得層が9.7％（CARA）と52.6％（CRRA）となっている。高所得層に比べ，低，中所得層グループでは，家計所得変動が食品消費により大きな影響を与えることが示された。所得格差の拡大に伴って食品消費格差が大きくなる可能性が存在することがうかがえる。

表5−3−2 消費総額の分析結果

	Mace法		Dynarski/Gruber法	
	CARA	CRRA	CARA	CRRA
家計所得変動	0.518 ***	0.760 ***	0.518 ***	0.760 ***
	(33.73)	(99.06)	(33.76)	(99.04)
年次ダミー（2005年）				
2006年	−220.005	−0.016		
	(−0.58)	(−1.57)		
家族人数の変化	175.777	0.015 *	179.811	0.015 *
	(0.65)	(1.80)	(0.67)	(1.83)
世帯主の属性（調査年）				
漢民族	597.957	−0.005	599.095	−0.005
	(0.90)	(−0.24)	(0.91)	(−0.23)
男性	233.147	0.006	234.134	0.006
	(0.51)	(0.55)	(0.51)	(0.55)
教育年数	−50.429	−8.45E−05	−51.164	−1.372E−04
	(−0.62)	(−0.04)	(−0.63)	(−0.07)
年齢	−63.081	−1.016E−04	−64.200	−1.833E−04
	(−0.55)	(−0.03)	(−0.56)	(−0.06)
年齢の二乗	0.511	−6.87E−07	0.518	−2.07E−07
	(0.45)	(−0.02)	(0.46)	(−0.01)
就業状況（非就業ダミー）				
国有部門	549.676	−0.007	547.944	−0.007
	(0.73)	(−0.36)	(0.73)	(−0.37)
集団企業	−863.430	−0.054	−869.022	−0.054
	(−0.71)	(−1.59)	(−0.72)	(−1.60)
民営・外資系企業	1431.686	0.012	1429.129	0.012
	(1.59)	(0.49)	(1.59)	(0.48)
自営業主	202.943	−0.008	195.204	−0.009
	(0.19)	(−0.29)	(0.18)	(−0.31)
自営業雇用者	88.407	−0.033	76.147	−0.034
	(0.09)	(−1.11)	(0.08)	(−1.14)
その他の就業	522.098	0.002	523.816	0.002
	(0.31)	(0.07)	(0.31)	(0.08)
婚姻状況の変化	295.910	0.002	296.059	0.002
	(0.53)	(0.14)	(0.53)	(0.14)
無業状況の変化	294.465	−0.003	292.931	−0.004
	(0.73)	(−0.29)	(0.73)	(−0.30)
地域	あり	あり	あり	あり
定数項	1527.396	0.031	1464.719	0.027
	(0.47)	(0.35)	(0.45)	(0.30)
$\beta=0$検定　　F値	1137.43	9812.10	1139.63	9808.43
Prob>F	0.000	0.000	0.000	0.000
サンプルサイズ	9190	9190	9190	9190
自由度調整済み決定係数	0.380	0.564	0.380	0.564

出所：国家統計局「中国家計所得調査」2004〜2006より計算。
注：1） *, **, *** はそれぞれ有意水準10%, 5%, 1%を示す。
　　2） ( ) はt値を示す。

表5-3-3 消費品目別分析結果：医療消費

	Mace法		Dynarski/Gruber法	
	CARA	CRRA	CARA	CRRA
家計所得変動	1.039 ***	0.037 ***	1.038 ***	0.038 ***
	(5.76)	(8.27)	(5.77)	(8.28)
年次ダミー（2005年）				
2006年	2680.714 ***	0.083 ***		
	(4.76)	(4.02)		
家族人数の変化	1118.277 ***	0.027	1071.468 ***	0.026
	(3.15)	(1.56)	(3.04)	(1.52)
世帯主の属性（調査年）				
漢民族	−581.330	−0.084 *	−596.622	−0.086 *
	(−0.48)	(−1.72)	(−0.49)	(−1.78)
男性	−1052.744 *	3.233-E4	−1067.005 *	0.001
	(−1.64)	(0.01)	(−1.66)	(0.05)
教育年数	14.1921	−0.001	23.198	−0.001
	(0.13)	(−0.19)	(0.21)	(−0.20)
年齢	215.455	0.012 *	229.569	0.012 *
	(1.26)	(1.80)	(1.35)	(1.81)
年齢の二乗	−1.567	−1.35-E4 *	−1.650	−1.125-E4 *
	(−0.94)	(−1.76)	(−0.99)	(−1.74)
就業状況（非就業ダミー）				
国有部門	2227.473 *	−0.023	2253.590 *	−0.024
	(1.80)	(−0.57)	(1.81)	(−0.57)
集団企業	711.187	−0.048	781.177	−0.048
	(0.42)	(−0.73)	(0.45)	(−0.72)
民営・外資系企業	1072.366	−0.053	1106.105	−0.050
	(0.71)	(−0.97)	(0.73)	(−0.92)
自営業主	2835.635 *	0.014	2936.388 *	0.016
	(1.61)	(0.24)	(1.67)	(0.29)
自営業雇用者	374.9715	0.010	525.886	0.012
	(0.24)	(0.16)	(0.33)	(0.18)
その他の就業	129.732	−0.105 **	110.283	−0.110 **
	(0.08)	(−1.99)	(0.07)	(−2.07)
婚姻状況の変化	1885.141 *	0.066 *	1887.886 *	0.063 *
	(1.85)	(1.72)	(1.85)	(1.67)
就業状況の変化	1055.758	−0.013	1076.818	−0.013
	(1.55)	(−0.53)	(1.58)	(−0.51)
地域				
定数項	−3741.275	−0.096	−2983.713	−0.058
	(−0.77)	(−0.54)	(−0.61)	(−0.33)
$\beta=0$検定　　F値	33.12	68.43	33.27	68.59
Prob>F	0.000	0.000	0.000	0.000
サンプルサイズ	9190	9190	9190	9190
自由度調整済み決定係数	0.014	0.026	0.012	0.022

出所および注：表5-3-2と同じ。

表5-3-4 消費品目別分析結果：食品消費

	Mace法		Dynarski/Gruber法	
	CARA	CRRA	CARA	CRRA
家計所得変動	2.755 ***	0.530 ***	2.760 ***	0.531 ***
	(24.46)	(35.35)	(24.54)	(35.29)
年次ダミー (2005年)				
2006年	1579.918 ***	0.066 ***		
	(3.31)	(4.73)		
家族人数の変化	424.986	0.051 ***	396.226	0.050 ***
	(1.55)	(3.80)	(1.45)	(3.74)
世帯主の属性 (調査年)				
漢民族	-304.271	0.004	-312.708	0.003
	(-0.29)	(0.11)	(-0.30)	(0.10)
男性	-472.383	0.007	-479.840	0.006
	(-0.87)	(0.41)	(-0.88)	(0.39)
教育年数	-61.393	-0.004	-56.223	-0.003
	(-0.67)	(-1.35)	(-0.61)	(-1.27)
年齢	272.049	-0.005	280.473 *	-0.004
	(1.84)	(-1.05)	(1.90)	(-0.98)
年齢の二乗	-2.412 *	4.30-E5	-2.462 *	0.000
	(-1.64)	(0.97)	(-1.68)	(0.93)
就業状況 (非就業ダミー)				
国有部門	1437.326	0.047 *	1451.271	0.048 *
	(1.35)	(1.66)	(1.36)	(1.68)
集団企業	761.800	0.046	802.987	0.047
	(0.51)	(0.98)	(0.54)	(1.02)
民営・外資系企業	149.591	0.026	167.736	0.027
	(0.12)	(0.72)	(0.13)	(0.75)
自営業主	1239.539	0.080 *	1296.066	0.082 **
	(0.82)	(2.00)	(0.86)	(2.06)
自営業雇用者	348.581	0.037	437.094	0.041
	(0.25)	(0.89)	(0.32)	(0.98)
その他の就業	608.849	-0.066 *	597.331	-0.066 *
	(0.44)	(-1.83)	(0.43)	(-1.85)
婚姻状況の変化	738.616	0.048 *	737.931	0.048 *
	(0.82)	(1.94)	(0.82)	(1.94)
就業状況の変化	976.148 *	0.022	988.400 *	0.023
	(1.68)	(1.31)	(1.70)	(1.34)
地域				
定数項	-5029.411	-4.512 ***	-4585.997	-4.502 ***
	(-1.21)	(-24.76)	(-1.11)	(-24.65)
$\beta=0$ 検定　　F値	598.42	1249.67	602.28	1245.57
Prob>F	0.000	0.000	0.000	0.000
サンプルサイズ	9190	9190	9190	9090
自由度調整済み決定係数	0.308	0.139	0.307	0.137

出所および注：表5-3-2と同じ。

表 5-3-5　所得階層別分析結果

	所得第 1 五分位		所得第 3 五分位		所得第 5 五分位	
	CARA	CRRA	CARA	CRRA	CARA	CRRA
家計所得変動	0.561 ***	0.763 ***	0.466 ***	0.720 ***	0.523 ***	0.782 ***
	(15.87)	(42.15)	(14.86)	(33.67)	(16.82)	(40.39)
年次ダミー (2005年)						
2006年	354.538	-0.021	716.174	0.027	-1062.701	-0.012
	(0.63)	(-0.95)	(1.20)	(1.22)	(-0.72)	(-0.50)
家族人数の変化	1261.460	0.051 **	-919.286	-0.024	569.330	0.021
	(1.44)	(2.25)	(-1.30)	(-1.36)	(1.16)	(1.32)
世帯主の属性 (調査年)						
漢民族	-798.255	-0.063	439.756	-1.113E-04	2997.498	0.029
	(-0.98)	(-1.35)	(0.38)	(-0.11)	(1.38)	(0.55)
男性	720.763	2.081E-04	-254.686	-0.007	577.816	0.018
	(0.97)	(0.01)	(-0.38)	(-0.27)	(0.32)	(0.62)
教育年数	-200.343 *	-0.006	-79.537	-1.73E-04	-59.151	0.001
	(-1.89)	(-1.52)	(-0.72)	(-0.04)	(-0.18)	(-0.20)
年齢	52.176	0.001	79.641	3.383E-04	-475.763	-0.008
	(0.30)	(0.14)	(0.42)	(0.05)	(-1.14)	(-1.02)
年齢二乗	-0.451	-1.33E-05	-0.547	5.78E-06	3.769	6.36E-05
	(-0.28)	(-0.19)	(-0.30)	(0.09)	(0.91)	(0.82)
就業状況 (非就業ダミー)						
国有部門	372.724	-0.007	363.401	-0.019	3761.943	0.057
	(0.33)	(-0.16)	(0.32)	(-0.41)	(1.39)	(1.24)
集団企業	-2787.353	-0.122 *	-5088.895 **	-0.200 **	4874.165	0.080
	(-1.45)	(-1.75)	(-2.06)	(-2.48)	(1.15)	(0.98)

(つづく)

第5章　中国における公的医療保険制度が家計消費に与える影響

	(1)	(2)	(3)	(4)	(5)	(6)
民営・外資系企業	-712.744	-0.068	969.107	0.029	7301.762	0.076
	(-0.54)	(-1.20)	(0.65)	(0.51)	(2.06)	(1.26)
自営業主	315.502	-0.028	-1005.503	-0.035	2160.554	0.005
	(0.23)	(-0.48)	(-0.65)	(-0.55)	(0.57)	(0.07)
自営業雇用者	-913.731	-0.058	802.994	-0.008	258.960	-0.035
	(-0.62)	(-0.92)	(0.52)	(-0.12)	(0.07)	(-0.45)
その他の就業	209.528	0.023	886.727	-0.001	3814.711	0.055
	(0.11)	(0.37)	(0.54)	(-0.02)	(0.69)	(0.92)
婚姻状況の変化	1268.110	0.023	-144.173	0.005	-1663.772	-0.057
	(1.08)	(0.62)	(-0.18)	(0.13)	(-0.86)	(-1.28)
無業状況の変化	-311.695	-0.017	-435.205	-0.014	2845.307 **	0.042
	(-0.44)	(-0.68)	(-0.64)	(-0.51)	(2.02)	(1.41)
地域	あり	あり	あり	あり	あり	あり
定数項	1171.458	0.163	-1828.517	-0.004	9036.997	0.168
	(0.25)	(0.83)	(-0.34)	(-0.02)	(0.73)	(0.74)
β=0検定　F値	252	1776.60	220.78	1133.89	282.89	1631.22
Prob>F	0.000	0.000	0.000	0.000	0.000	0.000
サンプルサイズ	1838	1838	1838	1838	1838	1838
自由度調整済み決定係数	0.444	0.538	0.302	0.418	0.267	0.491

出所および注：表5-3-2と同じ。

表 5−3−6 所得階層別・消費品目別分析結果

消費品目別		所得第 1 五分位		所得第 3 五分位		所得第 5 五分位	
		CARA	CRRA	CARA	CRRA	CARA	CRRA
消費総額		0.561 ***	0.763 ***	0.466 ***	0.720 ***	0.523 ***	0.782 ***
		(15.87)	(42.15)	(14.86)	(33.67)	(16.82)	(40.39)
$\beta=0$ 検定	F 値	252	1776.60	220.78	1133.89	282.89	1631.22
	Prob>F	0.000	0.000	0.000	0.000	0.000	0.000
食品消費		0.130 ***	0.554 ***	0.103 ***	0.499 ***	0.097 ***	0.526 ***
		(15.06)	(31.41)	(11.90)	(21.37)	(6.80)	(25.79)
$\beta=0$ 検定	F 値	226.77	986.34	141.71	456.62	46.21	761.19
	Prob>F	0.000	0.000	0.000	0.000	0.000	0.000
医療消費		0.008 ***	0.510 ***	0.011 ***	0.192	0.009 ***	0.526 ***
		(4.62)	(3.90)	(2.74)	(1.17)	(3.43)	(4.01)
$\beta=0$ 検定	F 値	21.30	15.18	7.52	1.36	11.78	16.08
	Prob>F	0.000	0.000	0.006	0.243	0.001	0.000

出所:国家統計局「中国家計所得調査」2004〜2006 より計算。
注:1) *,**,*** はそれぞれ有意水準 10%,5%,1% を示す。
2) ( ) は t 値を示す。
3) 年次ダミー、家族人数の変化、世帯主婚姻状況の変化、世帯主無業状況の変化、世帯主属性(民族、教育年数、年齢、年齢の二乗、就業部門)を計測したが、掲載で省略している。

(5) 就業部門別・消費品目別分析結果

 分析時期（2004～2006年）に，都市部で都市従業員基本医療保険制度，都市従業員基本年金制度が実施されている。法律によると，都市部における労働者はすべてこれらの社会保障制度の適用者であるが，社会保険料金は従業員，企業，政府の三方によって分担されている。国有部門は政府の強制によって従業員の社会保険料金を負担する一方で，非国有部門（民営企業，自営業部門など）の企業は，社会保険料金を含む人件費を削減するため，従業員の社会保険料金の負担を回避する可能性が存在する。したがって，就業部門によって労働者が社会保障制度の加入状況が異なる可能性がある。第4章の分析によると，就業部門によって公的医療保険制度の加入状況が異なることが明らかになった。こうしたサンプルセレクションによるバイアス問題に対応するため，就業部門別分析が必要である。**表5-3-7**で就業部門別・消費品目別分析結果をまとめている。①国有部門，②外資系企業・民営企業，③自営業，④非就業の4つのグループに分けて消費保険仮説に関する検証を行った。分析結果により，以下のことが示された。

 第1に，家計総消費に関する分析結果に関しては，国有部門，非国有部門（民営企業・外資系企業，自営業），非就業者の各グループにおいて，いずれも家計所得の変動が家計消費の変動に有意な影響を与えており，「$\beta=0$」の帰無仮説が強く棄却された。国有部門，非国有部門のいずれにおいても消費保険仮説が成立していないという結果が得られた。

 第2に，医療消費については，(1) 国有部門に勤めるグループ，非就業者グループのいずれにおいても，家計所得変化の推定値の有意水準はすべて1％となっており，家計所得の変動が家計消費変動に有意な影響を与えることが示された。また，「$\beta=0$」の帰無仮説が強く棄却され，消費保険仮説は支持されなかった。消費の所得感応度は，国有部門に勤めるグループが1.0％（CARA）と11.9％（CRRA），非就業者グループが0.8％（CARA）と18.6％（CRRA）となっている。(2) 非国有部門（民営企業・外資系企業，自営業）において，CARAによる分析結果，家計所得変化の推定値の有意水準はすべて1％となっており，家計所得の変動が家計消費変動に有意な影響を与えることが示された。また，「$\beta=0$」の帰無仮説が強く棄却され，両グループで

第Ⅱ部　実証的研究

表5-3-7　就業部門別・消費品目別分析結果

消費品目別		国有部門		民営企業		自営業		非就業	
		CARA	CRRA	CARA	CRRA	CARA	CRRA	CARA	CRRA
消費総額		0.525 ***	0.309 ***	0.595 ***	0.319 ***	0.478 ***	0.279 ***	0.471 ***	0.295 ***
		(25.54)	(18.35)	(9.32)	(11.9)	(10.83)	(5.46)	(16.90)	(15.57)
$\beta=0$ 検定	F値	652.21	336.60	86.77	122.91	117.34	29.81	285.73	242.33
	Prob>F	0.000	0.000	0.000	0.000	0.000	0.000	0.000	0.000
医療消費		0.010 ***	0.119 ***	0.011 ***	0.181	0.014 ***	0.230	0.008 ***	0.186 ***
		(5.17)	(2.35)	(2.93)	(1.41)	(2.76)	(0.94)	(3.69)	(2.71)
$\beta=0$ 検定	F値	26.78	5.54	8.61	1.99	7.62	0.89	13.60	7.32
	Prob>F	0.000	0.019	0.003	0.159	0.006	0.347	0.000	0.007
食品消費		0.121 ***	0.187 ***	0.130 ***	0.211	0.129 ***	0.150 ***	0.093 ***	0.178 ***
		(14.05)	(14.00)	(7.58)	(8.68)	(8.20)	(3.37)	(11.22)	(11.72)
$\beta=0$ 検定	F値	197.29	195.91	57.43	75.35	67.23	11.37	125.97	137.39
	Prob>F	0.000	0.000	0.006	0.000	0.001	0.001	0.001	0.000

出所および注：表5-3-6と同じ。

消費保険仮説は棄却される結果が得られた。ただし，消費の所得感応度は，民営企業・外資系企業に勤めるグループが1.1％，自営業グループが1.4％で小さい。一方，CRRAによる分析結果，家計所得の変動が家計消費変動に有意な影響を与えておらず，また「$\beta = 0$」の帰無仮説が棄却できず，両グループで消費保険仮説は支持された。

　これらの分析結果の理由については，以下のことが考えられる。

　まず，非就業者グループに関する分析結果に関しては，非就業者はUEBMIの適用者ではない。非就業者をカバーするURBMIが2007年に実施されたため，分析時点（2004～2006），非就業者の大多数は公的医療保険制度によりカバーされていないため，重篤な疾病に罹るとき，家計消費が平滑化できないと考えらえる。

　次に，民営企業・外資系企業に勤めるグループに関しては，第3章の表3－5によると，2007年の場合，URBMIのみに加入した者の割合は国有企業に勤めるグループが64.11％，外資系企業に勤めるグループが65.05％で両者間の差が小さい一方で，商業医療保険のみ，混合型医療保険（公的医療保険＋商業保険＋その他の医療保険）に加入する者の割合は，外資系企業に勤めるグループが16.70％で国有企業に勤めるグループ（9.16％）より高い。国有部門に比べ，非国有部門でURBMIの加入率が低いが，私的医療保険（商業保険）に加入する者が多い場合は，私的医療保険が公的医療保険の補充として役割を果たすと，疾病に罹る場合，家計消費が平滑化できる可能性があろう。

　また，分析結果により，国有部門に勤めるグループで疾病に罹るとき，家計消費は平滑化できないことがうかがえる。国有部門の企業は政府によって管理され，法律によって公的医療保険制度への加入は強制されるため，他の就業部門グループに比べ，国有部門に勤めるグループで公的医療保険制度の加入率が相対的に高いため，家計消費で消費保険仮説が成立する可能性が高いと思われる。ただ，国有部門に勤めるグループで正規雇用者は強制され，公的医療保険制度に加入する一方で，非正規雇用者が公的医療保険制度に加入していない可能性がある。国有部門に勤める非正規雇用者グループで公的医療保険制度の加入率が低く，しかもこれらの労働者の大多数が低賃金労働者であり，家計貯蓄も少ないため，重篤な疾病に罹る際に，家計消費が平滑化

できていないと考えられる。この点を明らかにするため，今後新たな調査を行い，国有部門，非国有部門における正規雇用者，非正規雇用者の各グループに分けて消費保険仮説の検証に関するさらなる分析は必要であろう。

第3に，食品消費については，(1) 国有部門，非国有部門（民営企業・外資系企業，自営業），非就業者各グループのいずれにおいても，家計所得変化の推定値の有意水準はすべて1%となっており，家計所得の変動が家計消費変動に有意な影響を与えることが示された。また，「$\beta=0$」の帰無仮説が強く棄却され，国有部門，非国有部門，非就業者のいずれにおいても，消費保険仮説は棄却される結果が得られた。(2) 消費の所得感応度は，国有部門に勤めるグループが12.1%（CARA）と18.7%（CRRA），民営企業・外資系企業グループが13.0%（CARA）と21.1%（CRRA），自営業グループが12.9%（CARA）と15.0%（CRRA），非就業者グループが9.3%（CARA）と17.8%（CRRA）となっている。食品消費の所得感応度における就業部門間の差異が小さい。

＊＊＊

本章では，公的医療保険制度の加入が医療消費支出（医療費の自己負担額）および家計消費の平滑化に与える影響に関する実証研究を行い，主な結論および政策示唆は以下の通りである。

まず，実証分析の結果によると，都市部と農村部のいずれにおいても，公的医療保険制度は，医療費の自己負担を軽減する効果を持たず，高額な医療費の発生による貧困問題を解消できていないことが示された。公的医療保険制度が所得再分配政策の1つとしてその果たすべき役割を評価すると，体制移行期における公的医療保険制度の改革が成功していないといえよう。重篤な疾病に罹ることによって生じる貧困問題に対処するため，公的医療制度を改革しながら，他の社会保障制度を整備することは今後の重要な課題となっている。また，重篤な疾病に罹る者に対する特別な医療費援助制度を設けることを検討する必要があろう。さらに，分析結果により，他の要因が一定ならば，若年層に比べ，高年齢層で医療費の自己負担額が高く，家計破綻性医療費支出（CHE）になる確率が高いことが示された。高齢化が進んでいる中

国で，高年齢者患者をターゲットとする貧困削減政策に取り組むことは今後の重要な課題となる。高年齢者向けの公的医療保険制度の構築を検討すべきであろう。

次に，疾病に罹るとき，公的医療保険制度の加入が家計消費に与える影響に関しては，消費保険仮説を検証した結果，医療保険2004～2006年に都市部で実施された公的医療保険制度（主に都市従業員基本医療保険制度）は家計消費を平滑化する機能を持たず，健康リスク（疾病に罹ること）が発生する際に，家計所得が変動すると，家計消費が変動する傾向にあることが明らかになった。公的医療保険制度のリスク・シェアリング機能を向上させることは今後の課題となっている。

また，所得階層によって消費保険仮説の検証結果が異なることにより，所得格差の拡大に伴って医療格差が大きくなる可能性が存在することが示された。都市従業員基本医療保険制度以外，低所得層向けの公的医療制度（たとえば，医療補助制度，アメリカのMedicaid制度など）の制定・実施を検討する必要があろう。また，現在，基本医療保険基金に見合い，薬価が安い医薬品を『国家基本医薬品リスト』に収載し，医療費を抑制する公的医療保険制度が実施されている。公的医療保険制度運営の効率性を重視する一方で，医療の公平性（命の平等）も重視し，公的医療保険制度における所得再分配の機能を向上させる改革を検討すべきであろう。たとえば，混合医療で費用対効果の優れた医薬品（薬価がやや高いもの）を『国家基本医薬品リスト』に収載し，高所得層のみならず，低，中所得層も医療技術の進歩の恩恵を受けられるような公的医療保険制度を構築すべきであろう。

最後に，疾病に罹るとき，就業部門によって家計消費が平滑化できるかどうかの状況が異なることが示された。今後，新たな調査を行い，公的医療保険制度の加入における就業部門別（国有部門・非国有部門）就業形態別（正規雇用者，非正規雇用者）の各グループ間の格差の状況を把握し，その要因を解明するうえで，公的医療保険制度の加入における部門間の格差を解消する政策を検討する必要がある。また，公的医療保険制度以外，私的医療保険

---

72 前述したように，高年齢者向けの公的医療保険制度に関しては，アメリカでメディケア（Maidcare）制度が実施され，また日本では後期高齢者医療制度が実施されている。

の運営状況,加入状況およびその役割,公的医療保険制度と私的医療保険の関係(補完関係か,代替関係か)を明らかにするうえで,私的医療保険のあり方を検討すべきであろう。

　本章の第1節では,都市部および農村部において,公的医療保険制度の実施が医療費の自己負担を軽減する効果を持つかどうか,また重篤な疾病になることによって生じた貧困問題を解決できたかどうかに関して実証研究を行った。しかし,本章の分析には,制度加入が非ランダムである場合,制度加入グループと未加入グループの属性の違いによって生じる異質性の問題が残されている。その問題に対処する実証研究は,第7章で行っている。

第6章
新型農村合作医療制度が医療サービスの利用に与える影響
── 現役者世代と高齢者世代の比較

　本章では社会実験に基づくDID（Difference in Differences）手法を用い，第5章と同じパネルデータ（CHNS2000, 2004, 2006）を活用し，制度加入グループと未加入グループの属性の違いによって生じる異質性の問題に対応したうえで，(1) 新型農村合作医療制度（NCMS）がどの程度医療機関へのアクセス（外来，入院）および一般健康診断の受診確率に影響を与えるのか，(2) NCMSがどの程度総医療費，医療費の自己負担額，家計破綻性医療費支出（CHE）になる確率に影響を与えるのかを明らかにしたうえで，NCMSの実施効果に関する評価を行う。年齢階層によって公的医療保険制度が医療サービスの利用に与える影響が異なる可能性があるため，本章では，16～59歳（現役者世代），60歳以上（高年齢者世代）の2つのグループに分けてそれぞれの分析を行い，制度実施効果における現役者世代と高年齢者世代間の差異も考察する。

　本章の構成は以下の通りである。第1節で先行研究をサーベイしたうえで，本章の特徴について述べる。第2節で，データから観察された農村部における医療保険制度の加入状況と医療サービスの利用状況を考察し，第3節で計量分析の枠組を説明し，そして第4節で計量分析の結果を説明し，最後に実証研究から得られた結論および政策示唆をまとめる。

第1節 新型農村合作医療制度の実施効果に関する実証研究

表6-1にNCMSに関する主な実証研究をまとめている。これらの実証研究は用いるデータによって，クロスセクションデータに基づく分析，およびパネルデータに基づく分析の2つに大きく分けられる。これらの実証分析によると，NCMSが医療サービスの利用と医療費軽減に有意な影響を与える結果および有意な影響を与えていない結果の両方が得られた（Wagstaff and Lindelow 2008；Wagstaff *et al.* 2009；Lei and Lin 2009；Lu *et al.* 2012；Li and Zhang 2013；Jing *et al.* 2013；Li *et al.* 2014[73]）。それに対して，本研究の主な特

---

[73] クロスセクションデータに基づく分析については，Wagstaff *et al.* (2009) は2003NHSS（National Health Service Survey）に基づいて，プロビット分析＋IV，GLM＋IV，ロジット分析の固定効果モデルを用いた分析結果により，NCMSは健康outcomes，医療サービスの利用機関および医療費の自己負担額に有意な影響を与えていないが，NCMSに加入したグループでは予防医療としての一般健康診断を受診する確率が高いことを示している。Shi *et al.* (2010) は，2008年農村部3省（河北省，陝西省，内モンゴル）の居住者を対象とした調査データを用い，ロジット分析を行い，新型農村合作医療制度ダミーが入院日数に有意な影響を与えておらず，またNCMSがCHE，病気による貧困を軽減する効果を持っていないことを指摘している。Xiao *et al.* (2010) は，2008年12月～2009年3月に山東省農村部の女性を対象とした調査を行い，ロジットモデルを用いた分析結果より，NCMSが高質な医療サービスの利用および入院日数に有意な影響を与えていないが，NCMSに加入したグループで医療サービスの利用が低い傾向にあることを明示している。You and Kobayashi (2011) は，CHNS2004を活用し，サンプル・セレクション・バイアスの問題を考慮し，ヘックマン二段階の推定法を用いて医療費の自己負担関数を推定した結果，NCMSに加入したグループで医療サービスの利用確率が高くなるが，NCMSが医療費の自己負担額に有意な影響を与えていないと指摘している。Lu *et al.* (2012) は，2001CHSS（China Health Surveillance Baseline）のデータに基づいて，内生性の問題を考慮したマッチングモデル（Propensity Score matching：PSM）およびIV法を用いた分析結果より，NCMSに加入したグループで受診回数が多いが，NCMSが医療費の自己負担額およびCHEになる確率に与える影響は統計的に有意ではないことを示している。Li and Zhang (2013) は，2008CHARLS（Chinese Health and Retirement Longitudinal Study）を活用し，サンプル・セレクション・バイアスの問題を考慮したTwo-partモデルを用いて関数を推定した結果，NCMSが医療サービスの利用確率および医療費の自己負担額に有意な影響を与えていないことを示している。Li *et al.* (2014) は，2008NHSS（National Health Service Survey）を活用し，ロジット分析モデルを用いて実証分析を行い，NCMSがCHEを軽減する効果を持っていないと述べている。上記のクロスセクションデータに基づく分析結果には，内生性の問題および個体間の異質性の問題が残されていると考えられる。
内生性の問題および個体間の異質性の問題を考慮したパネルデータに基づく実証研究の結果を検討する。Wagstaff and Lindelow (2008) は，①CHNS1991，1993，1997，2000，②2000，2003年甘粛省児童と家族調査（Gansu Survey of Children and Families），③世界銀行の中国健康第8回プロジェクト調査（World Bank China Health Ⅷ Project Baseline Survey）の3つのデータセットを活用し，ロジットモデル，IV，パネルデータの固定効果モデルを用いた結果，NCMSが医療機関へのアクセスに有意な影響を与えていないが，NCMSに加入したグループで，一般健康診

徴は以下の通りである。

　第1に，推定モデルに関しては，政策効果に関する実証研究では，内生性の問題および個人間の異質性の問題を取り除くため，自然実験に基づくDID法による分析が望ましいが，先行研究ではLei and Lin (2009)，Jing et al. (2013) 以外の実証研究では，DID法による分析が行われていない。それに対して，本章では，CHNSのパネルデータを活用し，2003年を制度実施時期を境とし，制度実施前，制度実施後の2つの時期に分けて，また制度加入グループと制度未加入グループに基づいて自然実験に類似するトリートメントグループとコントロールグループを構築してDID法による政策評価を行う。また，個人間の異質性の問題を考慮したパネルデータのランダム効果モデルを用いる分析も行う。これらの分析結果に基づいて先行研究と比較することができる。

　第2に，変数欠如（omitted variable）の問題がある。医療サービスの利用に関する実証研究では，Andersonモデル（Anderson and Newman 1973, Anderson et al. 1983）がよく用いられている。[74] DID法を応用したLei and Lin (2009)，Jing et al. (2013) では，Andersonモデルで指摘されるいくつかの要因が考慮されていない。本章では，Andersonモデルに基づいて4つの要因群に分けてそれぞれの代理変数を設定してより厳密な実証分析を行うことができる。Andersonモデルに基づくDID法の応用は，本章の実証分析の1つの特徴となっている。

　第3に，加齢によって疾病の罹患率が高くなり（つまり年齢階層ごとに健康状態が異なり），また年齢階層によって健康に対する嗜好も異なると考えられる。そのため，年齢階層によって公的医療保険制度が医療機関へのアクセ

　　断を受ける確率が高いことを明らかにしている。Lei and Lin (2009) は，CHNS2000, 2004, 2006のパネルデータを活用し，IV，FE，PSM＋DIDの分析方法を用いて実証分析を行い，Wagstaff and Lindelow (2008) と同じような結論を示している。Jing et al. (2013) は，2006年，2008年に山東省，寧夏省で実施したパネル調査のデータを活用し，DID法による分析結果，NCMSがCHEになる確率を低める効果を持っていないと指摘している。Cheng et al. (2014) は，2005，2008CLHLS (Chinese Logitudinal Healthy Longevity Survey) のパネルデータを活用し，PSMによる分析結果を用いて，NCMS加入したグループで医療サービスの利用確率が高い傾向にあるが，NCMSが医療費の自己負担額を軽減する効果を持っていないことを明示している。

[74] Li and Zhao (2006)，You and Kobayashi (2011)，Li and Zhang (2013) では，Andersonモデル（Anderson's Behavioural Model）に基づいて実証研究が行われているが，これらの分析ではDID法による政策評価の分析が行われていない。

第Ⅱ部　実証的研究

表6-1　新型農村合作医療制度と医療サービスの利用に関する実証研究のまとめ

著者	発表年代	データ	分析対象	分析内容	モデル	制度以外の説明変数	主な結果
Wagstaff and Lindelow	2008	パネルデータ、①1991, 1993, 1997, 2000 CHNS (China Health and Nutrition Survey)、②2000, 2003Gansu Survey of Children and Families、③World Bank China Health Ⅷ Project Baseline Survey	①都市部および農村部9省の居住者、②甘粛省農村の居住者、③農村部7省の居住者	NCMSが医療機関へのアクセス、および予防医療の利用に与える影響	ロジット、IV, FE	年齢、家族人数、有配偶者、性別、雇用者、土地請負、4週間以内の健康状態、喫煙、世帯所得	医療機関へのアクセス(X)、予防医療の利用(+)
Wagstaff et al.	2009	クロスセクションデータ、2003NHSS (National Health Service Survey)	農村部31省の居住者	NCMSが健康状態、医療機関へのアクセス、予防医療の利用、OOPに与える影響	プロビット(IV)、GLM(IV)、ロジット(FE)	年齢、学歴、主観的健康状態、都市ダミー、調査年、IV (公務員、世帯主、世帯従業者数)	健康状態(X)、医療機関へのアクセス(X)、OOP(X)、予防医療(+)
Lei and Lin	2009	パネルデータ、2000, 2004, 2006CHNS (China Health and Nutrition Survey)	農村部9省の居住者	NCMSが健康状態、医療機関へのアクセス、予防医療の利用、OOPに与える影響	IV, FE, PSMDD	世帯所得、家族人数、性別、学歴、婚姻状況、民族、有配偶者、性別	医療機関へのアクセス(X)、予防医療の利用(+)
Shi et al.	2010	クロスセクションデータ、2008年調査データ	農村部3省(河北省、陝西省、内モンゴル)の居住者	NCMSが医療機関へのアクセス、家計破綻性医療費支出、病気による貧困に与える影響	ロジット分析	年齢、性別、民族、学歴、職業、婚、宗教、持病	入院日数(X)、家計破綻性医療費支出(X)、病気による貧困(X)
Xiao et al.	2010	クロスセクションデータ、2008.12～2009.3年調査データ	山東省農村の女性居住者	NCMSが高質な医療サービスの利用、入院日数、OOPに与える影響	ロジット分析	年齢、性別、家族人数、学歴、持病、主観的健康状態、病院への距離、病気の重篤さ、地域	高質な医療サービスの利用(X)、入院日数(X)、OOP(-)
You and Kobayashi	2011	クロスセクションデータ、2004CHNS (China Health and Nutrition Survey)	都市部および農村部9省の住居者(18歳以上)	CMSがOOPに与える影響	ヘックマン二段階推定法	個人要因(年齢、性別、民族、学歴、病気の重篤さ、持病、健康状態、BMI、病気の主観的重篤さ)、世帯主要因(根所得)、生活環境要因(飲用水、トイレ、居住周りの衛生状況)地域要因(都市ダミー、地域ダミー)	医療サービス利用(+)、OOP(X)

232

第 6 章　新型農村合作医療制度が医療サービスの利用に与える影響

(つづく)

Luo and Han	2011	パネルデータ、1991, 1993, 1997, 2000, 2004, 2006CHNS (China Health and Nutrition Survey)	農村部 9 省の居住者	NCMS が医療機関へのアクセス、および子供医療の利用に与える影響	ロジット分析、IV、FE	年齢、家族人数、有配偶者、性別、雇用者、土地請負、4 週間以内の健康状態、世帯所得	医療サービスの利用(X)、予防医療の利用(+)
Lu et al.	2012	クロスセクションデータ、2001CHSS (China Health Surveillance Baseline)	農村部 9 省の居住者	CMS が受診回数、OOP、家計破綻性医療費支出に与える影響	PSM, IV	年齢、性別、家族人数、学歴、病院への距離、持病、主観的健康状態、病気の重篤さ、地域	受診回数(+)、OOP(X)、家計破綻性医療費支出(X)
Li and Zhang	2013	クロスセクションデータ、2008CHARLS (Chinese Health and Retirement Longitudinal Study)	都市部および農村部 2 省(甘粛省、浙江省)の 45 歳以上の中高年齢者	NCMS が外来受診、OOP に与える影響	Two-part モデル	年齢、性別、学歴、持病、喫煙、主観的健康状態、家族人数、1 人あたり世帯所得	外来受診(X)、OOP(X)
Jing et al.	2013	2006 年、2008 年の調査データ	農村部 2 省(山東、寧夏)の居住者	NCMS が家計破綻性医療支出に与える影響	DID	世帯主性別、学歴、職種、年齢、未成人子供数あり、1 人あたり世帯所得	家計破綻性医療費支出(X)
Cheng et al.	2014	パネルデータ、2005, 2008CLHLS (Chinese Longitudinal Healthy Longevity Survey)	農村部 22 省の 60 歳以上高年齢者	NCMS が健康 outcomes、医療機関へのアクセス、医療費支出に与える影響	PSM	性別、有配偶者、学歴、現在のホワイトカラーあり、1 人あたり世帯所得、健康運動あり、成人子供の数、成人子どもと同居	健康 outcomes (+)、医療機関へのアクセス(+)、OOP(X)
Li et al.	2014	パネルデータ、2008NHSS (National Health Service Survey)	農村部 31 省の居住者	NCMS が家計破綻性医療支出に与える影響	ロジット分析	年齢、家族人数、学歴、性別、持病、主観的健康状態、就業形態	家計破綻性医療費支出(X)
本稿	2014	パネルデータ、2000, 2004, 2006CHNS (China Health and Nutrition Survey)	①農村部 9 省以上の 16 歳以上の居住者、② 16～59 歳の現役者、60 歳以上の高年齢者	NCMS が医療機関へのアクセス、予防医療の利用、医療費、医療費の自己負担額、家計破綻性医療費支出に与える影響	プロビット、RE、DID	年齢、学歴、性別、持病・高血圧、所得、地域、健康状態、持病・糖尿病、飲酒行動、喫煙行動、世帯生活環境(室内飲用水、室内トイレ、住宅周辺に排泄物なし)	?

出所：筆者作成。
注：X：統計的に有意な影響を与えないことを示す。
　　+：統計的にプラスの影響を与えることを示す。
　　OOP：医療費の自己負担額

スおよび医療費の自己負担に与える影響が異なる可能性がある。しかし，先行研究では，年齢階層別分析が行われておらず，政策効果における年齢階層間の差異が明確となっていない。そこで本章では，16～59歳（現役者世代），60歳以上（高年齢者世代）の2つのグループに分けてそれぞれの分析を行い，制度効果における現役者世代と高年齢者世代間の差異を考察する。年齢階層別分析から得られた結論は，本書における新たな知見として位置づけられる。

第2節 データから観察された農村部における医療保険制度の加入状況と医療サービスの利用

1. 農村部における医療保険制度の加入状況

表6-2で農村部における医療保険制度の加入状況をまとめている。農村戸籍住民が加入した医療保険制度の類型は，①公務員医療制度，②都市従業員基本医療保険，③農村合作医療制度，④商業保険，⑤家族保険，⑥統括保険，⑦その他の保険の7つに分けられている。

全体的にみると，農村合作医療制度に加入した者の割合は2000年4.5％から，2004年11.2％，2006年43.0％へと大幅に上昇した。2003年にNCMSが実施されたことによって，農村合作医療制度の加入率が高くなっていること

表6-2 農村部における医療保険制度の加入状況

(単位：％)

	2000年			2004年			2006年		
	全体	16～59歳	60歳以上	全体	16～59歳	60歳以上	全体	16～59歳	60歳以上
公務員医療制度	4.9	5.1	4.3	0.5	0.4	0.8	0.3	0.2	0.5
従業員基本医療保険	2.4	2.5	2.2	0.5	0.5	0.6	1.6	1.6	1.5
農村合作医療制度	4.5	4.8	3.5	11.2	11.2	11.2	43.0	43.0	43.1
商業保険	1.8	1.8	1.8	0.9	1.1	0.2	0.7	0.9	0.1
家族保険	0.1	0.1	0.1	0.1	0.1	0.2	0.0	0.0	0.0
統括保険	0.5	0.5	0.3	0.1	0.2	0.0	0.0	0.0	0.0
その他の医療保険	1.9	2.0	1.8	0.1	0.1	0.0	0.3	0.3	0.3
医療保険未加入	83.9	83.2	86.0	86.6	86.4	87.0	54.1	54.0	54.5

出所：CHNS2000，2004，2006に基づく計算。

が見て取れた。一方、医療保険未加入者の割合は2000年の83.9％から、2004年86.6％、2006年54.1％へと低下したが、2006年までにいずれの医療保険制度にも加入しなかった者は約5割となっており、農村部で公的医療保険制度がいまだ整備されていないことがうかがえる。

また、現役者と高年齢者における医療保険制度の加入状況を比較するため、16～59歳と60歳以上の2つのグループに分けて集計した。2000年に農村合作医療制度加入者の割合は60歳以上グループ（3.5％）が16～59歳グループ（4.8％）よりやや高いが、NCMSが実施された後（2004年、2006年）、制度加入者の割合で両グループ間の差異が小さい。

2. 農村部における合作医療制度加入・未加入グループ別医療機関へのアクセスの状況

図6-1は農村部における合作医療制度加入・未加入グループ別医療機関にアクセスする者の割合を示している。「4週間以内に病気・怪我になったことがある」と回答したグループにおいて医療機関にアクセス（外来と入院）し

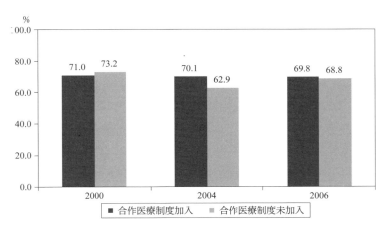

図6-1　農村部における合作医療制度加入・未加入グループ別医療機関にアクセスした者の割合

出所：CHNS2000、2004、2006より計算。
注：「4週間以内に病気・怪我になったことがある」と回答したグループで医療サービス（外来＋入院）を利用した者の割合。

たと回答した者の割合は，2000年に加入したグループが71.0％で，加入しなかったグループ（73.2％）に比べて低い。一方，NCMSが実施された後，加入グループが2004年70.1％，2006年69.8％で，未加入グループ（2004年62.9，2006年68.8）に比べてやや高い。NCMSの実施によって，医療機関にアクセスする者の割合がやや多くなっていることが見て取れる。

3. 農村部における合作医療制度加入・未加入グループ別医療費の自己負担額のKernel密度分布

図6-2は，農村部における合作医療制度加入・未加入グループ別医療費の自己負担額の対数値のKernel密度分布を表している。未加入グループに比べ，加入グループで医療費の自己負担額が高い域にある割合の分布がやや多くなっているが，医療費の自己負担額分布および分散には両グループの差異が小さい。

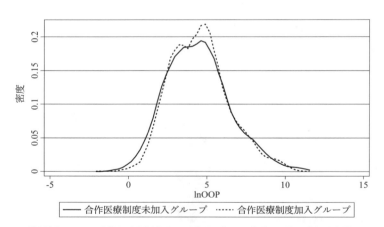

図6-2　農村部における合作医療制度加入・未加入グループ別医療費の自己負担額のKernel分布
出所：CHNS2000，2004，2006より計算。

4. 農村部における合作医療制度加入・未加入グループ別家計破綻性医療費支出になる割合

図6-3には農村部における合作医療制度加入・未加入グループ別に家計破綻性医療費支出（CHE）になる割合を示している。「4週間以内に病気・怪我になったことがある」と回答したグループで1人あたり医療費が世帯1人あたり所得に占める率が40％以上になる者をCHEになる人々とすると、2000年時点では、加入グループと未加入グループ間の差異は小さい（加入グループ23.3％、未加入グループ22.8％）。2004年になると、NCMS加入グループ（14.3％）が未加入グループ（21.9％）より低い。一方、2006年では、CHEになる割合はNCMS加入グループ（22.0％）と未加入グループ（17.9％）よりやや高い。NCMSが実施された直後、加入グループでCHEなる可能性が相対的に低くなっているが、一定時期を経てその効果が小さくなることが示された。

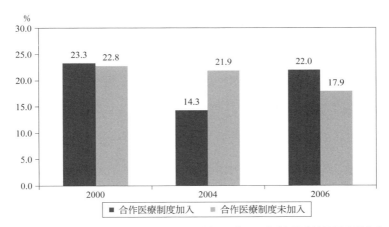

図6-3　農村部における合作医療制度加入・未加入グループ別家計破綻性医療費支出の割合

出所：CHNS2000, 2004, 2006 より計算。
注：「4週間以内に病気・怪我になったことがある」と回答したグループで1人医療費が世帯1人あたり所得に占める割合が40％以上になる者の割合。

第Ⅱ部　実証的研究

5. 農村部における合作医療制度加入・未加入グループ別一般健康診断受診者の割合

図6-4に農村部における合作医療制度加入・未加入グループ別一般健康診断受診者の割合をまとめている。2000年，2004年，2006年のいずれにおいても，一般健康診断受診者の割合は加入グループ（2000年1.0％，2004年1.4％，2006年1.5％）が未加入グループ（2000年0.2％，2004年0.3％，2006年0.7％）に比べて高い。

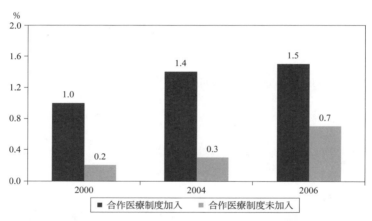

図6-4　農村部における合作医療保険制度加入・未加入グループ別一般健康診断を受診した者の割合

出所：CHNS2000, 2004, 2006より計算。

以上より，農村部における合作医療制度加入・未加入の状態によって，医療サービスの利用（外来，入院），医療費の自己負担額，家計破綻性医療費支出になることや一般健康診断の受診状況が異なることが示された。また，農村新型合作医療制度が実施された後，年代によって制度効果が若干異なることが見て取れる。しかし，これらの分析は，医療サービスの利用に影響を与える他の要因（個人属性，医療需要など）をコントロールしていない場合の集計結果である。以下では，より厳密な計量分析の結果を用いて制度の実施効果を評価する。

第3節　計量分析の方法

1. 推定モデル

　本章では，パネルデータを活用し，主にパネルデータのランダム効果モデルおよび DID 法モデルを用いて実証研究を行う。パネルデータの分析方法による推定結果に比較するため，3時点のクロスセクションデータを用いる分析も行う。

　まず，農村合作医療制度の影響が医療サービスの利用確率に与える影響に関する分析では，プロビット分析のランダム効果モデルを用いている。その推定式は以下の通りである。

$$y_{it}^* = a_t + \beta_1 NCMS_{it} + \beta_2 X_{it} + u_i + v_{it} \tag{1.1}$$

$$y_{it}^* = \begin{cases} 1 & if \ y_{it}^* > 0 \\ 0 & if \ y_{it}^* \leq 0 \end{cases} \tag{1.2}$$

$$P(y_{it} = 1) = p_{it} = P(u_i + v_{it} = 1 - a_t - \beta_1 NCMS_{it} - \beta_2 X_{it}) \tag{1.3}$$

　(1.1) 式，(1.2) 式，(1.3) 式で，添字 t と i は調査年と個人を示し，また $P(y_{it}=1)$ は医療サービスの利用確率（入院，外来），家計破綻性医療費支出になる確率，一般健康診断の受診確率をそれぞれ示す。以下では，医療サービスの利用確率を例として説明する。y_i^* は連続的であるが観測不可能な潜在変数（latent variable）で，実際に観測できるのは，(1.2) で示すものである。y_i は 0 あるいは 1 を取る二値変数である。本章では，確率分布は正規分布であると仮定するプロビットモデルを用いている。a は定数項，u_i は時間とともに変化しない個人の異質性（たとえば，健康リスクに対するリスク回避度の差異，時間選好率の差異，病院診療に対する信頼感など），v_{it} は通常の誤差項である。通常のプロビット分析では，個人の異質性 u_i をコントロールできないため，推定結果にバイアスが残される。プロビット・ランダム効果モデルを用いる分析によると，時間とともにランダムに発生した u_i の効果を除外することができるため，より厳密な分析が可能である。本章では，クロス

セクションプロビット分析とプロビット・ランダム効果モデルを用いる分析の両方を行い，これらの分析結果を検討する。NCMS は新型農村合作医療制度加入ダミー[75]，X は医療サービス利用に影響を与える他の要因，β_1，β_2 はそれぞれの推定係数である。β_1 が統計的に正の値となることは，他の要因が一定ならば，NCMS に加入しなかったグループに比べ，NCMS に加入したグループで医療サービスの利用確率が高いことを意味する（後出，表 6－3 と表 6－5）。

次に，(1.3) 式による分析で，ランダムに発生した u_i 個人間の異質性をコントロールしたうえで，NCMS の実施効果を計測できるが，NCMS に加入したグループと加入しなかったグループにおいて NCMS が実施される前後のそれぞれの変化がまだコントロールされていないため，個体間の異質性によって NCMS の加入行動が異なる問題が残されている。こうした問題に対処するため，本章では，制度効果の実証分析でよく用いられる DID 法による分析を行い，NCMS に加入したグループと加入しなかったグループの差および NCMS が実施される前後の差の両方をコントロールしたうえで，NCMS の実施効果を評価する。その推定式は (2) 式で示す。

$$y^*_{it} = a_t + \gamma_1 Treatment_{it} + \gamma_2 Year_t + \gamma_3 DID_{it} + \gamma_4 X_{it} + \varepsilon_{it} \tag{2}$$

DID 法による分析で，トリートメントグループとコントロールグループの設定が最も重要なことである。本章では，CHNS2000，2004，2006 のパネル調査の利点を生かして，2000 年と 2004 年，2000 年と 2006 年の 2 つのデータセットを構築し，NCMS が実施された前（2000 年）と実施された後（2004 年あるいは 2006 年）のいずれにも合作医療制度（農村合作医療制度あるいは新型農村合作医療制度）に加入しなかったグループをコントロールグループとし，NCMS が実施された前（2000 年）に農村合作医療制度に加入しなかったが，その制度が実施された後（2004 年あるいは 2006 年）に制度に加入した

---

75 この分析では，個人間の異質性を考慮して 2000～2006 年に農村部で実施された公的医療保険制度の影響を検討する。2000 年の場合，農村合作医療制度ダミーを用いており，2004 年と 2006 年の場合，新型農村合作医療制度ダミーを用いている。新型農村合作医療制度が実施された後の 2004 年と 2006 年の 2 時点のサンプルを用いて分析を行ったが，ランダム効果モデルによる分析結果がほぼ同じであるため，3 時点に関する分析結果を掲載している。

グループをトリートメントグループとした。トリートメントグループになる場合＝1，コントロールグループになる場合＝0となるようにトリートメントグループダミーを設定した[76]。また，制度実施後の時期を2004年と2006年の2つとし，分析を「2000年 vs. 2004年」，「2000年 vs. 2006年」の2つに分けている（後出，表6-4と表6-6）。

(2) 式では，Treatment はトリートメントグループダミー，Year は制度実施時期（2004年ダミーあるいは2006年ダミー），DID はトリートメントグループダミーと制度実施時期ダミーとの交叉項，X は医療サービス利用に影響を与える他の要因，γ_1，γ_2，γ_3，γ_4 はそれぞれの推定係数を示す。γ_3 は統計的な正の値となれば，NCMS が医療機関にアクセスする確率を高める効果を持つことが示される。

また，総医療費，医療費の自己負担額に関する分析では，被説明変数が連続変数であるが，上記と類似するランダム効果モデルおよび DID 法による分析を行う。

2. データ

分析では，第5章第1節と同じパネルデータ（CHNS2000，2004，2006）を活用している。まず，以下のような被説明変数を設定した。

第1に，疾病に罹った後の4週間以内に医療サービスを利用した（外来および入院）場合＝1，それ以外＝0のような二値変数を，医療サービスの利用確率関数の被説明変数として設定した。また，外来（外来＝1，それ以外＝0），入院（入院＝1，それ以外＝0）のような2つの二値変数も設定した。

第2に，「病気のため，どのぐらいの医療費を払いましたか」という質問項目に関する回答に基づいて，総医療費を設定した。

---

[76] NCMS 実施前（2000年）と NCMS 実施後（2004年あるいは2006年）のいずれにおいても他の公的医療保険制度（公務員医療制度，UEBMI など）に加入したグループをコントロールグループとする可能性もあるが，CHNS によると，農村合作医療保険制度以外の公的医療保険制度に加入した者の割合が少ない（表6-2参照）。また，推定結果の頑健性をチェックするため，NCMS が実施した前後に農村合作医療制度以外の公的医療保険制度に加入した者をコントロールグループとした分析も行った。それらの結果の方向性が大きく変わっていない。そのため，本章では，NCMS が実施された前後のいずれにも農村合作医療制度に加入しなった者をコントロールグループとした分析結果のみを掲載している。

表6−3 記述統計量

	全体		NCMS 加入		NCMS 未加入	
	平均値	標準偏差	平均値	標準偏差	平均値	標準偏差
調査年						
2000 年	0.4601	0.4984	0.1142	0.3181	0.5289	0.4992
2004 年	0.2686	0.4432	0.1808	0.3849	0.2860	0.4519
2006 年	0.2713	0.4447	0.7050	0.4561	0.1850	0.3883
年齢						
20 歳代	0.0252	0.1568	0.0221	0.1469	0.0260	0.1593
30 歳代	0.1167	0.3211	0.0848	0.2786	0.1252	0.3309
40 歳代	0.2107	0.4078	0.1925	0.3943	0.2156	0.4112
50 歳代	0.2275	0.4192	0.2719	0.4450	0.2157	0.4113
60 歳代	0.2211	0.4150	0.2319	0.4221	0.2182	0.4131
70 歳代	0.1211	0.3262	0.1251	0.3309	0.1200	0.3250
70 歳代以上	0.0777	0.2676	0.0718	0.2582	0.0792	0.2701
学歴						
未入学	0.1738	0.3790	0.1912	0.3933	0.1703	0.3759
小学校	0.3548	0.4785	0.3531	0.4780	0.3551	0.4786
中学校	0.3709	0.4831	0.3560	0.4789	0.3740	0.4839
高校	0.0803	0.2717	0.0832	0.2763	0.0797	0.2708
専門学校	0.0139	0.1171	0.0115	0.1067	0.0144	0.1191
大学以上	0.0063	0.0790	0.0049	0.0698	0.0066	0.0807
男性	0.4177	0.4932	0.4525	0.4978	0.4107	0.4920
健康状態						
非常によい	0.1369	0.3438	0.1279	0.3340	0.1391	0.3461
よい	0.4741	0.4993	0.4553	0.4981	0.4786	0.4996
ふつう	0.3193	0.4662	0.3297	0.4702	0.3168	0.4652
よくない	0.0697	0.2546	0.0871	0.2821	0.0655	0.2473
持病・高血圧病	0.0540	0.2261	0.0770	0.2666	0.0495	0.2169
持病・糖尿病	0.0057	0.0751	0.0075	0.0861	0.0053	0.0727
世帯1人あたり所得	1073	2095	1661	2771	945	1891
地域						
江蘇省	0.0866	0.2813	0.1039	0.3051	0.0832	0.2762
遼寧	0.1117	0.3150	0.0978	0.2972	0.1145	0.3184
黒竜江	0.0897	0.2857	0.2585	0.4379	0.0561	0.2301
山東	0.0897	0.2858	0.1521	0.3592	0.0773	0.2671
河南	0.1332	0.3398	0.0560	0.2299	0.1486	0.3557
湖北	0.1144	0.3183	0.1142	0.3181	0.1145	0.3184
湖南	0.0875	0.2826	0.0597	0.2369	0.0931	0.2905
広西	0.1466	0.3537	0.0671	0.2503	0.1624	0.3688
貴州	0.1405	0.3475	0.0907	0.2872	0.1504	0.3575
喫煙	0.2695	0.4437	0.2790	0.4486	0.2674	0.4426

(つづく)

第6章 新型農村合作医療制度が医療サービスの利用に与える影響

	全体		NCMS 加入		NCMS 未加入	
	平均値	標準偏差	平均値	標準偏差	平均値	標準偏差
飲酒状態						
飲酒なし	0.6825	0.4655	0.6615	0.4733	0.6876	0.4635
飲酒・月1回以下	0.0239	0.1528	0.0238	0.1525	0.0240	0.1530
飲酒・月1〜2回	0.0563	0.2306	0.0661	0.2485	0.0540	0.2259
飲酒・週1〜2回	0.0819	0.2742	0.0814	0.2735	0.0820	0.2744
飲酒・週3〜4回	0.0435	0.2040	0.0426	0.2020	0.0437	0.2044
飲酒・毎日	0.1036	0.3047	0.1184	0.3232	0.1000	0.3000
知らない	0.0082	0.0904	0.0062	0.0783	0.0088	0.0932
健康運動あり	0.0514	0.2207	0.0406	0.1975	0.0538	0.2256
室内飲用水	0.3774	0.4847	0.4609	0.4985	0.3607	0.4802
室内トイレ	0.1655	0.3717	0.1622	0.3687	0.1662	0.3723
住宅周辺に排泄物なし	0.5672	0.4955	0.6603	0.4737	0.5485	0.4977
サンプルサイズ	14556		2415		12141	

出所：CHNS2000，2004，2006より計算。

　第3に，医療費の自己負担額および家計破綻性医療費支出（CHE）の設定方法は本書第5章第1節と同じ。

　第4に，「過去4週間以内，あなたが健康診断サービスを受けたことがありますか」，「どのような健康診断サービスを受けましたか」の2つの質問項目を活用し，一般健康診断を受けた場合＝1，それ以外＝0のように一般健康診断の二値変数を設定し，一般健康診断の受診確率関数の被説明変数として用いている。[77]

　次に，Andersonモデル（Anderson and Newman 1973, Anderson *et al.* 1983）に基づいて，4つの要因群に分けてそれぞれの説明変数を設定した（**表6-3**）。それらの変数設定の方法は，第5章と同じであり，第5章第2節を参照されたい。

---

[77] 予防医療の項目において，一般健康診断を選択する理由は以下の通りである。3時点のサンプルによると，農村部で予防医療（健康診断サービス）を受けたと回答した者の割合がわずか1.48％である。健康診断サービスの種類（たとえば，一般健康診断，血液検査，高血圧診断，視力検査など）の分布割合によると，一般健康診断が0.56％で最も多い。

第4節　計量分析の結果

1. 全体 — 医療サービスの利用確率に関する分析結果

表6-4にクロス・セクション分析とパネルデータ分析の結果をまとめている。以下のことが確認された。

第1に，推定1によると，農村合作医療制度に加入しなかったグループに比べ，加入したグループで，医療サービスの利用確率（外来＋入院）が2.08％ポイント高い。また，年代効果に関しては，他の要因が一定ならば，NCMS実施前に比べ，実施後，医療サービスの利用確率がそれぞれ7.43％ポイント，5.91％ポイント高い。

第2に，推定2によると，農村合作医療制度に加入しなかったグループに比べ，加入したグループで，外来受診確率が1.86％ポイント高い。また，年齢効果に関しては，他の要因が一定ならば，NCMS制度実施前に比べ，制度実施後，外来受診確率がそれぞれ7.17％ポイント，5.75％ポイント高い。

第3に，入院治療確率に関する分析結果（推定3）で，制度加入ダミーの推定値が統計的に有意ではない。入院治療確率で農村合作医療制度に加入しなかったグループと加入したグループ間の差異が小さいことが示された。また，年代ダミーが統計的に有意ではなく，入院治療確率における3時点間の差異も小さいことがわかった。

第4に，医療費の自己負担額関数（推定4），総医療費関数（推定5）で，制度加入ダミーの推定値が統計的に有意ではなく，農村合作医療制度が医療費の自己負担および総医療費に与える影響は統計的に確認されなかった。

第5に，CHEになる確率に関する分析結果（推定6）で，制度加入ダミーの推定値が統計的に有意ではない。農村合作医療制度は，重篤な疾病に罹るとき貧困状態に陥る問題を解消する効果を持っていないことが示された。その主な理由は，本章第2節で述べたように，NCMSは基金源が少なく，医療費の給付金額がいまだ少ないため，その制度に加入しても，医療費の大部分は農村戸籍住民の自己負担となっていることにあろう。また，制度実施後の

表6-4　農村合作医療制度の加入と医療サービスの利用

	クロスセクション分析		ランダム効果モデル分析	
	限界効果	z値	推定係数	z値
【推定1：医療機関へのアクセス（外来＋入院）】				
農村合作医療制度加入	0.0208 ***	3.26	0.0992 **	2.19
年代（2000年）				
2004年	0.0743 ***	10.00	0.4880 ***	10.21
2006年	0.0591 ***	7.58	0.4129 ***	7.97
【推定2：医療機関へのアクセス（外来）】				
農村合作医療制度加入	0.0186 ***	3.02	0.0921 **	2.01
年代（2000年）				
2004年	0.0717 ***	9.89	0.4900 ***	10.08
2006年	0.0575 ***	7.56	0.4156 ***	7.90
【推定3：医療機関へのアクセス（入院）】				
農村合作医療制度加入	0.0012	1.03	0.1077	1.03
年代（2000年）				
2004年	0.0017	1.27	0.1558	1.27
2006年	0.0011	0.79	0.1040	0.79
【推定4：医療費の自己負担額】				
農村合作医療制度加入	−0.0245	−0.15	0.0513	0.21
年代（2000年）				
2004年	−0.6933 ***	−3.40	−0.7411 ***	−2.92
2006年	−0.7451 ***	−3.47	−0.8337 ***	−3.06
【推定5：総医療費】				
農村合作医療制度加入	−0.0468	−0.37	−0.0024	−0.01
年代（2000年）				
2004年	−0.6198 ***	−3.45	−0.6657 ***	−3.11
2006年	−0.6441 ***	−3.41	−0.7178 ***	−3.15
【推定6：家計破綻性医療費支出】				
農村合作医療保険制度加入	0.0028	0.07	0.0270	0.17
年代（2000年）				
2004年	−0.2677 ***	−5.50	−1.1162 ***	−5.42
2006年	−0.2721 ***	−5.76	−1.2349 ***	−5.66
【推定7：一般健康診断の受診】				
農村合作医療制度加入	0.0048 ***	4.06	0.4048 ***	3.29
年代（2000年）				
2004年	0.0034 ***	2.25	0.3398 **	2.01
2006年	0.0049 ***	3.08	0.4681 ***	2.70

出所：CHNS2000, 2004, 2006より計算。
注：1）*, **, *** はそれぞれ有意水準10％, 5％, 1％を示す。
　　2）年齢, 学歴, 性別, 健康状態, 持病・高血圧, 持病・糖尿病, 世帯所得, 地域, 喫煙行動, 飲酒行動, 室内飲用水, 室内トイレ, 住宅周辺に排泄物なしの変数を計測したが, 掲載で省略している。
　　3）パネルデータ分析で, 推定1, 推定2, 推定3, 推定6, 推定7はプロビットランダム効果モデルを用いた分析。推定4, 推定5は固定効果モデルを用いた分析。

2004年ダミー，2006年ダミーの推定値のいずれも負の値で，その推定値の統計的有意水準が1％となっている。他の要因が一定ならば，制度実施前に比べ，制度実施後，CHEになる確率がそれぞれ26.77％ポイント（2004年），27.21％ポイント（2006年）低い傾向にある。

表6-5 新型農村合作医療制度の加入と医療サービスの利用（DID法）

	DID法分析1 (2000 vs. 2004)		DID法分析2 (2000 vs. 2006)	
	限界効果	z値	限界効果	z値
【推定1：医療機関へのアクセス（外来＋入院）】				
トリートメントグループ	0.0420 **	2.42	0.0034	0.32
制度実施時期	0.0581 ***	8.35	0.0533 ***	6.15
DID	−0.0068	−0.41	0.0191	1.45
【推定2：医療機関へのアクセス（外来）】				
トリートメントグループ	0.0380 **	2.25	0.0057	0.56
制度実施時期	0.0546 ***	8.10	0.0514 ***	6.15
DID	−0.0038	−0.23	0.0158	1.26
【推定3：医療機関へのアクセス（入院）】				
トリートメントグループ	0.0020	0.71	−0.0015	−0.71
制度実施時期	0.0021 *	1.75	0.0012	0.68
DID	−0.0017	−0.84	0.0020	0.68
【推定4：医療費の自己負担額】				
トリートメントグループ	0.1794	0.35	−0.3708	−1.00
制度実施時期	−0.2820	−1.09	−0.6917 **	−2.12
DID	−0.8014	−1.42	0.1397	0.32
【推定5：総医療費】				
トリートメントグループ	−0.2570	−0.54	−0.4107	−1.24
制度実施時期	−0.2544	−1.10	−0.6899 **	−2.52
DID	−0.5156	−1.07	0.1347	0.37
【推定6：家計破綻性医療費支出】				
トリートメントグループ	−0.0373	−0.32	−0.0798	−0.80
制度実施時期	−0.2341 ***	−2.94	−0.4285 ***	−3.66
DID	−0.1340	−1.41	0.0537	0.45
【推定7：一般健康診断の受診】				
トリートメントグループ	−0.0008	−0.40	−0.0036	−1.36
制度実施時期	0.0011	0.89	0.0018 **	1.23
DID	0.0071	1.25	0.0167 ***	2.68

出所：CHNS2000, 2004, 2006より計算。
注：1) *，**，***はそれぞれ有意水準10％，5％，1％を示す。
　　2) 年齢，学歴，性別，健康状態，持病・高血圧，持病・糖尿病，世帯所得，地域，喫煙行動，飲酒行動，室内飲用水，室内トイレ，住宅周辺に排泄物なしの変数を計測したが，掲載で省略している。

第6に，予防医療（一般健康診断）の受診確率に関する分析結果（推定7）によると，農村合作医療制度に加入しなかったグループに比べ，加入したグループで，外来受診確率が0.34％ポイント高い。他の要因が一定ならば，制度実施前に比べ，制度実施後，一般健康診断の受診確率がそれぞれ0.34％ポイント，0.49％ポイント高い。農村合作医療制度が予防医療を増進する効果を持つことが確認されたが，その効果が小さい。

NCMSに関するより厳密な評価を行うため，DID法による分析を行った。これらの分析結果を**表6-5**にまとめている。DID項の推定結果によると，以下のことが示された。

第1に，【推定7】によると，他の要因が一定ならば，NCMSに加入しなかったグループに比べ，加入したグループで一般健康診断を受診する確率が1.67％ポイント高い。全体的にNCMSは予防医療の受診を高める効果を持つことが示された。

第2に，NCMSは医療サービスの利用（外来＋入院）確率，外来受診確率，入院治療確率，総医療費，医療費の自己負担額，CHEになる確率に関する分析のいずれにおいても，DID項の推定係数は統計的に有意ではない。NCMSは医療サービスの利用確率および医療費の自己負担額の軽減に有意な影響を与えていないことが示された。

2. 年齢階層別医療サービスの利用確率に関する分析結果

NCMSの実施効果に関する年齢階層別分析結果を**表6-6**（固定効果とランダム効果モデル）[78]，**表6-7**（DID法）にまとめている。以下のことが確認された。

まず，**表6-6**の分析結果では，(1) 推定1によると，現役者グループで，他の要因が一定ならば，NCMS加入しなかったグループに比べ，加入したグループで，医療機関にアクセスする確率（外来＋入院）が高い。一方，高年

---

[78] ここに，この分析では2000～2006年のデータを用いており，NCMSの前身としての農村合作医療制度（2000年調査）も含まれることを留意しておく。

齢者グループで，その確率は加入したグループと加入しなかったグループ間の差異が確認されなかった。NCMS は現役者の医療機関にアクセスする確率を高める効果を持つが，高年齢者グループで制度のその効果が顕著ではないことが明らかになった。医療機関へのアクセスで現役者と高年齢者の両グループ間の差異が存在することが示された。

第 2 に，推定 2 によると，現役者グループで，他の要因が一定ならば，加入しなかったグループに比べ，加入したグループで，外来受診の確率が高い。一方，高年齢者グループで，外来受診の確率で制度加入したグループと制度加入しなかったグループ間の差異が確認されなかった。また，推定 3 によると，現役者グループ，高年齢者グループのいずれにおいても，NCMS が入院治療の確率に与える影響は統計的に有意ではない。推定 2，推定 3 の分析結果を併せてみると，NCMS は現役者の外来受診の確率を高める効果を持つが，高年齢者グループで制度実施の効果が見られていない。

第 3 に，推定 7 によると，現役者グループで，他の要因が一定ならば，農村合作医療に加入しなかったグループに比べ，加入したグループで一般健康診断を受診する確率が高い。一方，高年齢者グループで，一般健康診断の受診で制度加入したグループと制度加入しなかったグループ間の差異が確認されなかった。予防医療に対する制度の実施効果には現役者と高年齢者間の差異が存在することが示された。

第 4 に，現役者グループ，高年齢者グループのいずれにおいても，入院，総医療費，医療費の自己負担，家計破綻性医療費支出で NCMS の効果が確認されなかった。

表 6-7 に NCMS の実施効果に関する DID 法による分析結果を示している。これらの分析結果によると，以下のことが示された。

第 1 に，「2000 vs. 2006」の推定 1 によると，現役者グループで，他の要因が一定ならば，NCMS に加入しなかったグループに比べ，加入したグループで，医療機関にアクセスする確率（外来＋入院）が 2.13％ ポイント高い。一方，高年齢者グループで，その確率で加入したグループと加入しなかったグループ間の差異が確認されなかった。NCMS は現役者の医療機関にアクセス

表6-6 年齢階層別農村合作医療制度の加入と医療サービスの利用（固定効果モデルとランダム効果モデル）

	60歳以上		16〜59歳	
	推定係数	z値	推定係数	z値
【推定1：医療機関へのアクセス（外来＋入院）】				
農村合作医療制度加入	0.0804	0.94	0.1411 ***	2.66
年代（2000年）				
2004年	0.7874 ***	5.97	0.4519 ***	8.53
2006年	0.7396 ***	5.46	0.3491 ***	5.98
【推定2：医療機関へのアクセス（外来）】				
農村合作医療制度加入	0.0578	0.67	0.1402 ***	2.62
年代（2000年）				
2004年	0.7375 ***	5.59	0.4657 ***	8.62
2006年	0.7123 ***	5.26	0.3559 ***	5.98
【推定3：医療機関へのアクセス（入院）】				
農村合作医療制度加入	0.2041	0.99	0.0947	0.74
年代（2000年）				
2004年	5.2626	0.10	0.0620	0.46
2006年	5.1075	0.22	0.0683	0.47
【推定4：医療費の自己負担額】				
農村合作医療制度加入	-0.1782	-0.32	-0.1647	-0.49
年代（2000年）				
2004年	0.3565	0.46	-0.7278 **	-2.27
2006年	0.1049	0.14	-0.5923 *	-1.66
【推定5：総医療費】				
農村合作医療制度加入	-0.0011	0.00	-0.1903	-0.78
年代（2000年）				
2004年	0.0647	0.10	-0.7579 ***	-2.87
2006年	-0.2112	-0.35	-0.6047 **	-2.06
【推定6：家計破綻性医療費支出】				
農村合作医療制度加入	-0.1103	-0.32	0.0154	0.08
年代（2000年）				
2004年	-0.4837	-0.84	-1.3397 ***	-5.63
2006年	-1.0257 *	-1.73	-1.2627 ***	-4.95
【推定7：一般健康診断の受診】				
農村合作医療制度加入	0.9667 ***	2.88	0.3201 **	2.32
年代（2000年）				
2004年	0.5912	1.07	0.2863	1.58
2006年	0.8651	1.59	0.3822 **	2.04

出所：CHNS2000，2004，2006より計算。

注：1) *，**，***はそれぞれ有意水準10％，5％，1％を示す。
　　2) 年齢，学歴，性別，健康状態，持病・高血圧，持病・糖尿病，世帯所得，地域，喫煙行動，飲酒行動，室内飲用水，室内トイレ，住宅周辺に排泄物なしの変数を計測したが，掲載で省略している。
　　3) 推定1，推定2，推定3，推定6，推定7はプロビットランダム効果モデルを用いた分析。推定4，推定5は固定効果モデルを用いた分析。

表6−7 年齢階層別新型農村合作医療制度の加入と医療サービスの利用（DID法）

	60歳以上		16〜59歳	
	限界効果	z値	限界効果	z値
2000年 vs. 2004年				
【推定1：医療機関へのアクセス（外来＋入院）】				
トリートメントグループ	0.0128	0.19	0.0441 **	2.52
制度実施時期	0.1016 ***	4.33	0.0498 ***	6.96
DID	0.0515	0.65	−0.0112	−0.69
【推定2：医療機関へのアクセス（外来）】				
トリートメントグループ	0.0162	0.25	0.0367 **	2.20
制度実施時期	0.0925 ***	4.07	0.0477 ***	6.97
DID	0.0391	0.53	−0.0039	−0.24
【推定3：医療費の自己負担額】				
トリートメントグループ	−0.5169	−0.31	0.3867	0.69
制度実施時期	0.1272	0.18	−0.3180	−1.08
DID	1.0163	0.58	−1.1695 *	−1.66
【推定4：総医療費】				
トリートメントグループ	−0.7749	−0.51	−0.2830	−0.55
制度実施時期	0.3780	0.60	−0.3488	−1.35
DID	0.2509	0.16	−0.5689	−1.02
【推定5：一般健康診断の受診】				
トリートメントグループ	−3.00E−05	−0.01	−0.0006	−0.26
制度実施時期	−3.27E−08	−0.22	0.0004	0.37
DID	0.7627	0.01	0.0042	0.88
2000年 vs. 2006年				
【推定1：医療機関へのアクセス（外来＋入院）】				
トリートメントグループ	0.0034	0.10	0.0034	0.34
制度実施時期	0.0942 ***	4.81	0.0362 ***	4.15
DID	0.0166	0.46	0.0213 *	1.62
【推定2：医療機関へのアクセス（外来）】				
トリートメントグループ	0.0018	0.06	0.0059	0.61
制度実施時期	0.0856 ***	4.59	0.0357 ***	4.25
DID	0.0174	0.50	0.0168	1.34
【推定3：医療費の自己負担額】				
トリートメントグループ	0.2555	0.22	−0.5772	−1.35
制度実施時期	−0.6042	−0.75	−0.7883 **	−2.00
DID	−0.4570	−0.37	0.4386	0.84
【推定4：総医療費】				
トリートメントグループ	0.5454	0.57	−0.5731	−1.49
制度実施時期	−0.3345	−0.57	−0.8128 **	−2.42
DID	−0.6598	−0.67	0.1620	0.36

（つづく）

	60歳以上		16～59歳	
	限界効果	z値	限界効果	z値
【推定5：家計破綻性医療費支出】				
トリートメントグループ	-0.0026	-0.02	-0.1789	-1.60
制度実施時期	-0.3841	-1.19	-0.3581 ***	-2.74
DID	0.0782	0.38	0.0534	0.38
【推定6：一般健康診断の受診】				
トリートメントグループ	-0.0547	-0.01	-0.0023	-1.03
制度実施時期	0.0007 **	2.18	0.0001	0.09
DID	0.4407	0.01	0.0166 ***	2.68

出所：CHNS2000，2004，2006に基づく計算。
注：1）*，**，*** はそれぞれ有意水準10％，5％，1％を示す。
　　2）年齢，学歴，性別，健康状態，持病・高血圧，持病・糖尿病，世帯所得，地域，喫煙行動，飲酒行動，室内飲用水，室内トイレ，住宅周辺に排泄物なしの変数を計測したが，掲載で省略している。
　　3）「2000年 vs. 2004年」分析で，サンプルの制約上，家計破綻性医療費支出に関する分析はできなかった。

する確率を高める効果を持つことが再確認された。

　第2に，「2000 vs. 2004」の推定3によると，現役者グループで，統計的な有意水準が10％であるがDID項の推定係数が-1.1695となっており，他の要因が一定ならば，NCMSに加入したグループに比べ，加入しなかったグループで医療費の自己負担額が約1.17倍高い傾向にあることがうかがえる。一方，高年齢者グループで，DID項の推定係数が統計的に有意ではなく，しかもその推定係数は正の値となっている。

　第3に，「2000 vs. 2006」の推定6によると，現役者グループで，他の要因が一定ならば，NCMSに加入しなかったグループに比べ，加入したグループで一般健康診断を受診する確率が1.16％ポイント高い。一方，高年齢者グループで，一般健康診断の受診で加入したグループと加入しなかったグループ間の差異が確認されなかった。予防医療に対するNCMSの実施効果には現役者と高年齢者間の差異が存在することがわかった。

　第4に，現役者グループ，高年齢者グループのいずれにおいても，外来受診，入院，総医療費，家計破綻性医療費支出でNCMSの効果が確認されなかった。

　本章では，CHNS2000，2004，2006のパネルデータを活用し，個体間の異

質性問題を考慮したランダム効果モデル，DID 法による実証分析を行い，(1) 新型農村合作医療制度がどの程度医療機関へのアクセス（外来，入院）および一般健康診断の受診に影響を与えるのか，(2) NCMS がどの程度医療費の自己負担額，総医療費，家計破綻性医療費支出（CHE）に影響を与えるのかを明らかにし，また NCMS の実施効果における現役者世代と高年齢者世代間の差異も考察した。主な結論および政策示唆は以下の通りである。

まず，分析により，医療費の自己負担に対する新型農村合作医療制度の実施効果には，現役者と高年齢者の両グループ間の差異が存在し，また現役者グループ，高年齢者グループのいずれにおいても，NCMS が CHE になることを軽減する効果を持っていないことが示された。つまり，農村戸籍住民を対象とする NCMS は，医療費の自己負担の割合が高いため，医療費支出が相対的に高いグループが貧困状態に陥る問題を解消できていないことがうかがえる。現在の中国では，農業生産および出稼ぎ就業による勤労所得は，農村部における家計の主な収入源となっている[79]。加齢とともに，農業生産および出稼ぎ就業から得る勤労所得が減少すると同時に，重篤な疾病の罹患率が高くなると，現役者グループに比べ，高年齢者グループで医療費の自己負担額が相対的に高いため，貧困層に陥る可能性がより高いことが推測できる。高齢化が進んでいる中国農村部で，貧困削減政策の一環として，アメリカ，日本のように高年齢者向けの公的医療保険制度を構築することを検討する必要があろう。また，高額な医療費を負担するグループ（重篤な疾病を持つ者など）に対する公的医療費援助制度を検討すべきであろう。高額な医療費の支出による貧困の問題に対処するため，農村部で公的医療制度を改革しながら，他の社会保障制度を整備することは今後の重要な課題となっている。

第 2 に，他の要因が一定ならば，NCMS に加入しなかったグループに比べ，加入したグループで一般健康診断を受診する確率が高いが，その効果が小さい。その主な理由は，以下の通りである。まず，農村部で予防医療の意識がまだ薄い。また，農村戸籍住民は，医療費の高騰に対応し，病気がひどくな

---

79 国家統計局（2001, 2006, 2007）の統計データによると，農村部の家計所得に占める割合は，農業生産所得が 71.55％（2000 年），69.43％（2004 年），65.87％（2006 年），出稼ぎ就業による勤労所得が 22.31％（2000 年），24.72％（2004 年），27.36％（2006 年）となっている。

らない場合，ほとんど医療機関に行かないと考えられる。たとえば，今回の調査によると，農村部で一般健康診断を受けた者の割合は，2000年0.8％，2004年0.5％，2006年1.1％で低い値となっている。また，NCMSの給付項目によると，入院治療を中心に対応するため，外来受診の医療費の一部しか支給されず，また一般健康診断の費用がほぼ支給されない（あるいはごく一部が支給される）場合，NCMSに加入しても，一般健康診断を受診しない可能性があると考えられる。長期的視点からみると，予防医療は，国民の健康増進によって国民の厚生を高める効果を持つと同時に，高質な労働力を提供できることを通じて，高齢化の進展による労働力の減少を防ぐ対策になると考えられる。したがって，高齢化の社会で経済成長を維持する対策の1つとして，農村部で予防医療を促進する公的医療保険制度も検討すべきであろう。

　以上の第5章，第6章では，客観的指標（家計医療消費支出，医療サービスの利用）を用いて，中国における公的医療保険制度の実施効果を分析した。次章では，「主観的幸福度」のような国民厚生に関する主観的指標を用いて，公的医療保険制度の実施効果を検討する。

第7章
中国における医療保険制度の加入と主観的幸福度
── 男女別・就業部門別・地域別分析

　本章は，主観的指標を用いて中国における公的医療保険制度の実施効果を検討することを目的とする。1990年代以後，経済学の分野では主観的幸福度（以下では，「幸福度」と略称する場合もある）の決定要因に関する実証研究が増えてきた。主観的幸福度は個人の効用（utility あるいは well-being）を反映する指標の1つであるため，幸福度に影響を与える各要因を計測することは経済政策の立案に有益な示唆を与えると考えられる。

　現在までの幸福度に関する実証研究においては，所得要因に関する分析が多い。その中で，最も代表する研究に Easterlin（1974, 2001）がある。それによれば，アメリカや日本などの先進国では，1人あたり実質所得が上昇しても国民の幸福度はほぼ一定水準で維持されているという「幸福のパラドックス」現象の存在が指摘されており，効率性のみを追求する経済成長は必ずしも国民の well-being を高める効果を持つとはいえないようだ。なぜ，その現象が生じたのか。経済成長に伴う所得格差の拡大がその1つの理由として指摘されている。Cappelli and Sherer（1988），Clark and Oswald（1996），Levy-Garboua and Montmarquette（2004），Sloane and Williams（2000），Ferrer-i-Carbonell（2005），Vendrik and Woltjer（2007）は，実証分析を行った結果，グループ内の所得格差が大きいほど，幸福度が低いことを明示している。

　中国では，自己負担を増やす公的医療保険制度の改革に対して，人々がどのような意識を持っているのか，つまり公的医療保険制度のような社会セーフティネットが国民の厚生を高める効果を持つのか。社会保障政策に関する

評価を行う際に,所得格差の是正や貧困削減に対する効果に関する実証研究がよく行われているが,公的医療保険制度の加入がどの程度人々の主観的幸福度（個人の well-being）に影響を与えるかに関する実証研究はほとんど行われていない。そこで本章では,2007 年中国家計所得調査の個票データ（CHIP2007）を用い,実証分析を通じて中国の都市戸籍住民[80]が公的医療制度に加入する状況が主観的幸福度に与える影響を明らかにする。

以下,第 1 節で先行研究をまとめ,そして第 2 節で計量分析の枠組みを紹介し,第 3 節では分析結果を説明する。最後に本章から得られた結論および政策示唆をまとめる。

第1節 絶対所得仮説,相対所得仮説と主観的幸福度に関する実証研究

1. 社会保障制度と主観的幸福度に関する経済学の説明

主観的幸福度の決定要因に関しては,まず,絶対所得仮説（absolute income hypothesis）によると,個人レベルの所得水準が高いほど個人の効用（幸福度,満足度など）が高いとされている（Hamermesh 1977 ; Levy-Garboua and Montmarquette 2004 ; Sloane and Williams 2000 ; Clark and Oswald 1996,筒井 2010）。次に,個人レベルの所得格差の影響に関しては,相対所得仮説（relative income hypothesis）では,個人の効用（幸福度,生活満足度など）は所得水準のみならず,参照グループ（準拠集団）に比較した結果（相対所得）からも影響を受けると指摘されている（Duesenberry 1949 ; Leibenstein 1950 ;

---

[80] 本章で中国都市戸籍住民を分析対象とする主な理由は,以下の2点にある。第1に,利用したデータが,CHIPにおける都市戸籍住民を対象としたミクロデータだということで,農村戸籍住民を含む実証研究は,今後の課題としたい。第2には,農村部に比べ,都市部で公的医療保険制度が相対的に整備されているからである。また都市部で公的医療保険制度の改革は国有企業,公務員制度の改革に関連するため,注目されている。そのため,都市戸籍住民の幸福度に関する分析結果を用い,今後の公的医療保険制度の改革のみならず,所有制構造の改革などに対しても政策提言できると考えている。

第7章　中国における医療保険制度の加入と主観的幸福度

Hamermesh 1977；Ferrer-i-Carbonell 2005；Vendrik and Woltjer 2007）。さらに地域レベルの所得格差[83]が主観的幸福度に影響を与えていることが指摘されている[84]。ただし，これまでの幸福度に関する実証研究では，公的医療保険制度の実施と幸福度との関係が検証されなかった。

公的医療保険制度が幸福度に与える影響に関しては，リスク・シェアリング仮説の視点から，医療保険制度は，リスクをプールすることにより，老後の生活費と医療費の不確実性を回避することができ，つまり高齢期の生活を安定させることを通じて，人々の幸福度を向上させる可能性があろう。また，所得格差による医療格差問題を考慮し，医療の公平性を保つことを目的とすると，公的医療保険制度の実施は，低所得層・弱者グループの well-being を高める効果を持つと考えられる。

本章では実証分析の結果を用いて公的医療保険制度の実施が幸福度に与え

---

[81] 相対所得が主観的幸福度に与える影響については，相対所得仮説によって説明されているが，この背景には嗜好の相互依存仮説（interdependence of preference）と相対剥奪理論（relative deprivation theory）があると考えられる。嗜好の相互依存仮説について，Leibenstein（1950），Kapteyn et al.（1978），Frank（1985）は，消費者の満足度は商品自身（機能的需要）のみならず，商品自身以外の要因（非機能的需要）にも依存すること（例えば，良い商品を持つことが社会地位の向上につながること）に基づいて，嗜好の相互依存仮説を提唱し，個人の効用（満足度，幸福度）は，個人自身に類似するグループ（同一年齢層，同一学歴グループ，同一職種グループなど）の所得を比較した結果に影響を受けると述べている。相対剥奪理論は Easterlin（1974），Layard（1980），Boskin and Sheshinski（1978），Frank（1985），Akerlof and Yellen（1990）により提唱されたものである。その理論によると，労働者は参照グループの差異が大きくなるほど，（自分のほうが劣っている場合）生存機能の欠乏がより強く感じられ，つまり自分の所得が参照グループのそれより低いほど相対剥奪感が生じやすくなり，幸福度も下がると説明されている。一方，Hirschman（1973）は，他者との格差が大きいほど，近いうち，自分が同じようなレベルに達成できるというようなポジティブ効果（たとえば，トンネルで渋滞となるとき，他の車が出口に向かっていくことをみると，自分の車が依然として動いていないが，自分も出口から出られると期待するような効果）が存在すると指摘している。Hirschman（1973）はこのようなポジティブ効果を，トンネル効果（tunnel effect）と定義している。
[82] 欧米を対象とした先行研究では，相対所得の代理指標は，主に①所得の対数値の残差（残差＝ln 所得の実際値－ln 所得の理論値＝ln（所得の実際値／所得の理論値）（Hamermesh 1977），②「世帯所得／周囲の世帯の所得」（筒井 2010），③「ln 所得の実際値－ln 参照グループの平均所得」（Ferrer-i-Carbonell 2005；Vendrik and Woltjer 2007）の 3 種類に分けられている。これらの指標を用いた分析結果のいずれにおいても，所得水準（絶対所得）が一定であれば，相対所得が高いほど満足度が低い傾向にあることが示されている。
[83] 先行研究では，地域のジニ係数を地域の所得格差の代理指標として多く用いている。
[84] 地域レベルの所得格差と主観的幸福度に関する実証研究については，Morawatz et al.（1977），Takashi Oshio et al.（2010, 2011）が，地域内の所得格差が低いグループに比べ，地域内の所得格差が高いグループで幸福度が低いと指摘している。一方，Senik（2004）は，ロシアを対象とした分析結果により，地域内の所得格差が幸福度に与える影響は統計的に有意ではないと結論づけており，また Alesina et al.（2004）はアメリカで地域内の所得格差が幸福度に有意な影響を与えていないが，ヨーロッパで地域内の所得格差が高いほど幸福度が低いことを示している。

る影響を検討したい。また，公的医療保険制度の影響を明らかにするため，公的年金保険制度に関する分析も行う。

2. 中国都市部における主観的幸福度に関する実証研究

　中国都市部における主観的幸福度に関する実証研究に関しては，まず，社会保障制度と幸福度については，本章の問題意識に類似する Appleton and Song (2008) が，CHIP2002 を用い，都市戸籍住民を対象とした分析結果により，公的医療保険加入グループに比べ，重大疾病保険加入および医療保険未加入の両グループのいずれにおいても主観的幸福度が低いこと，一方，その他の種類の医療保険に加入した者のグループで幸福度が高いこと，を示している。

　また所得と幸福度に関しては，(1) 所得水準については，Jiang, Lu and Sato (2011)，Wang and VanderWeele (2011)，Smyth, Nielsen and Zhai (2010)，Knight and Gunatilaka (2010a)，Appleton and Song (2008) が，所得水準（個人所得水準あるいは世帯 1 人あたり所得）が高いグループで幸福度が高いと指摘している。また Chen (2012) は，2008 年東アジア社会調査（East Asian Social Survey: EASS2008）のデータを用い，中国および韓国を比較し，中国で所得水準が高いほど主観的幸福度が高い一方で，韓国で所得水準が幸福度に有意な影響を与えていないことを明示している。一方，羅（2006, 2009）は，相対所得をコントロールすると，世帯 1 人あたり所得が都市住民の幸福度には有意な影響を与えていないが，農村住民の幸福度には影響を与えることを示している。(2) 相対所得については，羅（2006, 2009），Knight and Gunatilaka (2010a) は，相対所得（周囲の人と比較する結果，過去に比較する結果，将来を予測する結果）が高いほど主観的幸福度が上がる傾向にあることを示している。Wang and VanderWeele (2011) は相対所得（同僚との比較など）が高いほど，主観的に幸福度が高いと指摘している。Brockmann *et al.* (2009) は，都市部で 1990 年に相対所得（世帯所得と全国平均所得との差）が幸福度に影響を与えていない一方で，2000 年の場合，相対所得が高いほど幸福度が高いことを示している。ただし，政治不信，腐敗に対する不満足などの要因をコントロールすると，2 時点とも，相対所得が幸福度に有意な影

響を与えていないと指摘している。

　このように，中国都市部における主観的幸福度に関する実証分析は進んでいるが，先行研究にはいくつかの課題が残されている。それに対して本章の主な特徴は以下の2点にまとめられる。

　第1に，Appleton and Song（2008）以外の先行研究では，社会保障制度の影響に関する分析が行われていない。ただし，Appleton and Song（2008）は医療保険制度のみを分析したが，年金制度に関する分析を行っておらず，また地域レベルの各要因（同一地域内の所得格差，経済水準，人口高齢化の状況，公的投資における地域間の格差など）の影響を考慮していない。これに対して，本章では，CHIP2007を用いて個人レベルと地域レベルの各要因をコントロールしたうえで，医療保険制度のみならず，年金制度の影響も考慮して実証分析を行う。

　第2に，ライフサイクルの視点から，世代類型（現役世代と高齢者世代）によって，主観的幸福度の決定要因が異なると考えられるが，先行研究では，全世代を対象とした分析がほとんどである。そこで本章では，世帯類型にわけてそれぞれの分析を行い，年金・医療保険の加入状況が幸福度に与える影響における世帯類型間の差異を考察する。また男女別，勤務先別，地域別分析を行う。これらの分析から得られた結果は，新たな知見として位置づけられる。

第2節　データから観察された主観的幸福度の実態

1. 医療保険加入類型別にみた主観的幸福度

　医療保険加入類型別にみた主観的幸福度を表7-1にまとめている。医療保険の加入状況別にみた主観的幸福度については，全体的に不幸と回答した者の割合は，その他の医療保険加入グループが10.53％で最も多く，都市従業員基本医療保険のみ加入グループが7.09％で最も少ない。医療保険未加入グループ（8.41％），混合型医療保険加入グループ（7.99％），商業医療保険のみ加入グループ（7.79％）が中間の値となっている。主観的幸福度で医療保険加入グループと医療保険未加入グループ間の差異が小さく，また医療保険加入

第Ⅱ部　実証的研究

表7−1　医療保険加入類型別・年金加入類型別にみた主観的幸福度

(単位：%)

	非常に不幸	やや不幸	やや幸せ	非常に幸せ
医療保険加入類型				
都市従業員基本医療保険のみ加入	0.69	6.40	59.95	32.96
商業医療保険のみ加入	0.91	6.88	57.27	34.94
その他の医療保険加入	1.03	9.50	53.93	35.54
混合型医療保険加入	0.89	7.10	57.87	34.15
医療保険未加入	0.66	7.75	60.54	31.05
年金加入類型				
年金加入・勤務先負担	0.55	7.37	57.48	34.60
年金加入・自己負担	0.88	8.99	59.18	30.95
年金加入・両方負担	0.87	5.59	59.99	33.55
年金未加入	0.59	7.11	60.56	31.74

出所：CHIP2007より計算。

グループ間の差異が存在することが見て取れる。

また，年金加入状況別にみた主観的幸福度については，全体的に不幸と回答した者の割合は，年金加入・自己負担グループ（9.87％）で最も多く，年金加入・両方負担グループ（6.46％）が最も少ない。年金加入・勤務先負担グループ（7.92％），年金未加入グループ（7.70％）が中間の値となっている。主観的幸福度で年金加入グループと年金未加入グループ間の差異が大きく見られないが，年金加入類型の各グループ間の差異が存在することがうかがえる。

2. 世代類型別にみた主観的幸福度

世代類型別にみた主観的幸福度の分布を**表7−2**にまとめている。不幸と回

表7−2　世代類型別にみた主観的幸福度

(単位：%)

	非常に不幸	やや不幸	やや幸せ	非常に幸せ
全世代	0.70	6.91	59.67	32.72
現役世代	0.88	6.95	58.93	33.24
定年退職直前後世代	0.24	5.58	62.79	31.39
前期高齢者世代	0.11	5.46	61.33	33.10
後期高齢者世代	0.71	10.72	57.27	31.29

出所：表7−1と同じ。

答した者の割合(「非常に不幸」と「やや不幸」の合計値)は,前期高齢者世代が5.57％で最も少ない,次いで定年退職直前後世代が5.82％,現役世代が7.83％となっている。一方,後期高齢者世代が11.43％で最も多い。高年齢者層において,前期高齢者世代と後期高齢者世代によって主観的幸福度が異なり,加齢とともに主観的幸福度が下がる傾向にある。

3. 地域別にみた主観的幸福度

世代類型別にみた主観的幸福度の分布を**表7-3**にまとめている。非常に幸せと回答した者の割合は,湖北が26.62％で最も少なく,広東が37.71％で最も多い。ジニ係数は,湖北が0.386で最も大きく,広東が0.288で最も小さい。所得格差が最も小さい地域に居住するグループに比べ,所得格差が最も大きい地域に居住するグループで幸福度が低いことが示された。ただし,他の地域を比較してみると,地域レベルの所得格差と主観的幸福度との関係が明らかになっていない。地域レベルの所得格差が必ずしも主観的幸福度に影響を与えるとはいえないが,地域レベルの所得格差が大きすぎると,主観的幸福度が下がる傾向が見て取れる。

表7-3 地域別にみた主観的幸福度

(単位：％)

	ジニ係数	非常に不幸	やや不幸	やや幸せ	非常に幸せ
湖北	0.386	1.24	10.50	61.63	26.62
重慶	0.348	0.84	5.60	60.22	33.33
安徽	0.338	0.27	7.31	62.60	29.83
四川	0.337	0.84	5.81	59.35	34.00
浙江	0.336	0.00	7.53	60.80	31.67
江蘇	0.332	0.91	7.54	56.77	34.78
上海	0.309	0.58	5.52	66.13	27.77
河南	0.301	1.11	5.06	58.36	35.47
広東	0.288	0.64	7.95	53.70	37.71

出所：表7-1と同じ。

4. 就業部門別にみた主観的幸福度

　就業部門別にみた主観的幸福度の分布を**表7-4**にまとめている。非常に幸せと回答した者の割合は，政府機関が37.12%で最も多く，次いで民営企業が36.59%，事業部門が34.42%となっている。一方，自営業が29.16%で最も少なく，次いで非就業者が29.69%で少ない。国有部門（政府機関，事業部門），および非国有部門（民営企業）に勤めるグループで主観的幸福度が高いが，非就業者，自営業者のグループで主観的幸福度が低い。就業部門別によって主観的幸福度が異なることが示された。

表7-4　就業部門別にみた主観的幸福度

(単位：%)

	非常に不幸	やや不幸	やや幸せ	非常に幸せ
政府機関	1.26	6.31	55.30	37.12
事業部門	0.54	4.90	60.15	34.42
国有企業	1.23	5.31	59.79	33.67
集団企業	0.34	7.72	59.06	32.89
民営企業	0.49	7.31	55.60	36.59
外資系企業	0.50	5.74	61.35	32.42
自営業	0.89	7.96	61.98	29.16
非就業者	1.41	10.18	58.72	29.69

出所：表7-1と同じ。

5. 所得階層別にみた主観的幸福度

　所得階層別にみた主観的幸福度の分布を**表7-5**にまとめている。非常に幸せと回答した者の割合は，所得第5五分位が38.60%で最も多く，次いで所得第4五分位が38.08%，所得第3五分位が34.60%となっている。一方，所得第1五分位が24.92%で最も少なく，次いで所得第2五分位が29.19%で少ない。所得水準が高いほど主観的幸福度が高いことが見て取れる。

　以上の結果をまとめると，以下のことが分かった。(1) 主観的幸福度で医療保険加入グループと未加入グループ間の差異が小さいものの，医療保険加入グループ間の差異が存在する。(2) 加齢とともに主観的幸福度が下がる。

表7-5　所得階層別にみた主観的幸福度

(単位：%)

	非常に不幸	やや不幸	やや幸せ	非常に幸せ
所得第1五分位	0.99	11.54	62.54	24.92
所得第2五分位	0.82	8.15	61.84	29.19
所得第3五分位	0.56	4.08	60.77	34.60
所得第4五分位	0.72	5.45	55.75	38.08
所得第5五分位	0.36	4.40	56.64	38.60

出所：表7-1と同じ。

(3) 所得格差が最も小さい地域に居住するグループに比べ，所得格差が最も大きい地域に居住するグループで幸福度が低い。(4) 国有部門（政府機関，事業部門），および非国有部門（民営企業）に勤めるグループで主観的幸福度が高いが，非就業者，自営業者のグループで主観的幸福度が低い。(5) 所得水準が高いほど主観的幸福度が高い。

しかし，これらの結果は幸福度に影響を与える他の要因をコントロールしていない集計結果であるため，他の要因が一定であれば，医療保険・年金制度の加入がどの程度主観的幸福度に影響を与えるのか，医療保険・年金の加入類型によって主観的幸福度が異なるのかが明らかになっていない。以下では，計量分析を行い，これらの問題を解明する。

第3節　計量分析の方法

1. 推定モデル

主観的幸福度に関する実証分析を行う際に，順序ロジットモデル（McKelvey and Zavonia 1975）を用いている。順序ロジットモデル分析の推定式を，(1) 式で示す。

$$\Pr(U = m) = \Pr(K_{(m-1)ij} < a + \beta_X X_{ij} + \beta_D D_j + u_i < K_{mij}) \tag{1}$$

(1) 式において，添字 i は個人，j は地域，U は主観的幸福度の序数，m は，順序づけの選択肢（主観的幸福度に関する4段階の回答），K は効用水準，X

は主観的幸福度に影響を与える個人レベルの諸要因（医療保険の加入状況，年金制度の加入状況，所得水準，相対所得など），D は主観的幸福度に影響を与える地域レベルの諸要因（65歳以上の人口の割合，1人あたりGDP，公的教育投資額など），β_X，β_D はそれらの推定係数をそれぞれ示す。分析結果に，β_X における医療保険加入類型ダミー，年金加入状況ダミーに注目したい。これらは統計的に正の値となると，医療保険・年金制度の加入は主観的幸福度を高める効果を持つことが示される。

　また，グループ間の差異を考察するため，サブサンプルを用いて以下のような分析を行う。第1に，年齢階層間の差異を考察するため，サンプルを①全世代，②現役者世代（19～54歳），③定年退職直前後世代（55～59歳），④前期高齢者世代（60～69歳），⑤後期高齢者世代（70歳以上）に分けてそれぞれの分析を行う。第2に，男性および女性のサンプルを用いて男女比較を行う。第3に，勤務先を政府機関・事業部門，国有企業，集団企業，民営企業，外資系企業，自営業の6つのグループに分けて分析し，国有部門と非国有部門間の差異を考察する。第4に，中国では，地域によって経済発展のレベルが異なり，また医療保険・年金制度の運営仕組みが異なっている。本章では，地域を上海市，江蘇省，浙江省，安徽省，河南省，湖北省，広東省，重慶市，四川省の9地域のグループに分けて分析を行い，地域間の差異も考察する。

2. データ

　個人レベルと地域レベルの各要因を分析するため，新たなデータセットを作成した。データセット作成の手順は以下の通りである。まず，個人レベルのデータは第4章と同じようなCHIP2007より取得し，地域レベルのデータは『中国統計年鑑2008』で公表された省別集計データから取得した。次にCHIP2007における地域情報を活用し，地域レベルのデータを個人レベルのデータにマッチングして新たなデータセットを構築した。

3. 変数の設定

本節では，変数設定について説明する（**表7-6**）。

まず主観的幸福度を被説明変数として設定した。本章では，質問項目における「あなたは自分の生活を考えて幸せと思っていますか」のような4段階設問に関する回答に基づいて，「1. 非常に不幸，2. やや不幸，3. やや幸せ，4. 非常に幸せ」のような順序カテゴリ変数を設定した。

次に，以下のように説明変数を設定した。

第1に，医療保険・年金制度の加入状況に関しては，調査票における質問項目に基づいて，(1) 医療保険制度の加入状況を，第4章と同じように，①商業医療保険のみ加入，②都市従業員基本医療保険制度（UEBMI）のみ加入，③その他の医療保険（①と②以外の医療保険）の加入，④混合型保険加入（UEBMIと商業医療保険を同時に加入した場合，UEBMIとその他の医療保険を同時に加入した場合，商業医療保険とその他の医療保険を同時に加入した場合，UEBMI，商業医療保険とその他の医療保険を同時に加入した場合），⑤医療保険未加入の5種類に分けてそれぞれ設定した。また，(2) 年金制度の加入状況を，①年金加入・勤務先負担，②年金加入・自己負担，③年金加入・両方負担（勤務先と自己の両方が負担するタイプ），④年金未加入の4種類に分けてそれぞれのダミー変数を設定した。

第2に，所得水準に関しては，2種類の変数を設定した。(1) 世帯1人あたり年間所得を個人レベルの所得水準として設定した。それは世帯所得総額（税引き後）を世帯人数で除して算出した。所得水準と主観的幸福度との関係が線形でない可能性があるため，本章では計算した世帯1人あたり所得に基づいて所得階層ダミー（所得第1五分位～第5五分位のダミー）を設定した。(2) 1人あたりGDPは地域レベルの所得水準の代理変数として設定した。

第3に，2つの変数を相対所得の代理変数として用いている。(1) 個人レベルの相対所得については，本章ではHamermesh (1977) に基づいて，「ln所得の実際値 − ln所得の理論値」を相対所得の代理指標として用いている。この指標を用いるメリットは，一定の条件（同一学歴，同一年齢，同一就業状況など）をコントロールする上で，個人所得が参照グループの所得とのギャ

ップを直接に計測できる。ln 所得の理論値は，所得関数の推定結果に基づいて算出した推定値である。これは同一学歴，同一年齢層などの準拠集団における年間所得の平均値であり，比較する基準となる。(2) CHIP2007 の個票データを活用して地域別ジニ係数を算出した。[86]

　第 4 に，個人属性については，以下のように分けてそれぞれの変数を設定している。

　(1) Clark and Oswald (1996) は，年齢と幸福度は U 字型の関係にあり，つまり幸福度は若年齢層，高年齢層が中年齢層より低いことを示している。年齢の影響を考察するため，年齢，年齢の二乗を変数として設定している。

　(2) 教育水準，健康状態は，人的資本の要因として幸福度に影響を与えると考えられる。Clark (1996)，Clark and Oswald (1996)，Bender and Heywood (2006) は教育水準が高いほど満足度が低くなることを指摘しており，また，Graham *et al.* (2011) は健康状況が生活満足度に影響を与えることを示している。本章では，これらの人的資本要因を統御するため，学歴ダミー[87]，健康ダミー[88]を設定した。

　(3) 性別の差異をコントロールするため，男性ダミーを説明変数として設定した。

　(4) 就業者を限定する分析で，就業部門の差異を考察するため，各就業部門（政府機関・事業部門，国有企業，集団企業，民営企業，外資系企業，自営業）のダミー変数を設定した。

　第 5 に，高齢化の進行状況や政府の公共投資における地域間の差異の影響

85　準拠集団と比較する際に，個人所得より家計所得のほうが良く用いられる。そのため，本章では世帯 1 人あたりの等価所得を被説明変数とした。所得関数の推定結果については，付表 1 を参照されたい。所得関数の推定を行う際に，就業選択によるサンプル・セレクション・バイアスの問題が生じる可能性があると考えられるため，ヘックマンの二段階推定法による推定も行ったが，逆ミルス比の推定値は統計的に有意ではない結果が得られた。そのため，後の付表 1 で OLS による推定結果のみを掲載している。

86　国家統計局は地域別ジニ係数を公表していないため，CHIP2007 の個票データに基づいて地域別ジニ係数を算出した。

87　学歴を小学校およびその以下，中学校，高校・高専，短大，大学・大学院の 5 つに分けてそれぞれのダミー変数を設定した。

88　健康状態については，「非常に良い」，「やや良い」，「ふつう」，「良くない」の 4 つに分けてそれぞれのダミー変数を設定した。質問票「あなたは自分の健康状態についてどう思っていますか」に関する回答に，「1. 非常に良い，2. やや良い，3. 普通，4. やや良くない，5. 非常に良くない」の 5 つの選択肢を設けているが，「4. やや良くない」，「5. 非常に良くない」と回答した者のサンプルが少ないため，2 つのグループを合併して「良くない」の 1 つグループにした。

表7-6 主な説明変数の設定

変数レベル	変数名称	変数の設定
地域レベル 『中国統計年鑑』	①1千人あたり病床数	『中国統計年鑑2008』第21-30表，第3-4表
	②1千人あたり医師数	『中国統計年鑑2008』第21-31表，第3-4表
	③1千人あたり公的教育投資	『中国統計年鑑20081』第7-8表，第3-4表
	④公衆便所数	『中国統計年鑑2008』第10-13表，第3-4表
	⑤65歳以上の人口の割合	『中国統計年鑑2008』第3-10表
	⑥1人あたりGDP	『中国統計年鑑2008』第2-15表
	⑦地域内の所得格差	1人あたり所得に基づいて省別ジニ係数を算出
個人レベル (CHIP)	所得階層ダミー	①前年度の世帯所得（税引き後）および世帯構成員数に基づいて等価世帯所得を算出
		②等価世帯所得に基づいて所得五分位階層ダミーを設定
	相対所得	グループ平均所得（推定値）との差を算出
	学歴ダミー	①小学校（小学校およびその以下卒=1，それ以外=0） ②中学校（中学校卒=1，それ以外=0） ③高校・高専（高校卒および専門学校卒=1，それ以外=0） ④短大（短期大学卒=1，それ以外=0） ⑤大学・大学院（大学・大学院卒=1，それ以外=0）
	年齢	①「年齢=調査年-生年」のように算出 ②19～79歳の10年刻み年齢階層ダミーを設定
	性別ダミー	男性=1，女性=0
	有配偶者ダミー	有配偶者=1，無配偶者=0
	医療保険加入類型	①都市従業員基本医療保険のみ加入（公的医療保険のみ加入=1，それ以外=0） ②商業医療保険の未加入（商業医療保険のみ加入=1，それ以外=0） ③その他の医療保険のみ加入（その他の医療保険のみ加入=1，それ以外=0） ④合型医療保険加入（①+②，①+③，②+③，①+②+③=1，それ以外=0） ⑤医療保険未加入（各種の医療保険のいずれも未加入=1，それ以外=0）
	年金加入類型	①年金加入・勤務先負担（年金加入・勤務先負担=1，それ以外=0） ②年金加入・自己負担（年金加入・自己負担=1，それ以外=0） ③年金加入・共同負担（年金加入・勤務先負担および自己負担=1，それ以外=0）

出所：筆者作成。

第Ⅱ部　実証的研究

表7-7　記述統計量（構成比および平均値）

	全世代	現役世代	退職直前後世代	前期高齢者世代	後期高齢者世代
幸福度	3.2448	3.2442	3.2506	3.2630	3.2149
地域レベルの変数					
ジニ係数	0.3277	0.3269	0.3287	0.3306	0.3292
1人あたりGDP（億元）	31435	31584	34192	29835	29043
65歳以上の人口の割合（%）	14.29	14.22	14.74	14.47	14.07
1万人あたり病床数	3.29	3.30	3.55	3.16	3.05
1千人あたり医師数	1.73	1.73	1.86	1.65	1.60
1千人あたり公衆便所数	2.79	2.75	2.76	2.91	2.99
1千人あたり公的教育投資（万元）	76.29	76.69	84.37	71.96	69.12
個人レベルの変数					
年齢	46	39	57	64	75
世帯所得階層の分布					
所得第1五分位	21.52%	20.15%	23.05%	24.48%	27.25%
所得第2五分位	21.37%	19.75%	19.27%	30.39%	24.57%
所得第3五分位	20.41%	20.45%	21.16%	19.55%	20.52%
所得第4五分位	19.21%	20.29%	18.89%	14.63%	17.03%
所得第5五分位	17.49%	19.36%	17.62%	10.96%	10.62%
相対所得	−0.0025	−0.0062	0.0255	−0.0200	0.0216
学歴の分布					
小学校	7.36%	4.69%	10.01%	13.64%	18.17%
中学校	25.23%	23.15%	33.19%	32.00%	23.11%
高校・高専	35.62%	37.57%	28.65%	31.22%	33.90%
短大	18.10%	19.82%	16.62%	11.72%	14.52%
大学・大学院	13.69%	14.77%	11.53%	11.42%	10.30%
男性	49.51%	48.40%	50.57%	51.24%	55.47%
有配偶者	81.79%	78.76%	95.28%	92.69%	74.70%
子どもあり	95.36%	93.62%	99.43%	99.59%	99.19%
健康状態の分布					
非常に良い	15.76%	**19.42%**	9.89%	6.43%	5.03%
良い	48.87%	**54.33%**	41.18%	37.66%	27.09%
ふつう	29.99%	**23.17%**	41.50%	46.73%	50.45%
良くない	5.38%	**3.08%**	7.43%	9.18%	17.43%
医療保険加入類型の分布					
都市従業員基本医療保険のみ加入	61.37%	62.33%	64.67%	57.26%	54.91%
商業医療保険のみ加入	4.73%	5.74%	2.83%	2.07%	2.19%
その他の医療保険加入	2.98%	3.43%	1.51%	2.49%	1.54%
混合型医療保険加入	2.83%	3.55%	2.46%	0.78%	0.00%
医療保険未加入	28.09%	24.95%	28.53%	37.40%	41.36%
年金加入類型の分布					
年金加入・勤務先負担	16.21%	14.51%	21.73%	19.81%	18.82%
年金加入・自己負担	9.42%	11.21%	7.87%	3.99%	3.81%
年金加入・両方負担	33.08%	39.21%	26.64%	14.16%	15.82%
年金未加入	41.29%	35.07%	43.76%	62.04%	61.55%
サンプルサイズ	15847	11098	1588	1928	1233

出所：CHIP2007より計算。

をコントロールするため,『中国統計年鑑 2008』における省別集計データに基づいて,千人あたり病床数,千人あたり医師数,千人あたり公的教育投資額,人口高齢化率（65 歳以上の人口の割合）の各変数を設定した。[89]

サンプルの選定については,上記の変数に関する無回答となっているサンプルを除外し,また各説明変数の欠損値を除外した。分析では 19 歳以上のサンプルに限定した。これら標本の記述統計量は**表 7-7** で示している。

第4節　計量分析の結果

1. 全体の分析結果

全体の主観的幸福度に関する分析の結果を**表 7-8** にまとめている。年金制度加入のみを分析した推定 1,医療保険制度加入のみを分析した推定 2,年金・医療制度の両方を分析した推定 3 の 3 つの分析結果で,決定係数および推定係数における大きな差が見られない。年金加入と医療保険加入における多重共線性の問題が顕著ではないのではないかと判断した。[90]以下では,主に推定 3 の分析結果に基づいて説明する。

第 1 に,医療保険の加入類型が主観的幸福度に与える影響が統計的に有意ではない。つまり,主観的幸福度に与える影響における医療保険の加入類型間の差異は顕著ではない。

第 2 に,年金未加入グループに比べ,年金加入・自己負担グループおよび年金加入・両方負担グループで幸福度が低い。一方,統計的に有意ではないが,年金加入・勤務先負担ダミーが正の値となっている。年金未加入グループに比べ,年金に加入している場合,その保険料が自己負担となると,幸福度が下がる傾向にある。年金保険料の個人負担の軽減は,国民の well-being を高める効果を持つことが示された。ただし,主観的幸福度に与える影響で

89　具体的に,地域レベルの諸変数は省別の病床数,医師数,公的教育投資額,公衆便所数を省別人口総数で除して算出した。
90　年金加入と医療保険加入の諸変数に関する相関係数の計測も行った。その結果,各変数間の相関係数のいずれも 0.3 以下の数値となっている。これらの変数を用いると多重共生性の問題が顕著ではないと考えられる。

表7-8 主観的幸福度に関する分析結果（全体）

	推定 1		推定 2		推定 3	
	推定係数	z 値	推定係数	z 値	推定係数	z 値
地域レベルの変数						
ジニ係数	-3.2505 ***	-4.15	-3.6262 ***	-4.58	-3.6496 ***	-4.61
1人あたり GDP	-3.990E-06	-1.22	-3.850E-06	-1.18	-3.610E-06	-1.10
65歳以上の人口の割合	0.0171 **	2.16	0.0209 ***	2.62	0.0219 ***	2.73
1千人あたり病床数	-0.1092 **	-2.28	-0.1335 ***	-2.78	-0.1311 ***	-2.72
1千人あたり医師数	0.0695	0.64	0.1168	1.06	0.1239	1.12
公衆便所数	0.0276	1.49	0.0278	1.50	0.0287	1.54
公的教育投資額	0.0034	1.30	0.0030	1.16	0.0027	1.06
個人レベルの変数						
世帯所得階層 (所得第 1 五分位)						
所得第 2 五分位	-0.0191	-0.53	-0.0193	-0.54	-0.0190	-0.53
所得第 3 五分位	0.0927 **	2.03	0.0961 **	2.10	0.0959 **	2.10
所得第 4 五分位	0.0371	0.65	0.0374	0.65	0.0370	0.65
所得第 5 五分位	-0.0627	-0.81	-0.0599	-0.77	-0.0606	-0.78
相対所得	0.2412 ***	6.26	0.2423 ***	6.29	0.2441 ***	6.34
年齢 (30〜39歳)						
19〜29歳	-0.0797 **	-2.16	-0.0818 **	-2.22	-0.0830 **	-2.25
40〜49歳	-0.0283	-0.95	-0.0295	-1.00	-0.0280	-0.94
50〜59歳	0.0182	0.61	0.0066	0.22	0.0079	0.26
60〜69歳	0.1733 ***	4.83	0.1509 ***	4.15	0.1515 ***	4.15
70歳以上	0.1619 ***	3.85	0.1404 ***	3.32	0.1417 ***	3.34
学歴 (小学校)						
中学校	0.2007 ***	5.11	0.2047 ***	5.20	0.2047 ***	5.20
高校・高専	0.1887 ***	4.82	0.1927 ***	4.92	0.1935 ***	4.94

(つづく)

短大	0.3373 ***	7.74	0.3384 ***	7.75	0.3404 ***	7.79
大学・大学院	0.3373 ***	7.30	0.3384 ***	7.32	0.3406 ***	7.36
男性	-0.0269	-1.44	-0.0284	-1.52	-0.0269	-1.43
家族と同居	0.1452 ***	4.64	0.1436 ***	4.59	0.1457 ***	4.65
子どもあり	-0.0735	-1.55	-0.0751	-1.58	-0.0762	-1.60
家族人数	-0.0206 **	-1.94	-0.0196 *	-1.85	-0.0199 *	-1.87
健康状態(良くない)						
非常に良い	0.9175 ***	19.02	0.9157 ***	18.98	0.9164 ***	18.99
良い	0.5202 ***	12.06	0.5206 ***	12.07	0.5210 ***	12.08
ふつう	0.2365 ***	5.49	0.2376 ***	5.51	0.2379 ***	5.52
年金加入状態(年金未加入)						
年金加入・勤務先負担			0.0433	1.50	0.0470	1.60
年金加入・自己負担			-0.0786 **	-2.30	-0.0790 **	-2.30
年金加入・両方負担			-0.0501 **	-2.17	-0.0461 **	-1.95
医療保険加入状態(医療保険未加入)						
都市従業員基本医療保険のみ	-0.0177	-0.78			-0.0144	-0.62
商業医療保険のみ	0.0019	0.04			0.0097	0.21
その他の医療保険のみ	0.0542	0.94			0.0594	1.03
混合型医療保険	-0.0361	-0.60			-0.0285	-0.47
サンプルサイズ	15845		15845		15845	
対数尤度	-13512.494		-13506.207		-13505.135	
決定係数	0.042		0.042		0.042	

出所:CHIP2007より計算。
注:*,**,***はそれぞれ有意水準10%、5%、1%を示す。

表7-9 主観的幸福度に関する分析結果（就業者のみ）

	推定1		推定2		推定3	
	推定係数	z値	推定係数	z値	推定係数	z値
地域レベルの変数						
ジニ係数	-3.1545 ***	-3.64	-2.7433 ***	-3.20	-3.1642 ***	-3.65
1人あたりGDP	-4.280E-06	-1.22	-4.360E-06	-1.24	-3.940E-06	-1.12
65歳以上の人口の割合	0.0151 *	1.74	0.0106	1.23	0.0160 *	1.83
1千人あたり病床数	-0.1539 ***	-2.98	-0.1241 **	-2.41	-0.1504 ***	-2.89
1千人あたり医師数	0.0657	0.55	0.0130	0.11	0.0730	0.61
公衆便所数	0.0315	1.56	0.0310	1.54	0.0323	1.60
公的教育投資額	0.0047 *	1.67	0.0049 **	1.76	0.0044	1.55
個人レベルの変数						
世帯所得階層（所得第1五分位）						
所得第2五分位	-0.0018	-0.05	-0.0009	-0.02	-0.0011	-0.03
所得第3五分位	0.1163 **	2.36	0.1125 **	2.28	0.1165 **	2.36
所得第4五分位	0.0760	1.23	0.0758	1.23	0.0752	1.22
所得第5五分位	-0.0432	-0.52	-0.0464	-0.56	-0.0448	-0.54
相対所得	0.2393 ***	5.77	0.2405 ***	5.79	0.2418 ***	5.82
年齢（30〜39歳）						
19〜29歳	-0.0997 **	-2.44	-0.0974 **	-2.38	-0.1008 **	-2.46
40〜49歳	-0.0176	-0.53	-0.0181	-0.55	-0.0171	-0.52
50〜59歳	-0.0034	-0.10	0.0017	0.05	-0.0030	-0.09
60〜69歳	0.1349 ***	3.41	0.1412 ***	3.47	0.1347 ***	3.39
70歳以上	0.0993 **	2.20	0.1033 **	2.22	0.1002 **	2.21
学歴（小学校）						
中学校	0.1697 ***	3.98	0.1689 ***	3.97	0.1700 ***	3.99
高校・高専	0.1683 ***	3.96	0.1671 ***	3.93	0.1689 ***	3.97
短大	0.3080 ***	6.49	0.3117 ***	6.56	0.3103 ***	6.53

（つづく）

第 7 章　中国における医療保険制度の加入と主観的幸福度

大学・大学院	0.3014	***	6.02	0.3065	***	6.11	0.3041	***	6.07
男性	-0.0215		-1.06	-0.0182		-0.89	-0.0201		-0.99
家族と同居	0.1289	***	3.80	0.1361	***	4.01	0.1318	***	3.88
子どもあり	-0.1090	**	-2.12	-0.1070	**	-2.08	-0.1102	**	-2.14
家族人数	-0.0256	**	-2.24	-0.0264	**	-2.31	-0.0263	**	-2.29
健康状態（良くない）									
非常に良い	0.9250	***	18.15	0.9298	***	18.23	0.9267	***	18.18
良い	0.5086	***	11.30	0.5123	***	11.36	0.5095	***	11.32
ふつう	0.2288	***	5.11	0.2310	***	5.15	0.2296	***	5.12
勤務先類型（政府機関・事業部門）									
国有企業	-0.0036		-0.11	-0.0538	*	-1.74	-0.0035		-0.11
集団企業	-0.0577		-1.12	-0.0646	*	-1.77	-0.0604		-1.17
民営企業	0.0597	*	1.83	-0.1121	**	-2.08	0.0593	*	1.82
外資系企業	-0.0235		-0.37	0.0121		0.33	-0.0237		-0.38
自営業	-0.0768	*	-1.94	-0.0857		-1.32	-0.0776	*	-1.96
年金加入状態（年金未加入）									
年金加入・勤務先負担	0.0313		0.98	-0.1168	***	-2.81	0.0382		1.16
年金加入・自己負担	-0.0939	**	-2.43				-0.0898	**	-2.30
年金加入・両方負担	-0.0871	***	-3.20				-0.0805	***	-2.86
医療保険加入状態（医療保険未加入）									
公的医療保険のみ				-0.0261		-1.06	-0.0205		-0.80
商業医療保険のみ				-0.0442		-0.87	-0.0347		-0.68
その他の医療保険のみ				0.0568		0.91	0.0649		1.04
混合型医療保険				-0.0257		-0.39	-0.0159		-0.24
サンプルサイズ	13561			13561			13561		
対数尤度	-11535.836			-11542.286			-11534.560		
決定係数	0.044			0.044			0.044		

出所：CHIP2007 より計算。
注：*、**、*** はそれぞれ有意水準 10％、5％、1％を示す。

医療保険の加入類型間の差異が顕著ではない。

　第3に，相対所得の影響を検討する。まず，準拠集団の平均所得に比べて自分の所得水準が高いほど幸福度が高い傾向にある。よって，相対的所得仮説が支持された。次に，地域レベルの所得格差の影響については，ジニ係数が高い地域に居住するグループで幸福度が相対的に低いことが確認された。地域内の所得格差の是正政策が国民の幸福度を高める効果を持つことがうかがえる。

　第4に，所得水準の影響を検討する。まず，個人レベルの所得水準の影響については，低所得層（所得第1五分位）に比べ，中所得層（所得第3五分位）で幸福度が高いが，幸福度における低所得と高所得層間の差異は顕著ではない。次に，地域レベルの所得水準（1人あたりGDP）の高さが幸福度に与える影響は，統計的に有意ではない。

　これらの分析結果により，所得水準が高くなると，主観的幸福度がかならずしも高くなるとはいえない。Easterlin（1974, 2001）により指摘された，アメリカや日本などの先進国における「幸福のパラドックス」の現象は中国都市部においても存在していることがうかがえる。

　第5に，高齢化率（65歳以上の人口の割合）が低い地域に居住するグループに比べ，高齢化率が高い地域に居住するグループで主観的幸福度が高い傾向にある。

　第6に，個人属性要因については，(1) 現役世代30〜39歳グループに比べ，現役世代19〜29歳グループで幸福度が低いが，前期高齢者世代（60〜69歳），後期高齢者世代（70歳以上）で幸福度が高い。加齢とともに幸福度が高くなることが示された。(2) 小学校卒者グループに比べ，中学校，高校・高専，短大，大学卒の各グループのいずれにおいても幸福度は高い。学歴が高いほど幸福度が高いことが示された。(3) 他の要因が一定であれば，幸福度における男性と女性間の差が顕著ではない。(4) 健康状態が良いほど幸福度が高い傾向にある。(5) 独居者グループに比べ，家族と一緒に居住するグループで主観的幸福度が高い。ただし，家族人数が多いほど主観的幸福度が下がる。子どもの有無が主観的幸福度に与える影響は統計的に有意ではない。

就業部門の影響を考察するため，就業者のみを対象とした分析も行った。これらの分析結果を**表7−9**にまとめている。所得水準，所得格差，医療保険制度，年金制度などの要因が一定であれば，(1) 幸福度における政府機関・事業部門，国有企業，集団企業，外資系企業に勤める各グループ間の差異が小さいこと，(2) 政府機関・事業部門に勤めるグループに比べ，民営企業に勤めるグループで幸福度が相対的に高いが，自営業グループで幸福度が低い傾向にあることが示された。これは，コントロールできる要因を統御した分析結果であり，つまり純粋な就業部門の影響である。ただし，ここに就業部門によって所得水準，所得格差，公的医療保険・年金制度の加入状況が異なることを留意しておく。こうした所有制構造の違いによる諸要因の差異を考慮した，就業部門別分析を以下の表7−12にまとめている。

2. 年齢階層別分析結果

主観的幸福度に関する年齢階層別分析結果を**表7−10**にまとめており，以下のことが確認された。

第1に，医療保険の加入状況の影響については，医療保険未加入グループに比べ，(1) 定年退職直前後世代において，混合型医療保険加入グループで幸福度が低い。(2) 前期高齢者世代において，統計的な有意水準が10％であるが，その他の医療保険加入グループで幸福度が高い。(3) 後期高齢者世代において，統計的な有意水準が10％であるが，都市従業員基本医療保険加入および商業医療保険のみ加入の両グループで幸福度が低い。(4) 現役世代で，幸福度における医療保険加入類型間の差異が統計的に見られない。医療保険制度に加入する際に，自己負担になるケース（商業医療保険，混合型医療保険）で幸福度が低い傾向にあるものの，主観的幸福度で加入類型間の差異が大きくない。

第2に，年金保険の加入状況の影響については，年金未加入グループに比べ，(1) 現役世代において，年金加入・勤務先負担グループで幸福度が高い。一方，統計的有意水準が10％であるが，年金加入・自己負担グループで幸福度が低い傾向にある。(2) 定年退職直前後世代において，年金加入・自己負

担グループで幸福度が低い。(3) 前期高齢者世代において，統計的有意水準が10%であるが，年金加入・自己負担グループで幸福度が高い傾向にある。(4) 後期高齢者世代において，年金加入・勤務先負担グループで幸福度が高い。要するに，保険料を勤務先が負担すれば，現役世代および後期高齢者世代で主観的幸福度が高い傾向にある。保険料が自己負担になると，現役世代および定年退職直前後世代のいずれにおいても幸福度が低いが，前期高齢者世代で幸福度が高いことが示された。

　その主な理由は，他の世代に比べ，現役世代および定年退職直前後世代は，社会保障制度の改革の影響を強く受けたことにあろう。具体的にいえば，中国都市部における年金制度，医療保険制度の改革が1990年代後半期から始まった。当時の20歳代前半～40歳代前半の労働者（当時の働き盛り世代）は2007年時点の調査で30歳代後半～50歳代後半となり，それらの世代の労働者は国有企業の改革や社会保障制度の移行の痛みを受けている。たとえば，1990年代後期，国有企業の改革が促進された。国有企業が雇用調整を行う際に，レイオフされた労働者が3年後までに就職できなれば，失業者となり，年金・医療保険の一部を自己負担することになる。またレイオフされなかった労働者を対象とする年金制度が，国家保障・企業保険（個人負担がゼロ）から国家・企業・個人の三方負担となる社会保険へ移行する際に，年金保険金の自己負担も増加することとなった。したがって，保険料の自己負担に対して，現役世代および定年退職直前後世代の多くは抵抗感・不満足感を持っていると考えられる。一方，新たな年金制度によると，労働者の年齢や年金納付の年数（あるいは勤務年数）によって納付する保険料および年金受給額が異なる。つまり年齢が高い（勤務年数が長い）ほど，自己負担の保険料は低いが，年金受給額が高い。年金制度の改革時点（1990年代）における50歳代の労働者は，調査時点（2007年）に60歳代（前期高齢者世代）となっている。その年齢層の労働者に対して従来の年金制度の一部が適用されており，自己負担の保険金が相対的に少ないが，受給した年金額が相対的に高い。そのため，他の世代に比べ，前期高齢者世代で保険金を自己負担しても，幸福度が相対的に高いと考えられる。

　第3に，相対所得の影響について，まず，現役世代，後期高齢者世代グル

ーブで準拠集団の平均値に比べて自分の所得（相対所得）が高いほど幸福度が高いが，定年退職前後世代，前期高齢者世代のいずれにおいても，相対所得が主観的幸福度に有意な影響を与えていない。

次に，地域内の所得格差の影響については，現役世代，定年退職直前後世代，前期高齢者世代のいずれにおいても，地域内のジニ係数が高いほど幸福度が低い傾向にある。地域ジニ係数の推定値は，現役世代が－3.1713，定年退職直前後世代が－5.0311，前期高齢者世代が－5.0018となっている。加齢とともに，居住する地域内の所得格差が主観的幸福度に与える影響が大きくなることが確認された。その主な理由は，高年齢者が個人貯蓄の取り崩しの生活に直面するため，その生活は年金や地域内の公的インフラ投資（公立病院施設，高年齢者に対する医療費補助金など）に強く依存していることにあろう。ただし，後期高齢者世代で地域内の所得格差が幸福度に与える影響は統計的に有意ではないが，その値は－2.5347となっており，つまり所得格差が大きいほど幸福度が下がる傾向にある。これらの分析結果により，高齢化が進んでいる中国都市部で，地域内の格差を是正する政策の実施は，現役世代および高年齢者世代の幸福度を向上させる可能性があることが示された。

第4に，所得水準の影響をみる。まず，個人レベルの所得水準については，（1）現役世代において，低所得層（所得第1五分位）に比べ，中所得層（所得第3五分位）で幸福度が高い。（2）後期高齢者世代において，低所得層に比べ，中所得層（所得第2五分位，所得第3五分位），および高所得層（所得第5五分位）で幸福度が低い。（3）定年退職直前後世代，前期高齢者世代で，幸福度における所得階層間の差異が統計的に有意ではない。

次に地域レベルの所得水準（1人あたりGDP）については，（1）前期高齢者世代で，1人あたりGDPが高いほど幸福度が低い一方で，後期高齢者世代で1人あたりGDPが高いほど幸福度が高い傾向にある。（2）現役世代，定年退職直前後世代のいずれにおいても，地域レベルの所得水準が主観的幸福度に有意な影響を与えていない。

第5に，高齢化の影響については，（1）前期高齢者世代，後期高齢者世代のいずれにおいても，高齢化率（65歳以上の人口の割合）が低い地域に居住するグループに比べ，高齢化率が高い地域に居住するグループで主観的幸福

表 7−10 主観的幸福度に関する分析結果（年齢階層別）

	現役世代		定年退職直前後世代		前期高齢者世代		後期高齢者世代	
	推定係数	z値	推定係数	z値	推定係数	z値	推定係数	z値
地域レベルの変数								
ジニ係数	-3.1713 ***	-3.38	-5.0311 *	-1.87	-5.0018 **	-2.06	-2.5347	-0.82
1人あたり GDP	-3.780E-06	-0.96	1.170E-06	0.11	-2.160E-05 **	-2.18	2.670E-05 **	2.31
65歳以上の人口の割合	0.0131	1.36	0.0067	0.25	0.0450 *	1.85	0.0524 *	1.76
1千人あたり病床数	-0.0516	-0.88	-0.0110	-0.07	-0.3589 **	-2.39	-0.3610 **	-2.06
1千人あたり医師数	-0.0450	-0.34	0.3668	1.00	0.3745	1.12	0.3870	0.91
公衆衛生費	0.0473 **	2.14	-0.0947	-1.46	0.1894 ***	3.05	-0.1887 ***	-2.81
公的教育投資額	0.0036	1.15	-0.0067	-0.80	0.0111	1.45	-0.0081	-0.83
個人レベルの変数								
世帯所得階層（所得第1五分位）								
所得第2五分位	0.0403	0.91	0.0722	0.61	-0.0967	-0.95	-0.3859 ***	-3.10
所得第3五分位	0.1898 ***	3.47	-0.0570	-0.37	0.0655	0.46	-0.4307 ***	-2.63
所得第4五分位	0.0999	1.47	0.0062	0.03	0.0120	0.07	-0.2870	-1.39
所得第5五分位	0.0189	0.21	-0.1570	-0.61	0.0357	0.14	-0.5446 *	-1.94
相対所得	0.2400 ***	5.34	0.1739	1.27	0.1702	1.30	0.3570 **	2.53
年齢	0.0036	0.33	2.3335	1.12	0.8416 *	1.68	0.1341	1.55
年齢の2乗	-4.950E-05	-0.36	-0.0200	-1.09	-0.0065 *	-1.68	-0.0008	-1.51
学歴（小学校）								
中学校	0.2470 ***	4.41	0.1574	1.36	0.1014	1.12	0.2539 **	2.40
高校・高専	0.2075 ***	3.77	0.0209	0.17	0.1649 *	1.72	0.5047 ***	4.88
短大	0.3236 ***	5.46	0.2190 *	1.61	0.4131 ***	3.48	0.6350 ***	4.90
大学・大学院	0.3276 ***	5.31	0.2221	1.50	0.3623 ***	2.87	0.7174 ***	4.74
男性	-0.0308	-1.38	-0.0303	-0.48	-0.0071	-0.13	0.0051	0.07
家族と同居	0.1881 ***	4.72	0.3273 **	2.27	-0.0617	-0.55	0.1377	1.56

（つづく）

子どもあり	-0.0586		-1.19	-0.4961	-1.17	0.1143	0.26	0.2082	0.56
家族人数	-0.0230	*	-1.82	0.0319	0.88	-0.0631 **	-2.03	-0.0381	-0.99
健康状態（良くない）									
非常に良い	1.0258	***	14.96	0.8563 ***	5.67	0.4328 ***	3.03	0.6849 ***	3.92
良い	0.5903	***	9.12	0.5366 ***	4.38	0.3710 ***	3.62	0.6153 ***	5.81
ふつう	0.3045	***	4.61	0.3108 ***	2.55	-0.0383	-0.39	0.3916 ***	4.15
医療保険加入状態（医療保険未加入）									
都市従業員基本医療保険のみ	0.0323		1.09	-0.0504	-0.66	-0.0223	-0.33	-0.1389 *	-1.78
商業医療保険のみ	0.0524		1.00	0.0281	0.15	0.0969	0.47	-0.4382 *	-1.86
その他の医療保険のみ	0.0786		1.22	-0.0348	-0.14	0.3441 *	1.81	-0.0783	-0.28
混合型医療保険	0.0628		0.94	-0.5213 **	-2.49	-0.2156	-0.68	—	—
年金加入状態（年金未加入）									
年金加入・勤務先負担	0.0955	***	2.61	-0.1039	-1.15	-0.1249	-1.49	0.2148 **	2.18
年金加入・自己負担	-0.0738	*	-1.91	-0.2467 ***	-2.05	0.2470 *	1.68	-0.1667	-0.93
年金加入・両方負担	-0.0430		-1.56	-0.0860	-1.09	0.0150	0.18	-0.0186	-0.18
サンプルサイズ	11096			1588		1928		1233	
対数尤度	-9513.827			-1250.884		-1508.421		-1097.814	
決定係数	0.050			0.041		0.050		0.054	

出所：CHIP2007より計算。

注1）*，**，***はそれぞれ有意水準10％，5％，1％を示す。
　2）後期高齢者世代に関する分析で混合型医療保険加入のサンプルが少ないため、分析から脱落した。

度が高い。(2) 現役世代，定年退職直前後世代のいずれにおいても，高齢化率が主観的幸福度に有意な影響を与えていない。

第6に，個人属性要因については，(1) 各世代のいずれにおいても，学歴が高いほど幸福度が高い傾向にある。(2) 各世代のいずれにおいても，幸福度における男性と女性間の差が小さい。(3) 定年退職直前後世代で，無配偶者グループに比べ，有配偶者グループで幸福度が高い。また，後期高齢者世代で，統計的な有意水準が10％であるが，有配偶者グループで幸福度が高い傾向になる。一方，現役世代および前期高齢者世代で，配偶者の有無が幸福度に有意な影響を与えていない。(4) 各世代のいずれにおいても，健康状態が良いほど幸福度が高い。

3. 男女別・就業部門別・地域別分析結果

まず，男女別分析結果を**表7-11**にまとめており，以下のことが示された。第1に，医療保険加入の影響については，男性の場合，医療保険未加入グ

表7-11　主観的幸福度に関する分析結果（男女別）

	男性		女性	
	推定係数	z値	推定係数	z値
医療保険加入状態（医療保険未加入）				
都市従業員基本医療保険のみ	-0.0932 ***	-2.70	0.0507	1.58
商業医療保険のみ	-0.0732	-1.05	0.0771	1.20
その他の医療保険のみ	0.0054	0.06	0.1090	1.41
混合型医療保険	-0.1604 *	-1.90	0.1015	1.14
年金加入状態（年金未加入）				
年金加入・勤務先負担	0.0506	1.22	0.0430	1.03
年金加入・自己負担	-0.0232	-0.47	-0.1310 ***	-2.70
年金加入・両方負担	-0.0233	-0.69	-0.0655 **	-1.98
サンプルサイズ	7844		8001	
対数尤度	-6618.772		-6865.626	
決定係数	0.045		0.042	

出所：CHIP2007より計算。
注：1) *，**，***はそれぞれ有意水準10％，5％，1％を示す。
　　2) ジニ係数，1人あたりGDP，65歳以上の人口の割合，1千人あたり病床数，1千人あたり医師数，公衆便所数，公的教育投資額，世帯所得，相対所得，年齢，家族との同居，子どもあり，家族人数，健康状況，勤務先を推定したが，掲載で省略している。

ループに比べ，公的医療保険のみ加入，混合型医療保険の両グループで主観的幸福度が低い。一方，女性の場合，主観的幸福度における医療保険加入類型間の差異が統計的に顕著ではない。年金保険の自己負担の効果と異なり，医療保険の自己負担が幸福度に与えるマイナスの影響は，男性グループが女性グループより大きい。

第2に，年金加入の影響については，男性グループで年金加入状態が主観的幸福度に与える影響は統計的に有意ではない。一方，女性の場合，年金未加入グループに比べ，年金加入・両方負担，および年金加入・自己負担の両グループで主観的幸福度が低い。年金保険の自己負担が幸福度に与えるマイナスの影響は，女性グループが男性グループより大きいことが示された。

上記より，年金加入状態が女性の幸福度に強く影響を与える一方で，医療保険加入状態が男性の幸福度に強く影響を与えることがうかがえる。医療保険制度と年金保険制度の影響において男女間の差異が存在することが示された。

次に，就業部門別分析結果を**表7-12**にまとめており，以下のことが確認された。

第1に，医療保険制度の加入が政府機関・事業部門，集団企業および外資系企業に勤める労働者の幸福度に影響を与えている。具体的に①医療保険未加入グループに比べ，政府機関・事業部門で商業医療保険のみに加入したグループの幸福度が低い。②集団企業および外資系企業のいずれにおいても公的医療保険のみに加入したグループの幸福度が低い。

第2に，年金保険制度の加入が国有企業，外資系企業に勤める労働者および個人企業における主観的幸福度に影響を与えている。具体的に①年金未加入グループに比べ，国有企業で年金加入グループのいずれにおいても幸福度が高い。②外資系企業で，年金加入・勤務先負担，年金加入・両方負担グループのいずれにおいても主観的幸福度が高い。また③個人企業において，年金加入・勤務先負担グループで幸福度が高いが，年金加入・両方負担グループで幸福度が低い傾向にある。

表7−12 主観的幸福度に関する分析結果（就業部門別）

	政府機関・事業部門		国有企業	
	推定係数	z値	推定係数	z値
医療保険加入状態（医療保険未加入）				
都市従業員基本医療保険のみ	-0.0454	-0.78	0.0052	0.06
商業医療保険のみ	-0.2380 **	-2.31	0.2587	1.50
その他の医療保険のみ	-0.0185	-0.13	-0.0867	-0.42
混合型医療保険	-0.0884	-0.75	-0.0936	-0.58
年金加入状態（年金未加入）				
年金加入・勤務先負担	0.0138	0.21	0.5170 ***	3.73
年金加入・自己負担	-0.0311	-0.30	0.3447 **	2.07
年金加入・両方負担	-0.0145	-0.26	0.2463 **	2.06
サンプルサイズ	3460		1754	
対数尤度	-2854.244		-1473.694	
決定係数	0.049		0.050	

（つづき）

	集団企業		民営企業	
	推定係数	z値	推定係数	z値
医療保険加入状態（医療保険未加入）				
都市従業員基本医療保険のみ	-0.3556 ***	-2.60	0.0104	0.14
商業医療保険のみ	-0.3184	-1.23	0.0668	0.52
その他の医療保険のみ	-0.0712	-0.28	0.1966	1.08
混合型医療保険	0.1950	0.58	-0.2143	-0.91
年金加入状態（年金未加入）				
年金加入・勤務先負担	-0.2267	-1.10	0.0885	0.83
年金加入・自己負担	0.1597	0.58	-0.1258	-1.35
年金加入・両方負担	-0.1984	-1.33	-0.0787	-1.01
サンプルサイズ	579		1731	
対数尤度	-470.962		-1472.225	
決定係数	0.088		0.058	

（つづく）

(つづき)

	外資系企業		自営業	
	推定係数	z値	推定係数	z値
医療保険加入状態（医療保険未加入）				
都市従業員基本医療保険のみ	-0.4180 *	-1.92	-0.0397	-0.45
商業医療保険のみ	-0.3917	-1.10	-0.0569	-0.39
その他の医療保険のみ	-1.0962	-1.52	-0.2761	-1.46
混合型医療保険	-0.2040	-0.69	0.1806	0.75
年金加入状態（年金未加入）				
年金加入・勤務先負担	0.5628 *	1.85	0.3928 **	2.31
年金加入・自己負担	0.0057	0.01	0.0583	0.64
年金加入・両方負担	0.5698 **	2.31	-0.3156 **	-2.55
サンプルサイズ	391		1135	
対数尤度	-296.809		-923.630	
決定係数	0.117		0.097	

出所：CHIP2007 より計算。
注：1) *，**，*** はそれぞれ有意水準 10％，5％，1％ を示す。
　　2) 後期高齢者世代に関する分析で混合型医療保険加入のサンプルが少ないため、分析から脱落した。
　　3) ジニ係数，1 人あたり GDP，65 歳以上の人口の割合，1 千人あたり病床数，1 千人あたり医師数，公衆便所数，公的教育投資額，世帯所得，相対所得，年齢，性別，家族との同居，子どもあり，家族人数，健康状況を推定したが，掲載で省略している。

表 7-13　主観的幸福度に関する分析結果（地域別）

	上海		江蘇	
	推定係数	z値	推定係数	z値
医療保険加入状態（医療保険未加入）				
都市従業員基本医療保険のみ	-0.3626 ***	-2.61	0.1192	1.53
商業医療保険のみ	-0.0870	-0.41	-0.2291	-1.16
その他の医療保険のみ	－		-0.0830	-0.26
混合型医療保険	-0.3735 **	-2.26	-0.0249	-0.11
年金加入状態（年金未加入）				
年金加入・勤務先負担	-0.0433	-0.36	0.0862	0.70
年金加入・自己負担	-0.3540	-1.31	0.0107	0.08
年金加入・両方負担	0.1328	1.11	-0.2792 ***	-3.49
サンプルサイズ	1458		1674	
対数尤度	-1080.282		-1412.833	
決定係数	0.093		0.076	

(つづく)

(つづき)

	浙江		安徽	
	推定係数	z 値	推定係数	z 値
医療保険加入状態（医療保険未加入）				
都市従業員基本医療保険のみ	-0.0734	-0.92	0.2393 ***	3.06
商業医療保険のみ	-0.2285	-1.23	-0.1785	-1.07
その他の医療保険のみ	-0.0220	-0.08	-0.2604	-1.53
混合型医療保険	-0.2413	-0.87	-0.1430	-0.29
年金加入状態（年金未加入）				
年金加入・勤務先負担	0.1071	0.80	0.2377 **	2.47
年金加入・自己負担	-0.2865 **	-2.28	-0.0900	-0.79
年金加入・両方負担	-0.3031 ***	-3.20	-0.0638	-0.72
サンプルサイズ	1664		1578	
対数尤度	-1329.750		-1193.663	
決定係数	0.073		0.112	

(つづき)

	河南		湖北	
	推定係数	z 値	推定係数	z 値
医療保険加入状態（医療保険未加入）				
都市従業員基本医療保険のみ	-0.1241 *	-1.72	0.1278	1.29
商業医療保険のみ	0.0320	0.25	0.1278	0.80
その他の医療保険のみ	0.3062 ***	2.66	0.2658	1.07
混合型医療保険	0.9167 ***	3.64	-0.1497	-0.31
年金加入状態（年金未加入）				
年金加入・勤務先負担	0.2182 ***	2.68	0.1139	1.19
年金加入・自己負担	0.0768	0.55	0.1482	1.21
年金加入・両方負担	0.1340	1.64	-0.0228	-0.20
サンプルサイズ	1726		1075	
対数尤度	-1403.242		-941.551	
決定係数	0.071		0.079	

(つづく)

(つづき)

	広東		重慶	
	推定係数	z 値	推定係数	z 値
医療保険加入状態（医療保険未加入）				
都市従業員基本医療保険のみ	0.0712	0.98	-0.0922	-0.97
商業医療保険のみ	0.0235	0.19	-0.0372	-0.20
その他の医療保険のみ	0.1846	1.47	-0.4078	-1.49
混合型医療保険	0.0928	0.58	0.7439	1.43
年金加入状態（年金未加入）				
年金加入・勤務先負担	-0.0816	-0.77	0.5777 ***	3.65
年金加入・自己負担	-0.1052	-1.07	-0.0377	-0.25
年金加入・両方負担	-0.0806	-1.06	-0.0757	-0.73
サンプルサイズ	1596		1130	
対数尤度	-1448.850		-845.258	
決定係数	0.047		0.120	

(つづき)

	四川	
	推定係数	z 値
医療保険加入状態（医療保険未加入）		
都市従業員基本医療保険のみ	-0.0297	-0.41
商業医療保険のみ	0.0248	0.17
その他の医療保険のみ	0.5590	0.99
混合型医療保険	-0.5324 **	-2.53
年金加入状態（年金未加入）		
年金加入・勤務先負担	-0.1773	-1.50
年金加入・自己負担	-0.2324 **	-2.38
年金加入・両方負担	0.0535	0.70
サンプルサイズ	1660	
対数尤度	-1392.829	
決定係数	0.051	

出所：CHIP2007 より計算。

注：1) *，**，*** はそれぞれ有意水準 10％，5％，1％ を示す。
　　2) ジニ係数，1 人あたり GDP，65 歳以上の人口の割合，1 千人あたり病床数，1 千人あたり医師数，公衆便所数，公的教育投資額，世帯所得，相対所得，年齢，家族との同居，子どもあり，家族人数，健康状況，勤務先を推定したが，掲載で省略している。

地域別分析結果を表7-13にまとめている。地域によって，医療保険及び年金保険の加入状態が主観的幸福度に与える影響は異なることが示された。

第1に，医療保険未加入グループに比べ，上海市，河南省の両地域において都市従業員基本医療保険のみグループで幸福度が低いが，安徽省で都市従業員基本医療保険のみグループで幸福度が高い。また，上海市，四川省のいずれにおいても混合型医療保険グループで幸福度が低いが，河南省で混合型医療保険グループの幸福度が高い傾向にある。経済発展のレベルが相対的に低い地域（安徽省，河南省）でUEBMIの実施は主観的幸福度を高める効果を持つことが示された。

第2に，年金未加入グループに比べ，年金加入・勤務先負担グループで主観的幸福度が高い傾向にある（安徽省，河南省，重慶市）。一方，年金加入・自己負担グループ（浙江省，四川省），年金加入・両方負担グループ（江蘇省，浙江省）で主観的幸福度が低い。安徽省，河南省，重慶市は経済発展のレベルが相対的に低い地域，江蘇省，浙江省は経済発展のレベルが相対的に高い地域である[91]。これらの分析結果により，経済発展のレベルが低い地域および高い地域のいずれにおいても，年金の個人負担が高いほど主観的幸福度が低い傾向にあり，これらの地域で年金の自己負担率を引き上げると，主観的幸福度が低下する可能性が存在することが示された。

＊＊＊

本章では，CHIP2007のミクロデータを用いて，年金・医療保険制度の加入が中国都市戸籍住民における主観的幸福度に与える影響に関する実証分析を行った。実証分析から得られた主な結論および政策示唆は，以下の通りである。

まず，医療保険制度に加入する際に自己負担になるグループ（商業医療保険，混合型医療保険）で幸福度が相対的に低いことが示された。また年金加入の保険料は勤務先が負担すれば，現役世代および後期高齢者世代で主観的

---

91 『中国統計年鑑2008』に基づいて計算した結果，地域別1人あたりGDPは，安徽省，河南省，重慶市，江蘇省，浙江省はそれぞれ13.3万元（安徽省），17.7万元（河南省），16.1万元（重慶市），37.2万元（江蘇省），40.9万元（浙江省）となっている。

幸福度が高い。一方，保険料が自己負担になると，定年退職直前後世代および前期高齢者世代で幸福度が低い。医療保険・年金などの社会保障制度の実施を通じて国民の幸福度を向上させることを目的とするなら，今後公的医療保険・年金制度への加入を促進すると同時に，社会保障制度における国家・企業・個人の負担や公的社会保障制度と私的保険の棲み分けのあり方に関して検討すべきである。

次に，保険料の自己負担が幸福度に与えるマイナスの影響は，定年退職直前後世代および前期高齢者世代が他の世帯より大きいことがうかがえる。定年退職直前後世代および前期高齢者世代の労働者は国有企業の改革や社会保障制度の移行の痛みをより多く受けているようだ。計画経済から市場経済への体制移行の過程において，個人負担における世代間の不公平性の問題を考慮する必要があろう。

また，加齢とともに居住する地域内の所得格差が主観的幸福度に与える影響が大きくなることが確認された。高齢化が進んでいる中国都市部で，現役世代および高齢者世代の両グループの幸福度を向上させるため，地域内の所得格差を是正する政策が求められる。

最後に本章の限界を指摘しておきたい。まず2007年以降，URBMIがスタートしているが，データの制約上，本章の分析ではこの制度の影響が含まれていない。また中国で都市部より，農村部で社会保障制度の実施が遅れている。農村に居住する者を対象とする実証分析も重要な課題となっている。[92]次に主観的幸福度に関するクロス・セクション分析で個人間の異質性の問題が残っているため，パネルデータの分析も必要であろう。中国の調査データを整備したうえで，この課題に関するさらなる分析は今後の課題としたい。

---

92 中国における農村戸籍住民の幸福度に関する実証分析については，Knight, Song and Gunatilaka (2009)，Knight and Gunatilaka (2010a, 2010b)，Akay *et al.* (2012) などを参照されたい。しかし，これらの研究では社会保障制度の影響に関する分析がまだ行われていない。

付表7-1 中国都市戸籍住民の所得関数

	推定係数		t値
教育年数	0.0347	***	15.61
経験年数	-0.0037	*	-1.95
経験年数の二乗	0.0001	**	2.03
健康状態（良くない）			
非常に良い	0.1951	***	7.93
良い	0.1849	***	8.41
ふつう	0.1121	***	5.07
男性	0.0122		1.26
有配偶者	0.1988	***	10.97
勤務状況（非就業者＋その他）			
政府機関	0.3654	***	15.97
事業部門	0.2721	***	17.95
国有企業	0.2546	***	15.28
集団企業	0.1123	***	4.45
民営企業	0.1228	***	6.92
外資系企業	0.3957	***	12.95
自営業者	0.0844	***	4.18
地域（上海市）			
江蘇省	-0.2196	***	-11.41
浙江省	-0.1032	***	-5.24
安徽省	-0.4769	***	-23.14
河南省	-0.6184	***	-31.13
湖北省	-0.4615	***	-19.15
広東省	0.2876	***	14.86
重慶市	-0.4539	***	-19.51
四川省	-0.4614	***	-22.6
定数項	10.1855	***	268.41
サンプルサイズ		15847	
調整済み決定係数		0.3002	

出所：CHIP2007より計算。
注：*，**，*** はそれぞれ有意水準10％，5％，1％を示す。

終章
主な結論と今後の課題

第1節　本書のまとめ

　本書は，計画経済から市場化経済へ移行しつつある中国経済を背景として，公的医療保険制度の改革を焦点に当て，制度的・実証的研究を行い，制度移行の過程に生じた問題，加入行動のメカニズム，制度実施の効果を研究した。本章では，各章の主な結論を整理した上，政策インプリケーション，今後の展望について述べる。

1. 制度的研究から得られた主な結論

　中国における公的医療保険制度の変遷については，以下のことがわかった。
　第1に，計画経済期においても，体制移行期においても，農村部と都市部の戸籍制度あるいは就業形態によって，公的医療保険制度が異なっている。つまり，制度の分断化問題が存在している（第1章，第2章）。
　具体的に説明すると，計画経済期に，都市部で労働保険医療制度と公務員医療制度が実施されていた。両制度の財源は主に企業と政府によって負担されていた。その加入は法律で強制されている。その時期，国有部門はすべて政府によってコントロールされるため，これらの制度は「国家保障」といえる。一方，農村部で実施されていた農村合作医療制度の財源は，集団（人民

公社）と農民個人によって調達され，政府がほとんど負担しなかった。またその制度加入は任意である。農村合作医療制度は公的医療保険制度ではなく，それは「共済保険」であった。計画経済期に，公的医療保険制度は農村部と都市部の戸籍制度によって分断されていた（**表終－1**）。

　体制移行期に，都市部で労働保険医療制度と公務員医療制度が統合され，両制度が都市従業員基本医療保険制度（UEBMI）に移行し，「国家保障」から国家・企業・個人の三方負担のような「社会保険」になった。UEBMI は依然として強制加入の制度となっている。また，都市部で UEBMI に加入できない者をカバーするために都市住民基本医療保険制度（URBMI）が新たな医療保険制度として実施され，この制度加入は任意である。一方，農村部で新型農村合作医療制度（NCMS）が実施され，従来の農村合作医療制度（RCMS）は集団・個人のような共済保険から政府・集団・個人の三方負担の社会保険に移行し，その制度加入は任意である。体制移行期においても，公的医療保険制度は依然として農村部と都市部の戸籍制度によって分断されていると同時に，都市内部においても，制度の分断化問題が存在しており，職域によって適用される医療保険制度が異なっている（**表終－2**）。

　第2に，アメリカ，日本などの先進国においては，公的医療保険制度は所得再分配政策の1つとして実施されており，その制度は所得格差の是正に対して効果的である。一方，中国では公的医療保険制度は格差拡大の1つの要因となっている。

　具体的に説明すると，計画経済期の中国で実施されていた公的医療保険制度は都市部の労働者を優遇する社会保障制度であり，都市戸籍住民に比べて，より貧しい農村戸籍住民の医療保険に対しては，政府はほとんど公的資金で負担しなかった。そのため，所得格差のみならず，医療サービスなどの社会保障制度における農村部と都市部間の格差も大きかった。公的医療保険制度は所得格差の拡大要因の1つとなっていた。第2章で指摘したように，体制移行期に，これらの公的医療保険制度が改革されたが，保険基金の財源調達，医療費給付には農村部と都市部間の格差は依然として大きい。つまり，公的医療保険制度の改革によって，医療サービスにおける農村部と都市部間の格差が大きい問題がまだ解決されていない。

終章　主な結論と今後の課題

表終−1　計画経済期における公的医療保険制度

地域	制度名称	加入	適用対象	保険料支払い	実施時期
都市部	労働保険医療制度	強制加入	都市部におけるすべての企業（国有企業，集団企業）における従業員（就業者および退職者）	定率制 社会統一徴収医療保険基金と個人医療保険口座を結びつけ 企業：賃金総額の3〜5.5％ 政府：基金の運営費，管理費などを負担	1951年
都市部	公務員医療制度	強制加入	各級政府部門および事業部門（文化・教育・医療・研究などの政府部門に関連する機関）の職員，離職・退職者，在宅休養の二等乙級以上の革命障害軍人および在学中の大学生	すべて政府財源によって負担	1952年
農村部	農村合作医療制度	任意加入	農村戸籍を有する住民	集団（人民公社）：地域によって異なる 個人：0.5〜1元，ただし地域によって若干異なる	1956年

出所：筆者作成。

表終−2　体制移行期における公的医療保険制度

地域	制度名称	加入	適用対象	保険料支払い	実施時期
都市部	都市従業員基本医療保険	強制加入	都市部におけるすべての企業（国有企業，集団企業，外資系企業，民営企業などを含む），各級政府機関，事業部門，社会団体，民営の非営利部門における従業員，離職者・退職者	定率制 社会統一徴収医療保険基金と個人医療保険口座を結びつけ 企業：賃金総額の6％ 個人：賃金総額の2％ 政府：基金の運営費，管理費などを負担	1998年
都市部	都市住民基本医療保険	任意加入	都市部従業員基本医療保険に含まれていない都市戸籍を有する住民（18歳未満および非就業者を含む）	政府：120元／年・人 個人：地域によって若干異なる	2007年
農村部	新型農村合作医療	任意加入	農村戸籍を有する住民	政府：10元〜80元／年・人 個人：地域によって若干異なる	2003年

出所：筆者作成。

表終-3　企業所有制形態別公的医療保険制度の制度移行・実施状況

企業所有制		制度の移行状況	加入	制度の実施状況
国有部門		制度改革・移行	強制	○
非国有部門	外資系企業	新たな制度の導入	強制	?
	民営企業	新たな制度の導入	強制	?
	個人企業	新たな制度の導入	強制	?

出所：筆者作成。
注：○：徹底的に実施すること。
　　?：実施状況が確定できないこと。

　第3に，第4章によると，企業所有制形態によって制度の実施状況が異なる可能性があることが示された。曖昧な資本主義，不徹底的市場化の改革（漸進型改革）によって中国市場は多重構造が形成されている（**表終-3**）。つまり，中国市場は国有部門（政府機関，事業部門，国有企業）と非国有部門（集団企業，外資系企業，民営企業，個人企業）によって分断されており，公的医療保険制度の実施も就業部門によって異なっている。

　たとえば，1998年に実施されたUEBMIでは，国有部門，非国有部門のいずれもその制度に加入し，従業員が医療保険料の一部を納付することが義務付けられ，つまり，雇用部門がUEBMIに加入することが法律によって強制されている。しかし，制度の実施面からみると，政府機関，事業部門，大規模の国有企業では，UEBMIが確実に実施されているが，非国有企業は人件費を削減するため，公的医療保険制度の加入を回避する可能性が存在する。つまり，法律上で公的医療保険制度への加入が統一されているものの，実施面で国有・非国有部門によって加入状況が異なる問題が存在している。

　第5に，中国では制度設定・実施には二重構造が存在しているため，省別間の格差問題が生じた（第3章）。**図終-1**で示されるように，中央政府が法律・方針を決め，地方政府が具体的な制度を設定して実施する。計画経済期においても，体制移行期においても，中央政府と地方政府の財政分権が実施されている。財政分権は地方政府にインセンティブを与える一方で，制度・政策の運営で地方政府の裁量権が大きすぎ，地域間の格差が広がるデメリットもある。公的医療保険基金の財源調達は政府・就業部門・個人の三方となっている。そのうち，政府は主に地方政府を指す。第3章で指摘したように，

終章　主な結論と今後の課題

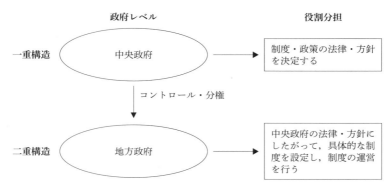

図終-1　中国における制度の制定・実施の二重構造に関するイメージ図
出所：筆者作成。

地域によって経済発展レベルが異なり，地方政府の税収が異なるため，地方政府が各地域における公的医療保険基金に投資する金額が異なっている。したがって，公的医療保険基金，医療費の自己負担，医療費の給付基準には省別間の格差が存在している。

2. 実証的研究から得られた主な結論

大規模なミクロデータを用いた実証研究の結果によると，以下のことが明らかになった（**表終-4**）。

第1に，公的医療保険制度の加入行動のメカニズム（第4章）については，(1) 自営業者，個人企業の雇用者グループで年齢の上昇とともにその加入確率が高くなり，逆選択仮説が支持された。また，低所得層グループに比べ，中・高所得層で医療保険の加入確率が高く，流動性制約仮説も支持された。(2) 低所得層グループに比べ，中・高所得層でUEBMI，商業医療保険，混合型医療保険のいずれにも加入する確率は高い。2007年時点に低所得層グループで，公的医療保険制度と私的医療保険のどちらにもカバーされない者が存在し，医療保険加入の格差の問題が存在する。(3) 他の条件が一定であれば，UEBMIの加入確率における就業部門間の差異が存在する。たとえば，政府機関に勤める雇用者グループに比べ，その医療保険に加入する確率は，集団企

表終-4 実証研究から得られた知見

主な内容	各章	主な結論	現実の問題提示
公的医療保険制度の加入のメカニズム	第4章	・流動性制約仮説,逆選択仮説が検証された ・社会階層が高いグループ(中高所得層,政府機関・事業部門に勤める者,低学歴者,正規雇用者,現地戸籍を有する者,経済発展レベルが相対的的に地域に居住する者)がUEBMIに加入する確率が高い	・所得格差に伴う公的医療保険制度の加入格差の問題が存在 ・公的医療保険制度が格差問題を是正する効果を持っていない。むしろ,それは格差が広がる1因となっている
公的医療保険制度と家計消費	第5章	・全体に公的医療保険制度の加入が医療費の自己負担と家計破綻性医療費支出になる確率に与える影響は統計的に有意ではない ・都市部で公的医療保険制度の加入が医療費の自己負担と家計破綻性医療費支出になる確率に与える影響は統計的に有意ではない ・農村部で家計破綻性医療費支出は公的医療保険制度に加入したグループで大きい ・都市部公的医療保険制度が家計消費を平滑化する効果を持っていない	・全体に公的医療保険制度は高額な医療費の支出によって貧困になる問題を解消する効果を持っていない ・都市部と農村部によって制度効果が異なる。とくに,農村部で「医療貧困」問題は公的医療保険制度によって解消ができていない
新型農村合作医療制度と医療サービスの利用	第6章	・現役者グループで制度加入しなかったグループに比べ,制度加入したグループで医療機関へアクセスする可能性が高い。一方,高年齢者グループでこうした効果が確認されなかった ・現役者グループで制度加入しなかったグループに比べ,制度加入したグループで医療費の自己負担額が高い。一方,高年齢者グループでその差異が確認されなかった ・現役者グループで制度加入しなかったグループに比べ,制度加入したグループで健康診断を受ける確率が高い。一方,高年齢者グループでその差異が確認されなかった ・現役者グループ,高年齢者グループのいずれにおいても,入院治療,総医療費,家計破綻性医療費支出で制度加入グループと制度未加入グループ間の差異が確認されなかった	・公的医療保険制度は医療需要が相対的に高いグループ(高年齢層グループ,重篤な疾患を持つグループ)における医療サービスの利用を高める効果を持っていない
医療保険制度の加入類型と主観的幸福度	第7章	・主観的幸福度に与える影響で医療保険の加入類型間の差異が顕著ではない ・医療保険制度に加入する際に,自己負担になるケース(商業医療保険,混合型医療保険)で主観的幸福度が低い	・公的医療保険制度における自己負担額を引き上げる際に,国民に納得させることが重要である

出所:筆者作成。

業・民営企業に勤める雇用者グループ，自営業者グループ，非就業者グループのいずれも低い。一方，その医療保険の加入確率における政府機関，国有企業，事業部門，外資系企業間の差異は小さい。（4）非現地都市戸籍を持つ者に比べ，現地都市戸籍を持つ者グループで，各種類の医療保険の加入確率は高い。（5）正規雇用者以外のグループ（非正規雇用者および自営業者）に比べ，正規雇用者グループで，各種類の医療保険の加入確率は高い。（6）低学歴者，子どもを持つ者グループで医療保険の加入確率が低い。（7）経済発展のレベルが高い地域に居住するグループに比べ，経済発展のレベルが相対的に低い地域に居住するグループで各種の医療保険の加入確率は低い。

　第2に，公的医療保険制度の加入が医療費の自己負担に与える影響（第5章）については，（1）全体的に医療費の自己負担額および家計破綻性医療費支出（CHE）になる確率のいずれにおいても，公的医療保険制度に加入したグループと加入しなかったグループ間の差異が統計的に有意ではない。公的医療保険制度の加入が医療費の自己負担額の軽減およびCHEによる貧困を解消する効果を持っていない。（2）都市部で医療費が自己負担になる，あるいはCHEになる確率のいずれにおいても，公的医療保険制度に加入したグループと加入しなかったグループ間の差異は小さいが，農村部で医療費の自己負担額は公的医療保険制度の加入グループのほうが高い傾向にある。農村部で公的医療保険制度は重篤な疾病に罹ることによって生じた貧困問題を解消できていないことが示された。

　第3に，社会実験の理論モデルに基づいて，政策評価で最も多く用いるより厳密的な計量分析方法—DID法によるNCMSに関する実証分析の結果（第6章），次の4つの事柄が明らかになった。すなわち，（1）現役者グループでNCMSに加入しなかったグループに比べ，加入したグループで，医療機関へアクセスする確率が高い。一方，高年齢者グループで，医療機関へアクセスする確率でNCMS加入したグループと加入しなかったグループ間の差異が確認されなかった。（2）現役者グループで，NCMSに加入しなかったグループに比べ，加入したグループで医療費の自己負担額が低い。一方，高年齢者グループで，その効果が確認されなかった。（3）全体的に，他の要因が一定ならば，NCMSに加入しなかったグループに比べ，加入したグループで一般健

康診断を受診する確率が高い。また現役者グループで加入した場合，一般健康診断を受診する確率が高い。一方，高年齢者グループで一般健康診断の受診で加入したグループと加入しなかったグループ間の差異が確認されなかった。(4)現役者グループ，高年齢者グループのいずれにおいても，入院治療，総医療費，家計破綻性医療費支出でNCMSの実施効果が確認されなかった。これらの分析結果により，中国農村部で，公的医療保険制度は医療需要が相対的に高いグループ（高年齢層グループ，重篤な疾病を持つグループ）における医療サービスの利用を高める効果を持っていないことが示された。

第4に，医療保険制度の加入が主観的幸福度に与える影響（第7章）については，所得，個人属性などの他の要因が一定ならば，全体的に主観的幸福度に与える影響は医療保険の加入類型間の差異が小さいこと，および医療保険制度に加入する際に，自己負担になるケース（商業医療保険，混合型医療保険）で主観的幸福度が低い傾向にあることがわかった。

第2節　政策インプリケーション

本節では，公的医療保険制度に関する制度的・実証的研究結果から示された，医療保障における多様な格差の問題を整理したうえで，これらの問題に対応する政策・制度の改善点を指摘しておきたい（**表終-5**）。

第1に，計画経済期から体制移行にある現在まで，公的医療保険の制度設計の面で都市部と農村部間には格差が存在している。都市部と農村部それぞれの戸籍によって公的医療保険制度（適用対象，財源調達，保険金納付，医療費給付，保険適用医療機関など）が異なっている。また，家計所得および消費は農村部の方が都市部より低いにもかかわらず，公的医療保険への政府支出は都市部が農村部より高い。農村部で重篤な疾病に罹ると貧困層に陥る問題は解消できていないことが示された。こうした公的医療保険制度の格差問題を解決するため，中央政府はNCMSに公的財政投資を増額し，農村戸籍住民を対象とする医療費給付水準を段階的に都市戸籍住民の水準まで引き上げ，最後に両制度を統合する政策に取り組む必要があろう。経済成長の最終目的は国民厚生を高めることであるという政府目標を考えると，体制移行期

に，政府は経済成長を促進すると同時に，計画経済期に残された負の遺産としての社会保障制度における都市―農村間の格差問題を重視すべきであろう。

第2に，財政政策の改革にともなって，地方政府の財政調整の機能が高まる一方で，財政収入と支出における地域間の格差が拡大する問題が深刻化している。この問題を解決するため，中央政府は日本のように地方交付税や地方補助金などの財政調整を行う必要があると考えられる。また居住する人口に応じる社会保障給付金制度の制定・実施を検討する必要があろう。

第3に，UEBMIの加入状況において，国有部門と非国有部門間の格差が存在し，また非国有部門において加入率は外資系企業が民営企業，集団企業に比べて高く，つまり非国有部門内の格差が存在している。法律上で国有部門，非国有部門のいずれにおいても，雇用側が公的医療保険制度に加入し，従業員賃金総額の一部を保険金として納付すると規定されているが，非国有部門では経費を削減するため，公的医療保険制度の加入を回避する行動がうかがえる。したがって，地方政府の労働行政部門は，公的医療保険制度の実施を監督する機能を強化し，また公的医療保険制度に加入しない企業に対する懲罰を行う法律を制定することを検討すべきであろう。

第4に，先進国において，公的医療保険制度は所得再分配政策の一環として実施されているため，低所得層で公的医療保険制度に加入する者の割合が高い。それに対して中国では，高所得層に比べ，低所得層で公的医療保険制度の加入率が低く，医療保険制度の加入行動における流動性制約仮説が検証された。つまり，中国における公的医療保険制度は所得再分配の機能を果たしておらず，その制度は所得格差を是正する効果を持っていないことが明らかになった。その主な理由は，体制移行期の公的医療保険制度において，UEBMIは計画経済期に実施された高所得層（大規模の国有企業，政府機関に勤める労働者）を優遇する労働保険医療制度および公費医療制度に基づいて制定・実施された制度であるため，都市部で高所得層ほど公的医療保険制度に加入する者の割合が多い。またNCMSは，従来の共済互助型の農村合作医療制度に基づいて制定されたものであり，その加入は任意であるため，先進国における私的医療保険に類似する面があり，保険制度加入には流動性制約が存在すると考えられる。所得格差が拡大しつつある中国で，政府は公的医

表終-5 多様な医療保障格差と政策の改善点

格差類型	格差の主な内容	政策提言
都市部と農村部間の格差	・都市部と農村部における制度の仕組みの格差 ・都市部と農村部によって制度効果が異なる。 とくに、農村部で「医療貧困」問題は公的医療保険制度によって解消できていない	・政府が新型農村合作医療制度に公的投資を増額し、医療費給付水準を引き上げることなどを通じて、徐々に両制度を統一する
地域間の格差	・公的医療保険基金の財源調達における地域間の格差	・中央政府は地方社会保障給付金などの財源移転を通じて公的医療保険基金における地域間の格差を解消する
国有部門と非国有部門間の格差	・制度の実施状況における国有部門と非国有部門間の格差	・労働行政部門は公的医療保険制度の実施を監督する機能を強化する
所得格差と制度加入格差	・所得格差に伴う公的医療保険制度の加入格差の問題が存在（流動性制約仮説）	・所得に応じる保険料金を納付する制度、貧困層に対する保険料金の減免制度を実施する
現役者と高年齢者間の格差	・制度効果における現役者と高年齢者間の格差	・医療費負担が高く、疾病リスクが高い高年齢層に対する特別な公的医療保険制度を設定・実施 ・現行の制度に高年齢層に対する特別措置を追加
格差是正効果	・公的医療保険制度が格差問題を是正する効果を持っていない。むしろ、それは格差が広がる1因となっている	・所得に応じる保険料金を納付する制度、貧困層に対する保険料金の減免制度を実施する
幸福度における医療加入類型間の格差	・医療保険制度に加入する際に、自己負担が相対的に高いグループ（商業医療保険、混合型医療保険）で主観的幸福度が低い	・保険料金を引き上げる政策を慎重に検討する必要がある

出所：筆者作成。

療保険制度を所得再分配政策の一環として実施し、日本やアメリカなどの先進国のように、所得水準に応じる保険金を納付する制度（応能原則）、貧困層に対する保険金の減免制度を実施することを検討する必要があろう。

第5に、公的医療保険制度効果において、高年齢者と現役者間の格差が存在している。たとえば、医療サービスへのアクセスおよび医療費支出においてNCMSに加入したグループと加入しなかったグループ間の差異が顕著ではないという分析結果が得られた（第6章）。高年齢者は他の年齢階層グループに比べて医療需要が多いため、医療サービスの利用が高く、医療費支出が多いにもかかわらず、医療サービスの利用と医療費支出における高年齢者と非

高年齢者間の差異が統計的にない。したがって，農村部で高年齢者が重大な疾病に罹っても，公的医療費支出が少なく，つまり自己負担の医療費が高くて自己負担ができないことを予測して，医療サービスの利用を減らすことによって，医療需要が過小となってしまった可能性が存在することが示されたわけである。この問題に関しては今後より厳密な実証分析を行う必要がある。そして，この問題を解決する方案としては，日本のように医療費負担が高く，疾病リスクが高い高年齢層を対象とする特別な公的医療保険制度（高齢者医療制度，後期高齢者医療制度など）を検討する必要があろう。

第6に，医療保険制度に加入する際に，自己負担が相対的に高いグループ（商業医療保険，混合型医療保険）で国民の well-being（主観的幸福度）が低い（第7章）。中国では少子高齢化問題が深刻化している。今後，社会保障財源を維持するため，保険金の引き上げ政策が検討されるかもしれない。しかし，本書の実証研究によると，保険金の引き上げによって，国民の well-being が低下する可能性が存在することが示された。したがって，今後，保険料金を引き上げる政策を議論する際には，大多数の国民の合意を得て慎重に検討すべきであろう。

第3節　今後の課題と展望

本書では，体制移行期の中国における公的医療保険制度の改革に関して，制度的研究と実証研究の2つの視点から検討したが，いくつかの課題が残されている。以下では，今後の課題と展望について述べる。

第1に，本書のような，2つのアプローチ，すなわち制度的研究，実証的研究で公的医療保険制度を検討する研究を，よりグローバル視点に立った国際比較研究として拡張することである。

2000年中国人口センサスによると，2000年に中国も高齢化社会に突入した。しかし日本，ヨーロッパ諸国はそれよりずっと長い年月，少子高齢化社会を経験しており[93]，これらの先進国では高齢化対策の1つとして公的医療保険制

93　OECDデータベースによると，日本，ヨーロッパ諸国は70年代前後に高齢化社会となった。

度が実施されている。そして**表終―5**に示したように国ごとに実施されている公的医療保険制度は異なり，また諸国が直面している公的医療保険財源問題および解決方法も異なると考えられる。これらの諸国における制度の仕組み，実施後の財政問題を比較することは，中国における公的医療保険制度改革の有益な参考資料になると考えられる。国際比較の意義に1つはこの点である。

　もう1つ，国際比較によって，経済学の理論モデルを検証できると同時に，それらの理論モデルを補足・発展させることもできる。本書第Ⅰ部での検討から明らかなように，国によって制度の仕組みが異なるのは，制度の初期条件，所有制構造，経済政策，制度体系，歴史的遺産としての制度改革前の仕組みなどの要因で説明できる。しかし，公的医療保険制度の実施が医療需要側としての個人・家計の行動に与える影響のメカニズムにおいては，経済学の理論モデルに基づいて共通なものがあるとも考えられ，国際比較を行うことによって，これらの行動メカニズムにおける共通性と特殊性をより明確に見出すことができる。こうした観点で，国際比較を今後の課題としたい。

　第2に，人口構造の変化を考えると，今後，中国で少子高齢化問題がますます深刻化すると予測され，したがって，高年齢者の医療問題を考慮したうえで，医療にかかわる介護問題も重視すべきであろう。その点では，前述したとおり，公的医療保険制度に介護保険制度を加える必要があろう。現在まで，介護の主な担当者は家族であるが，1人っ子人口政策の結果，現在の20～30歳の既婚者は，夫婦2人で4人の親（実親，義理の親）を介護することになる。社会介護サービス需要は高いものの，介護サービスの供給者はほとんど私立施設であり，所得格差による介護サービスの格差問題が存在している。したがって，日本，ヨーロッパ諸国の介護保険制度を検討したうえで，中国の実情に見合う介護保険制度の制定・実施することは，政府の今後の課題となると考えられる。そのために，医療市場における高年齢者介護問題に関する調査研究を行い，調査データに基づく実証研究を今後の研究課題としたい。

　第3に，本書ではデータの制約上，医療需要側に関する家計調査のデータのみを用いて実証研究を行ったが，今後は，多様な角度から公的医療制度の経済効果を評価するために，医療供給側（医療機関，保険部門，製薬企業な

ど）をを対象とする調査を行い，公的医療保険制度が医療供給側の行動に与える影響に関する実証研究も必要であろう。[94]

　第4に，本書では，主に中国家計所得調査データ（CHIP）および中国健康・栄養調査（CHNS）を活用して実証研究を行ったが，今後，実証研究のデータを整備し，より厳密な実証研究を進める必要がある。たとえば，経済発展と体制移行が同時に進行している中国は，地域間の差異が大きい。こうした地域の特徴を活用し，社会実験を設計・実施し，公的医療保険制度，介護保険制度の実施効果に関する実証研究を行うことは，社会実験分野の新たな研究として学術的意義が大きい。既に実施された家計調査の研究チームと連携し，医療保険制度を含む社会保障制度に関する大規模な社会調査を行い，より良いデータベースを構築することは，今後の重要な課題となっている。

　第5に，本書では，カバーする範囲が最も広い公的医療保険制度に関する研究を行ったが，中国では他にも多様な医療保険制度が実施されている。本書第2章第2節で説明したように，体制移行期における医療保険制度の体系には，私的医療保険（商業医療保険など）も含まれている。本書第4章では，私的医療保険（商業医療保険）を含む実証研究を行っているが，私的医療保険は公的医療保険制度の補足として実施されていて，現在，その加入対象者はごく一部の中・高所得層に限定されている。そのため，私的医療保険の実施によって，所得格差による医療格差の問題が拡大しているのではないか。また，私的医療保険には加入者の逆選択行動や保険会社の事前回避行動などの新古典派経済学で指摘されている現象が存在するだろうか。さらに，公的医療保険制度の実施が私的医療保険の加入を減らす効果（crowding out effect）を持つのか。これらの疑問を解明するため，私的医療保険の実施状況およびその制度効果に関する経済分析も必要であろう。

94　討・劉・陳（2010）はNCMSの実施が県レベルおよび村レベルの病院における医療価格に与える影響について，CHNS1997, 2000, 2004, 2006における村レベルと県レベルのデータを活用し，DID法による分析結果，CHNSが村の診療所の医療価格に影響を与えていない一方，CHNSの実施が県レベル病院の医療価格を上昇させる効果を持つことを示している。

表終-6 公的医療保険制度に関する国際比較 (1)

	イギリス (2011)	フランス (2011)	ドイツ (2011)
制度の類型	税方式による国営の国民保健サービス	社会保険方式	社会保険方式
制度の概要	国民医療制度 (NHS) によって原則無料で医療を提供。NHS の財源は 8 割が税金、残りは国民保険 (医療・年金・雇用関係給付を含む社会保険制度)・受益者負担等。実際の医療サービスは NHS から一定の独立性を持つプライマリ・ケア・トラスト (PCT) が供給	職域ごとに雇用者制度、非雇用者制度 (自営業者) などに加入。職域ごとに強制加入の多数の制度である。強制適用の対象とならない者：普遍的医療給付制度の対象となる	公的医療保険は一般労働者・年金受給者・学生等を対象とした一般制度と自営業を対象とした農業者疾病制度と自営業者一定所得以上の者・公務員は強制適用ではない。2009 年以降、公的医療保険未加入者に、原則として公的医療保険または民間保険への加入を義務付け
公的医療保険の対象	全国民	全国民の 99%	全国民の約 85% (自営業者・高所得者は任意加入)
自己負担	原則自己負担なし。外来処方箋については 1 処方当たり定額負担、歯科治療については 3 種類の定額負担あり。なお、高年齢者、低所得者、妊娠者などについては免除がある、薬剤については免除者が多い	・外来：30% ・入院：20% ・薬剤：35% (抗がん剤等の代替薬のない高額な医薬品は一%、胃薬などは 70%、有用性の低い薬剤は 85%、ビタミン剤や強壮剤は 100%) ＊償還制があり、一旦窓口で全額を支払う必要あり (しかし、入院等の場合は現物給付) ＊自己負担分を補填する補足疾病保険が発達している (共済組合形式、国民の 8 割が加入) ＊上記の定率負担のほか、外来診察負担金 (1 日 1 ユーロ、暦年で 50 ユーロが上限)、入院定額負担 (1 日 18 ユーロ、精神科は 13.50 ユーロ) があり、これについては補足疾病保険による償還が禁止されている	・外来：同一疾病につき四半期ごとに 10 ユーロの診察料 (紹介状持参者等は無料) ・入院：1 日につき 10 ユーロ (年 28 日を上限度) ・薬剤：10% 定率負担 (負担額の上限 10 ユーロ、下限 5 ユーロ)

(つづく)

終章　主な結論と今後の課題

保険料		なし、NHS費用の2割強は退職年金などの現金給付に充てられる国民保険の保険料から充当されている	賃金総額の13.85%、本人：0.75%、事業主：13.1%、民間商工業者が加入する雇用者保険制度（一般制度）の場合	報酬の15.5%、本人：8.2%、事業主：7.3%、全被保険者共通、自営業者：本人全額負担
国庫負担		租税を財源としている	従来、国庫負担は赤字補填に限定されていたが、1991年から国庫負担が増大。医療年金などの財源として、一般社会拠出金（目的税）からの充当あり（税率：賃金所得7.5%、うち医療保険分5.29%） ＊雇用者保険制度の財源内訳（2008年） 　保険料：約56% 　一般社会拠出金：約37% 　その他の目的税（タバコ、酒等）：約5%	法律上、2009年においては40億ユーロとし、その後毎年15億ユーロずつ合計140億ユーロになるまで増額することとされていた。2009年1月に決定された経済金融危機に伴う第二次景気対策において、2009年7月以降の保険料率を0.6%減額することが決定されたため、32億ユーロ（満年度ベースで63億ユーロ）が追加投入された。したがって、2012年には上限である140億ユーロに達する見込み
診療報酬決定方法		国が総額を決定し、その枠内でNHSが配分	・国が医療費総額の目標を設定 ・国の出先機関である地方医療庁（ARS）が国の目標に整合するよう個別報酬を決定	・国が総額と原則的なルールを決定 ・疾病金庫協会（保険者）と保険医協会が協議し個別報酬を決定
支払方式	診療所・開業医	登録人頭制（患者数ごと）＋基本診察手当	出来高払い制	総額請負制（保険者から保険医協会に一括支払）。保険医協会から個々の医師に対しては出来高払い
	病院	病院ごとの総枠予算制＋実績払い	・公的病院は総枠予算制 ・私的病院は1日あたりの定額払い制	・特定の療養は1件あたりの包括払い制 ・その他の給付は1日あたりの定額払い制
アクセス		登録医師（GP）の紹介がない限り原則病院での受診ができない	かかりつけ医の紹介なしに他の医師を受診することを制限	フリーアクセス

303

表終-6 公的医療保険制度に関する国際比較 (2)

	スウェーデン (2010)	アメリカ (2011)	日本 (2012)
制度の類型	税方式による公営の保険・医療サービス	社会保険方式（メディケア・メディケイド）	社会保険方式
制度の概要	税方式による公営の保険・医療・医療サービスを実施。財源は広域自治体（ランスティング）の税収が約7割、国からの補助金が約2割を占める。初期医療は公立・私立の診療所が行い、専門医療はランスティングが運営する病院が行う	高年齢者・障害者に対するメディケア、低所得者に対するメディケイドが実施されているが、現役世代への医療保障は民間部門が担っているため、無医療保険者が多数存在。2010年に医療保険改革法が成立し、全国民にいずれかの保険への加入を義務付けるが、無医療保険者が残る可能性がある	国民皆保険制度。国民は、市町村が運営する国民健康保険、または職域ごとの雇用者医療保険に加入することは義務付けられる
公的医療保険の対象	全国民	65歳以上の高年齢者・障害者・低所得者のみ	全国民
自己負担	・外来：ランスティングが独自に設定、プライマリケアの自己負担は1回100〜200クローナ（法律による患者1人当たりの自己負担額の上限は全国一律年間900クローナ）。各ランスティングはこれより低い額を定めることもできる。多くのランスティングでは20歳未満については無料 ・入院：日額上限80クローナの範囲内でランスティングが独自に設定、多くのランスティングでは18〜20歳までは無料 ・薬剤：全国一律の自己負担額900クローナまでは全額自己負担（年間1800クローナが上限）	・外来（パートB）（任意加入）：年間155ドル+医療費の20％ ・入院（パートA）（強制加入）入院から60日：1156ドルまで自己負担、61〜90日：1日289ドル、91〜150日：1日578ドル、151日以上：全額負担 ・薬剤（パートD）（任意加入）で：全額自己負担、310〜2830ドル負担、2830〜4550ドル：25%負担、4550ドル：5%負担	・現役並み所得者：3割 ・義務教育就学前：2割 ・70〜74歳：2割（1割に凍結中）（現役並み所得者は3割） ・75歳以上：1割（現役並み所得者は3割）

（つづく）

項目		スウェーデン	アメリカ	日本
保険料		なし	• 入院（パートA）：給与の2.9%（労使折半）、自営業者：本人全額負担 • 外来（パートB）：月約15.4ドル（全額本人負担） • 薬剤（パートD）：（平均保険料）月約40.72ドル（全額本人負担）	報酬の10.00%（労使折半） ＊協会けんぽの場合
国庫負担		原則なし、ランスティングの税収（住民所得税等）と患者の自己負担額で賄っている。わずかであるが、国からの一般交付税、補助金あり	• 入院（パートA）：社会保障税を財源 • 外来（パートB）：費用の約75% • 薬剤（パートD）：費用の約75%	給付費等の16.4% ＊協会けんぽの場合
診療報酬決定方法		ランスティングによる予算割り当て	一部を除き保険者と病院・医師が決定	中央社会保険医療協議会の答申に基づき国（厚生労働省）が決定
支払方式	診療所・開業医	ランスティングによる予算割り当て	（メディケア）出来高払制（民間保険）出来高払制、人頭制など	出来高払制
	病院		（メディケア）出来高払制（民間保険）出来高払制、人頭制など	• 外来は出来高払制 • 入院療養・看護・医学的管理は定額払い制、手術料は出来高払い制
アクセス		フリーアクセス（居住地以外のランスティングでの受診も可能）	• フリーアクセス • 民間保険によってはかかりつけ医（GP）への訪問を義務づける場合あり	フリーアクセス

表終-6 公的医療保険制度に関する国際比較 (3)

	中国（都市部）	中国（農村部）
制度の類型	社会保険方式＋税方式	社会保険方式＋税方式
制度の概要	国民皆保険。雇用者が都市従業員医療保険制度に加入。非雇用者が都市住民基本医療保険制度に加入。ただし、前者加入は強制であるが、後者加入は任意である	国民皆保険。新型農村合作医療制度に加入、制度加入は任意である
公的医療保険の対象	都市戸籍を有する者全体。ただ都市住民基本医療保険加入は任意である	農村戸籍を有する者全体。ただ、制度加入は任意である
自己負担	・都市従業員基本医療保険の加入者：規定以内の医療を受けるとき、個人負担が約3割、医療費が一定限度を超えると、全額個人負担となる ・都市住民基本医療保険の加入者：地域によって個人負担が異なる。大多数の地域で、個人負担率が5割以上	個人負担率は地域によって異なるが、大多数の地域で、個人負担率が5割以上
保険料	都市従業員基本医療保険：企業：従業員賃金総額6％、従業者：個人賃金の2％負担 都市住民基本医療保険：地域によって納付する保険料が異なり、該当個人も異なる。個人：50～150元	2012年の場合：500元（年間1人あたり保険金）、農民個人負担：120元（年間1人あたり）
国庫負担	政府は一部を補助	政府は一部を補助 2012年の場合、政府補助：380元（年間1人あたり）
診療報酬決定方法	政府によって決める	政府によって決める
支払方式 — 診療所・開業医	公立：基本給：政府によって決定 私立：業績給、医療費償還なし	公立：政府によって決定 私立：業績給、医療費償還なし
支払方式 — 病院	公立：基本給：政府によって決定 私立：業績給、医療費償還なし	公立：基本給：政府によって決定 私立：業績給、医療費償還なし
アクセス	指定病院・指定薬局	指定病院・指定薬局

出所：イギリス、フランス、ドイツ、スウェーデン、アメリカ、日本は財務省財務総合政策研究所『医療制度の国際比較』報告書（平成22年6月30日）に基づき作成、中国都市部および中国農村部は筆者作成。

初 出 一 覧

　本書各章は，以下のような論文原稿に基づいて大幅修正・追記したものである。快く転載をお許しいただいた学術誌，研究報告書編集者および各出版社にお礼を申し上げる。

第1章
馬欣欣（2013）「中国における社会保障制度の変遷と医療保険制度の改革（その1）」『PHARM TECH JAPAN』第29巻第14号，39‒43頁。

馬欣欣（2014）「中国における社会保障制度の変遷と医療保険制度の改革（その2）―都市部における医療保険制度の変遷」『PHARM TECH JAPAN』第30号第1号，91‒96頁。

馬欣欣（2014）「中国における社会保障制度の変遷と医療保険制度の改革（その3）―農村部における計画経済期の医療制度」『PHARM TECH JAPAN』第30巻第2号，135‒138頁。

第2章
馬欣欣（2014）「中国における社会保障制度の変遷と医療保険制度の改革（その2）―都市部における医療保険制度の変遷」『PHARM TECH JAPAN』第30巻第1号，91‒96頁。

馬欣欣（2014）「中国における社会保障制度の変遷と医療保険制度の改革（その4）―農村部における市場経済期の医療制度」『PHARM TECH JAPAN』第30巻第3号，129‒133頁。

第3章
馬欣欣（2014）「中国における社会保障制度の変遷と医療保険制度の改革（その5）―医療保険制度の実施現状おとびその問題点（前半）」『PHARM TECH JAPAN』第30巻第4号，123‒128頁。

馬欣欣（2014）「中国における社会保障制度の変遷と医療保険制度の改革（その6）―医療保険制度の実施現状およびその問題点（後半）」『PHARM TECH JAPAN』第30巻第6号，143‒146頁。

馬欣欣（2015）「中国における公的医療保険制度の改革およびその問題点―都市部と農村部の比較」　鈴木透・小島宏・相馬直子・菅桂太・馬欣欣（2015）『東ア

ジア低出生力国における人口高齢化の展望と対策に関する国際比較研究』厚生労働科学研究費補助金地球規模保健課題推進研究事業（H24 - 地球規模 - 一般 - 003）平成 26 年度総括研究報告書，139 - 156 頁。

第 4 章

馬欣欣（2014）「中国都市戸籍住民における医療保険の加入行動の要因分析―医療保険加入の類型およびその選択の決定要因」『アジア経済』第 55 巻第 2 号，62 - 94 頁。

第 5 章

馬欣欣（2015）「中国における公的医療保険制度が医療費の自己負担額に与える影響―都市部と農村部の比較」，鈴木透・小島宏・相馬直子・菅桂太・馬欣欣（2015）『東アジア低出生力国における人口高齢化の展望と対策に関する国際比較研究』厚生労働科学研究費補助金地球規模保健課題推進研究事業（H24 - 地球規模 - 一般 - 003）平成 26 年度総括研究報告書，157 - 171 頁。

第 6 章

Xinxin Ma (2015) "Population Aging and Public Health Insurance Reform in Rural China", Submission Paper for the International Seminar on "Comparative Study on Population Aging in Eastern Asian Low Fertility Countries", February 19, 2015 in National Institute of Population and Social Security Research; February 20, 2015 in Kyoto University.

第 7 章

馬欣欣（2014）「中国都市戸籍住民における年金・医療保険の加入と主観的幸福度」鈴木透・小島宏・相馬直子・菅桂太・馬欣欣（2014）『東アジア低出生力国における人口高齢化の展望と対策に関する国際比較研究』厚生労働科学研究費補助金地球規模保健課題推進研究事業（H24 - 地球規模 - 一般 - 003）平成 25 年度総括研究報告書，29 - 62 頁。

図 表 一 覧

序章
　図序-1　本書の構成
　表序-1　各章で用いたミクロデータ
　表序-2　中国健康・栄養調査（CHNS）のミクロデータ

第1章
　図1-1　中国における実質GDPとGDP成長率の推移（1980～2014年）
　図1-2　中国における人口の推移（1949～2010年）
　図1-3　中国における就業者数の推移（1952～2012年）
　図1-4　中国における業種別就業者数の推移（1952～2012年）
　図1-5　中国における資本総額および資本率の推移（1978～2011年）
　図1-6　中国における失業率の推移（1995～2005年）
　図1-7　中国における所有制形態別労働者数の推移（1978～2010年）
　図1-8　計画経済期における社会保障制度の体系
　図1-9　体制移行期の都市部における社会保障制度の体系
　図1-10　計画経済期の都市部における公的医療保険制度
　図1-11　合作社医療保健所の管理・運営の形式
　図1-12　農村合作医療制度の参加部門
　表1-1　計画経済期の工業における所有制形態別企業数の構成比の推移
　　　　　（1949～1956年）
　表1-2　体制移行期の工業における所有制形態別企業数の構成比
　　　　　（1993～2010年）
　表1-3　公的医療保険制度改革の初期条件および関連する諸制度

第2章
　図2-1　体制移行期における医療保険制度の体系
　図2-2　中国における戸籍制度別公的医療保険制度
　図2-3　都市従業員基本医療保険基金の財源
　図2-4　都市従業員基本医療保険における医療費給付の仕組み
　図2-5　農村合作医療制度の普及率（1980～1989年）
　図2-6　新型農村合作医療制度の参加部門および管理の仕組み

図2-7　新型農村合作医療制度基金の財源と医療費給付の仕組み
付図2-1　中国における医療管理体制（横型）
表2-1　体制移行期における農村医療制度に関連する政策（1990〜2001年）
表2-2　新型農村合作医療制度の資金調達基準の変化
表2-3　従来の農村合作医療制度と新型農村合作医療制度の比較
表2-4　「統合改革」の3つのモデル
表2-5　都市従業員基本医療保険制度，都市住民基本医療保険制度，新型農村合作医療保険制度の比較
付表2-1　中国における医療管理体制（縦型）
付表2-2　医療救助制度の実施状況（2004〜2010年）

第3章
図3-1　都市従業員基本医療保険制度の加入状況（2005〜2012年）
図3-2　都市住民基本医療保険制度の加入状況（2007〜2012年）
図3-3　新型農村合作医療制度の加入者数と加入率（2003〜2011年）
図3-4　流動人口における都市部社会保障制度の加入率（2011年，2013年）
図3-5　都市部と農村部間の所得格差の推移（1978〜2011年）
図3-6　都市部と農村部における人口数の推移（1980〜2011年）
図3-7　公的医療費支出総額における都市部と農村部間の格差（1990〜2011年）
図3-8　1人あたり公的医療費支出における都市部と農村部間の格差（1990〜2011年）
図3-9　医療保険財源における都市部と農村部間の格差　（2011年）
図3-10　医療費給付と医療費負担における都市部と農村部間の格差（2008年）
図3-11　省別1人あたり公的医療費支出（2000年，2008年，2013年）
図3-12　新型農村合作医療制度の財源における省別間格差（2011年）
図3-13　都市従業員基本医療保険の財源における省別間格差（2010年）
図3-14　都市住民基本医療保険の財源における省別間格差（2010年）
図3-15　公的医療保険制度における地域間の格差が生じた主な要因
図3-16　農村部における1人あたり医療保険基金額と1人あたりGDP
図3-17　農村部における1人あたり医療保険基金額と税金収入・一般財政収入
図3-18　1人あたり年間医療費支出における都市部と農村部間の格差（1990〜2012年）
図3-19　医療サービス利用における貧困層と非貧困層間の格差（2008年）
付図3-1　主観的健康状態における都市部と農村部間の格差（2008年）

付図 3-2　重症患者率・重症患者の入院日数における都市部と農村部間の格差
　　　　　（1993〜2008 年）
表 3-1　都市部における公的医療保険制度の実施状況（2005〜2012 年）
表 3-2　農村部における公的医療保険制度の実施状況（2005〜2012 年）
表 3-3　出稼ぎ労働者における都市部の公的医療保険制度の加入率
　　　　（2008〜2012 年）
表 3-4　中国における医療保険制度の加入状況（2008 年，2011 年）
表 3-5　省別 1 人あたり公的医療費支出における地域間格差に関するタイル分解
表 3-6　都市部における就業部門別医療保険の加入状況（2007 年）
表 3-7　都市部における所得階層別医療保険の加入状況（2007 年）
表 3-8　農村部における貧困状態別新型合作医療制度の加入率（2005 年）
表 3-9　医療サービス利用者の初回受診医療機関の分布割合（2008 年）
表 3-10　医療サービス利用者における入院医療機関の分布割合（2008 年）
表 3-11　新型農村合作医療制度加入者の医療サービスの利用状況（2008 年）
表 3-12　医療サービスの利用に関する満足度の格差（2008 年）
付表 3-1　医療従事者における都市部と農村部間の格差（1980〜2012 年）
付表 3-2　医療機関の病床数における都市部と農村部間の格差（1990〜2012 年）
付表 3-3　医療機関利用の利便性における都市部と農村部間の格差
　　　　　（2003 年，2008 年）
付表 3-4　都市部と農村部における妊産母・乳幼児死亡率（1991〜2012 年）
付表 3-5　外来受診と入院治療における一人当たり医療費（2009 年，2010 年）
付表 3-6　2000〜2010 年の公立病院薬剤費の年間平均上昇率

第 4 章

図 4-1　就業者・非就業者グループ別医療保険制度の加入状況
図 4-2　国有部門・非国有部門グループ別医療保険制度の加入状況
表 4-1　年齢階層別医療保険制度の加入状況
表 4-2　健康状態別医療保険制度の加入状況
表 4-3　学歴別医療保険制度の加入状況
表 4-4　仮説検証のサンプルの選定に関する比較
表 4-5　説明変数の設定
表 4-6　記述統計量
表 4-7　医療保険制度の加入確率に関する分析結果
表 4-8　就業部門別都市従業員医療保険制度の加入確率に関する分析結果

付表 4-1　中国都市部における医療保険制度の種類と本章の分析対象
付表 4-2　中国人寿保険会社における国寿康寧終身重大疾病保険の保険料
　　　　　（北京市）

第5章

図 5-2-1　都市部と農村部における公的医療保険制度加入・未加入グループ別医療費の自己負担額（対数値）の Kernel 分布
図 5-3-1　中国都市部における年間所得，年間消費総額と年間医療消費
　　　　　（1995〜2012 年）
表 5-2-1　先行研究のまとめと本章の位置づけ
表 5-2-2　都市部と農村部における医療保険制度の加入状況
表 5-2-3　記述統計量
表 5-2-4　全体：公的医療保険制度と医療費の自己負担額
表 5-2-5　都市部における公的医療保険制度と医療費の自己負担額
表 5-2-6　農村部における公的医療保険制度と医療費の自己負担額
表 5-2-7　都市部と農村部における公的医療保険制度の加入と家計破綻性医療費支出になる確率関数
表 5-3-1　記述統計量
表 5-3-2　消費総額の分析結果
表 5-3-3　消費品目別分析結果：医療消費
表 5-3-4　消費品目別分析結果：食品消費
表 5-3-5　所得階層別分析結果
表 5-3-6　所得階層別・消費品目別分析結果
表 5-3-7　就業部門別・消費品目別分析結果

第6章

図 6-1　農村合作医療制度加入・未加入グループ別医療機関にアクセスした者の割合
図 6-2　農村合作医療制度加入・未加入グループ別医療費の自己負担の Kernel 分布
図 6-3　農村合作医療制度加入・未加入グループ別家計破綻性医療費支出の割合
図 6-4　農村合作医療制度加入・未加入グループ別一般健康診断を受診した者の割合
表 6-1　農村新型合作医療制度と医療サービスの利用に関する実証研究のまとめ

表6−2　農村部における医療保険制度の加入状況
表6−3　記述統計量
表6−4　農村合作医療制度の加入と医療サービスの利用
表6−5　新型農村合作医療制度の加入と医療サービスの利用（DID法）
表6−6　年齢階層別農村合作医療保険制度の加入と医療サービスの利用
　　　　（固定効果とランダム効果モデル）
表6−7　年齢階層別新型農村合作医療保険制度の加入と医療サービスの利用
　　　　（DID法）

第7章
表7−1　医療保険加入類型別・年金加入類型別にみた主観的幸福度
表7−2　世代類型別にみた主観的幸福度
表7−3　地域別にみた主観的幸福度
表7−4　就業部門別にみた主観的幸福度
表7−5　所得階層別にみた主観的幸福度
表7−6　主な説明変数の設定
表7−7　記述統計量　（構成比および平均値）
表7−8　主観的幸福度に関する分析結果　（全体）
表7−9　主観的幸福度に関する分析結果　（就業者のみ）
表7−10　主観的幸福度に関する分析結果　（年齢階層別）
表7−11　主観的幸福度に関する分析結果　（男女別）
表7−12　主観的幸福度に関する分析結果　（就業部門別）
表7−13　主観的幸福度に関する分析結果　（地域別）
付表7−1　中国都市戸籍住民の所得関数

終章
図終−1　中国における制度・政策の設定・実施の二重構造に関するイメージ図
表終−1　計画経済期における公的医療保険制度
表終−2　体制移行期における公的医療保険制度
表終−3　企業所有制形態別公的医療保険制度の制度移行・実施状況
表終−4　実証研究から得られた知見
表終−5　多様な医療保障格差と政策の改善点
表終−6　公的医療保険制度に関する国際比較（1）（2）（3）

参 考 文 献

【日本語文献】

青木昌彦・金瑩基・奥野(藤原)正寛(1997)『東アジアの経済発展と政府の役割―比較制度分析アプローチ』日本経済新聞社.
内村弘子(2008)「中国　動き出した保健医療制度改革―包含的制度構築に向けて―」『医療と社会』第18巻第1号,73-94頁.
大塚正修・日本経済研究センター(2002)『中国社会保障改革の衝撃』勁草書房.
王文亮(2010)『現代中国社会保障事典』集広舎.
王崢(2012)『中国農村における包括的医療保障体系の構築』日本僑報社.
加藤弘之(2013)『「曖昧な制度」としての中国型資本主義』NTT出版.
梶谷懐(2011)『現代中国の財政金融システム』名古屋大学出版会.
久保英也(2014a)『中国の公的医療保険など保険制度にかかわる計量分析』滋賀大学経済学部付属リスク研究センター.
久保英也(2014b)『中国における医療保障改革―皆保険実現後のリスクと提言』ミネルヴァ書房.
世界銀行(著),白鳥正喜(翻訳),海外経済協力基金開発問題研究会(翻訳)(1994)『東アジアの奇跡―経済成長と政府の役割』東洋経済新報社.
周燕飛(2003)「医療保険の未加入者と家計の医療支出―中国広東省の家計データを用いて―」『海外社会保障研究』第143号,80-92頁.
清水谷諭(2003)「90年代における所得変動と消費:ミクロデータによる消費保険仮説の検証」『経済分析』第1169号,51-69頁.
羅小娟(2011)『中国における医療保障制度の改革と再構築』日本僑報社.
李蓮花(2003)「中国の医療保険制度改革―経済体制改革との関連を中心に―」『アジア経済』第4号,2-19頁.
伏見浚行・美都・江心寧(1997)『最新中国税制ガイド』日本経済新聞社.
伏見浚行・馬欣欣(2014)『格差問題と税制』ぎょうせい.
田多英範(2002)『現在中国の社会保障制度』流通経済大学出版会.
塚本隆敏(2006)『中国国有企業の改革と労働・医療保障』大月書店.
筒井義郎(2010)「幸福度研究の課題」大竹文雄・白石小百合・筒井義郎『日本の幸福度』日本評論社.
中兼和津(2000)「中国社会保障制度研究の課題と焦点」『海外社会保障研究』第132号,2-12頁.

―――(2002)『現代中国経済 1　経済発展と体制移行』名古屋大学出版会。
―――(2010)『体制移行の政治経済学』名古屋大学出版会。
―――(2012)『開発経済学と現代中国』名古屋大学出版会。
―――(2014)『中国経済はどう変わったか―改革開放以後の経済制度と政策を評価する』国際書院。
劉暁梅(2000)「中国における医療保障制度の改革」『海外社会保障研究』第 130 号, 86‒95 頁。
李華・李鳳月・李国軍(2014)『地域経済研究』第 25 号, 91‒101 頁。
馬欣欣(2009a)「市場経済期の中国における企業所有制別賃金構造の変化:1995～2002」『中国経済研究』第 6 巻第 1 号, 47‒63 頁。
―――(2009b)「正規と非正規の就業形態およびその賃金格差の要因に関する日中比較(上)」『大原社会問題研究所雑誌』第 601 号, 17‒28 頁。
―――(2009c)「正規と非正規の就業形態およびその賃金格差の要因に関する日中比較(下)」『大原社会問題研究所雑誌』第 602 号, 86‒98 頁。
―――(2010)「景気変動と家計消費の変動―日本の家計消費は平滑化しているか」瀬古美喜・樋口美雄等(編)『日本の家計行動のダイナミズムⅥ―経済危機下の家計行動の変容』第 6 章, 慶應義塾大学出版会, 139‒164 頁。
―――(2011a)「賃金政策および制度の変遷とその評価」中兼和津次編著『WICCS シリーズ 4　改革開放以後の経済制度・政策の変遷とその評価』第 8 章, 早稲田大学現代中国研究所, 179‒206 頁。
―――(2011b)「中国における労働移動と都市労働市場の分断化:出稼ぎ労働者・都市戸籍住民間の所得格差に関する実証分析」『比較経済研究』第 48 巻第 1 号, 39‒55 頁。
―――(2012a)「中国労働市場の多重構造と『ルイスの転換点』」渡辺利夫＋21 世紀政策研究所(監修), 大橋英夫(編)『変貌する中国経済と日系企業の役割』第 2 章, 勁草書房, 26‒55 頁。
―――(2012b)「地震保険加入と震災前後の家計消費の変化―消費保険仮説の再検証」瀬古美喜・照山博司・山本勲・樋口美雄等(編)『日本の家計行動のダイナミⅧ―東日本大震災が家計に与える影響』第 5 章, 慶應義塾大学出版会, 155‒181 頁。
―――(2013)「中国における社会保障制度の変遷と医療保険制度の改革(その 1)」『ファーマテクジャパン』第 29 巻第 14 号, 39‒43 頁。
―――(2014a)「賃金政策―体制移行と部門間賃金格差」中兼和津次編著『中国経済はどう変わったか―改革開放以後の経済制度と政策を評価する』第 13 章, 国

際書院，419-457 頁。
――――（2014b）「中国における社会保障制度の変遷と医療保険制度の改革（その 2）―都市部における医療保険制度の変遷」『PHARM TECH JAPAN』第 30 巻第 1 号，91-96 頁。
――――（2014c）「中国における社会保障制度の変遷と医療保険制度の改革（その 3）―農村部における計画経済期の医療制度」『PHARM TECH JAPAN』第 30 巻第 2 号，135-138 頁。
――――（2014d）「中国における社会保障制度の変遷と医療保険制度の改革（その 4）―農村部における市場経済期の医療制度」『PHARM TECH JAPAN』第 30 巻第 3 号，129-133 頁。
――――（2014e）「中国における社会保障制度の変遷と医療保険制度の改革（その 5）―医療保険制度の実施現状おとびその問題点（前半）」『PHARM TECH JAPAN』第 30 巻第 4 号，123-128 頁。
――――（2014f）「中国における社会保障制度の変遷と医療保険制度の改革（その 6）―医療保険制度の実施現状おとびその問題点（後半）」『PHARM TECH JAPAN』第 30 巻第 6 号，143-146 頁。
――――（2014g）「中国都市戸籍住民における医療保険の加入行動の要因分析―医療保険加入の類型およびその選択の決定要因」『アジア経済』第 55 巻第 2 号，62-94 頁。
――――（2014h）「中国都市戸籍住民における年金・医療保険の加入と主観的幸福度」鈴木透・小島宏・相馬直子・菅桂太・馬欣欣（2014）『東アジア低出生力国における人口高齢化の展望と対策に関する国際比較研究』厚生労働科学研究費補助金 地球規模保健課題推進研究事業（H24-地球規模-一般-003）平成 25 年度総括研究報告書，29-62 頁。
――――（2015a）「中国における公的医療保険制度の実施状況とその問題点―医療保障における都市部と農村部間の格差」鈴木透・小島宏・相馬直子・菅桂太・馬欣欣（2015）『東アジア低出生力国における人口高齢化の展望と対策に関する国際比較研究』厚生労働科学研究費補助金 地球規模保健課題推進研究事業（H24-地球規模-一般-003）平成 26 年度総括研究報告書，139-156 頁。
――――（2015b）「中国における公的医療保険制度が医療費の自己負担に与える影響―都市部と農村部の比較」鈴木透・小島宏・相馬直子・菅桂太・馬欣欣（2015）『東アジア低出生力国における人口高齢化の展望と対策に関する国際比較研究』厚生労働科学研究費補助金 地球規模保健課題推進研究事業（H24-地球規模-一般-003）平成 26 年度総括研究報告書，157-171 頁。

丸川知雄（2002）『シリーズ現代中国経済3　労働市場の地殻変動』名古屋大学出版会。

南亮進・馬欣欣（2009）「中国経済の転換点：日本との比較」『アジア経済』第50巻第12号，2-20頁。

南亮進・薛進軍・馬欣欣（2014）「人口・労働力―戦後期の人口・労働力」南亮進・牧野文夫（編著）『アジア長期経済統計3　中国』第2章，62-77頁，東洋経済新報社。

溝端佐登史・岩崎一郎・雲和広・徳永昌弘（監訳）比較経済研究会（訳）マレイマン・イブラヒム・コーヘン（著）（2012）『国際比較の経済学―グローバル経済の構造と多様性』NTT出版。

ノース，A（1994）（竹下公視訳）『制度・制度変化・経済成果』晃洋書房。

徐林卉（2008）『医療保障政策の日中比較分析―中国農村部医療保障の健全化に向けて』晃洋書房。

張紀潯（1998）「中国における社会保障制度と社会保険制度の大改革」『季刊海外社会保障』第123号，25-54頁。

張紀潯（2001）『現代中国社会保障論』創成社。

山本恒人（2000）『現代中国の労働経済1949～2000―「合理的低賃金制度」から現代労働市場へ―』創土社。

【中国語文献】

白重恩・呉斌珍・金燁（2012）「中国養老繳費対消費和貯蓄的影響」『中国社会科学』2012年第8期，48-71頁。

白重恩・李宏彬・呉斌珍（2012）「医療保険与消費：来自新型農村合作医療制度的証据」『経済研究』2012年第2期，41-53頁。

蔡昉（2009）『中国経済転型30年』北京：社会科学文献出版社。

蔡昉・都陽・張展新（2011）『中国人口与労働問題報告No.12―「十二五時期挑戦：人口，就業和収入分配』北京：社会科学文献出版社。

蔡昉・王美艶（2013）『中国人口与労働問題報告No.14―従人口紅利到制度紅利』北京：社会科学文献出版社。

陳玉宇・行偉波（2006）「消費平滑，風険分担与完全保険失業―基于城鎮家庭収支調査的実証分析」『経済学（季刊）』2005年第2巻第1期，223-272頁。

陳伝波（2007）「農戸多様化選択行為実証分析」『農業技術経済』2007年第1期，48-54頁。

陳静（2015）「基本養老保険対家庭消費的影響」『消費経済』第31巻第1期，10-

17 頁。

曹普（2006）「1949-1989：中国農村合作医療制度的演変与評析」『中国雲南省委党校学報』第 7 巻第 5 期。

封進・劉芳・陳沁（2010）「新型農村合作医療対県村両級医療価格的影響」『経済研究』2010 年第 11 期，127-139 頁。

高夢滔（2010）「新型農村合作医療与農戸貯蓄：基于 8 省微観面版数据」『世界経済』2010 年第 4 期，121-133 頁。

甘犁・劉国恩・馬双（2012）「基本医療保険対促進家庭消費的影響」『経済研究』2012 年第 1 期。

郭有徳・王焕華（2002）「中国医療保険制度改革的再思考」『人口与経済』2002 年第 1 期。

国家統計局農村社会経済調査大隊（2004）『中国農村住戸調査年鑑』北京：中国統計出版社。

国家統計局『中国統計年鑑』各年度版，北京：中国統計出版社。

国家統計局『中国労働統計年鑑』各年度版，北京：中国統計出版社。

国家統計局（1959）『偉大的十年』北京：中国統計出版社。

国家衛生計画生育委員会『流動人口動態監測調査』（2011 年，2013 年），北京：中国統計出版社。

国家衛生計画生育委員会（2013）『2013 中国衛生和計画生育統計摘要』北京：中国協和医科大学出版社，2013 年 8 月。

顧海・李佳佳（2013）『中国城鎮化進程中統籌城郷医療保険制度研究—模式選択与効応評估』北京：中国労働社会保障出版社。

何平（2005）「中国医療保険制度評估与展望」『社会保障研究』2005 年第 2 期。

黄楓・甘犁（2010）「過度需求還是有効需求—城鎮老人健康与医療保険的実証分析」『経済研究』2010 年第 6 期，105-119 頁。

黄志鋼・劉霞輝（2013）『中国経済可持続増長機制研究』北京：経済管理出版社。

黄学軍・呉冲鋒（2006）「社会医療保険対予防性貯蓄的挤出効応研究」『世界経済』2006 年第 8 期。

蒋遠勝・肖詩順・宋青鋒（2003）「家庭風険分担機制対農村医療保険需求的影響—対四川省的初歩調査報告」『人口与経済』2003 年第 1 期，74-80 頁。

李実・佐藤宏（2004）『経済転型的代価—中国城市事業，貧困，収入差距的経験分析』北京：中国財政出版社。

李実・史泰麗・別雍・古斯塔夫森（2008）『中国居民収入分配研究Ⅲ』北京：北京師範大学出版社。

李実・佐藤宏・史泰麗（2013）『中国収入差距変動分析—中国居民収入分配研究Ⅳ』北京：人民出版社。

李宏（2010）「我国医療保険制度改革探討」『現代商貿経済』2010 年第 7 期。

李和森（2005）『中国農村医療保障制度研究』北京：経済科学出版社。

李鴻敏（2012）『新型農村合作医療改革与発展研究—基于統籌城郷視点』北京：中国社会科学出版社。

劉国恩・蔡春光・李林（2011）「中国老人医療保障与医療服務需求的実証分析」『経済研究』2011 年第 3 期，95-107 頁。

劉軍民（2012）『中国医改相関政策研究』北京：経済科学出版社。

林楓（2004）「構建可持続発展的社会医療保障体系」『中国社会保障』2004 年第 11 期。

林毅夫・蔡昉・李周（1996）『中国的奇跡発展戦略和経済改革』上海：上海人民出版社。

陸芳（2013）「当前我国医療保険制度改革存在的問題及建議」『北方経済』2013 年第 2 期。

羅楚亮（2006）「城郷分割，就業状況与主観幸福感差異」『経済学（季刊）』第 5 巻第 3 期，817-840 頁。

羅楚亮（2009）「絶対収入，相対収入与主観幸福度」『財経研究』第 35 巻第 11 期，79-91 頁。

龍志和・周浩明（2000）「中国城鎮居民予防性貯蓄実証研究」『経済研究』2000 年第 11 期，33-38 頁。

南亮進・馬欣欣（2010）「中国経済的転折点—与日本的比較」『中国労働経済学』第 6 巻第 1 号，80-109 頁。

南亮進・馬欣欣（2014）「中国労働市場的変化和劉易斯転換点」南亮進・牧野文夫・郝仁平（編）『中国経済的転換点：与東亜的比較』第 4 章，北京：社会科学文献出版会，68-94 頁。

孟昕（2001）「中国城市的失業，消費平滑和予防性貯蓄」『経済社会体制比較』2001 年第 6 期，40-50 頁。

申宝忠・韓玉珍（2014）『医療衛生緑皮書　中国医療衛生発展報告 No.6（2013-1014）』北京：社会科学文献出版社。

世界銀行（1994）『中国：衛生模式転変中的長遠問題与対策』北京：中国財政経済出版社。

童星（2008）『社会保障理論与制度』南京：江蘇教育出版社。

張建平（2006）『中国農村合作医療制度研究』北京：中国農業出版社。

張志堅・徐頌掏・康耀（1992）『中華人民共和国工資保険福利全書』北京：中国人事出版社。

衛生部統計情報中心（2004）『2003年中国衛生サービス調査研究—第三回国家衛生サービス調査分析報告』，北京：中国協和医科大学出版社，2004年12月。

衛生部統計情報中心（2009）『2008年中国衛生サービス調査研究—第四回家庭健康諮問調査分析報告』北京：中国協和医科大学出版社，2009年12月。

衛生部『中国衛生統計年鑑』各年度版，北京：中国協和医科大学出版社。

王延中（2000）「完善医療保険制度改革的几個問題」『経済学家』，2000年第3期。

王夢奎（2009）『中国改革30年』北京：中国発展出版社。

汪紅駒・張慧蓮（2002）「不確実性和流動性約束対我国居民消費行為的影響」『経済科学』2002年第6期，22‒28頁。

解垩（2009）『城郷衛生医療服務均等化研究』北京：経済科学出版社。

徐傑（1997）「対我国衛生経済政策的歴史回顧和思考」『中国衛生経済』1997年第5期。

岳希羽（2005）「我国現行労働統計的問題」『経済研究』2005年第3期，46‒56頁。

余永定・李軍（2000）「中国居民消費函数的理論与験証」『中国社会科学』2000年第1期，123‒133頁。

叶海雲（2000）「試論流動性約束，短視行為与我国消費需求疲柔的関係」『経済研究』2000年第11期，39‒44頁。

張甲子（2009）「中国医療保険制度改革問題研究」『知識経済』2009年8月。

中華人民共和国労働部総合計画与工資司（1996）『中国工資政策法規選編』北京：北京科技出版社。

蔵文斌・劉国恩・徐菲・熊先軍（2012）「中国城鎮居民基本医療保険対家計消費的影響」『経済研究』2012年第7期，75‒85頁。

【英語文献】

Akay, A., A., O. Bargain and K. F. Zimmermann (2012) "Relative Concerns of Rural-to-urban Migrants in China," *Journal of Economic Behavior & Organization*, 81, pp.421–441.

Akerlof, G. A. and J. K. Yellen (1990) "The Fair Wage-Effort Hypothesis and Unemployment," *Quarterly Journal of Economics*, 105, pp.255–284.

Alesina, A., R. Di Tell and R. MacCulloch (2004) "Inequality and Happiness: Are Europeans and Americans Different?" *Journal of Public Economics*, 88, pp.2009–2042.

Andersen, R. and J. F. Newman (1973) "Social and Individual Determinants of Medical Care Utilization in the United States," *Milbank Quarterly*, 51, pp.95–124.

Andersen, R., A. McCutcheon and L. Aday (1983) "Exploring Dimensions of Access to Medical Care," *Health Services Research*, 18, pp.50–74.

Appleton, A. and L. Song (2008) "Life Satisfaction in Urban China: Components and Determinants," *World Development*, 36(11), pp.2325–2340.

Attanasio, O. P. and A. Brugiavini (2003) "Social Security and Households' Saving," *Quarterly Journal of Economics*, 118(3), pp.1075–1119.

Attanasio, O. P. and S. Rohwedder (2003) "Pension Wealth and Household Saving: Evidence from Pension Reforms in the United Kingdom," *American Economic Review*, 93(5), pp.1499–1521.

Bai, C. and B. Wu (2012) "Social Insurance and Household Consumption in China," in Masahiko Aoki and Jinglian Wu (eds) *The Chinese Economy: A New Transition*, Palgrave Macmillan.

Bender, K. A. and S. Heywood (2006) "Job Satisfaction of the Highly Educated: The Role of Gender, Academic Tenure, and Earnings," *Scottish Journal of Political Economy*, 53(2), pp.253–279.

Bograd, H., D. P. Ritzwoller, N. Calonge, K. Shields and M. Hanrahan (1997) "Extending Health Maintenance Organization Insurance to the Uninsured," *Journal of the American Medical Association*, 277(13), pp.1067–1072.

Boskin, M. and E. Sheshinski (1978) "Optimal Redistributive Taxation when Individual Welfare Depends upon Relative Income," *Quarterly Journal of Economics*, 92, pp.589–601.

Bottazzi, R., T. Jappelli and M, Padula (2006) "Retirement Expectations, Pension Reforms and their Effect on Private Wealth Accumulation," *Journal of Public Economics*, 90(12), pp.2187–2212.

Brockmann, H., J. Delhey, C. Welzel and H. Yuan (2009) "The China Puzzle: Falling Happiness in a Rising Economy," *Journal of Happiness Studies*, 10, pp.387–405.

Card, D., C. Dobkin and N. Maestas (2008) "The Impact of Nearly Universal Insurance Coverage on Health Care Utilization and Health: Evidence from Medicare," *American Economic Review*, 98(5), pp.2242–2258.

Cappelli, P. and P.D.Sherer (1988) "Satisfaction, Market Wages, and Labor Relations: An Airline Study," *Industrial Relations*, Vol.27, No.1, pp.57–73.

Chen, W. (2012) "How Education Enhances Happiness: Comparison of Mediating Factors in Four East Asian Countries," *Social Indicators Research*, 106, pp.117–131.

Cheng, L., H. Liu, Y. Zhang, K. Shen and Y. Zeng (2014) "The Impact of Health Insurance of Health Outcomes and Spending of the Elderly: Evidence from China's New Cooperative Medical Scheme," *Health Economics*, DOI:10.1002/ hec.3053.

Chou, S. Y., J. T. Liu and J. Hammitt (2003) "National Health Insurance and Precautionary Saving: Evidence from Taiwan," *Journal of Public Economics*, 87, pp.1973–1894.

Clark, A. E. and A. Oswald (1996) "Satisfaction and Comparison Income," *Journal of Public Economics*, 8, pp.233–242.

Clark, A. E. (2003) "Unemployment as a Social Norm: Psycho-logical Evidence from Panel Data," *Journal of Labor Economics*, 21, pp.323–351.

Cochrane, J. (1991) "A Simple Test of Consumption Insurance," *Journal of Political Economy*, 99(5), pp.957–976.

Currie, J. and J. Gruber (1996a) "Health Insurance Eligibility, Utilization of Medical Care and Child Health," *Quarterly Journal of Economics*, 111(2), pp.431–466.

Cohen, S. I. (2009) *Economic Systems Analysis and Polocies: Explaining Global Differences, Transitions and Developments*, Palgrave macmillan.

Currie, J. and J. Gruber (1996b) "Saving Babies: the Efficacy and Cost of Recent Changes in the Medicaid Eligibility of Pregnant Women," *Journal of Political Economy*, 104(6), pp.1263–1296.

Currie, J. and J. Gruber (1997) "The Technology of Birth: Health Insurance, Medical Interventions and Infant Health," Working Paper5985, *National Bureau Economic Research*, Cambridge, MA.

Currie, J., S. Decker and W. Lin (2008) "Has Public Health Insurance for Older Children Reduced Disparities in Access to Care and Health Uutcomes?" *Journal of Health Economics*, 27(6), pp.1567–1581.

Decker, SL., DK. Remler (2004) "How Much Might Universal Health Insurance Reduce Socioeconomic Disparities in Health? A comparison of the US and Canada," *Applied Health Economics and Health Policy*, 3(4), pp.205–216.

Deaton, A. (1990) "On Risk, Insurance, and Intra-Village Smoothing," manuscript, Princeton University.

Deaton, A. (1992) "Saving and Income Smoothing in Cote d'Ivoire," *Journal of African Economics*, 1(1), pp.1–24.

Deanton, A. and C. Paxson (1994) "Intertemporal Choice and Inequality," *Journal of Political Economy*, 102, pp.436–467.

Drehr, P., C. W. Madden, A. Cheadle, D. P. Martin, D. L. Patrick and S. Skillman (1996) "Will Uninsured People Volunteer for Voluntary Health Insurance? Experience from Washington State." *American Journal of Public Health*, 86(4), pp.529–532.

DRCSC (2005) *Development of Research Center of the State Council Report on Health Care Reform*, DRCSC.

Duan, N., W. G. Manning, C. N. Morris and J. P. Newhouse (1984) "Choosing Between the Sample-Selection Model and the Multi-Part Model," *Journal of Business & Economic Statistics*, 2(3), pp.283–289.

Duesenberry, J. S. (1949) *Income, Savings, and the Theory of Consumer Behaviour*, Cambridge: Harvard UP.

Easterlin, R. A. (1974) "Does Economic Growth Improve the Human a Lot ?" in David, P. A. and W. B. Melvin (eds.), *Nations and Households in Economic Growth*, Stanford University Press, New York.

Easterlin, R. A. (2001) "Income and Happiness: Toward a Unified Theory," *The Economic Journal*, 111, pp.465–484.

Feldstein, M. S. and A. Pellechio (1979) "Social Security and Household Wealth Accumulation: New Microeconometric Evidence," *Review of Economics and Statistics*, 61, pp.361–368.

Feldstein, M. S.and J. Liebman (2002) "Social Security," in A. Auerbach and M. Feldstein (ed.), The Handbook of Public Economics, Vol.4. Amsterdam and New York: North-Holland, pp.2245–2324.

Feng, J., L. He and H. Sato (2011) "Public Pension and Household Saving: Evidence from China," *Journal of Comparative Economics*, 39(4), pp.470–485.

Ferrer-i-Carbonell, A. (2005) "Income and Well-Being: an Empirical Analysis of the Comparison Income Effect," *Journal of Public Economics*, 89, pp.997–1019.

Finkelstein, A. and R. McKnight (2008) "What did Medicare Do? The Initial Impact of Medicare on Mortality and Out of Pocket Medical Spending," *Journal of Public Economics*, 92(7), pp.1644–1668.

Frank, R. H. (1985) "Choosing the Right Pond: Human Behavior and the Quest for Status," Oxford University Press, Oxford.

Gakidou, E., R. Lozano, E. Gonzalez-Pier, J. Abbott-Klafter, JT. Barofsky, C. Bryson-Cahn, DM. Feehan, DK. Lee, H. Hernandez-Llamas and CJ. Murray (2006) "Assessing the Effect of the 2001–06 Mexican Health Reform: an Interim Report Card," *The Lancet*, 368(9550), pp.1920–1935.

Gale, W. G. (1998) "The Effects of Pensions on Wealth: A Re-evaluation of Theory and Evidence," *Journal of Political Economy*, 106, pp.706–723.

Graham, C., L. Higuera and E. Lora (2011) "Which Health Condition Cause the most Unhappiness?" *Health Economics*, 20, pp.1431–144.

Grossman, M. (1972) "On the Concept of Health Capital and the Demand for Health," *Journal of Political Economy*, 80, pp.223–255.

―――― (2000) "The Human Capital model," In Culyer, AJ. and JP. Newhouse (eds.) *Handbook of Health Economics Volume 1B*, Elsevier, Amsterdam.

Gruber, J. and A. Yelowitz (1999) "Public Health Insurance and Private Saving," *Journal of Political Economy*, 6, pp.1249–1274.

Hamermesh, D. (1977) "Economic Aspects of Job Satisfaction," in Ashenfelter, O. and W. Oates (ed.) *Essays of Labor Market Analysis*, Wiley, New York.

Heckman, J. J. (1979) "Sample Selection Bias as a Specification Error," *Econometrica*, 47(1), pp.153–161.

Hofter, R. H. (2006) "Private Health Insurance and Utilization of Health Services in Chlie," *Applied Economics*, 38, pp.423–439.

Jing, S., A. Yin, S. Li and J. Liu (2013) "Whether New Cooperative Medical Schemes Reduce the Economic Burden of Chronic Disease in Rural China," *Plos One*, 8(1), pp.1–6.

Jiang, S., M. Lu and H. Sato (2011) "Identity, Inequality, and Happiness: Evidence from Urban China," *World Development*, 40(6), pp.1190–1200.

Jowett, M., A. Deolalikar and P. Martinsson (2004) "Health Insurance and Treatment Seeking Behavior: Evidence from a Low-income Country," *Health Economics*, 13(9), pp.845–857.

Kapteyn, A. B. M. S van Praag and F. G. van Herwaarden (1978) "Individual Welfare Functions and Social Preference Spaces," *Economic Letters*, 1, pp.173–177.

Kohara, M. (2003) "Consumption Insurance between Japanese Household," *Applied Economics*, 33, pp.791–800.

Kohara, M., F. Ohtake, F and M. Saito (2002) "A Test of the Full Insurance Hypothesis: The Case of Japan," *Journal of the Japanese and International Economics*, 16(3), pp.335–352.

Kong, M. K., J. Y. Lee and H. K. Lee (2007) "Precautionay Motive for Saving and medical Exprenses under Health Uncertainary: Evidence from Korean," *Economics Letters*, 11, pp.1–5.

Koopmans, T. and M. Michael (1971) "On the Description of Economic Systems," in Alexdande Eckstein (ed.), *Comparison of Economic Systems*, University of California Press.

Knight, J., L. Song and R. Gunatilaka (2009) "Subjective Well-being and its Determinants in Rural China," *China Economic Review*, 20, pp.635–649.

Knight, J. and R. Gunatilaka (2010a) "The Rural-Urban Divide in China: Income but not Happiness?" *Journal od Development Studies*, 46(3), pp.506–534.

Knight, J. and R. Gunatilaka (2010b) "Great Expectations? The Subjective Well-being of Rural-Urban Migrants in China," *Journal od Development Studies*, 38(1), pp.113–124.

Kimani, J. K., R. Ettarh, C. Kyobutungi, B. Mberu and K. Muindi (2012) "Determinants for Participation in a Public Health Insurance Program among Residents of Urban Slums in Nairobi, Kenya: Results from a Cross sectional Survey," *BMC Health Services Research*, 12(66), pp.2–11.

Layard, R. (1980) "Human Satisfactions and Public Policy," *Economic Journal*, 90, pp.737–750.

Levy-Garboua, L. and C. Montmarquette (2004) "Reported Job Satisfaction: What Does it Mean?" *Journal of Socio-Economics*, 33(2), pp.135–151.

Leibenstein, H. (1950) "Bandwagon, Snob, and Vebren Effects in the Theory of Consumer's Demand," *Quarterly Journal of Economics*, 64(2), pp.183–207.

Lei, X. and W. Lin (2009) "The New Cooperative Medical Scheme in Rural China: Does More Coverage Mean More Service and Better Health?" *Health Economics*, 18, pp.25–46.

Long, Q., T. Zhang, L. Xu, S. Tang and E. Hemminki (2010) "Utilization of Maternal Health Care in Western Rural China under a New Rural Health Insurance System (New Co-operative Medical System)," *Medicine and International Health*, 15(10), pp.1210–1217.

Li, X. and W. Zhang (2013) "The Impacts of Health Insurance on Health Care Utilization among the Older People in China," *Social Science & Medicine*, 85, pp.59–65.

Li, Y., Q. Wu, C. Liu, Z. Kang, X. Xie, H. Yin., M. Jiao, G. Liu, Y. Hao and N. Ning (2014) "Catastrophic Health Expenditure and Rural Household Impoverishment in China: What Role Does the New Cooperative Health Insurance Scheme Play?" *Plos One*, 9(4), pp.1–9.

Lin, W., G. G. Liu and G. Chen (2009) "The Urban Resident Basic Medical Insurance: A Landmark Reform Towards Universal Coverage in China," *Health Economics*, 18, pp.83–96.

Linyifu Justin (2013) *Demystifying the Chinese Economy*, Cambridge University Press.

Liu, G. and Z. Zhao (2006) "Urban Employee Health Insurance Reform and the Impact on Out-of-Pocket Payment in China," *International Journal of Health Planning and Management*, 21, pp.211–228.

Lu, C., Y. Liu and J. Shen (2012) "Does China's Rural Cooperative Medical System Achieve Its Goals? Evidence from the China Health Surveillance Baseline Survey in 2001," *Contemporary Economic Policy*, 30(1), pp.93–112.

Liu , Y., WCL, Hsiao, Q. Li, X. Liu, and M. Ren (1995) "Transformation of China's Rural Health Insurance Financing," *Social Science & Medicine*, 41(8), pp.1085–1093.

Long, S. H. and M. S. Marquis (2002) "Participation in a Public Insurance Program: Subsidies, Crowd-Out, and Adverse Selection," *Inquiry*, 39(3), pp.243–257.

Lu, C., Y. Liu and J. Shen (2012) "Does China's Rural Cooperative Medical System Achieve Its Goals? Evidence from the China Health Surveillance Baseline Survey in 2001," *Contemporary Economic Policy*, 30(1), pp.93–112.

Madden, C. W., A. Cheadle, P. Diehr, D. P. Martin, D. L. Patrick and S. Skillman (1995) "Voluntary Public Health Insurance for Low-Income Families: The Decision to Enroll," *Journal of Health Politics, Policy and Law*, 20(4), pp.955–972.

Minami, R. and X. Ma (2010) "The Lewisian Turning Point of Chinese Economy: Comparison with Japanese Experience," *China Economic Journal* 3(2), pp.165–181.

Minami, R. and X. Ma (2012) "Income Inequality, Labor Migration and the Lewis Turning Point: A Comparison of Japan and China," Xue Jinjun (ed.) *Growth With Inequality: An International Comparison on Income Distribution*, Chapter 17, World Scientific, pp.333–346.

Minami, R. and X. Ma (2014) "Labor Market and Lewisian Turning Point in China," Roshin Minami, Fumio Makino and Kwan S. KIm (ed.) *Lewisian Turning Point in the Chnese Economy*, Chapter 5, Palgrave Macmillan, pp.76–100.

Morawatz, D., E. Atia, G. Bin-Nun, L. Felous, Y. Gariplerden, E. Harris, S. Soustile, G. Tombros and Y. Zarfaty (1977) "Income Distribution and Self-Rated Happiness: Some Empirical Evidence," *The Economic Journal*, 87(347), pp.511–522.

Oshio, T. and M. Kobayashi (2011) "Area-Level Income Inequality and Individual Happiness: Evidence from Japan," *Journal of Happiness Study*, 12, pp.633–649.

Pardo, C. and W. Schott (2012) "Public versus Private: Evidence on Health Insurance Selection," *Journal Health Care Finance Economics*, 12, pp.39–61.

Panopoulu, G. and C. Velez (2001) "Subsidized Health Insurance, Proxy Means Testing and the Demand for Health Care among the Poor in Colombia," *Colombia Poverty Report Volume II*. Washington DC, World Bank.

Sepehri, A., S. Sarma and W. Simpson (2006) "Does Non-profit Health Insurance Reduce Financial Burden? Evidence from the Vietnam Living Standards Survey Panel," *Health Economics*, 15(6), pp.603–616.

Senik, C. (2004) "When Information Dominates Comparison Learning from Rissian Subjective Panel Data," *Journal of Public Economics*, 88, pp.2099–2123.

Shaefer, H. L., C. M. Grogan and H. A. Pollack (2011) "Who Transitions from Private to Public Health Insurance? Lessons from Expansions of the State Children's Health Insurance Program," *Journal of Health Care for the Poor and Underserved*, 22, pp.359–370.

Shi, W., V. Chongsuvivatwong, A. Geater, J. Zhang, H. Zhang and D. Brombal (2010) "The Influence of the Rural Health Security Schemes on Health Utilization and Household Impoverishment in Rural China: Data from a Household Survey of Western and Central China," *International Journal for Equity in Health*, 9(7), pp.1–11.

Sloane, P. J. and H. Williams (2000) "Job Satisfaction, Comparison Earning and Gender," *Labor*, 14, pp.473–502.

Star-McCluer, M. (1996) "Health Insurance and Precauionary Savings," *American Economic Review*, 1, pp.285–295.

Swartz, G. and D. Garnick (2000) "Adverse Selection and Price Sensitivity When Low-Income People Have Subsidies to Purchase Health Insurance in the Private Market," *Inquiry*, 37(1), pp.45–60.

Townsend, R. (1994) "Risk and Insurance in Village India," *Econometrica*, 62(3), pp.539–591.

Trujillo, AJ., JE. Portillo and A. Vernon (2005) "The Impact of Subsidized Health Insurance for the Poor: Evaluating the Colombian Experience Using Propensity Score Matching," *International Journal of Health Care Finance and Economics*, 5(3), pp.211–239.

Van de Ven, W.P.M. and B.M.S. Van Pragg (1981) "The Demand for Deductibles in Private Health Insurance: A Probit Model with Sample Selection," *Journal of Econometrics*, 17(2), pp.229–252.

Vendrik, M. C. M. and G. B. Woltjer (2007) "Happiness and Loss Aversion: Is Utility Concave or Convex in Relative Income?" *Journal of Public Economics*, Vol.91, pp.1423–1448.

Wang, P. and T. J. VanderWeele (2011) "Empirical Research on Factors Related to the Subjective Well-Being of Chinese Urban Residents," *Social Indicators Research*, 101, pp.447–459.

Wagstaff, A. and M. Pradhan (2005) "health Insurance Impacts on Health and Nonmedical Consumption in a Developing Country," World Bank Policy Research Working Paper3563, April.

Wagstaff, A. and M. Lindelow (2008) "Can Insurance Increase Financial Risk? The Curious Case of Health Insurance in China," *Journal of Health Economics*, 27, pp.990–1005.

Wagstaff, A., M. Lindelow, J. Gao, L, Xu and J. Qian (2009) "Extending Health Insurance to the Rural Population: An Impact Evaluation of China's New Cooperative Medical Scheme," *Journal of Health Economics*, 28, pp.1–19.

Wolfe, J. R. and J. H. Goddeeris (1991) "Adverse Selection, Moral Hazard, and Wealth Effects in the Medigap Insurance Market," *Journal of Health Economics*, 10, pp.33–459.

World Health Organization (2000) *The World Health Report*, WHO.

Xiao, S., H. Yan, Y. Shen, S. Dang, E. Hemminki, D. Wang and Q. Long (2010) "Utilization of Delivery Care among Rural Women in China: Does the Health Insurance Make a Difference? A Cross-sectional Study," *BMC Public Health*, 10, pp.1–7.

You, X. and Y. Kobayashi (2011) "Determinants of Out-of Pocket Health Expenditure in China," *Apple Health Econ Health Policy*, 9(1), pp.39–49.

索　引

[0-, A-Z]

2009年「意見」　83, 84
Andersonモデル　231, 243
CHE　15, 178, 179, 182, 187, 188, 191, 201, 203, 226, 229, 237, 243, 244, 246, 247, 252 → 家計破綻性医療費支出
DID法　16, 231, 239, 240, 247, 248, 252, 295
Dynarski/Gruber法　211, 213, 214
Grossmanモデル　167, 168
Kernel密度分布　184, 236
Kooomans-Montiasモデル　22, 23
Mace法　210, 212-214
Myint and Lalモデル　23
NCMS　3, 12, 13, 62, 76, 79-87, 89-91, 93, 94, 103, 105, 107, 109, 110, 113-116, 126, 179, 184, 229, 230, 236, 237, 240, 244, 247, 248, 251, 252, 290, 295, 296, 298 → 新型農村合作医療制度
RCMS　48-50, 156, 290 → 農村合作医療制度
Two-partモデル　179, 185-187
UEBMI　3, 11, 13, 14, 62, 65-69, 84-87, 89, 91, 94, 103-105, 109, 110, 113, 114, 128, 145, 152-154, 156, 162, 166, 168, 169, 172, 182, 183, 206, 215, 225, 265, 290, 292, 297 → 都市従業員基本医療保険制度
URBMI　11, 13, 62, 84-87, 89-91, 93, 94, 103, 105, 108-110, 114, 118, 146, 156, 173, 225, 287, 290 → 都市住民基本医療保険制度

[あ]

一般健康診断　16, 238, 239, 243, 247, 248, 251-253, 296
医療格差　4, 173, 177, 216, 257, 301
医療機関へのアクセス　11, 14, 16, 231
医療救助（救済）　41, 88, 96, 100, 101
医療救助制度　64, 100, 101, 145, 156

医療供給　128, 137, 300, 301
医療サービス　4, 47, 67, 71, 75, 86, 90, 127, 128, 173, 244
医療サービス（の）利用　4, 10, 68, 101, 129, 131, 133, 174, 182, 201, 230, 238, 239, 247, 253, 298
医療資源配置　136, 137
医療需要　16, 89, 90, 137, 139, 172, 189, 238, 296, 298-300
医療消費　206, 211, 213, 223
医療消費支出　127, 174, 178, 192, 226, 253
医療の公平性　257
医療費　1, 4, 11, 15, 44-47, 63, 64, 67, 68, 73, 80, 81, 94, 109, 114, 115, 139-141, 146, 154, 169, 173, 177, 182, 186, 227, 230, 237, 244, 248, 252, 293
医療費給付　5, 13, 45, 46, 47, 52, 66, 71, 92, 94, 105, 109, 110, 139, 178, 290, 296
医療費支出　14, 203, 216, 298
医療費償還払い　86, 87
医療費の自己負担　16, 112, 177, 178, 226
医療費の自己負担額　10, 15, 178, 179, 182, 184, 188, 189, 191, 193, 200, 201, 203, 229, 236, 238, 241, 243, 247, 251, 252, 295
医療費負担　11, 64
医療扶助制度　61, 82, 124
医療保険加入　84, 120, 148, 259, 262, 264, 293
医療保険基金　65, 71, 89, 92, 112, 113, 116-118, 120-122
医療保険財源　110, 120
医療保険支出　118
医療保険制度　63, 149-152, 174, 269, 281
医療保険の加入　14, 15, 146, 148, 157, 166, 295
医療保険未加入　110, 259, 280

[か]

介護サービス　300
介護保険制度　300
外資系企業　13, 15, 30, 32, 38, 39, 54, 103, 122, 123, 154, 163, 166, 169, 173, 223, 225, 226, 264, 266, 275, 281, 292, 295, 297
開発経済学　2, 6, 21, 30
外来受診　4, 80, 81, 253
外来受診(の)確率　244, 247, 248
家計消費　177, 203-206, 210-215, 223, 225, 227
家計消費嗜好　210, 213
家計消費の平滑化　177, 203, 226
家計所得　204, 213-216, 223, 296
家計総消費　211, 223
家計貯蓄　205
家計破綻性医療費支出　15, 16, 177, 178, 188, 201, 203, 226, 229, 237-239, 243, 248, 251, 252, 296 → CHE
過剰労働力　27-29
合作社医療保健所　48, 49
加入確率　14, 167, 169
企業所有制形態　122, 292
企業保険　45, 54, 276
企業補助医療保険　61, 156
企業補助医療保険制度　64
基本医療　84, 86, 87
帰無仮説　213, 215, 223, 225
逆選択仮説　14, 147, 148, 153, 155, 157, 162, 172, 293
逆選択行動　301
給付スタート基準　66, 67
共済互助　34, 81, 297
行政管理　77, 96, 97
薬漬け　140-142
クロス・セクション　179, 230, 287
計画経済　8, 21, 26, 31, 33, 34, 36, 41, 43, 48, 100, 132, 145, 287, 289, 290, 292, 296, 297
経済政策　11, 21, 24, 25, 33, 54, 61, 300
経済成長　29, 30, 253, 255, 296, 297

経済発展　5, 15, 22-27, 70, 73, 76, 78, 116, 118-121, 126, 129, 168, 286, 293, 295
経路依存　7
現役者　16, 229, 234, 235, 247, 248, 251, 252, 264, 295, 296, 298
現役世代　261, 274-277, 280, 286
健康格差　82, 94, 123, 124, 126, 145
健康状態　5, 10, 136, 146, 149, 150, 152-155, 157, 159, 169, 186, 189, 193, 266, 274, 280
高額な医療費　79, 82, 168
後期高齢者世代　261, 264, 274-276, 280, 286
恒常所得仮説　207
高所得層　124-126, 146, 207, 214-216, 274, 297
公的医療費支出　112, 113, 115, 116
公的医療保険　90, 113, 127, 155, 158, 173
公的医療保険基金　116, 293
公的医療保険制度　1-9, 11, 13, 15, 16, 21, 22, 24, 25, 29, 33, 38, 39, 54, 61, 94, 103, 107, 109, 110, 115, 123-126, 131, 132, 145, 148, 151, 158, 163, 173, 174, 177, 178, 182, 184, 188, 192, 201, 203, 204, 214, 215, 223, 225-228, 235, 253, 255-257, 289, 293, 296, 298-301
公的医療保険制度の加入　108, 186, 292, 293, 295
高年齢者(層)　16, 154, 193, 226, 227, 234, 235, 248, 251, 252, 266, 277, 295, 296, 298, 299
公費医療　8, 11, 43, 46, 47, 103, 163, 172, 183, 297
幸福度　4, 17, 255, 257, 258, 266, 275, 277, 280, 286
幸福のパラドックス　255, 274
公務員医療制度　151, 189, 234, 289, 290
効用　209, 255, 256
公立病院(医療機関)　68, 141, 142
高齢化　105, 226, 253, 266, 274, 277, 280, 287, 299
国民皆保険　3, 5, 11, 13, 38, 47, 54, 90, 92, 94, 103, 124, 173

国民の厚生　5, 16, 255
国有企業　14, 31-33, 35, 38, 39, 40, 42-44, 103, 122, 158, 163, 169, 172, 264, 266, 275, 276, 292, 295, 297
国有部門　13, 31, 32, 36, 39, 41, 43, 44, 54, 122, 123, 145, 147, 151, 152, 158, 163, 166, 169, 172, 215, 223, 225-227, 262-264, 292, 297
個人企業　54, 147, 154, 292, 293
個人口座　66, 67, 80, 87, 110
個人属性　17, 159, 188, 238, 266, 274, 280, 296
個人負担　11, 70, 94, 115, 173
戸籍制度　111, 148, 158, 166, 289, 290
個体間の異質性　16, 182, 187, 192, 251
国家基本医薬品制度　84
国家保障　41, 42, 45, 54, 276, 290
固定効果　247
混合型医療保険　13, 14, 17, 123, 126, 148, 155, 163, 166-168, 225, 259, 275, 281, 293, 296, 299
混合型保険　125, 156, 265
コントロールグループ　240, 241

[さ]

財源調達　5, 11, 70, 94, 290, 292, 296
最高給付限度額　66, 67
財政政策　24, 25, 33-35, 53, 54, 297
財政分権　36, 292
三大差別　49
サンプル・セレクション・バイアス　8, 152, 185, 186, 192
自営業　122, 123, 173, 223, 225, 264, 266, 275
自営業者　13, 124, 154, 163, 166, 172, 215, 293, 295
事業部門　14, 31, 43, 122, 154, 163, 262-264, 266, 275, 281, 292, 295
資金調達　78, 84, 85, 87, 96
自己負担　1, 4, 15, 67, 109, 114, 177, 186, 248, 252, 255, 287, 293, 299
市場原理　7, 72, 154

事前回避行動　301
事前拒否行動　154, 155
自然実験　231
実施効果　3, 7, 174, 238, 247, 248, 255
実証(的)研究　3, 7, 9, 11, 14, 15, 17, 148, 226, 255-257, 293, 299, 301
指定医療機関　45, 67, 68, 85
指定薬局　67, 68
私的医療保険　13, 14, 61, 63, 64, 67, 86, 89, 90, 109, 123, 126, 145, 148, 154, 172, 183, 225, 227, 293, 301
指導意見　69-71
社会実験　3, 16, 295, 301
社会主義　2, 6, 21, 31, 43
社会セーフティネット　255
社会プール　65-67, 80
社会福祉　41, 42
社会扶助　41, 42
社会保険　38, 42, 43, 54, 223, 276, 290
社会保障　1, 4, 6, 11, 15, 21, 24, 25, 38, 41, 42, 53, 62, 119, 168, 223, 226, 252, 259, 287, 297
就業者　11, 26, 69, 152
就業部門　145-148, 155, 158, 163, 227, 266, 275, 281
就業部門間の格差　111, 131
就業部門間の差異　156, 158, 293
重工業優先発展政策　31, 41, 43, 50, 54
収支の均衡原則　67
集団企業　14, 31, 33, 43, 54, 122, 123, 163, 166, 172, 173, 214, 264, 266, 275, 281, 292, 293, 297
重篤な疾病　16, 70, 82, 88, 90, 115, 193, 225, 226, 244, 252, 295, 296
主観的幸福度　2, 11, 17, 253, 255-258, 260-265, 269, 275, 277, 281, 286, 296, 299
受診確率　239, 243, 247
準自然実験　3
順序ロジットモデル　263
商業医療保険　14, 17, 61, 63, 67, 71, 89, 124, 125, 154, 156, 163, 166-168, 225, 259, 265,

281, 293, 296, 299, 301
商業医療保険制度　126
商業保険　182, 183
消費の所得感応度　214, 216, 223, 225, 226
消費保険仮説　204-208, 211, 213-216, 223, 225, 227
省別間格差　115, 117, 118
情報の非対称性　146
初期条件　7, 11, 21-25, 53, 54, 61, 300
食品消費　206, 211, 214, 216, 226
所得階層　13, 131, 265
所得格差　1, 4, 6, 94, 123, 124, 126, 145, 177, 216, 255-257, 261, 263, 275, 277, 290, 297, 300, 301
所得関数　266
所得再分配　1, 6, 119, 125, 145, 177, 290, 297, 298
所得水準　256, 258, 265, 274, 275, 277
所有制形態　31-33, 43, 155
所有制構造　11, 21, 24, 25, 31, 33, 37, 40, 43, 53, 54, 103, 173, 275, 300
新型農村合作医療制度　3, 8, 12, 72, 76, 78, 79, 81, 83, 94, 109, 126, 129, 139, 179, 182, 189, 229, 252, 290 → NCMS
新古典派経済学　6, 22, 301
人民公社　11, 48, 49, 56, 58, 289
生活習慣　193, 200, 201
正規雇用者　15, 158, 166, 167, 215, 225-227, 295
正規分布　239
政策評価　231
生産要素資源　25, 53
政治体制　6, 24
制度関数　23
制度的研究　6, 7, 22, 24, 299
政府機関　14, 31, 43, 122, 154, 163, 262-264, 266, 275, 281, 292, 295, 297
政府機関・事業部門　169, 172
政府補助　70, 78
絶対所得仮説　256
セレクションバイアス　179

前期高齢者世代　261, 264, 274-277, 287
「全部統合」モデル　91, 92
総医療費　16, 179, 241, 247, 251, 252, 296
総医療費関数　244
操作変数　23
相対所得　256, 258, 265, 274, 276, 277

[た]
体制移行　2, 5, 22
体制移行期　1-4, 8, 10, 11, 21, 26, 27, 29, 30, 32, 33, 36, 61, 62, 94, 100, 112, 131, 132, 140, 147, 289, 290, 292, 296, 297, 299, 301
体制移行論　2, 8, 21
多様な医療保障格差　131
地域間の格差　13, 36, 110, 116, 118, 122, 131, 173, 292
地域間の差異　8, 158, 200, 264, 266, 301
地域内格差　116
地方分権　121, 166
低学歴者　15, 168, 172
低所得層　13, 14, 124-126, 145, 147, 163, 172, 206, 207, 214-216, 227, 257, 274, 277, 293, 297
定年退職直前後世代　261, 264, 275-277, 280, 287
出稼ぎ労働者　9, 62, 63, 84, 107-109, 111, 156, 159, 166, 173
適用対象　42, 44, 163, 296
統一管理（労働雇用・）賃金政策　36, 40
統合改革　91
都市―農村間の格差問題　297
都市戸籍　62, 63, 70, 107, 159, 166
都市戸籍住民　9, 10, 14, 38, 131, 146, 156, 173, 256, 258, 286
都市従業員基本医療保険　3, 8, 11, 62, 65, 68, 94, 105, 123, 124, 139, 145, 147, 148, 156, 169, 182, 223, 227, 234, 265, 275, 290 → UEBMI
都市従業員基本年金制度　223
都市住民基本医療保険　11, 62, 69, 71, 94,

334

105, 146, 147, 173, 290 → URBMI
都市部　8, 14, 15, 21, 25, 26, 34, 42, 47, 48, 54, 61-63, 91, 94, 101, 103, 109-113, 116, 124, 125, 151, 156, 159, 173, 178, 182-184, 192, 193, 200, 201, 215, 223, 226, 228, 290, 295, 296
都市部と農村部間の格差　57, 101, 127, 128, 132, 136, 137, 177
トリートメントグループ　240, 241

[な]
内生性　8, 231
中兼モデル　23-25, 53
「二元統合・基金区分」モデル　93
二重経済構造モデル　27
二値確率変数　154
二値変数　156, 239, 241, 243
入院治療　4, 16, 79, 244, 247, 253, 296
任意加入　105, 124
年金(保険)制度　259, 264, 281
農家連合生産請負制度　72
農村医療扶助制度　83
農村合作医療制度　8, 11, 34, 48-53, 59, 72-75, 103, 182, 183, 189, 234, 235, 239, 244, 289, 290, 297 → RCMS
農村戸籍　9, 10, 13, 62, 84, 85, 107, 108, 131, 156, 173, 244, 252
農村部　8, 14, 15, 21, 25, 29, 34, 42, 48, 54, 61, 63, 82, 91, 94, 101, 103-105, 109-113, 116, 124, 126, 173, 178, 182-184, 192, 193, 200, 201, 226, 228, 235, 237, 238, 252, 287, 289, 290, 295, 296, 299

[は]
はだしの医者　50, 56, 58-60
発展途上国　5, 6, 25, 54
パネルデータ　15, 178, 179, 182, 188, 207, 231, 239, 241, 251, 287
非医療消費　206, 213
非国有部門　38, 39, 84, 122, 123, 145, 151-153, 158, 163, 166, 173, 223, 225-227, 262-264, 292, 297
非就業者　11, 13, 69, 122, 123, 152, 163, 172, 173, 225, 226, 295
非正規雇用者　15, 166, 167, 172, 215, 226, 227, 295
非正規労働者　84, 86
貧困層　11, 82, 109, 252, 296
貧困問題　201, 228
不確実性　64, 257
プロビット分析　239
平滑化　204, 205, 225, 227
平均消費　208, 210, 213
ヘックマン二段階推定法　179, 185, 186
保険料　70, 71, 287

[ま]
ミクロデータ　2, 4, 7-9, 11, 13, 293
民営企業　14, 32, 39, 54, 103, 122, 123, 147, 154, 166, 172, 173, 223, 225, 226, 262-264, 266, 292, 295, 297
無料医療　47, 124, 145

[や]
予備性貯蓄仮説　207
予防医療　247, 248, 252, 253

[ら]
ランダム効果モデル　16, 182, 187, 239, 240, 247, 252
リスク・シェアリング　205, 206, 227, 257
リスク回避　167, 177, 182, 239
流動性制約　120, 139, 200, 297
流動性制約仮説　14, 146-148, 153, 155, 157, 163, 172, 293, 297
両江モデル　64, 65
レイオフ失業者　37, 38, 69
労働移動　27, 29
労働雇用・賃金政策　24, 25, 33, 36, 53, 54
労働保険　32, 41, 42, 44
労働保険医療制度　11, 43, 44, 45, 47, 103, 163, 172, 289, 290, 297

335

著者紹介

馬欣欣（ま　きんきん）

出　　身：中国遼寧省大連市
最終学歴：慶應義塾大学大学院商学研究科修了　博士（商学）
主な職歴：慶應義塾大学先導研究センター，財務省財務総合政策研究所などの研究員，京都大学大学院薬学研究科特定助教，講師を経て現職
現　　職：一橋大学経済研究所准教授
専　　攻：中国経済論，労働経済学，応用ミクロ経済学
主要著作：*Lewisian Turning Point in the Chinese Economy*, Palgrave Macmillan, 2014（共著）．
『中国経済はどう変わったか ── 改革開放以後の経済制度と政策を評価する』国際書院，2014 年（共著）．
『アジア長期経済統計 3　中国』東洋経済新報社，2014 年（共著）．
『中国経済の転換点』東洋経済新報社，2013 年（共著）．
『変貌する中国経済と日系企業の役割』勁草書房，2012 年（共著）．
『中国女性の就業行動 ──「市場化」と都市労働市場の変容』慶應義塾大学出版会，2011 年（単著）．

中国の公的医療保険制度の改革

2015 年 11 月 30 日　初版第一刷発行

著　者　　馬　　欣　　欣
発行者　　末　原　達　郎
発行所　　京都大学学術出版会
　　　　　京都市左京区吉田近衛町 69 番地
　　　　　京都大学吉田南構内（〒606-8315）
　　　　　電　話　075-761-6182
　　　　　FAX　075-761-6190
　　　　　振　替　01000-8-64677
　　　　　http://www.kyoto-up.or.jp
印刷・製本　　亜細亜印刷株式会社

ISBN978-4-87698-889-1　　定価はカバーに表示してあります
Printed in Japan　　　　　　©MA Xinxin 2015

本書のコピー，スキャン，デジタル化等の無断複製は著作権法上での例外を除き禁じられています．本書を代行業者等の第三者に依頼してスキャンやデジタル化することは，たとえ個人や家庭内での利用でも著作権法違反です．